政治发展与政治现代化研究丛书

自由：
发展可能性空间的扩展

徐邦友◎著

中国社会科学出版社

图书在版编目(CIP)数据

自由：发展可能性空间的扩展/徐邦友著. —北京：中国社会科学出版社，2016.8
ISBN 978-7-5161-8887-3

Ⅰ.①自… Ⅱ.①徐… Ⅲ.①自由—研究 Ⅳ.①D081

中国版本图书馆 CIP 数据核字(2016)第 217301 号

出 版 人	赵剑英
责任编辑	冯春凤
责任校对	张爱华
责任印制	张雪娇

出 版	中国社会科学出版社
社 址	北京鼓楼西大街甲 158 号
邮 编	100720
网 址	http://www.csspw.cn
发 行 部	010-84083685
门 市 部	010-84029450
经 销	新华书店及其他书店
印 刷	北京君升印刷有限公司
装 订	廊坊市广阳区广增装订厂
版 次	2016 年 8 月第 1 版
印 次	2016 年 8 月第 1 次印刷
开 本	710×1000 1/16
印 张	22.5
插 页	2
字 数	365 千字
定 价	79.00 元

凡购买中国社会科学出版社图书，如有质量问题请与本社营销中心联系调换
电话：010-84083683
版权所有　侵权必究

党校文库编委会

主　　任：陆发桃
副主任：徐明华　何显明
成　　员：陈立旭　胡承槐　方柏华　王祖强
　　　　　郭亚丁　董根洪　何圣东　林学飞

《政治发展与政治现代化研究丛书》编辑委员会

主　编：方柏华
副主编：郭亚丁　董　明
编　委：徐　彬　邱　巍　李晓敏

代替那存在着阶级和阶级对立的资产阶级旧社会的，将是这样一个联合体，在那里，每个人的自由发展是一切人自由发展的条件。

——马克思

人必须每天都去争取生活和自由，
才配有自由和生活的享受。
我愿看见人群熙来攘往，
自由的人民生活在自由的土地上。

——歌德

自由是发展的最大可能性空间。一个社会如若没有自由，则只有一种可能；而若有了自由，则一切皆有可能。

——作者题记

目 录

导论　理想的国度：自由、规则、秩序、繁荣 …………………（ 1 ）
第一章　自由：发展的最大可能性空间 …………………………（ 27 ）
　　一　自由的界说 ………………………………………………（ 28 ）
　　二　自由的逻辑理据 …………………………………………（ 33 ）
　　三　自由何以有助于发展 ……………………………………（ 45 ）
　　四　自由促进发展的典范 ……………………………………（ 52 ）
　　五　如何看待后发国家的超常发展 …………………………（ 69 ）
第二章　市场与自由 ………………………………………………（ 76 ）
　　一　市场：一种自发形成的社会秩序 ………………………（ 77 ）
　　二　市场是一种典型的社会自由空间 ………………………（ 101 ）
　　三　妨碍市场自由的因素 ……………………………………（ 116 ）
第三章　规则与自由 ………………………………………………（ 126 ）
　　一　规则的理由 ………………………………………………（ 127 ）
　　二　规则如何保护自由 ………………………………………（ 150 ）
　　三　自由的规则 ………………………………………………（ 160 ）
　　四　规则的信守 ………………………………………………（ 172 ）
第四章　政府管制与自由 …………………………………………（ 183 ）
　　一　政府管制：一种微观干预的制度安排 …………………（ 184 ）
　　二　政府管制对自由的双重影响 ……………………………（ 199 ）
　　三　政府管制的次生效应 ……………………………………（ 214 ）
　　四　政府管制的合理定位 ……………………………………（ 227 ）
第五章　公共服务与自由 …………………………………………（ 235 ）
　　一　公共服务是实现自由的必要条件 ………………………（ 236 ）

二　公共服务对公民自由的潜在性影响 …………………… (254)
　　三　与公民自由相容的公共服务制度安排 ………………… (274)
第六章　自由的条件 ……………………………………………… (295)
　　一　自由是人类永恒的理想 ………………………………… (296)
　　二　自由的敌人：破坏自由的力量 ………………………… (319)
　　三　维护自由的条件 ………………………………………… (328)
参考文献 ………………………………………………………… (343)

导论　理想的国度：自由、规则、秩序、繁荣

自古以来，人类就有对理想国度和美好社会的憧憬和追求。尽管这个向往之中的理想国度和美好社会有时显得十分遥远朦胧，有时又以近于讽刺画的形式令人颇感失望，但所有这些都无法平息人们对理想国度和美好社会的热情。人类依然以近乎痴迷的心态竭尽其想象力编织着理想国度和美好社会的壮美蓝图。

在古典中国的夏商周三代，我们的先民在自己的诗词歌赋中简单直白朴素地表达了对理想国度和美好社会的向往。"誓将去汝，适彼乐土"，就是对暴政社会的抗议和对美好社会的向往。在《礼记·礼运》中，作者向我们描述了两个虽然有等级差距但同样都不失美好的社会：大同和小康。"大道之行也，天下为公。选贤与能，讲信修睦，故人不独亲其亲，不独子其子；使老有所终，壮有所用，幼有所长，矜、寡、孤、独、废、疾者皆有所养，男有分，女有归。货，恶其弃于地也，不必藏于己。力，恶其不出于身也，不必为己。是故谋闭而不兴，盗窃乱贼而不作。故外户而不闭，是谓大同。今大道既隐，天下为家，各亲其亲，各子其子，货力为己；大人世及以为礼，城郭沟池以为固，礼义以为纪，以正君臣，以笃父子，以睦兄弟，以和夫妇，以设制度，以立田里，以贤勇知，以功为己。故谋用是作，而兵由此起。禹汤文武成王周公，由此其选也。此六君子者，未有不谨于礼者也。以著其义，以考其信，著有过，刑仁讲让，示民有常。如有不由此者，在执者去，众以为殃，是谓小康。"从此，大同小康就成为中国人关于理想国度和美好社会的代名词。

春秋战国是中华思想文化最辉煌灿烂的时期。面对着亘古未有的社会大变迁，诸子百家纷纷发表自己的思想观点及学术见解，其中既有夏商周三代美好时光的留恋追忆，又有对残酷现实的无情批判，更有对未来理想

社会的设想和憧憬，许多思想灵光如闪电神火灿烂夺目，许多方案设计别开生面耐人寻味。老子之"鸡犬之声相闻而民老死不相往来"的"小国寡民"设想；庄子的"至德之世"和"无何有之乡"；孔子的"仁政社会"和孟子的"王道世界"；墨子"交相利、兼相爱""一同天下之义"的"尚同国度"，无一不是对理想国度和美好社会的真情呼唤。他们从自己所栖居的现实出发，针对现实生活境界中存在的种种问题和痛苦，运用当时社会所提供的思想材料，展开想象的翅膀，以如椽巨笔为我们描绘了未来理想国度和美好社会的画卷。在这些五花八门的理想国方案中，有异想天开的幻想，有对现实生活深刻观察后的升华，还有切近实际的描绘，有的是现实主义的，有的则属批判现实主义，有的是浪漫主义的，还有的是现实主义与浪漫主义的相结合。① 不论属于什么类型，都有深刻的思想和隽永的哲学意涵，有些思想观点，如"无为而治""功成事遂百姓皆谓我自然""我无为，而民自化；我好静，而民自正；我无事，而民自富；我无欲，而民自朴"等，至今还闪耀着真理的光辉。而孔子的仁政，孟子的王道，墨子的尚同，则成了古典中国政治理想的典型形态，一直为世人所津津乐道，直至新中国成立，才被马克思主义的共产主义理想所取代。

如果说思想家对理想国度和美好社会的思考，主要偏重于哲学的思辨和理性的设计，那么，文学家对理想国度和美好社会的设想，就极富浪漫主义情调了。在一个为高山峻岭所包围而与世隔绝的地方，有一个景色秀美民风古朴的乡村社会。那里，土地平旷，屋舍俨然，有良田美池桑竹之属。阡陌交通，鸡犬相闻。其中往来种作，男女衣着，悉如外人。黄发垂髫，并怡然自乐。他们自称是先世避秦时乱，率妻子邑人来此绝境，不复出焉，遂与外人间隔。问今是何世，乃不知有汉，无论魏晋。在这里，我们感觉到历史的时钟停留在人类童年的某一刻，那就是作家眼里的黄金时代。

在西方，对理想国度和美好社会的探求也十分古老。最著名的就是柏拉图的《理想国》，这是一个哲学家当国王，或者国王就是哲学家的国度，在那里，由不同材质做灵魂的人各居其所应居的地位，灵魂由金子做的人是城邦的统治者；灵魂由银子做的人是城邦的武士或卫国者；而具有

---

① 刘泽华：《中国传统政治思想反思》，生活·读书·新知三联书店1987年版，第3页。

铜铁材质灵魂的人如农夫、鞋匠、铁匠以及小商小贩则是城邦的物质供养者。这三个阶层各居其位，各行其是，忠于职守，这个城邦就是正义的城邦或者善的城邦。从此，哲学王统治的理想国就如同梦幻一样吸引着追求幸福的人们，它在历史的烟尘中，始终向人们展示其永恒的魅力。

基督教出现后，人们深感现实生活的失望，把追求理想国度和美好社会的目光转向了天国，人们在上帝的永恒之城中找到了自己的最后归宿，而把现实国家视为人生旅途中的一个驿站。基督教的天国是一个乌托邦，和所有乌托邦一样，这个乌托邦是其现实世界的反面、颠倒镜像。[①]

近代史，最摄人心魄的理想国度和美好社会就是空想社会主义者们所虚构的乌托邦，热衷于虚构和描述乌托邦的思想家是如此之多，我们完全可以列出一个长长的清单：莫尔、康帕内拉、摩莱里、马布里、巴贝夫、圣西门、傅里叶和欧文等，而莫尔是虚构乌托邦社会的第一人，是空想社会主义者之翘楚。他用拉丁文字写了一本名著，书名是《关于最完美的国家制度和乌托邦新岛的既有益又有趣的金书》。他在书中描述了一个叫阿布拉克萨的新月形岛屿。全岛分布着54个城市，规模都差不多，个个宏伟壮观，设备完善。首府亚马乌罗提位于岛的中心，便于四方代表聚会。这里彻底废除了私有制，建立了公有制的共产主义社会，土地、房屋、生产工具、个人消费品等一切财产都为全民所有。居民的住房每隔十年要通过抽签调换一次，以防居民产生私有观念。乌托邦的基本经济单位是家庭。农村每户成员不少于40人，城市每户不少于16人，外加儿童若干人。家长是德高望重的老人，指挥全家的生产劳动。户与户人口不平衡，可以互相调整。农业不是乌托邦人的固定职业，而是全邦人轮流从事的产业。乌托邦居民实行农业义务劳动制度，每人轮流到农村从事农业生产两年，以免得大家过较长期的艰难稼穑生活而于心不甘。当然如果有人喜欢农村生活，也可以在农村多住几年。而每个城市家庭只从事某一种手工业生产，不愿从事这种手艺的儿童可以自由地加入别的家庭。因此，虽然称之为家庭，但相互之间并不肯定有血缘关系，这种家庭其实是共同生产劳动共同生活消费的最小社会共同体。在乌托邦，人人都需要劳动，都需要掌握一种或几种劳动生产技能，职业是不固定的，既有统一的安排，

[①] 约翰·麦克里兰：《西方政治思想史》，海南出版社2003年版，第117页。

也可以自由选择。但不论是什么领域，生产都必须是有组织有计划的，以避免生产无政府状态和不必要的劳动。由于人人参加劳动，每个人的生产时间并不长，但社会产品却极为丰富，足以供社会实行"按需分配"的原则。每个家庭把自己生产出来的产品交入公共仓库，并从公共仓库领取家庭生活所需的一切。令人惊异的是乌托邦人是如此高尚，以至没有人会多领取超出自己所需的生活物资，哪怕是一丁点儿。乌托邦城市每三十户办一所宽大的公共食堂，居民基本上都在公共食堂用餐；若不愿在公共食堂用餐，也可以从公共仓库领取生产物资在自己家庭里单独开伙。由于实行完全的公有制，这里除了对外贸易还保留商品交换和货币流通外，乌托邦内部不存在商品和货币；人们视金钱珠宝黄金如粪土，用金银做便桶溺器或者镣铐奴隶与犯罪的锁链。在全民公有的经济基础上建立的是完全民主的政治制度。乌托邦的各级官员一律由民主选举产生，如不称职随时可以撤换。重大事务都由民众大会讨论决定，任何长官个人都不能擅自决定，否则以死论罪。各级行政官员也没有任何特权，同人民群众在经济上政治上完全平等，他们是人民群众利益的代表。政府及其官员的职能就是组织生产和管理人民的经济生活。在乌托邦里，虽然还有法律，但并不复杂，只有简单的几条根本大法，用来维护人民的福利和民主权利，而且因为简单而人人精通，没有专门凭借自己的法律知识鱼肉百姓的职业讼师。由于有丰裕的经济生活和优良的政治生活，乌托邦人的精神面貌乐观开朗，人人关心集体，个人热心公共事业，时刻注意把公家的仓库充实起来。他们绝不会损人利己、损公肥私，而只愿牺牲自己的所得，以成全别人的所得，并把这视为自己应该承担的博爱人类同情人类应尽的义务。

应该承认，这个理想国度和美好社会，在今天看来，仍不失其美好动人之处，仍具有崇高的道德价值。恩格斯就充分肯定了以莫尔为代表的空想社会主义者的伟大贡献，指出他们提供了启发工人觉悟的极为宝贵的材料；同时也指出其理想蓝图的空想性质，[①] 并分析它们之所以为空想的原因在于在资本主义生产还很不发达的时代他们只能是这样。他们不得不从头脑中构思出新社会的轮廓，因为这些轮廓在旧社会本身中还没有普遍地

---

① 《马克思恩格斯选集》第 1 卷，人民出版社 1972 年版，第 283 页。

明显地表现出来；他们只能求助于自己的理性而不能求助于同时代的历史。① 乌托邦社会也许是完美得极致了，反而让人怀疑其实现的可能性。莫尔自己也深知这一点，所以把自己的这个理想国度和美好社会称之为"乌托邦"（拉丁文 Utopia），意谓"子虚乌有的地方"。从此，乌托邦就成了那些"美好但不现实的理想蓝图"的代名词。

人类为什么始终会有对理想国度和美好社会的追求？

1. 现实生活中的压迫剥削掠夺使人们对现实生活深感失望，从而产生对理想国度和美好社会的主观向往

自从产生了私有制、私有观念和私人利益，自从伴随生产力的发展出现产品的消费剩余，从而为一些人利用自己的优势无偿占有他人劳动提供了可能，人与人之间压迫剥削和掠夺也犹如幽灵一样徘徊在人类社会中。"坎坎伐檀兮，置之河之干兮，河水清且涟猗。不稼不穑，胡取禾三百廛兮？不狩不猎，胡瞻尔庭有县貆兮？彼君子兮，不素餐兮！坎坎伐辐兮，置之河之侧兮，河水清且直猗。不稼不穑，胡取禾三百亿兮？不狩不猎，胡瞻尔庭有县特兮？彼君子兮，不素食兮！坎坎伐轮兮，置之河之漘兮，河水清且沦猗。不稼不穑，胡取禾三百囷兮？不狩不猎，胡瞻尔庭有县鹑兮？彼君子兮，不素飧兮！"一曲诗歌唱尽了那些被压迫被剥削者所遭受的苦难。智慧的老子说：天之道是损有余以补不足，而现实社会的人之道是损不足以奉有余。这是人类社会在根本上的大逆反，是一切灾祸的肇因。"民之饥，以其上食税之多，是以饥；民之难治，以其上之有为，是以难治；民之轻死，以其上求生之厚，是以轻死。"（《老子·第七十五章》）孟子以其犀利的笔锋触破了统治者蒙在社会表面温情脉脉的面纱，揭露了社会贫富两极分化的刺目对立。"庖有肥肉，厩有肥马；民有饥色，野有饿莩"，这样的社会真犹如"率兽而食人也"，简直就是一个弱肉强食的原始丛林。

压迫越沉重，剥削越刻骨，现实越苦难，人们对理想国度和美好社会的向往越强烈。生活的苦水浇灌出来的理想之花也最鲜艳夺目。春秋战国时期是我国思想文化最活泼繁荣的时期，处士横议，诸子百家都有自己关

---

① 《马克思恩格斯选集》第 3 卷，人民出版社 1972 年版，第 307 页。

于理想国度和美好社会的理论学说，他们相互竞争，各以其独特的魅力吸引着人们的注意，天下之人非儒即墨，非墨即法，各家学说都有自己的信徒。理想之花的竞相绽放，就与这个时期礼崩乐坏、圣王不作、诸侯放恣的乱世景象有很大关系。

在西方历史上，理想国度与美好社会的思想也和现实的苦难有密不可分的关系。罗马帝国是靠残酷的奴隶主专政来维持的，阶级等级极其森严。处于最底层的是无数受苦役的奴隶，在锁链和鞭笞下劳动，比牲畜还不如，还有成百万侍候奴隶主的家务奴隶，他们同样是奴隶主的财产，生杀予夺任由摆布。奴隶只是会说话的工具，会说话的牲畜，随时可被奴隶主处死。直到哈德良统治时期（117—138年），才规定处死奴隶要有理由。当时一个奴隶主被暗杀，他家的所有奴隶都予以处死。对奴隶的死刑不是斩首，就是钉死于十字架上，或在斗兽场喂野兽。罗马帝国对东部各行省人民的统治也十分残酷，除了掠夺金银财宝外，还强占大片耕地、牧场、森林、矿场、鱼塘，把可耕地分给移居殖民地的罗马公民，土地的收益大部分被帝国政府攫取，小部分为罗马公民占有。还有一批罗马商人到东部行省经商，开设店铺或放高利贷。这些残酷剥削使帝国东部经济凋敝，百姓生活困苦。残酷的剥削压迫激起了奴隶和被征服地区人民的反抗，这种斗争从未停息。64—65年，罗马帝国各行省发生大饥荒。66年，巴勒斯坦全境犹太人民大规模起义，罗马帝国的行省长官派三万军队前往镇压；68年，罗马军队攻陷耶路撒冷，几乎每块土地上都有死尸伏于其间，侵略军纵火焚毁全城。起义失败的耶路撒冷居民被罗马征服者钉死于十字架上；此外还有七万多人被变卖为奴。面对着无从摆脱的现实磨难，这些社会的弱者只得把希望寄托于幻想之中，寄托于超自然的神。于是，以缓解人民精神痛苦为主要宗旨的基督教就应运而生了。它为人们描述了一个理想的天国，那里有永恒的幸福，与之相比，现实的苦难就已经不算什么了。而且，忍受现实的苦难也是对自己灵魂的考验，是通往天国道路上必须过的一道坎。也许正因如此，宗教才被马克思称之为"被压迫生灵的叹息，是麻痹人民的精神鸦片"。

而自圈地运动以来，西方近代史上之所以出现那么多的空想社会主义方案，也同样和社会大变革过程中底层劳动者所遭受的苦难有关。圈地运动就被莫尔称之为"羊吃人的运动"，那些因此而失去了土地的农民被迫背井离乡，流离失所；而当时英国对流浪者制定了苛暴的法律进行严惩，或被送进监狱，或被送上绞架。他们没有办法只得流入城市，进入工厂，置身于资本的"札格纳特车轮"之下。现实的苦难逼得他们去寻求精神慰藉，否则从肉体到心灵非要崩溃不可。因此，那些虚构乌托邦社会的文学作品和理论著作在底层百姓中特别有市场，人们如痴如醉地阅读欣赏，并真心相信有这么一个理想社会能够在未来的某个时候实现。恩格斯在比较原始基督教和近代社会主义思潮时，就曾指出："原始基督教的历史与现代工人运动有些值得注意的共同点。基督教和后者一样，在产生时也是被压迫的运动：它最初是奴隶和被释奴隶、穷人和无权者、被罗马征服或驱散的人们的宗教。基督教和工人的社会主义都宣传将来会从奴役和贫困中得救，基督教是在死后彼岸的生活中，在天国里寻求这种得救，而社会主义则是在现世里，在社会改造中寻求。两者都遭受过迫害和排挤，信从者遭到放逐，被待之以非常之法：一种人被当作人类的敌人；另一种人被当作国家、宗教、家庭、社会秩序的敌人。虽然有这一切迫害，甚至还直接由于这些迫害，但基督教和社会主义都胜利地、势不可挡地为自己开辟前进的道路。"①

2. 对更美好生活的向往与追求是人性不可磨灭的部分

人类有追求美好生活的天性，它犹如火焰始终在暗暗燃烧。不同时候，这团火苗可能大小强弱明暗不同，却从不曾灭熄。即便在一些宣扬世界末日的宗教信徒心中，末日审判后建立的依然是一个永恒幸福的千年王国。这说明他们心中依然有着对美好生活的向往。无非他们心中理想的生活不在此岸世界，而是在彼岸世界。我国先秦时的法家人物慎到就持人性好利说；商鞅继承了这一思想，认为"民之性，饥而求食，劳而求佚，苦则索乐，辱则求荣，此民之情也"。（《商君书·算地》）还说"民之生，度而取长，称而取重，权而索利"。"民生则计利，死则虑名。""民之欲富贵也，共阖棺而后止。"（《商君书·赏刑》）法家学说的集大成者韩非也认为人性好利，这种本性无须改造，也改造不了，倒是应该尊重和顺应，利用民之好利的本性实现统治者的目标。马克思也坦然承认，人们

---

① 《马克思恩格斯文集》第4卷，人民出版社2009年版，第475页。

奋斗所争取的一切都与他们的利益有关。利益表现有多种形式，追求利益的目的在于过上更好的更有意义的生活。人为地搞出利义二元分割，并且认为百姓好利，这其实是一些自诩道德高标的人对民众追逐自我利益的一个略带贬义的承认而已，其实在好利的背后，是社会民众对美好生活的向往和追求。我们认为这种向往和追求是天经地义的，也是无可厚非的，因而自然成了我们共产党人奋斗的目标。① 自己过着钟鸣鼎盛锦衣玉食的奢靡生活而指责百姓好利，就显得不厚道和虚伪了。既然对美好生活的向往和追求是人性不可磨灭的部分，那么他们在现实生活中，就始终会有关于理想国度和美好社会的理论思想和制度设想。历史上关于理想国度与美好社会的理论学说和制度设想之层出不穷，体现的正是人们追求美好生活的本真天性。

3. 以之作为批判现实的理论武器

人类还有一种关于理想国度和美好社会的理论学说和制度设计，其提出并非真的是为了在将来某个时候得到实现，也许主张者自己也非常清楚他的那一套理想蓝图是不可能实现的，但他还是要提出来，其目的是为了批判现实，是为映衬现实的丑陋性，并希望通过对现实的理想主义批判促进现实的改善。甚至有时，现实能否因此得到改善也不是他所关心的，他只在意提出一个他自认为圆满完美的理想国方案。我们切不可因此而忽视这种理论学说和制度设想的意义。它们是可能在任何现实的技术功利层面上都是没有意义的，但无用之物亦有可用之处，而且无用之用是为大用。在东西方漫长的历史上，都不乏这种无技术之用的理想国方案。

比如庄子的至德之世和无何有之乡，就是一个不可能实现的乌托邦梦想。他在自己的文章里多次描述过至德之世的状况。"至德之世，其行填填，其视颠颠。当是时也，山无蹊隧，泽无舟梁；万物群生，连属其乡；禽兽成群，草木遂长。是故禽兽可系羁而游，鸟鹊之巢可攀援而窥。""夫至德之世，同与禽兽居，族与万物并，恶乎知君子小人哉！同乎无知，其德不离，同乎无欲，是谓素朴；素朴而民性得矣。"（《庄子·马蹄》）"至德之世，不尚贤，不使能，上如标枝，民如野鹿，端正而不知

---

① 习近平总书记在记者见面会上的讲话，2012年11月15日。

以为义，相爱而不知以为仁，实而不知以为忠，当而不知以为信，蠢动而相使，不以为赐。"《庄子·天地》处于至德之世中的人们，"居不知所之为，行不知所之，含哺而熙，鼓腹而游"，"冬日衣皮毛，夏日衣葛衣；春耕种，形足以劳动；秋收敛，身足以休息；日出而作，日落而息，逍遥于天地之间而心意自得。"（《庄子·让王》）庄子把这种生活情状称之为"天放"。在其中，没有知识，没有技术，没有制度，也没有礼仪，一切我们后人称之为文明的东西都不存在，只有纯自然的存在。从人类历史的角度看，庄子的理想国方案是反历史的、反知识的，甚至也可以说是反社会的，是一种向后看的理想。有学者说庄子的乌托邦只怕比"北京人"还来得更古些。[①] 而人类总是历史地展开，知识也是越积越多，尽管知识越来越多不见总是越来越好，也能够从社会中获取孤身独立所不可能具有的益处。因此，庄子的理想国方案是不可能实现的。但这并不意味着庄子的理想国方案没有意义。庄子也许真的想回到过去，但这也是因为他看到了技术知识给人类生活带来的扰乱与破坏，看到了制度礼仪对人的真性自由的约束，尤其看到了一些人对制度礼仪的盗用给人们和社会带来的深重灾难。他说："夫弓弩毕弋机变之知多，则鸟乱于上矣；钩饵罔罟罾笱之知多，则鱼乱于下矣；削格罗落罝罘之知多，则兽乱于泽矣；知诈渐毒颉滑坚白解垢同异之变多，则俗惑于辩矣。"《庄子·马蹄》而那些连带把仁义制度礼仪一并盗窃的窃国大盗们则可以为所欲为，他们可以利用自己掌握的意识形态和制度礼仪给自己的任何行为贴上合法正当的外衣，至此，还有什么是他们不敢为的呢？对技术知识、制度礼仪及其滥用给人类带来的消极影响的清醒觉识和准确把握，这是庄子比许多其他人深刻的地方，也是最值得我们注意和警惕之处。建立在此种认识基础上的理想国方案，虽然没有实现的可能与价值，但已足以引起我们对何谓理想社会的反思。这就是庄子理想国方案的价值意义所在。

柏拉图的哲学王统治，也是一个没有实现之逻辑可能性的理想国方案。对此，柏拉图自己非常清楚，他用一个关于哲学家的寓言故事把其中的道理告诉了我们。他说有一群人终其一生都栖居在洞穴里，从不曾走出洞穴。他们拥挤在洞穴中央面壁而坐，在他们的身后，是一团熊熊燃烧的

[①] 侯外庐等：《中国思想通史》第 1 卷，人民出版社 1957 年版，第 320 页。

火光，这团火光把洞穴里的东西包括人体形象都投射到洞穴的墙壁上。人们只看见墙壁上这些光影，而从不曾看见这些光影之所由来的事物本身，因而，误把这些光影当作事物本身，并对此坚信不疑。有一天，有一个人偷偷地爬出了洞穴，来到太阳底下。强烈的阳光把他的眼睛刺痛，但他很快适应阳光下的环境，并借助阳光看到事物本来的面目。他发现事物本身与以前在洞穴里所看到的并非一致，洞穴里所看到的并非是事物真相，而只是关于事物的一个虚幻的光影，他过去是一直被虚幻的光影给欺骗了。现在终于认识到事物本身，掌握了关于事物的真知。柏拉图把这个掌握了关于事物本质之真知的人称之为哲学家。现在哲学家面临两个选择，或者返回洞穴，告诉洞穴里的人以事物的真相；或者留在太阳底下，继续享受获得真知的幸福快乐。毫无疑问，哲学家会作出第二个选择。他不愿意再回到洞穴，去忍受光影的欺骗了；即便他愿意回到洞穴，告诉洞穴里的人们关于事物的真相，他想说服他们也是困难的，因为离开了阳光回到洞穴，他看到的影子还不如别人那么清楚，而且在别人看来，他仿佛比逃出去以前还要愚蠢，根本不如洞穴里的人聪明，因此，也不会相信他。由此，决定了哲学王统治在现实的城邦中是不可能实现的。在柏拉图眼里，哲学王统治与其说是一种可供选择的现实政治范式，不如说是一种政治哲学理念，一种对现实有批判力的理想摹本，一种只有天上才有的"神圣的原型"；一个纯粹的圆，它只映衬着现实所有圆的不圆满性，有了这个理念的"圆"作参照，现实的"圆"才有变得更圆的可能与希望。

因此，理想是人类的超越性精神活动，是"某种并非以自我为中心而被愿望着的东西，从而愿望着它的人也希望所有别的人都能愿望它"。[①] 理想使人免于堕落平庸的物欲主义的苟且的生活，从而使自己和生活都展示出一定程度的道德崇高性。由于有理想的存在和召唤，现实的苦难就显得不那么可怕和令人窒息了，那些生活在社会底层的人们相信苦难是暂时的，幸福终将到来，理想使他们具有活下去的信心、希望和勇气。同样，由于有理想的激励和洗涤，世俗现实生活的污垢多少能够得到一些净化，生活的品位和境界也会有相应的提升。人类没有理想，与饱食终日的猪或行尸走肉也就没有多大差异了。

---

① 罗素：《西方哲学史》上册，商务印书馆1982年版，第156页。

人类虽然都有理想，但不同文明对理想国度和美好社会的理想是有区别的，有时甚至是截然不同，以至于完全对立。人类之所以有冲突、有战争，除了利益之争或生存空间之争外，还有不同理想、不同信念之争、不同文化之争。美国政治学家亨廷顿认为文明的冲突，是人类永恒的冲突，它超越了意识形态之间的冲突，而成为人类政治冲突的基本形式。然而，我们也应看到，自人类历史出现全球化的潮流以来，不同文明、不同文化、不同理想信念也出现了交流交融、相互取长补短的趋势，一种人类共创共享的全球文明已初显雏形。

托尔斯泰有句名言：幸福的家庭大致相似，不幸的家庭却各有各的不幸。套用这个话语方式，我们说：理想的国度与美好的社会大致相似，不幸的国度和糟糕的社会却各有各的不幸。既然如此，我们就可能把那些大致相似的特征找出来，为理想国度和美好社会画一幅差强人意的写意肖像。

1. 自由

这可以说是理想国度和美好社会的第一特征。尽管人们对自由还有很不相同的理解，但无不把自由视为理想国度和美好社会的必备要件，一个没有自由的国家或者不自由的社会，肯定不是我们所向往的。现实中，是有人主张不能给人以自由，认为人人自由天下非大乱不可。但是，如果我们质问他自己是否愿意处于时时事事受人支配的不自由状态，他就会枉顾左右而言他了。这可见他并不是不要自由，而是不让人家有自由。一个他也肯定处于不自由状态的社会，也不是他所想要的。试问天下人谁愿意被关在监狱里？谁愿意被锁在牢笼中？谁愿意处于时时事事受人支配指使的奴隶状态？这个世界并没有天生的奴隶，所有奴隶都是战争征服的结果（只比战败被杀掉略好些，而且也是因为战俘作为劳动力能够生产出自己消费之外的剩余），都是压迫性的社会关系的结果。马克思说："黑人就是黑人。只有在一定关系下，他才成为奴隶。"[①] 正是那种彻底极度压迫性的社会关系，把一个黑人变成了黑奴，把一个普通劳动者变成了隶属于整个资产阶级的雇佣劳动者。而且，也没有一个人安于受人奴役的状态。

---

① 《马克思恩格斯选集》第 1 卷，人民出版社 1972 年版，第 362 页。

针对令人窒息的压迫奴役，奴隶总是以消极怠工、破坏工具、浪费收获来对抗，并寻找利用一切可能的机会逃出牢笼奔向自由。即便有一些奴隶表面看安分守己安于现状，那也不表明他们不向往自由，而是因为他们没有出逃的机会，没有实现出逃的计谋与能力，但没有一个人会缺乏出逃的愿望。在美国南北战争期间，南方奴隶主种植园里的一些奴隶生活境况并不太差，甚至好于北方的雇佣劳动力，但他们依然冒着被杀头的危险想方设法要逃往自由的北方，就是因为自由的吸引力使然。有时，一些还有点人性的奴隶主感动于奴隶的竭诚服务，也会把"解放即让奴隶获得自由"作为对一个奴隶的最高奖赏。可见，自由是一个"人"所追求的最高价值。裴多菲有诗曰："生命诚可贵，爱情价更高；若为自由故，两者皆可抛。"不自由，毋宁死！在这里，对自由的高扬已达到极致。

在人类历史上，大凡有崇高道德价值的理想国学说，多多少少都含有一丝自由的成分。老子的"鸡犬之声相闻，民老死不相往来"的小邦国，就是一个自由的天地，在那里，统治者恪守无为之道，顺应自然之势追求万物之自化，以烹小鲜之艺实现大国的治理。因此，功成事遂，百姓也皆谓我自然。庄子的至德之世也是一个自由的国度，人们"无必、无待、无物、无我"，逍遥于天地之间，过着一种近乎牛马一样的天放生活。孟子的"域国不以封疆之界，固国不以山溪之险，威天下不以兵革之利"，又何尝不是一个自由的世界呢？因此，认为我们古人没有自由的理想，这种说法非诬则罔，肯定不对。我们所欠缺的只是把这种自由的理想系统化为一种信念体系而已，更缺乏一种保障自由的正义制度安排。有自由的理想却总是没能实现，这倒是事实，何以如此，是很值得我们研究反思的。

自由同样也是西方自由主义思想家的理想。从洛克到斯密，从休谟到密尔，从贡斯当、托克维尔、阿克顿和美国联邦党人到哈耶克、弗里德曼、奥克肖特、罗尔斯、诺齐克和阿伦特，捍卫自由理想的名字可以列出长长的一串。他们界定自由的本质，阐述自由的意义，明确自由的边界，准备自由的条件。他们殚精竭虑苦心孤诣所追求的正是自由的社会。在他们眼里，"一个好社会就是尽可能使每个人都可以有更多选择机会，可以发挥自己的才能和兴趣。换句话说，就是个人拥有自由。如果个人的才能得不到鼓励，或者就像在形形色色的权威主义体制中那样，只有一部分有特权、掌握权力的人才能受到鼓励，那么，个人和社会都会越来越糟糕"。① 就是"那种能够保证个人发展的社会,在这样的社会中,要为个人创造最大限度的自由,同时规定相应的个人责任范围。我们对人道社会的理解,就是允许并鼓励个人尽最大努力去争取成功。政治的民主和言论自由以及一切重视人类尊严的法规制度,都必须建立在公民的自我信赖、责任感和富于创造精神的基础之上。这才是从道德伦理的角度讲最值得追求的目标"。② 正是由于他们的努力,自由的源泉才不致枯竭,自由的神火才不致熄灭,自由的理想才能保持不坠。

人类最壮美的理想国方案就是马克思、恩格斯基于其历史唯物主义的历史观和对资本主义社会内在矛盾运动的科学考察而提出的共产主义社会蓝图——代替那存在着阶级和阶级对立的资产阶级旧社会的,将是这样一个联合体,在那里,每个人的自由发展是一切人的自由发展的条件;在那里,生产资料摆脱了其私有资本的属性,成为全社会共同占有的对象,全部生产都集中到联合起来的个人的手里,迫使人们奴隶般地服从分工的情形已经消失,从而脑力劳动和体力劳动的对立也随之消失,劳动已经不仅仅是谋生的手段,而且本身成为生活的第一需要;随着个人的全面发展,生产力也增长起来,社会财富的一切源泉都充分涌流,社会在自己的旗帜上写上:各尽所能按需分配!随着生产的发展和财富的极大丰富,社会也消灭了阶级对立和阶级本身的存在条件,不同社会阶级的继续存在成为时代的错误。随着社会生产无政府状态的消失,国家的政治权威也将消失,公共权力失去了政治性质,重新成为一般公共权力;国家政权对社会关系的干预将先后在各个领域中成为多余的事情而自行停止下来,那时,对人的统治将由对物的管理和对生产过程的领导所代替,国家自行消亡了,人终于成为自己的社会结合的主人,从而也就成为自然界的主人,成为自己本身的主人——自由人。从此,人们才完全自觉地自己创造自己的历史,由人们使之起作用的社会原因才在主要的方面和日益增长的程度上达到他们所预期的结果。这是人类从必然王国进入自由王国的飞跃。这是一幅多么美好的社会画卷啊,与之相比,历史上所有的乌托邦都黯然失色了。无怪乎它一经提出就紧紧吸引住了人们的追逐理想光明的目光,让人们为之

---

① 哈耶克:《资本主义与历史学家》,吉林人民出版社2011年版,第121页。
② 《斯蒂格勒论文精粹》,商务印书馆1999年版,第114页。

心潮澎湃，为之奋斗终生。

2. 规则

规则是宇宙、自然和人类社会普遍存在的现象，它是一定形式或任何类型秩序形成的必要条件，有时甚至是充分条件。我们通常所讲的"无政府状态"不见得就是混乱状态，也极有可能依然是有序的；但如果是没有规则，那么状态肯定很混乱。在茫茫宇宙里，有恒星，有行星，有众多星星组成的星系，但它们的分布排列绝非是混乱的，而是很有序的，它们都沿着自己的轨道周而复始地运行着。之所以如此，是因为它们都受宇宙法则的支配，相互作用又相互吸引，从而形成和谐的宇宙秩序。万有引力、相对论就是被人类所发现的宇宙法则，而这只是宇宙法则中的极小一部分，更多的宇宙法则还不为我们人类所知晓。只有当在某个局部此种宇宙法则受到了破坏，这个星际区域才会出现失序和混乱；而一旦宇宙法则重新恢复了统治，则新秩序就会重新出现。

在自然界，斗转星移、四时更替、日出日落、阴晴圆缺、花开花谢、潮汐起伏，莫不有其自然法则的支配。如果我们细心去观察，就会感受到自然现象背后隐约起着作用的法则规律；在动物世界，法则的存在和作用更是明显。根据动物学家的观察，森林里，两只动物相遇，并非一定要打一架，它们在对视一会儿后，那只离自己的巢穴相对较远的野兽一般会率先离开。我们很难理解它们是何以判断出自己离巢穴的远近的。我们现在已经比较清楚地知道，动物也是有领地意识的，它们常常用自己的粪便和尿液的气味标志出自己领地的范围，对属于一只或一群野兽的势力范围的领地，其他野兽一般都会予以尊重，轻易不会侵犯，因为这种侵犯领地的鲁莽之举总是会受到领地主人的惩罚。当然，如果领地主人丧失了保卫自己领地的能力，那么，领地的易主也是迟早的事情。这也是一种自然法则。另外，食物的分配、性交机会的获得也都有法则，并非完全以力相夺。那些胆敢违反法则的野兽，不是被驱逐，就是被咬死，以此显示对违规行为的惩罚，以维持群体内部的秩序。所以，霍布斯老人在说明人类社会没有规则、没有秩序的社会状态时用了一句"人对人就像狼对狼一样"，看来并不正确，狼群里有规则、有秩序。正因如此，狼群比许多更大动物具有更强的战斗力。

人类社会更是离不开规则，没有规则就不可能有人类的社会性团结。人是受自己的动机驱动，并受自己的目标和预期引导，而预期要能发挥引导行为的作用，预期的实现必须是可预期的。规则正是一种在很大程度上使人们的预期得到可靠实现的保障性力量。规则告诉我们，一旦出现某种行为、努力、现象，另一种行为、努力和现象的出现也是极其可靠，完全可以值得放心。有了这种预期，人们就会据此选择调整自己的行为，并率先做出某种特定的安排。当然，我们需要马上说明，规则并不是一种人格化的力量，也不完全是某种纯客观的事实，它毋宁说是人们在长期的试错性实践中摸索发现出来的，是人们在他自己生活于其间的社会中经由一种选择过程而演化出来的，是世世代代的经验的产物。[1] 因此，人不仅是一种追求目的的动物，而且在很大程度上也是一种遵循规则的动物。他的思想和行动始终受着规则的约束和调整，尽管许多时候他并不能清楚地知道这些规则，尤其是并不清楚地知道这些规则的由来、理由和意义，而只是像动物适应自然法则一样适应社会规则。R. S. Peters 说："人是一种遵循规则的动物。他的行动并不是简单地指向目的；他也是遵循社会准则和惯例，而且人也与计算机不同，因为他是因知道规则和目标而行事的。"[2]

一个社会的好坏，从一个重要的维度上看，就是规则的好坏。理想的国度和美好的社会，是一个有正义规则且正义规则得到人们普遍信守的社会。在这里，规则数量之多少，并不是太关键，法令滋彰、法网繁密都不一定是好社会，而常常是坏社会的显著特征。重要的是规则要有正义性和统一性，而且疏而不漏，很好地起到调节关系、规范行为、促成秩序的作用。各个不同的"人们之所以能够成为同一个文明的成员并能够在一起和平地生活和工作，实乃是因为在追求他们各自目的的过程中，那种驱使他们努力追求具体结果的金钱动力也受着同样的抽象规则的指导和约束。如果说情绪或驱动力告知了人们自己想要的东西，那么约定性规则便会告知他们以何种方式才能得到这种东西以及他们以何种方式才能获得允许去得到这种东西"。[3] 因此，成熟健全系统化的规则实是理想国度和美好社

---

[1] 哈耶克：《法律、立法与自由》第1卷，中国大百科全书出版社2000年版，第7页。

[2] 转引自哈耶克：《法律、立法与自由》第1卷，中国大百科全书出版社2000年版，第42页。

[3] 哈耶克：《法律、立法与自由》第2、3卷，中国大百科全书出版社2000年版，第16页。

会的重要维度。

3. 秩序

秩序是与规则紧密相连的一种现象，是规则存在和发挥作用的结果。秩序对生存于其间的成员而言，不仅有巨大的有时甚至是无法估量的助益价值，而且还有某种妙不可言的审美价值。有时，我们面对着如此复杂精巧的秩序，比如人体秩序、宇宙秩序，不由得赞叹是上帝的杰作。

在宇宙和自然界，秩序无处不在。行星围绕着太阳运转就有秩序，由数千亿个太阳系组成的银河系也有自己的秩序；微观世界里的原子、电子、质子、中子相互之间也是有某种秩序的存在；在五彩缤纷生机盎然的生物界，秩序以其生动的形式呈现在我们面前。现在，科学家已经知道，即便在地壳深处也有一个与世隔绝的生态系统，这个生态系统违背了我们所熟知的许多生物学规则，而自有其独特的规则，并形成一个和谐的秩序。这个系统中的生物包括：新陈代谢极为缓慢、已经生存了数百万年的微生物；不需要从阳光中获取能量的细菌；还有一些终生不需要氧气也能生存下来的动物。总之，任何复杂的系统都有某种可观察的秩序，而且系统之所以为系统，而不是组成物的简单机械堆积，就在于构成系统的各个组成部分之间存在一种精巧的秩序。系统的秩序性越强，使系统失序的变量就应该越大；相反，如果系统内部只有一种弱平衡，那么有时一羽之重力的改变就足以使系统失序。一般来说，在一个没有外力干扰或自身内部没有发生突变的事物现象，其内部各组成部分之间都存在一种稳定关系，因而表现出一定程度的有序性。因此，有序性其实是一种自然属性，是事物存在的常态，无序才是一种例外，而引发这种例外的肯定有某种我们未必确知的因素。而任何一个有生命力的系统，它都有一种自我调节自我恢复平衡的能力，亦即有一种自我有序化的能力。这时，需要我们做的不是从外部去维护秩序，而是尽力减少外部性干预，让系统在动态过程经由自我调适恢复秩序与平衡。

在人类社会，秩序更是寻常多见且更为紧要，只是平常我们并没有特别地感觉到它的存在，只有当社会处于失序状态下，我们才切身感受到秩序的必要与重要。秩序实为我们人类生活的必要条件，任何人都向往一种有秩序的生活。如果社会失序,"任何产业是无法存在的,因为其成果不稳定。这样一来,举凡土地的栽培、航海、外洋进口商品的运用、舒适的建筑、移动与卸除须费巨大力量的物体的工具、地貌的知识、时间的记载、文艺、文学、社会等都将不存在。最糟糕的是人们不断处于暴力死亡的恐惧和危险中,人的生活孤独、贫困、卑污、残忍而短寿"。① 因此,人类可以有秩序而没有自由,但绝不可以有自由而没有秩序。按照哈耶克的理解,秩序是指这样一种事态,其间,无数且各种各样的要素之间的相互关系是极为密切的,所以,我们可以从对于整体中的某个空间部分或某个时间部分所作的了解中学会对其余部分作出正确的预期,或者至少是学会作出颇有希望被证明为正确的预期。② 也有学者把秩序理解为"符合可识别模式的重复事件或行为。它使人们相信,他们可以依赖的未来行为模式完全能被合理地预期到。如果世界是有序的,复杂性从而知识问题就会被减弱,而各种经济主体也更能专业化"。③ 奥尔特加认为:"秩序并非外力施加于社会的压力,而是从它内部建立起来的一种平衡。"④ 其实,秩序就是规则支配下行动者之间的恒常关系。一种秩序必有几个鲜明特征:一是相互关系的稳定性;二是关系之中人们行为的可预期性,即出现预期行为的可靠性;三是行为模式的可重复性。由此,人们可以减少对知识的依赖,可以有效应对未来的生活情状,可以放心地把一些需要当下完成的活动延迟至未来的某个约定时候,从而给人际交往增加了大量便利和机会,也还可以减少用于控制人们的机会主义行为的成本投入。总之,秩序使人类生活具有了一定的确定性,而如果没有这种确定性,则一切社会交往活动都无法开展,即便有交往,那也是即时性的以货易货的交易模式,而这会大大限制互利的交易活动的深化。

因此,理想的国度和美好的社会,必须是有秩序的,人们可以从中获得许多助益,如值得信赖的合作机会、可靠的行为预期、保障安全方面投资的减省和应对具体情景所需心力的节余,这些助益或者是他追求自己的理想和目标所必需的外部环境条件,或者为追求理想与目标提供更充足的

---

① 霍布斯:《利维坦》,商务印书馆 1985 年版,第 95 页。
② 哈耶克:《法律、立法与自由》第 1 卷,中国大百科全书出版社 2000 年版,第 54 页。
③ 柯武刚、史漫飞:《制度经济学》,商务印书馆 2000 年版,第 182 页。
④ 《哈耶克文选》,江苏人民出版社 2007 年版,第 256 页。

物力与心力。

4. 发展与繁荣

这是理想的国度与美好的社会最归根结底的表征,自然也是判断国家好不好、社会好不好的终极标准。发展是事物可能性的展开过程,发展就其内容而言,既有量的增加,又有质的提高,更有结构的转型升级与嬗变。而繁荣则是社会发展多样性的精彩纷呈,是社会财富的一切源泉充分涌流、想象力创造力郁郁勃发、科学艺术之花竞相开放的美好状态。

自古以来,全世界不同地方的人们,不论其种族肤色、宗教信仰,莫不梦想有一个发展富裕繁荣、人们能够丰衣足食的社会。基督教的千年王国是一个流着奶与蜜的富庶之地,其中,每一棵葡萄树有一万条树枝,每一条树枝有一万个枝杈,每一个枝杈有一万串葡萄,每一串葡萄有一万颗粒,等等。空想社会主义者所虚构的乌托邦,大都也富得流油。圣西门的实业制度、傅里叶的法朗吉、欧文的"共产主义劳动公社",都是生产力发展、财富极大丰富、科学艺术繁荣的理想家园。可以说,除了禁欲主义者或者僧院共产主义者外,其他的理想家和空想家都梦怀发展与繁荣,至于何以能够实现以及如何才能实现发展与繁荣,讲得并不甚清楚,有时让人感觉是莫名其妙地发展繁荣起来了。与之相比,中国古代虚构理想国方案的思想家们就显得比较缺乏想象力。老子和庄子是通过简单化自己的消费需求来解决人与人之间、人与自然之间的矛盾,达到"甘其食、美其服、安其居、乐其俗"幸福状态;孔子虽然也讲富,但他更重视均,"丘也闻有国有家者,不患寡而患不均,不患贫而患不安。盖均无贫,和无寡,安无倾"。(《论语·季氏》)孟子的理想社会完全是小农性质的,具有村落共同体的风采:"五亩之宅,树之以桑,五十者可以衣帛矣。鸡豚狗彘之畜,无失其时,七十者可以食肉矣。百亩之田,勿夺其时,八口之家可以无饥矣。"(《孟子·梁惠王上》)在中国先民和先哲心目中,更多的安稳安逸是最主要的,至于发展繁荣,那是其次追求的目标,安逸而不失温饱的小康,那就是最好不过的幸福状态了。

对理想的国度和美好的社会在发展和繁荣这个维度上阐述得最全面、也相对更科学的,还是马克思和恩格斯。他们认为由于资本主义社会内部无可克服的矛盾运动——生产的社会化与生产资料的私人占有之间的矛盾、个体生产的有组织有计划与整个社会生产的无政府状态之间的矛盾、社会财富的巨大积累和工人相对贫困化而导致的消费不足之间的矛盾，曾经创造了巨大生产力和社会财富的资本主义社会必然为更高级的社会所取代。在那里，社会生产力获得了与自己的属性最相称的生产关系形式，劳动者在共同占有社会生产资料的基础上实现了与生产资料的直接结合，并直接表现为社会的共同劳动，由此激发出巨大的劳动热情，劳动者的劳动潜能将得到充分的释放，劳动本身已经成为人的生活的第一需要；整个社会的生产交换分配消费都按照计划有序进行，并因此而消除了过去长期存在的浪费现象；随着个人的全面发展，生产力也增长起来，社会财富的一切源泉都充分涌流，社会在自己的旗帜上写上：各尽所能，按需分配！可见，马克思恩格斯所理想的共产主义社会，既不同于僧院共产主义社会，也不同于空想社会主义社会。它是发展繁荣的社会，也是有其赖以实现发展与繁荣的理论路径的社会。

当然，现实中的社会主义国家，由于种种原因，社会生产和人民生活长期处于停滞萧条贫困匮乏的状态；经济结构扭曲，资源配置低效，产品供应匮乏，人民生活贫穷。而同时期的资本主义国家在凯恩斯主义的帮助下成功摆脱了大危机，并在战后保持了较长时期的发展与繁荣，人民生活也得到极大的改善。社会主义与资本主义极强烈的反差对比，一度让人对社会主义和共产主义理想信念产生了动摇。社会主义社会还是我们所理想的、值得为之奋斗的社会吗？对此，以邓小平为代表的第二代中国共产党人以洞察历史的智慧提出："贫穷不是社会主义""发展是硬道理""改革开放是实现发展繁荣的必由之路"等一系列科学命题，并以无产阶级革命家的气度主导了改革开放和繁荣发展的历史进程，实现了让人民富起来的梦想；而以江泽民为代表的第三代领导集体则把发展作为"执政兴国"的第一要务；以胡锦涛为总书记的党中央在总结十一届三中全会以来改革开放和社会主义建设经验基础上进一步提出"科学发展观"的执政理念；而以习近平为总书记的新一届领导集体提出的中国梦，就其实质内容而言也是一个关于国家、民族和个人的发展繁荣之梦。因此，发展繁荣是中国人民及其先锋队——中国共产党的执着追求，是理想国度和美好社会的重要维度。一个不能发展、没有繁荣的社会，无论其主张者给贴上什么样的标签，肯定不会是人们的向往之地。

行文至此，也许有人会提出质疑，难道安全不是人们追求的价值？理想的国度与美好的社会难道不应有安全之维吗？

没错，安全也是人们追求的重要价值，人们莫不关心自己生命和财产的安全。美国心理学家马斯洛把人对安全的需要视为继生理需要之后的第二位需要。① 作为生活重要价值追求的安全是指人的生命、财产以及与此相关联的各种条件如居住环境、生活供应、交通出行、隐私信息不受威胁的状态，在其中，人的心理心态轻松安宁和舒展，出于特定目的的行为专注而没有后顾之忧，人们全身心地投入创造物质财富和精神产品的生产性活动，并悉心体验着生活的快乐与幸福。而一个人如果身居危邦或者乱邦，生命财产毫无保障，整天心神不宁忧心忡忡，那么，生活对他来说就犹如煎熬，痛苦不堪。古人说"宁为太平犬，莫作离乱人"，就表达出人们遭逢乱世的痛苦心情和对安全稳定生产生活环境的渴望与向往。

但，安全再怎么重要，也不是理想国度和美好社会的价值维度，而是现实社会的价值维度，这正犹如空气十分重要，但它不是社会生活空间好不好的指标一样。因为它是任何一个社会都必须达到或满足的要求，一个社会连安全也不能保障，简直可以说不是一个人间社会，而是一个原始丛林。而且，安全这个价值，也是统治阶级最有兴趣和积极性关注的，因为它与统治阶级的根本利益有最紧密的关联。一个统治者，包括很坏的统治者，他也许不会给臣民自由、权利和可靠的财产，但他一般会给臣民以安全，有时甚至是铁桶一般的安全。肆意破坏社会成员生命财产安全的统治者是最愚蠢暴虐的统治者；臣民的安全破坏之日，也是统治者自身灭亡之时。因此，一个社会仅有安全是远远不够的，安全只是坏社会与好社会之间的分界线，在安全之上还要有更重要的其他价值，这样的社会才是理想的国度，而若以安全作为美好生活的全部内容，那么，这只是猪的理想城邦。

本书以自由为核心，把自由看作是一个发展的最大可能性空间。然后，紧紧围绕着"自由是如何扩展出来的"这条逻辑主线，分别从市场、规则、政府管制、公共服务四个方面进行阐述，最后，再总括性地论述自由的条件。

---

① 参见《西方管理学名著提要》，江西人民出版社1995年版，第126页。

本书除导论外，共分六章：

第一章　自由：发展的最大可能性空间

自由是人类的高贵梦想，是人与人之间最具正义的社会关系。在人类的需要结构中，自由占有一个显著位置。作为一种具有正义性的社会关系，自由是指一个人不受他人专断意志强制的状态。在其中，我们每个人都可以自主地思考判断并决定自己的行动，而且，此种行动所导向的也是行为人自己所预设的某种理想结果。首先，人类之所以需要自由，是因为人类对自己所栖身的环境存在不可避免的无知；即便在其有限的知识领域，人类所拥有的知识也是以弥散状态分布的，任何人都无法做到集中指导所必要的知识上的集中；其次，环境与社会生活本身所具有的多样性、不确定性也要求给予人们以自由；最后，在茫茫人海中，我们不知道谁最有知，这也决定了我们需要人人皆可享有的最大限度的自由。自由的作用是巨大的，但其作用不表现为某种具体的技术性的作用，而表现在"使一切皆有可能"这种绝对可能性上。它犹如中国哲学中的"道"，所起的是"无用之用"。一个社会没有自由，则只有一种可能，如若有了自由，则一切皆有可能。自由是一种创造奇迹性硕果的艺术。在人类历史上，古希腊古罗马文明的兴盛与衰亡皆缘于自由的存在与失落。而近代以英国为代表的工业文明的兴起也是自由不断扩展的结果。资产阶级之所以能够在不到100年时间里创造出比过去一切世代所创造的生产力总和还要多还要大的财富，其根本原因就在于资产阶级通过政治革命成功实现了对公共权力的法规则控制，保护了公民的创业权利与自由，由此为社会型构出创造财富的激励机制和保护财富的积累机制，于是，社会的财富创造出现了核聚变效应与核裂变效应，这才有西方国家的发展与繁荣。20世纪以来，以东亚"四小龙"为代表的一些后发国家和地区出现了国民经济的超常规发展，其根本原因也在于自由。它们的实践证明，只有自由的生长与发展，才能使这些国家迅速摆脱贫困，发展出自己的富有活力的文明，也才能使这些国家对人类文明作出自己的独特的贡献。

第二章　市场与自由

市场是一种古老的社会现象，也是一种自发形成的社会秩序。从表面看，市场是人们进行物品交易的场所；从更深层面看，市场则是一组交易规则的集合，是一种买者和卖者共同决定价格并交换物品与劳务的机制；

而从本质上看，市场则是一种交易规则约束下形成的以权利自由交换为核心的自发秩序。人类对市场的认识与接受有一个漫长的过程，而且至今依然有分歧。但市场以自己卓越的资源配置效率不断赢得人们的越来越高、越来越广泛的社会认同。更重要的是，市场还是一个典型的社会自由空间。因为市场在逻辑上实现了利己与利人、利社会的统一；市场只与人们实现目的的手段相关而与人们各不相同的目的无涉；市场上流通的货币只是一种单纯的价值符号而没有任何社会性特征；市场上通行的原则是等价交换和自愿同意；市场还是一种反集中、去中心化的秩序，市场秩序的重要特征是责任的分散与权力的分散。市场意味着自由和开放，它让我们呼吸到新鲜的空气；伴随市场的不断扩大，使人们社会自由空间不断扩展。因此，我们不能仅仅因为资源配置的效率而肯定市场，更因为市场的自由属性而肯定市场。当然，市场上也存在着妨碍市场自由的因素，我们只有通过社会与政府的共同努力，不断消除妨碍市场自由的因素，才能更充分实现市场的自由。

第三章　规则与自由

正确理解的自由与规则密不可分，真正的自由毋宁说是规则之下的自由。没有规则也就没有弥足珍贵的自由。规则是人类各种活动借以开展的约束性条件，它是人们所发现或制定的相对最有利行动持续展开的恒常关系。人类社会性活动所需要的规则大致可分为三种类型：一是纯规则；二是正义的规则；三是政策性规则。正义的规则处于至上地位并由此形成一种开放的和平的人人皆可从中受益的社会却为法治社会。人类之所以需要规则既缘于人类对特定情形的无知，也缘于人类对未来生活之不确定性的杞人之忧，还基于人类天性中难以克服的机会主义倾向以及对有序生活的向往与追求。在规则与自由的关系上，人类的认识是有分歧的。有人把规则视为自由的对立物，认为每一种法律都是罪恶，都是对自由的破坏；另有人认为规则是自由的保障，人类只有在规则之下才有真正意义的利己与利人、利社会的自由。之所以会有如此对立的观点，既与人们对自由的不同理解有关，也与人们对规则的不同理解有关。如果我们把自由视为不受他人专断意志之强制，把规则视为一般性的正当行为规则，那么，自由只有在规则之下才可能，因为正义的规则恰恰否定了专断意志的存在。它通过划定私域、划分权利边界、协调相互之间的权利行为、促进社会合作来保护社会成员彼此相容的自由。自由的规则具有禁止抑或否定性、抽象性与一般性、确定性与稳定性、平等性与普遍适用性的特点，正义的法律、道德、惯例、习俗是其主要的形式。正义的规则要能产生最大化的社会效益，需要社会成员的合作策略。正如卢梭所言："当正直的人对一切人都遵守正义的规则，却没有人对他遵守时，正义的规则就只不过造成了坏人的幸福和正直的人的不幸罢了。"① 因此，我们需要树立对法律等正义规则的信仰，不以法律对自己的具体功利之得失而选择遵守或不遵守，在体现公平正义的法律面前，我们要果断地停住自己的脚步。当然，规则是为人服务的，而社会生活又是多变的，因此，在遵守规则上肯定会有一些例外情形。但这种例外只有在很少的情况下经过深思熟虑之后才允许存在。最后，规则固然需要稳定，但也需要变革，尤其是在社会转型时期。社会的变迁史，其实在某种程度上也就是规则的变迁史。当然，规则的变革十分复杂，需要立法者有最大程度的谦慎。

第四章 政府管制与自由

政府管制是一种微观干预的制度安排。政府管制起源很早，在柏拉图的《理想国》和《法律篇》即有描述与讨论。现代意义的政府管制起源于工业革命和市场经济的发展，到 20 世纪中叶达到其最鼎盛的阶段，就连美国这个一向被视为自由堡垒的国家也有烦琐绵密的政府管制，自由资本主义变成了管制资本主义。长期以来，人们认为外部性、逆向选择与道德风险、公地悲剧是政府管制的逻辑理据，然而深入的学理研究和有力的事实表明，所有这些都不是政府管制的充分条件，因为导致市场失灵的因素，也会导致政府失灵。现实中，政府管制不仅存在，而且常常走向过度。对政府来说，与市场偏好相比，它更强烈的是管制偏好。政府管制与公民自由的关系十分复杂，政府管制既有保护自由的一面，也有限制甚至破坏自由的一面，与前者相比，后者更为常见。除了对自由的限制，政府管制还会产生许多次生效应——非意图结果，如管制目的的失落、权力寻租的滋长、温和柔婉的专制、创新机会的窒息、服从人格的形成、对社会道德尤其是公德的破坏。因此，我们必须给政府管制以定理定位。我国也是一个以政府管制过多而著称的国家，苛严细琐的政府管制严重限制了公

---

① 卢梭：《社会契约论》，商务印书馆1980年版，第49页。

民与企业的创业自由,让社会的活力不能竞相迸发。有鉴于此,党的十八届三中全会通过的《关于全面深化改革若干重大问题的决定》要求让市场在资源配置中起决定性作用。在此精神指导下,各地开展了大刀阔斧的政府权力结构改革,推出权力清单、责任清单和企业负面清单,大力压缩政府管制范围,扩大企业与公民的自由空间。这一举措必将对我国经济社会发展和文明进程产生深远影响。

第五章 公共服务与自由

以一定形式为社会成员提供某种程度的公共服务自始就是国家和政府承担的一项职能,国家与政府也正是凭着公共服务重要供给者的资格出现于人类政治社会舞台,并获得人们的合法性认同。对公民而言,公共服务还是实现自由的必要条件。没有一定程度的公共服务,一个人所能实现的充其量只是消极意义的自由,他虽然可能不受他人强制,但无法像人一样有尊严地活着。因此,要使一个人处于全面而又真实的自由状态,除了法治,还必须提供基准的公共服务。但是我们又应该看到,政府提供的公共服务又可能反过来对公民自由产生限制性影响,比如那种绝对的具有特权性质的保障就可能构成对公民自由的破坏。历史上就有这种融保障与约束于一体的社会体制。从逻辑上分析,公共服务影响到公民自由有多种可能路径。因此,我们对公共服务尤其是由政府提供的公共服务必须保持必要的警惕,务必防止公共福利由保障性的"安全网"异变成弱化一个人责任担当精神的"安乐椅"。20世纪末以来,西方国家鉴于政府提供过度公共服务的弊端日显,纷纷启动了福利制度改革,有选择地缓慢地降低公共服务水平,增加公民改善自身境况的责任,创新通过社会自身提供公共服务的制度安排。此类改革尽管阻力很大,但成效很明显,也得到人们越来越多的支持。全球范围内,人们都在努力寻求与公民自由相生相容的公共服务制度安排。

第六章 自由的条件

自由虽然弥足珍贵,但也十分脆弱。正如卢梭所言:人是生而自由的,但却无往不在枷锁之中。从古至今,自由犹如沙漠中的绿洲或海洋中的孤岛,零星存在且随时有被吞噬的危险。热爱自由、真心向往自由、不惜为自由而战的人不多,因各种原因而敌视自由、反对自由的人不少。自由只有在少数地方存在。因为人类只有在少数地方形成了经交易互换为主导的经济生活方式；只有少数地方完成了部落共同体向开放社会的转型；只有少数地方摈弃了目标的统治而采取规则的统治；只有在少数地方形成了人本主义的社会文化。人类社会中始终存在着许多破坏自由的力量，它们都是自由的敌人。自由是如阳光空气一样重要的社会公共产品。弥足珍贵的自由是需要一系列社会条件的，如经济条件、政治条件、文化条件，如果这些条件都具备，自由或许就会洋溢在我们周围，我们虽然看不见，但可以分明感觉得到自由的存在，并从中受益无限（见下图）。

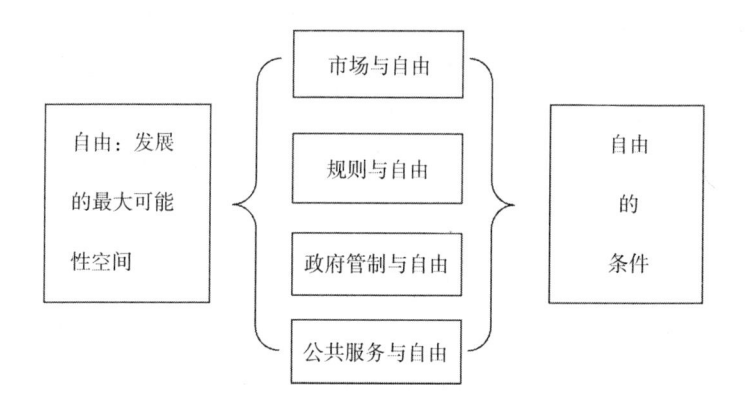

```
                    ┌─ 市场与自由 ─┐
自由：发展           │             │    自由
的最大可能  ────────┤ 规则与自由   ├───  的
性空间              │             │    条件
                    │ 政府管制与自由 │
                    │             │
                    └─ 公共服务与自由 ┘
```

本书以马克思主义为指导思想，以马克思主义的世界观为总体方法论，通过逻辑建构、理论分析、事例实证以及纵横比对来从逻辑角度回答"自由是如何扩展的"这一核心问题。在提出并论证"自由：发展的最大可能性空间"这个命题之后，分别论述市场秩序、正义规则、政府管制、公共服务各自与自由之间的关系，最后再总括性地从经济、政治和文化三个维度，概述维护自由的一般性条件。鉴于研究主题的限制，民主、平等、博爱、宽容与自由的关系不在本书涉猎范围。为了体现对前人知识发现和思想成果的敬意与尊重，体现学术魂脉的延续与承继，笔者尽可能把直接引用的观点以页下注形式标注出来；而又考虑到阅读的便利性，凡先秦诸子文献直接在文中括号内标注。在观点引用上，笔者本着马克思主义的开放态度，不以思想流派和学派划界，凡有助于说明本书主旨和各篇章思想观点者，皆择其精要引用之。

笔者选择"自由是如何扩展的"这个研究课题是极有难度与挑战性的。因为，在我国，自由是一个少有人触及的话题，半个多世纪以来的禁讳已经让人们对自由倍感陌生；而一些人假借自由之名做的一些事情在令人痛心糟蹋了自由的同时，也让人对自由的研究退避三舍。然而，自由依然以其独特的巨大魅力吸引着我们的目光，人们也依其不可违逆的天性向往着自由。再则，我们奉为思想导师的马克思、恩格斯不正是最有强烈自由情怀的人吗？共产党人为之奋斗终生的目标不正是自由人的联合体吗？而我国改革开放以来有限的自由实践不也已经充分体现了自由那种神奇的作用吗？大众创业万众创新的热潮以及对全面推进依法治国的渴望不正体现了人们对更普遍更充分更平等之自由的向往吗？回望百年奋斗历程，中国共产党始终把人民更加自由视为革命和建设的奋斗目标；党的十八大更是明确把自由列为社会主义的核心价值。由此可见，自由是社会主义的核心要义，是社会主义的人道价值所在，社会主义动人心魄的魅力就在于它能比资本主义提供更普遍的更充分的和更平等的自由，并最终过渡到自由人的联合体——共产主义社会。路漫漫其修远兮，吾将上下而求索！

第一章　自由:发展的最大可能性空间

　　自由是创造奇迹性硕果的艺术。　　　　　　——托克维尔

　　自由是人类的高贵梦想,是人与人之间最具正义的社会关系。在人类的需要结构中,自由占据一个显要位置。追求自由的欲望是如此普遍而强烈,以至于世上没有一种力量能够将其泯灭。天地之间,生而为人,不自由毋宁死。自由也可以说是举世公认的共同价值,不然,就不会全世界都把剥夺自由作为对一个犯罪分子的惩罚,也不会把施以监禁的威胁视为制止不法行为的行之有效的手段。自古以来,人类无数先贤哲人为自由奔走呼号,虽九死其犹未悔;我们的思想导师马克思也是一个伟大的自由讴歌者。他认为:自由是人的天性,是人所固有的东西,自由是全部精神存在的类的本质。他指出:"各种自由向来就是存在的,不过有时表现为特权,有时表现为普遍权利而已。"① 人类先进力量所肩负的一个伟大使命就是通过彻底的政治与社会革命,把以前表现为特权的自由还原为普遍享有的自由,进而建立一个自由人的联合体,在那里,每个人的自由发展是一切人的自由发展的条件。恩格斯在回复卡内帕的题词请求时说再也找不到比这更能清楚准确地表达马克思的理想情怀了。② 从自由与发展的关系角度看,自由是一种发展的最大可能性空间,自由为发展提供了最大化的也是最多样化的可能性,并且为发展提供不竭的源泉和动力。因此,自由是一种最能产生奇迹性硕果的生活艺术,人类没有自由,社会只有一种可能,而如果有了自由,则一切皆有可能。自由的扩展就是一个不断增加发

---

① 《马克思恩格斯全集》第1卷,人民出版社1956年版,第63页。
② 《马克思恩格斯文集》第10卷,人民出版社2009年版,第666页。

展可能性的过程；与此同时，发展也是一个不断扩大人们自由空间的过程，它通过革除一些社会性的障碍、制度性的羁绊和提供更优越的基准公共服务条件而扩展了人们的自由空间，并使自由从一种可能性变成现实性。简言之，自由就是持久发展之道。

一　自由的界说

什么是自由？这是一个与"什么是人"一样古老而又永恒困惑着人类的问题。人类对这个问题已经讨论了上千年了，相信今后还会一直讨论下去。人类之所以如此纠集于自由，是因为自由是复杂的而又是简单的，是有巨大意义而又无具体价值的，是人心所向往憧憬而又容易被人遗忘和抛弃的。孟德斯鸠说："没有一个词比自由有更多的含义，并在人们意识中留下更多不同的印象了。"[①] 人类对自由并无多少共识，即便在一些基本的层面或者核心的层次上，人们的认识也是歧见纷繁、莫衷一是。台湾学者殷海光用诗的语言描述了人类对自由认识上的分歧："自由是许多人恐惧的乌云，也是另外许多人欣喜的朝阳。自由是许多人要扑灭的瘟疫，也是另外许多人需要的滋养。自由是许多人想象的混乱，也是另外许多人欣赏的孤芳。不少人假借自由之名以行不义，更有不少人献身以求实现自由的天堂。自由啊！你的面目怎么这样变化无常？我要端详你多方！揭开我的面纱吧，我本来是如此端庄！"[②]

在中华古典政治文明的话语体系里没有自由这个词汇，只有少数几个神秘主义哲学家如庄子讨论过那种犹如天马行空无拘无束，甚至无依无凭的神秘状态；而对绝大多数人来说，尤其是那些生活在帝国专制政治结构中的臣民们从来不知自由为何物，更没有品尝过自由的味道。几千年的君主专制政治史对臣民来说大致不外乎是"暂时做稳了奴隶的时代"和"连奴隶也做不稳的时代"的无尽循环。

由于从不曾有过自由的生活状态，也不允许有对自由的向往和讨论，因此，我们这个民族对自由的认识是模糊的甚至是错误，在偶尔有之的思

[①] 孟德斯鸠：《论法的精神》上卷，商务印书馆1961年版，第153页。
[②] 殷海光：《中国文化的展望》，上海三联书店2002年版，第476页。

想讨论中则充满了对自由的深深误解和惊人混乱。自近代以来，在全球范围内的文明交流与对话中，如果说有一些文明价值被误解的话，那么，最大的误解就是对自由的误解。我们常常把自由理解成一个人想怎么干就怎么干的状态，理解成无法无天、任性妄为的状态，理解成极度自私自利以至于根本不顾他人与社会的状态，我们把那种追求这种状态的行为趋向称之为自由化，把那种视此状态为理想的信念体系称之为自由主义，因此才有拼了命也要反对自由化和反对自由主义之一说。其实，上述状态与自由毫不相干，它与其说是自由状态，还不如说是纵欲状态或者是弱肉强食的丛林状态。这种对自由的肤浅误解直到今天依然普遍存在。2014年，上海市高考材料作文题：我们可以以不同的方式穿过沙漠，我们是自由的；但我们只有穿过沙漠一个选择，我们又是不自由的。这里同样体现了对自由的深深误解。

人类虽然不能清晰地解析出自由的精确含义，或者虽然无法对什么是自由达成一致共识，但对什么是不自由却可以有大致相同的感受和看法。波兰有一位诗人在一首名为《自由》的短诗中写道："就算我不能定义自由的本质，但我确切地知道什么是不自由。"我们都会认可监狱里的犯人是不自由的，奴隶主家里或者种植园里的奴隶是不自由的，半路上遭人抢劫被迫交出自己随身携带的财物的可怜人是不自由的，一个处于父母监护之下的小孩子是不自由的，无垠沙漠里的旅行者面对水井垄断者时是不自由的，奥斯维辛集中营里的犹太人是不自由的，作为战争机器上一个零件的士兵是不自由的，还有墨子所理想的"尚同社会"里的臣民是不自由的，他们都要一切行动听指挥；计划经济体制下作为政府附属物的企业和如蚁工一样劳动的工人也是不自由的。然而，轮椅上的残疾人、冰山上深陷冰窖的登山者、身无分文的流浪汉、破了产的企业主，是不是自由，就不可简单推论。

因此，自由一定是表征出一种特殊结构状态的人与人之间的关系，单纯的人与自然的关系，无所谓自由或者不自由。自由只可能存在于社会之中，而不会在社会之外存在。正如柏克所言"自由不是孤立的、无联系的、个人的、自私的自由，似乎每个人都可以按照自己的意志调节自己的全部行为。——自由是社会的自由。这种社会的自由是一种状态，在这种状态中，自由是通过平等的限制来实现的。这种社会的自由又是一种结构,在这种结构中,个人的自由、团体的自由和众人的自由都不能找到任何凭借和渠道来侵犯社会中的任何个人或任何类别的人的自由。确实,这种自由只是正义的代名词。它由充满智慧的严谨法律来确定,并由建构良好的一系列制度来保障"。①

作为一种特殊结构状态的人与人之间关系,自由是指一个人不受他人专断意志强制的状态。在其中,我们每个人都可以自主地思考判断并决定自己的行动,而且,此种行动所导向的也是行为人自己所预设的某种理想结果。在这里,自主或不受他人专断意志控制和导向行为人自己所预期的结果,是构成自由的两个基本要件。如果一个人不能自主地思考判断并作出决定,或者他的行为不以其意志为转移地导向他人预设的某个结局,则我们可以判断这个人处于不自由状态。因此,自由表征的是一种人际之间不以专断意志及行动相冲犯的相忘关系,在此种关系中,基于互利的自愿合作才有可能,并使双方都从中受益。

自由并不意味着人不受客观条件下制约,并不是庄子所理想的那种无所依凭的"无待状态"。这种"无待状态",从根本上说是一种违背科学的主观幻想。任何时候,任何社会,个人总是在诸多条件约束下作出行为选择。这或许犹如人类在地心引力下活动一样真实和无有例外。外在客观条件约束下的行为选择,并非是不自由的选择,正如我们不能因为受地心引力而无法脱离开地球就说自己不自由一样。只有当一个人其行为选择受某一个或若干个独立行为主体的专断意志强制,我们才可以说这个人处于受强制或奴役的不自由状态。

自由并不意味着强制的不存在,而只是意味着那种"无规则可循的强制"的不存在,普遍的有规则可循的强制依然是存在的。而且,也正是因为存在着这种普遍的有规则可循的强制,人类追求效用最大化的自利行为才不会趋于放纵,才会停留在一个正义的边界范围之内,也才会有人与人之间的相安、相容与相和。因此,普遍的有规则可循的强制,是自由的一个保障性条件,它与自由没有本质冲突。与自由形成本质冲突的是那种个别化的、也没有规则可以遵循的、且不知何时何地来临的不确定性强制,处于此种类型强制之下的人根本没有自由可言,他们是真正意义上的

---

① 柏克:《自由与传统》,商务印书馆2001年版,第106页。

奴隶。基于此种认识，哈耶克才把自由理解为"一种不受他人专断意志干涉的状态。在这种状态下，人们受到的强制，仅仅是普遍有效的、平等适用于一切人的法律所规定的强制，而绝不是专横的行政当局所规定的强制"。① 在自由的环境中，个人所受到的强制是来自确保公正的普遍行为规则得到遵守而由公共力量施加的非个人性的普遍的强制。这种强制的非人格性和普遍性是如此之明显，以至于完全可以让人们把它视作与自然环境对一个人的强制没有明显区别的一种强制。对这种强制，任何一个心智健全的人都可以认知，并提前采取措施予以避免。只受此种强制的人绝不是一个不自由的人，而是一个真正享有社会性自由的人。

是否自由也与一个人所拥有的选择项数没有本质性关联。我们不能绝对地说一个人所拥有的选择项数越多，其享有的自由度就越大。因为有多少行动途径可供选择的问题，固然很重要，但是，它却与下述问题不同：个人在多大程度上能按他自己的计划和意图行事，他的行动模式在多大程度上出于他自己的构设，亦即指向他一贯努力追求的目的，而非指向他人为使他做他们想让他做的事而创设的必要境况。个人是否自由，并不取决于他可选择的范围大小，而取决于他能否期望按其现有的意图形成自己的行动路径，或者取决于他人是否有权力操纵各种条件以使他按照他人的意志而非行动者本人的意志行事。因此，自由预设了个人具有某种确获保障的私域。② 也就是说，选择范围的大小，并非是自由的本质性规定，而只是自由的量度规定。在一个人处于自由状态时，选择范围越大，其所享有的自由也越大。而当他本身已然不自由时，选择范围的大小尽管不是没有意义，但与他是否自由已经没有关系。一个人所拥有的选择项数只有在他是自由的状态下才有实质性意义，它标志出一个人的自由程度，选择项数越多，在一定意义上他也就越自由；而在他不处于自由状态下，选择项数的多少并无太大的意义。总之，选择项数的有无和多少并不是一个人是否处于自由状态的关键性标准，只是一个衡量自由度的标准。判断一个人是否自由关键是看他是否能够自主地认识所面临的形势，是否能自主地设定所要追求的目标，是否能够自主地选择最大化其利益的行为方案和路径，

---

① 《哈耶克文选》，江苏人民出版社2007年版，第55页。
② 哈耶克：《自由秩序原理》上册，生活·读书·新知三联书店1997年版，第6页。

最终其所达到的状态是不是出于他人预设。

另外，一个人是否自由也与他是否具有做某种想做之事的行动能力没有关系。一个残疾人没有像普通人一样的行走能力，但这并不表明残疾人就是不自由的；同理，一个人没有支持他周游世界的经济能力，也不表明他就没有自由。因为能力的缺乏只是一种客观事实，人们受这种客观事实的约束，就如同像受客观环境的约束一样，它与一个人是否自由完全是分属不同概念系统的两件事。无能力并不等于无自由，有能力也并不等于有自由。哈耶克在《自由秩序原理》一书中，对把自由与做事之能力混同起来进行了分析批判，认为这是一种比把自由与选择范围的大小混同起来更为危险的混淆。"这种视自由为能力或力量的观点，一经认可，就会变得荒诞至极，使某些人大肆利用自由这一术语的号召力，去支持那些摧毁个人自由的措施；另外，这种观点一经认可，各种诡计亦将大行其道，有些人甚至可以借自由之名而规劝人民放弃自由。正是借助于此一混淆，控制环境的集体力量观取代了个人自由观，而且在全权性国家中，人们亦已借自由之名压制自由。"① 他认为，自由与做事之能力或力量完全是两个概念。一个享有豪奢生活但须唯其君王之命是从的朝臣，可能会比一贫困之农民或工匠更少自由，更少能按自己的生活方式生活和选择自己认为有益的机会。同理，一位统率军队的将领或指挥大建设工程的负责人，可能在某些方面拥有颇无限制的巨大权力，但较之最贫困的农民或牧民，将军或工程指挥者的自由却可能更少，更易于按其上级的命令去变更自己原有的意图和计划，更少能改变自己的生活或决定何者对其最为重要。他甚至说，一个身无分文的流浪汉，虽凑合地过着朝不保夕的生活，但的确要比享有各种保障且过着较舒适生活的应征士兵更自由。② 因此，做事的能力以及由此带来的满足自己欲望的程度与一个人是否自由无涉。一个自由的社会不一定让人们的所有欲望都得到满足，但它把强制的法律降低到最低的限度，提供不断扩大的选择余地。而不自由的社会却可能让人们眼前的一些欲望得到满足，却不会提供日增的选择余地和潜力。

最后，自由正像和平一样，也是一个否定性概念，它只是意指某种特

---

① 哈耶克：《自由秩序原理》上册，生活·读书·新知三联书店1997年版，第10页。
② 同上书，第13页。

定障碍——他人实施的强制——的不存在,它是否能够具有肯定性,完全取决于我们对它的使用和认识。但自由绝不会因其所具有的这种否定性品格而减损其价值。自由虽然不能保证我们一定获致某些特定的机会,但却允许我们自己决定如何处理或运用我们所处于其间的各种情势。正因为自由只是一个否定性概念,其本身没有什么肯定性内容。因此,"一些人很可能不会珍视我们所关注的自由,也不认为他们从此一自由中获致了巨大的裨益,甚至还会为了获取其他的利益而随时放弃此种自由;有些人可能更极端,甚至认为按自己的计划和决策行事的必要性,与其说是一种利益,毋宁说是一种负担"。① 他们时刻打算着为了某种利益——哪怕是暂时的或微小的利益——而放弃自己的自由。这是人类捍卫自由之所以如此困难的一个重要原因。哈耶克指出:自由并不是一种完美无缺的状态,而毋宁说是一种机会与风险并存的状态,"我们可能是自由的,但同时也可能是悲苦的。自由并不意味着一切善物,甚或亦不意味着一切弊端或恶行之不存在。的确,所谓自由,亦可以意指有饥饿的自由,有犯重大错误的自由,或有冒生命危险的自由。"② 自由必然包括自由地做错事或犯错误的权利。因为做事的对错是一个比较主观且事后才能证明的问题,有些事的对错可以说是聚讼纷纭莫衷一是,而有些事情的对错甚至要过若干年以后才能有确然的答案。自由如果只是做正确之事,那么任何事情都不会得到尝试和探索,人类将会因此而失去许多我们无法估量其价值的机会。因此,自由是指不受他人专断意志限制的行动,这里的行动绝不是仅指正确的或美德的行动,而是一般的中性的行动。如果把行动内容的正确与否加入自由的定义,则会产生各种混淆。不允许人犯错误,这既不可能,也不现实,更是乌托邦主义和专制主义的理论依据。③

二 自由的逻辑理据

人类对自由的论证也已经有几百年的历史,这期间思想家们提出了关

---

① 哈耶克:《自由秩序原理》上册,生活·读书·新知三联书店1997年版,第12页。
② 同上书,第13页。
③ 顾肃:《自由主义基本理念》,中央编译出版社2003年版,第60页。

于人类何以需要自由的众多理论学说。有从道德角度论证的言说,有从功利角度论证的言说。卢梭就从道德角度论证了人类自由的必要。他指出,自由是人之为人的本质规定,"放弃自己的自由,就是放弃自己做人的资格,就是放弃人类的权利,基本是放弃自己的义务。对于一个放弃了一切的人,是无法加以任何补偿的。这样一种弃权是不合人性的;而且取消了自己意志的一切自由,也就是取消了自己行为的一切道德性"。① 而以密尔为代表的功利主义者则从功利角度论证自由何以必要。他们认为自由是一个人潜能得到发挥与发展的必要条件,也是一个社会能够发展繁荣的必要条件。只有自由才能使社会的总体功利达到最大值。反之,如果扼杀自由,那么将会导致全社会的平庸、懒惰、缺少真知灼见和决策的合理性,最终导致总体功利的巨大损失。因此,只要不涉及他人,个性就有维持自身和自由发展的权利。凡在不以本人自己的性格,却以他人的传统或习俗作为行为准则的地方,那里就缺少人类幸福的一个主要因素,这包括个人进步与社会进步的一切主要因素。马克思主义即把自由视为人的类本质,认为自由是人的天性,是全部精神存在的类的本质,自由确实是人所固有的东西,"各种自由向来就是存在的,不过有时表现为特权,有时表现为普遍权利而已"。② 同时也认为自由是人类发展的最好条件,只有在真正自由的社会生活中,物质财富的一切源泉才能充分涌流,人类的潜能也才能得到充分而又全面的发挥,人们才既不会受物的奴役,也不会受他人的控制,而真正成为自己的主人,成为自己所创造的一切财富的主人。因此,解放生产力,发展生产力,归根到底是要解放人,而要实现人的解放,恢复人的自由,必须废除资本主义私有制,在整个社会共同占有的基础上重建个人所有制。让人们在真正的共同体中找回真正的个人自由。

关于自由何以必要的上述言说,使自由获得了人们较为普遍的认同。这些理论学说激励了一代又一代人,驱使他们为自由而战。人类正是在这一代又一代人前仆后继的不懈努力中,砸碎了专制、极权、独裁的暴政枷锁,步入了自由的世界,并有力地推动了自由的普遍与发展。今天,如果

---

① 卢梭:《社会契约论》,商务印书馆1980年版,第16页。
② 《马克思恩格斯全集》第1卷,人民出版社1956年版,第63页。

说自由作为人类的第一价值已比较普遍地被人们所接受，世界上不再有人公开宣称自己是自由的敌人，就连一些内心敌视自由的人，也开始转身高唱自由的赞歌，那么，这就与上述两个角度对自由的论证是分不开的。没有一代又一代自由主义思想家包括马克思主义经典作家为自由的大声疾呼和系统论证，就没有自由的普及与风行，自由很可能依然局限于极少数人圈内风花雪月般的浅吟低唱，而没有成为大众的价值共识。然而，关于自由何以必要的上述言说也是有其内在的缺陷，因而也很容易招致人们的批评与质疑。道德视角的言说看似有力，其实非常虚弱，且不可证伪，它更多的是一种形而上学的意识形态理论。对功利视角的言说，人们很容易举出反面的事例予以反驳。卢梭就曾一针见血地指出：人生而自由平等，但却无往不在枷锁之中。在历史的某些片段，农工商业、科学技术和文学艺术在专制国家也曾有过耀眼的辉煌；即便在20世纪，一些不自由的国家和地区也曾以比自由国家快得多的速度实现工业化和现代化，成为雄视天下几无对手的超级大国。它们用不长的时间走完了早发国家很长时间才能走完的路程，并常常以此自傲从而忽视自由的价值。因此，自由直至今天仍未成为人们确信不疑的价值。我们还须有对自由的热情讴歌和冷静理性的逻辑论证，我们必须为自由另寻其他逻辑理据，把自由置于更加无可辩驳的基础之上。

在人类的知识发展史上，成功实现关于自由的论证视角转换的是哈耶克。他独辟蹊径地从知识论的角度论证了自由之必要性，从而为自由奠定了最为坚实的逻辑基础。他的核心思想观点就是社会成员对环境知识的有限性、社会中知识的弥散状态分布以及环境与社会生活的不确定性和进步的不可计划性，要求赋予每一个人以最大限度的自由。

1. 人类对环境知识存在无可避免的无知要求赋予每个人以充分自由

环境是我们人类赖以生存与发展的各种条件与关系的总和。我们凭借着自己的感官、智力、智慧和理性以及实践经验的积累总能够获得对环境的部分认识。正是这种理性、认知和知识是人类有别于其他动物的标志，也是人类在与其他动物竞争中成功胜出的条件。人类对自己的理性非常自信，甚至是有些迷信与崇拜，其典型的意识形态就是笛卡儿式的理性主义。人的理性果然有洞察一切的能力吗？知识越来越多的人类果然能达到对所栖身环境的全知全识吗？不，绝不可能！实际上，人类的理性是有局限性的，自然环境和社会生活都有理性所不及的领域。马克思认为理性的方法固然重要，但它绝不是一个永恒至上、完备无缺的认识工具，"人类的理性最不纯洁，它只具有不完备的见解，每走一步都要遇到新的待解决的问题"。① 哈耶克也认为：理性虽然是人类所拥有的最为珍贵的禀赋，但人类理性并非万能而实为有限。② 无论是理性的认识对象还是理性自身，都存在理性不及之处，由此决定了人类对自己所栖身的环境以及实现其目的与福利所必须凭借的众多因素存在着无可避免的结构性无知，与人类的知识面相比，其未知面更大，对人类行为的影响和约束也更深层有力。一个真正智慧、理性成熟的人不仅知道自己的知识面，也知道自己的未知面，他对自己知识的有限性抱有一份理性的清醒，对自己和整个人类的未知领域抱持一份尊重与敬畏。此种知识心态会使行动者的选择趋向慎重、明智和节制。在此意义上，确如苏格拉底所言，承认我们的无知，乃是开启智慧之母。近代以来，伴随着科学技术的进步，人类所掌握的知识越来越多，人们也"往往会对其知识的增长感到自豪和得意。但是不容我们忽视的是，在知识增长的同时，作为人自身创造的结果，对于人有意识的行动会产生重要影响的人的有意识知识的局限、从而也是人的无知范围，亦会不断地增加和扩大。人类的知识愈多，那么每一个个人的心智从中所能汲取的知识份额亦就愈小。我们的文明程度愈高，那么每一个个人对文明运行所依凭的事实亦就一定知之甚少。知识的分立特性，当会扩大个人的必然无知的范围，亦即使个人对这种知识中的大部分知识必然处于无知的状态"③。即便是人类的已知领域，我们关于世界和行动结构的知识在事实上也远非完全和确切。比如"对于市场和类似结构，我们仅仅具有很不精确的一般知识，有许许多多的事实是我们无法计算的"④。自然科学家倾向于强调我们确知的东西，这可能是极为自然的事情；但是在社会领域中，却往往是那些并不为我们所知的东西更具有重要意义。因此，在研究社会的过程中采取科学家那种强调已知之物的取向，很可能会

---

① 《马克思恩格斯选集》第1卷，人民出版社1995年版，第149页。
② 哈耶克：《自由秩序原理》上册，生活·读书·新知三联书店1997年版，第80页。
③ 同上书，第25页。
④ 《哈耶克文选》，江苏人民出版社2007年版，第406页。

导致极具误导性的结果。① 即误导我们认为对世界已经有完全确切的知识，误导我们以为能够根据这种确知对世界和人类社会进行全盘的建构和重塑，误导我们自负地运用自以为完全的知识来组织和集中指导无限复杂的社会生活。

人类所面临的无可克服的无知包括四个方面：一是对他人知识面的无知。我们根本无法知道他人的知识构成，更不知道他人的知识优势；有时，有的人的知识远远超出其他所有人的理解范围，以至于让大家包括那些顶尖的科学权威都感到匪夷所思，恰如柏拉图"洞穴比喻"中那个掌握了世界真知的哲学家不被那些洞穴里人所理解一样。二是对自身所面临环境的无知。我们充其量只能认识环境的一部分而无法把握整个环境；哪怕是我们自以为非常熟悉的环境，其实仍有许多我们未知的东西。它们以我们所不知道的方式和程度影响着我们的行为选择。三是对进步方向的无知。没有人知道进步的无限向度中到底会出现哪个向度的发展，也无人知道今日之事对未来会产生何种影响，更没有人知道未来会变得怎样。四是对一些理性不及之领域的无知。在我们今天贸然斥之为迷信的领域，其实可能就是理性不及的领域。由于理性未及，我们对其表现出无知。在所有这些类型的无知中，有的通过科学探测可以变无知为有知，而有的无知是科学永远也无法克服的，而只能借助社会的规则或交往机制与秩序予以应对。人生一世，一个人通过自己的学习努力和知识探险能够解决的无知问题是很有限的，更多的无知问题依靠遵循他人经验和社会的风俗习惯以及通过社会的合作交往予以解决。正如哈耶克所言："文明帮助我们克服个人知识局限性的方法之一便是对无知的征服，但是其具体做法却不是使他获取更多的知识，而是使他能够利用那些广泛分散于个人之中的知识。"②

既然行动者对他们的环境和大多数目的与福利之实现所依凭的各种各样的因素都具有必然的无知（有知的有限），那么就必须给予他们在自己所遭遇的界面上运用自己有限的知识进行探索的自由，以期找到某种解决问题的相对最佳办法。哈耶克在《自由秩序原理》一书中指出："主张个人自由的依据，主要在于承认所有的人对于实现其目的及福利所赖以为基

---

① 哈耶克：《自由秩序原理》上册，生活·读书·新知三联书店1997年版，第20页。
② 哈耶克：《法律、立法与自由》第1卷，中国大百科全书出版社2000年版，第13页。

础的众多因素，都存有不可避免的无知。如果存在着无所不知的人，如果我们不仅能知道所有影响实现我们当下希望的因素，而且还能知道所有影响实现我们未来需求和欲望的因素，那么主张自由亦就无甚意义了。——正是因为每个个人知之甚少，而且也因为我们甚少知道我们当中何者知道得最多，我们才相信，众多人士经由独立的和竞争的努力，能促使那些我们见到便会需要的东西的出现。"① 后来在许多场合，哈耶克一再重申自己此前的观点："个人自由的终极理由就是，对于决定着所有其他人的行动的大多数条件，我们有着无可避免的无知。"② "在我们最无知的地方，在没有人能够预言迈出下一步的结果为何的地方，自由亦最为重要。"③ 如果每一个人都有这种运用自己有限知识进行探索的自由，那么，一方面，每一个人所拥有的有限知识得到充分运用；另一方面，我们也能借助社会交往而从自己所不具有的知识中获益。文明就始于个人在追求其目标时能够使用较其本人所拥有的更多的知识，始于个人能够从其本人并不拥有的知识中获益并超越其无知的限度。④ 相反，一个人如果因为自己的知识而自以为无所不知，那么他就会陷于自己知识的迷区，陷于知识发现和传播的自我锁闭状态，而且他还会进一步趋于夸大人类心智的能力，在此基础上试图对人类社会的结构和发展进行理性主义的建构，从而做出许多自以为很聪明其实恰恰很愚蠢的举动。历史上那些乌托邦的倡导者和20世纪的计划经济实验者无不具有夸大人类理性能力和有知程度的心理倾向，他们或者坚信存在全知全能者并热切期待这个人的降临，或者自负地认为自己就是掌握了绝对真理的全知全能者而要求他人的绝对服从，因此，他们毫无例外的都是自由的敌人。

2. 人类知识分布上的分立状态也要求赋予人们以充分自由

人类的知识不仅是有限的、不完备的，而且这一有限不完备的知识也是以弥散状态分布在所有社会成员手中，它们无法通过任何手段集中整合在一起，为某一个人或组织所掌握；而分散在社会成员当中的知识总量又

---

① 哈耶克：《自由秩序原理》上册，生活·读书·新知三联书店1997年版，第28页。
② 同上书，第23页。
③ 哈耶克：《自由秩序原理》下册，生活·读书·新知三联书店1997年版，第182页。
④ 哈耶克：《自由秩序原理》上册，生活·读书·新知三联书店1997年版，第19页。

是如此之巨，以至于任何超级计算机也无法有效处理。我们所熟知的被一些人视为解决问题之利器的科学，也只是人类现有知识中经过整理而以系统化的形式存在的一小部分，人类还有大量的知识没有被整合进来，也可能整合不进来。"市场过程的每一个参与者所利用的特殊信息——是科学的观察者或任何一个单独的头脑所无法全部掌握的。"① 在这里，哈耶克提出一个重要概念——知识分工来反映和概括这种知识分布状况。他指出：在人类社会存在着一个知识分工的问题，这种问题的重要性类似于至少不亚于劳动分工问题。它才是经济学作为一门社会科学所应研究的真正关键的问题。然而，长期以来经济学一直在强调劳动分工问题，却很少强调知识分立性的问题，同时也很少强调这样一个事实，即每一个社会成员都只能拥有为所有社会成员所掌握的知识中的一小部分，从而每个社会成员对于社会运行所依凭的大多数事实也都处于无知状态。② 所谓知识分工或者分立，意指一种知识的分布状态，其中我们必须加以利用的关于环境的知识非均衡地分布在所有的社会成员之中，这些知识从来不会以集中的或整全的形态存在，我们所能见到的也只能是每一分立的个体分别掌握的零散的、不完整的知识。哈耶克指出："知识只会作为个人的知识而存在。所谓整个社会的知识，只是一种比喻而已。所有个人的知识的总和，绝不是作为一种整合过的整体知识而存在的。这种所有个人的知识的确存在，但却是以分散的、不完全的、有时甚至是彼此冲突的信念的形式散存于个人之间的。"③ 社会生活中的每一个人，即便是最低微、最孤陋寡闻者，也都有为他人所不知的知识面，都有其某一特定时点上的知识优势，但他们所了解的都只是知识海洋中的孤岛。诚然，不同的人所掌握的知识孤岛有大小之别，其差距之大几如天地之悬殊，但"与那种在动态的文明进化中不断为人们所使用的全部知识相比较，那种在最为明智的人士所拥有的知识与最为无知之个人能有意识使用的知识之间所存在的差异，亦就无甚意义了"。④ 在思想上与哈耶克遥相呼应的波普尔也认为："集中权力是容易的，但要集中分散在许多个人的心灵里的全部知识则是不可能

---

① 《哈耶克文选》，江苏人民出版社2007年版，第409页。
② 哈耶克：《法律、立法与自由》，中国大百科全书出版社2000年版，第11页。
③ 哈耶克：《自由秩序原理》上册，生活·读书·新知三联书店1997年版，第22页。
④ 同上书，第29页。

的，而这种知识的集中却又为明智地运用集中的权力所必要"①，这个事实有着影响深远的后果，它逻辑地决定了赋予所有人以最充分自由的必要性。时至今日，基于劳动分工而形成的知识分工已然达到乖谬的程度，出现了无谓的专业化的困境，人们对越来越少的事情知道得越来越多了。既然所有人的知识都是不完备的，每个分工中的个人知道别人不知道的知识，同时不知道别人知道的大部分知识，那么要想实现资源的有效配置，就必须赋予每一个人以最大限度的自由，使他们能够在一般性正当行为规则约束下和一个他可以稳定预期的制度框架中就自己所遭遇到的问题进行探索，以探索出一种解决问题的最成功办法。"如果人想尽其所能为共同的社会目的作出自己的重大贡献，那么他就应当享有一种充分使用他自己的知识和技艺的自由。"② 因此，社会知识分布的分散性、非整全性逻辑地否弃了建基于信息的集中把握基础上的计划经济而把信息、知识的自由处理权利赋予社会生活中的每一个人，让他们在法律和制度框架内有充分的自由决定自己的行为选择。在此行动过程中，社会会形成一种自生自发的秩序，其中，人们借助着价格传递着经济生活中的知识与信息，并从那些自己并不拥有的知识中获益。这或许就是自生自发的市场秩序的优越性所在，是人类在知识有限且相互分立的情况下实现自己目的与最大化福利的最好或唯一的途径。

3. 环境与社会生活本身所具有的多样性和不确定性也要求给予人们以自由

多样性和不确定性是环境与社会生活无可克服的属性。它既是环境与社会生活本身的属性，也与人类对环境和社会生活的不完全认识相伴相生。多样性和不确定性加剧了知识的难度，也扩大了未知的域面；反过来，对环境与社会生活的不完全认识也使其具有更高的不确定性。不确定性就意味着风险，当然也蕴藏着机会。然而，到底是风险还是机会也是高度不确定的。这既是环境和社会生活让人感到难以把握的地方，也是环境与社会生活始终吸引人的魅力所在。环境与社会生活的不确定性要求赋予

---

① 波普尔：《历史主义贫困论》，中国社会科学出版社1998年版，第80页。
② 哈耶克：《个人主义与经济秩序》，复旦大学出版社2013年版，第12页。

栖身其中的人以充分的自由，让他们自由地去发现把握不确定性中蕴藏的稍纵即逝的机会，把其中的最好可能性变成现实性。假如人们所面临的环境与社会生活完全确定，生活之枯燥暂且不说，自由也就没有任何意义了。因此，自由实与环境及社会生活的不确定性有关。哈耶克在《通往奴役之路》一书中也曾经明确指出：自由对人类之所以必要，根本在于大自然的不确定性，在于人类必须在各个方向上不断实验新的生活方式，才能应对未来的灾难和挑战。"为自由而辩护的理由，正是我们应该替难以预见的自由发展保留余地。"① 那种认为"为了达到更高级的文明状态，我们只需将现在指导我们的种种理念付诸实施即可"的想法是错误的。如果我们要实现进步，我们就必须为不断地修正我们目前的观念和理想留出空间，从而使之适应于未来的实践。"为了给不可预见的和不可预测的事象提供发展空间，自由乃是必不可少的。"② 另外，从人类的进步角度看，进步是一种人对其智力进行组合和修正的进程，亦即一种调适和学习的进程。进步在于发现尚未知晓的事象，它的结果是不可预见的。即使在那种最刻意探求新知识的领域，亦即科学领域，也无人能预见其工作的各种后果。职是之故，进步，依其性质，是不可能被计划的，必须放任社会中的个人去自由探索才能实现。由于每个人的禀赋不一样，对新知识的探求不是每个人都能做到，往往是少数人实现了对新知识的探求，并因此而获得裨益，随后，这种新知识及其裨益逐渐地传播开来，普遍的进步才具有了可能。因此，社会的发展进步，总是先行者的成就促进了后继者的发展。"以一种高速率推进的进步，不可能以一种齐头并进的平均发展的方式加以实现，而必须以一些人先发展；另一些人继而跟进的梯队发展方式来加以实现。"③ 正是由于先行者发现了目标，人们方能为那些较不幸运或能力较弱者建造起通向此一目标的道路。问题是"谁是有较好禀赋的少数的先行者"，这同样是不为人所知，而且常常也不固定。为了使这少数能够脱颖而出，就必须让所有人享有最大限度的自由，使他们能够在各个方向上进行探索。因为不确定性告诉我们，成功的机会可能从任何方向

---

① 哈耶克：《通往奴役之路》，中国社会科学出版社1997年版，第55页。
② 哈耶克：《自由秩序原理》上册，生活·读书·新知三联书店1997年版，第28页。
③ 同上书，第47页。

降临，因此伟大社会的机制应当给予所有个体充分的自由去支配资源。这样做的目的不在于给所有的人以自由，而在于每当机会降临时，必然是少数人看到这些机会并且准备好了去抓住机会。自由的真正意义在于让这些未知的少数人得到成功的机会，自由的价值在于它为不曾预见的和不可预测的行动提供机会。总之，在一个日益发展的社会中，任何对于自由的限制，都将减少人们所可尝试之事务的数量，从而亦会降低进步的速率。换言之，在这样一个日益发展的社会中，行动的自由之所以被赋予个人，并不是因为自由可以给予个人以更大的满足，而是因为如果他被允许按其自己的方式行事。那么，一般来讲，他将比他按照我们所知的任何命令方式去行事，能更好地服务于他人。这就是人类之所以需要自由的深层原因。

4. 我们不知谁最有知，所以我们需要人人皆可享有的最大限度自由

在任何一个社会，真正具有想象力和创造力的只是社会成员中的极少数，只有他们能够冲破"成见的局限"和"习惯的堡垒"，在人们熟视无睹的现象中发现新的真理，在似乎没有可能的状态中发现新的机会，在大多数人都习以为常的地方发现新的方法。其他大多数人或者由于智力的缺欠，或者由于成见的蒙蔽，或者由于好奇心的不足，或者由于客观条件的匮乏，根本不足以发现新的东西、做出新的创造，他们犹如柏拉图那个著名的寓言故事里长期被幽囚在洞穴中的人们一样只看到过火光投射到墙壁上的事物影子，并把这些影子当作事物本身信以为真，不加丝毫的怀疑，自然也不可能有新的发现。他们对于少数人经过探索实践做出的新发现能够不以自己的成见相鄙薄，而是及时地学习模仿，就已经是相当不错了，就能够使社会整体得到发展。因此，文明的生长始终是一个少数人发现新的知识，大多数人经由学习模仿而使新知识普遍化并使社会的整体状态得到提高、改善和发展的过程。在这里，非常重要的是需要有双重努力：一方面有一些人做出了一种新发明；而另一方面要有其余所有的人加以采用并且加以适应。一个社会只有在同时出现了这些创造性的行为和愿意接受的态度时，这个社会才能是一个文明的社会。而假设如果没有新知识的不断发现，没有经由学习模仿而使新知识普遍化，那么，文明也就停止了生长而处于停滞不前的僵化状态。

在以上两个条件中，事实上第二个条件比第一个条件更难做到。没有

文明化的社会之所以不能文明化的原因主要是由于它们缺少了一种不可或缺的因素，而这种因素大概并不是那个超人的人格（因为没有理由相信自然会不在许多地点和许多时间放下一批这样有福气的非常人物）。它所缺少的主要因素很可能是因为这样一种个人没有机会表现他们的优越性，而其余人等也没有准备追随他们的领导。① 英国历史学家汤因比通过研究也发现了这个真理。他认为静止的原始社会与发展的文明社会之间的根本差别在于它们的社会是否具有有力的运动这一点。而这个有力的运动却是由于有了有创造性的个人的人格。这些具有创造性的人物，如以数量计算，至多不超过一个小小的数目。更多的人像静止的原始社会中的成员一样，处于一种停滞不前的无声无息的状态中，他们除了被强加的一些教育而外，也都在感情上同原始人类毫无二致。那些超等人格、天才、神秘家或超人们——不管怎样称呼他们——都不过是一大块由普通人组成的面团里的酵母而已。② 他们是否有机会表现自己的优越，是否有机会起到酵母发酵作用，他们经过探索实践所获得的新发现能否被其他人所学习模仿，决定了一个社会的命运和一个文明的前途。在静止的原始社会里，模仿的对象是当时活着的老一辈的人和已经死了的祖先，因为他们代表着"习惯的堡垒"，而在文明仍在生长的社会里，模仿的对象却是那些打破了常规的富有创造性的人物。本能虽然一样，但是模仿的方向却相反，由此造成全然不同的社会命运和文明前途。

问题是在茫茫人海里，究竟谁是有想象力和创造力的"酵母"，谁又是只能跟着别人学习的"面粉团"，这是一个谁也无法预知和确知的问题；这个问题的解决只能通过实践的比较、甄别和筛选才能发现和确定。而且一个人的想象力和创造力也是不固定的；一个人在某一时段里表现出有想象力和创造力，并不意味着他在其他任何时段里也都会有想象力和创造力；同样，一个人在某一事情上表现出有想象力和创造力，也并不意味着他在其他事情上也有想象力和创造力。既然我们不知道谁最有知，那么

---

① 柏格森：《道德与宗教的两个来源》，转引自汤因比：《历史研究》上，上海人民出版社1966年版，第272页。

② 汤因比：《历史研究》上，上海人民出版社1966年版，第272页。

我们只能赋予所有的人以最充分的自由，让他们都能尽情地表现自己，在大家都竞相表现自己的相互竞争中，让优秀者脱颖而出，以其成功的实践证明自己的想象力和创造力。

5. 多中心系统及其任务的复杂性也决定了人人必须享有最充分的自由

科学家研究发现，当系统中只有一个中心时，所有分子均围绕着中心作有规律的运动，其轨迹表现为优美的椭圆；当系统有两个中心存在时，分子运行就相当飘忽不定，但人们依然可以利用现在的电子计算机描绘出这些分子的运行轨迹；而当系统有三个中心存在时，分子的运行已经极不确定，人们根本无法预知下一秒时间分子所处的方位，电子计算机也无法描绘出分子的运行轨迹。但这并不意味着多中心系统是无序的，而只是意味着其内在的秩序还没有为我们的科学所测知。人类所栖身的自然与社会环境也都是一个多中心复杂系统，这个复杂系统的发展变化相对于人类而言是一个多中心任务。面对这样一个系统和任务，人类根本无法用集中统一的计划体系进行管理；而只能在正义规则约束下任由系统中的各个分子根据它们所掌握的情况进行持续不断的即时性互动调适，通过相互的协调、配合与合作，解决各自所面临的问题，从而造成整个社会整体的变化与发展。这种通过"自我相互配合所解决的问题的范围，比之由集中指令实现的解决大出许多；在集中指令全然无法操作的多中心范围内，它依然能够运作成功"。① 正义规则约束下的自我相互调适之所以能够更好地解决集中统一的计划体系所无法解决的经济社会发展问题，完全是因为有市场的无形引导，市场运用价格符号引导人们的行为选择，使资源配置在最有效率的地方，从而使生产处于当时的资源和技术所能支持的最大可能性边界。而要使这种互动调适成为可能并且富有成效，就必须赋予系统中的每个个体以彼此可以相容的充分自由，令其自由地流动、自由地竞争、自由地思考、自由地探索、自由地选择，唯有如此，才能发现特定情景下最为有效的结构与方式。正如博兰尼所言："对于多中心任务的社会管

---

① 迈克尔·博兰尼：《自由的逻辑》，吉林人民出版社2002年版，第198页。

理，要求一整套自由的制度"①，借此一套自由的社会制度，社会把机会向其成员公开，好服务于他们各自追求的目标；而正是这种追求自利的努力，逻辑地导致整个社会的普遍繁荣。

三　自由何以有助于发展

自由在一些人看来什么价值也没有，既不能像食物那样可以果腹，也不能像衣服那样足以御寒。职是之故，自由常常被他们弃之如敝屣，他们愤愤不平地说：连饭都吃不饱，还要自由干什么。似乎自由仅因能够带来某种物质上的好处才能被肯定，否则就不值得追求。这是自由虽然为人心向往而又屡屡遭受抛弃的重要原因，也是人类历经千年自由依然还只是孤岛式存在的重要原因。其实，自由的作用是巨大的，其作用不表现为某种具体的形式或某个特定的方面，而表现在"使一切皆有可能"这种绝对可能性上，在此意义上，我们称自由为发展的最大可能空间。它犹如中国哲学中的"道"。"道"的作用不是一种具体的作用，而是一种抽象的作用，是一切具体的作用赖以产生、存在的前提性条件。从具体作用角度看，"道"是无用的，但从抽象作用角度看，"道"的作用又是巨大而不可或缺的。这种作用，庄子把它称之为"无用之用"，"无用之用"，才是真正的大用。自由的作用就是如此，这种"无用之用"的作用，使自由呈现为一种最大可能性空间，是一种创造奇迹性硕果的艺术。

1. 自由最有利于新知识的发现

知识是对事实或思想的一套有系统的阐述。人类的知识发现本质上是是由兴趣引导的个体分散性的探索活动。无论是自然科学领域还是社会科学领域乃至人文科学领域，莫不如此。即便当今社会，虽然非常强调科研协作和集体攻关，那也是建立在众多个体性探索基础之上的。由每一个体做出的为数众多的知识发现相互激励、逐渐积累，导致系统化的知识体系——科学的出现。为了能够不断出现新知识，促进科学的更新和进步，

---

① 迈克尔·博兰尼：《自由的逻辑》，吉林人民出版社2002年版，第201页。

就必须赋予每一个探索者以充分的自由，让他们在其所遭遇到的生活界面上进行自由的无拘束的实践探索、实验或试验，通过试错性的摸索，发现新的因果关系、新的活动方法、新的用途价值或者新的空间领域。虽然不见得所有新的东西，都是好的，都是有前途的，但必有一些新的东西，为人类提供了一种新可能，它之于人类未来发展的价值是不可限量的。相反的，假如有人利用现有的知识，利用自己的权力与权威，规定进一步探索的领域，限制实验或试验的方向，控制探索与实践所需要的物质条件，把探索过程中出现的与以往权威知识相偏离的新见解、新思想、新观点诬称为"异端邪说"加以窒息，那么，知识的发展、科学的进步也就停止了，文明也会因为缺乏新知识的注入而走向停滞与僵化。正如哈耶克所言："一种文明之所以停滞不前，并不是因为进一步发展的各种可能性已被完全试尽，而是因为人们根据其现有的知识成功地控制了其所有的行动及其当下的情势，以至于完全扼杀了促使新知识出现的机会。"① 波普尔也认为：如果高度集中的公权力利用现有知识对人们的心灵与思想进行强制和控制，就会妨碍人类知识的发展和科学的进步。他指出："对于心灵采取强制的这种企图，势必摧毁能发现人民真正是在思想什么的最后可能性；因为那里显然是与表现思想的自由不相容的，尤其是与批判思想的表现自由不相容。终于，它就必定要毁灭知识；所获的权力越大，则所丧失的知识也就越多。"② 所以他们都反对由政府机构对科学研究进行集中单一的规划、指导与控制，也反对由一些具最高声望的科学家和学者组成的学术评议会对所有研究进行类似的规划与控制，而主张予以学者以充分的学术自由。历史与现实已充分表明：一切思想、科学与艺术都兴起于自由之邦，这是人类社会发展的一般规律，很少有例外。

在当今世界，美国是知识发现和科技创新的大国与强国，其主要从事知识发现与传播的教育、科研和学术领域，虽然也有对政府的财政依赖，但美国并没有集中的研究计划体系，也没有一套全国贯通的科研政策，对研究活动也不给予有组织指导。他们美其名曰"管理多元化"的教育研究现象，其实这有时只是混乱和无组织的一种美化罢了。1968年，阿伦

---

① 哈耶克：《自由秩序原理》上册，生活·读书·新知三联书店1997年版，第39页。
② 波普尔：《历史主义贫困论》，中国社会科学出版社，第80页。

皮费尔总结了美国教育组织中这种高度分散的情况：在美国大约有2200个类型广泛不同、标准极为不一的高等教育机构，其中有些机构是公共管理的，有些是私人管理的，后者中有的与教会有关，有的无关。50个州的高等教育制度是完全不同的，除了某些区域性的协作以外，相互之间没有这样一种联系方式，所以总起来根本不存在一个全国性的教育体系。在联邦政府内没有一个部门来指导各州、各大学、各研究机构的教学科研活动。① 而且这是有法可依的，那就是1819年著名的"达特茅斯裁决"。这个案例维护了大学对政府的独立性，这样既保持了校园学术思想的自由，又维持了学术建树的延续性。美国能够在知识发现上长期领先，执世界科研创新之牛耳，与这种分散自由的教育科研体制有不可忽视的联系。在那里，人们具有探索发现未知世界的充分自由，人们的想象力和创造力不受任何组织机构的规约，也不受任何现有知识理论之权威的约束。人们虽然尊重现有知识，但现有知识并不是约束禁锢人们头脑的桎梏，而只是人们探索未知世界的利器。任何领域都可以探索，任何问题都可以研究，任何创意都可以尝试。这犹如在人类知识发现的天幕上，洞开无数窗口，从中总能让人们发现大自然的奥秘和大社会的真理。

2. 自由最有利于资源的优化配置

人类在经济上梦寐以求的是要最大限度地增加商品与服务的产出量，这又包含两个方面，一是充分满足其他目标的前提下，尽可能地充分利用社会上的各种资源；二是尽可能地提高各种资源的使用效率。而人类在任何特定时候所能拥有和开发利用的资源总是既定的，人类总是面临着资源稀缺的瓶颈性约束，相对人类的发展需求而言，发展所需要的资源永远显得是不够的。为了在有限资源的瓶颈约束条件下实现商品与服务的最大化产出，除了要不断改进技术工艺以提高资源利用的技术效率外，还必须不断致力于资源配置的优化，提高资源的配置效率。而要实现资源配置的优化，就必须让资源能够充分地流动起来，在流动中寻找到资源的最佳位置、资源利用的最佳方式以及资源配置的最佳结构。为此，就必须赋予资源包括人力资源以流动的自由。因为资源配置的优化与否取决于无限多样

---

① 丹尼尔·贝尔：《后工业社会的来临》，商务印书馆1984年版，第274页。

的具体情况，对这些无限多样的具体情况，任何人、任何集中的组织都不可能做到全知，因此，资源配置的优化不可能由某个人或某个权威组织做出整体性的安排，而必须交由所有人的个别性探索，由他们根据自己所了解到的情况进行资源优化配置的尝试与及时调整，这种整个社会同时展开的随时随地的优化配置调整在很大程度上可以保证整个社会资源配置的总体优化，尽管其中也不乏因资源误配而破产的个例。因此，就一般而言，在一个自由的社会，在市场能反映物品实际的经济成本的地方，就会有全社会范围内资源与物品的最优化配置，这个国家总能把其资本和劳动力用在最有利于本国经济发展的地方。

在世界上许多国家和地区，相对而言，它们并不缺少资源，有的甚至可以说地大物博、人口众多、幅员辽阔，但仍有相当多的时候，人们没有能够解决温饱问题。其原因就在于由于体制的约束，这个国家的众多资源处于闲置状态。人口被僵化的户籍制度固定在城乡分割的两个场域，不能自由流动；工作就业不是按照劳动者自己的兴趣爱好、才学特长或相对优势，而是要服从政府计划部门的权威分配。因此之故，出现了许多"用非所学、用非所长、专业不对口"的用人现象，造成了最稀缺也是最宝贵资源——人才的严重浪费。人力资源的配置是如此，物力资源的配置也是如此。全国的物质资源是由单一权力中心集中掌握，按照预先确定的实际上已经严重滞后的指令性计划或指导性计划进行流动和配置。计划者知识与信息的局限性、计划所涉及的经济系统的复杂性以及不同利益的计划平衡与协调的特殊难度使得计划的编制极为困难，其难度之大恐怕唯有上帝的智慧才能胜任。因此，单一权力中心的任何资源配置计划，无论其表面上看起来似乎多么完美精确，就真正的科学意义而言，都是不科学的，从根本上会导致资源的误配。不仅如此，而且指导资源配置的指令性计划常常在时间上也是滞后，一个周期的计划好不容易编制完成了，这个周期的时间也已过了一半。这种计划体系的有效性就可想而知了。诚然，在这种高度集权的计划经济体系里，有些领域也会有一些堪称奇迹的发展成就，但这种举其全力攻其一点而取得的成就在某种层面上恰恰是资源被严重误配的证明，其背后所付出的代价和牺牲是相当惊人的，其中包括不可见的机会成本。相反，一些实行自由市场体制的国家，尽管资源贫乏，对外依赖性很强，但由于允许资源自由流动，允许所有权人对所拥有资源的配置结构和使用方式进行自由探索，所以它们总能找到在当时许多条件约束下资源配置的最佳结构，总能找到资源利用的最佳方式，充分释放资源在当时条件下所具有的潜能，从而使生产和整个经济处于最大可能性的边界。人类正反两方面的实践证明，"无论何处，只要除去自由运用人类天才的阻碍，人很快就能满足不断扩大的欲望"。①

3. 自由使发展的无限可能性中的多数可能性得到尝试与实践

人类的发展具有无限的可能性。一个刚刚诞生的新生儿，其人生发展的可能性是无限量的。他可能做一个治病救人的医生，也可能做一个通济丰缺互通有无的商人，还可以做一个为他的同胞提供公共服务的官员，当然也可以做一个探索奥秘、揭示人生真谛的科学家、思想家或者宗教家。但随着人生旅程的展开，随着我们偶然地步入一条又一条人生之森林里的细小路径（当然，这里也存在着某种程度的路径依赖），我们通向人生尽头的大方向慢慢地明确，我们人生发展的可能性在一点一点地减少，直至剩下最后一种可能性。因此，悲观地看，人生就是一个可能性不断减少的过程。然而，由无数人组成的社会，尤其是一个开放性社会，发展的可能性依然始终是无限量的。这是人类文明文化、科学艺术、宗教哲学之所以呈现丰富多彩的终极性原因。在这无限量的发展可能性中，只有自由社会才能使其中的绝大多数可能性都得到尝试与实践。也许其中的相当一部分尝试与实践失败了，但也肯定会有一些尝试与实践获得了成功，它们会以自己的优胜吸引着他人的学习与模仿，正是经由这种学习与模仿，那些成功的做法逐渐普遍开来，并实现对那些不成功做法的完全替代。人类的发展进步由此而来。因此，一个社会要想保持发展进步的活力，就必须向着一切不可预见、无法计划的未知领域、未知事物和未知可能性开放，允许人们就其所遭遇到的问题或者所发现的可能性进行试错性质的实践，以求发现某种更为优越的新东西，而这非有充分的自由不可。可见，个人所享有的想象自由、思想自由，以及打破旧模式、创造新事物、建立新规范的创造自由，正是一个社会的活力之源、发展之源，而专制社会之所以不可避免地会陷入停滞不前的僵化状态，就是因

---

① 哈耶克：《通往奴役之路》，中国社会科学出版社1997年版，第23页。

为它以政治、经济、法律、宗教、道德和意识形态的力量彻底地实现了对人们的思想与行动的控制，在统治者专断地划出的思想与行动界限面前，人们战战兢兢，不敢越雷池一步，犹如初次进大观园的林黛玉，不敢多说一句话，不敢多走一步路，完全中规中矩。如此一来，人们又怎么会有想象力和创造力？积久成习，人们甚至可能连想象创新的冲动都没有了。由这样的人民组成的民族又怎么能够为世界贡献科技、思想和制度的伟大成就呢？

4. 自由使人的潜能得到最大限度的充分释放

现代科学已经发现人的生命蕴藏着巨大的潜能，而在人的一生只释放其中相当少的一部分，大量潜能处于休眠状态，最终被白白浪费了。苏联学者兼作家伊凡叶夫里莫夫指出："人类学、心理学、生理学、逻辑学的最新发现证实，人具有巨大的潜能。一旦科学的发展能够更深入地了解脑的结构和功能，人类将会为储存在脑内的巨大能力所震惊。人类平常只发挥了极小部门的大脑功能，如果人类能够发挥一半的大脑功能，将轻易地学会四十种语言，背诵整本百科全书，拿十二个博士学位。"美国心理学家奥图说：这种描述并不夸张，而是一般人都能接受的观点，因此，他认为"潜能是人类最大而又开发得最少的宝藏"。[①] 在日常生活中，我们也常常看到，一个人在情急之下爆发出来的能量相当惊人，可以做一些在平时连想都不敢想的事情。一个十岁的男孩正在看他父亲修理汽车，突然千斤顶滑倒了，父亲的手被压在车轮底下。男孩不顾一切地抬起汽车，让父亲的手抽了出来。这是关于人类巨大潜能的一个真实例子。然而，人类潜能的释放与发挥取决于许多情况和条件，或者反过来说，现实生活中许多客观条件和那种禁锢性制度安排限制了人的潜能的释放与发挥。比如炎热的气候或者极度安逸的生活环境，就可能使人昏昏欲睡不思进取。孟德斯鸠就曾比较了不同气候条件下人的表现，他指出：人们在寒冷气候下，便有较充沛的精力，也会有较强的自信、较大的勇气；相反，如果把一个人放在闷热的地方，他便要感到心神非常萎靡。在这种情况下，如果向他提议做一件勇敢的事情，他是很难赞同的。他的软弱将要把失望放进他的心

---

① 奥图：《人的潜能》，世界图书出版公司1988年版，第1页。

灵中去；他什么都害怕，因为他觉得自己什么都不成。所以，炎热国家的人民，就像老头一样怯懦；寒冷国家的人民，则像青年人一样勇敢。[①] 再比如说社会环境也是制约人之潜能释放程度的重要因素，其中包括经济制度、政治制度、法律制度、风俗习惯、宗教信仰、价值观念和社会心理，这些因素在不同程度上以一种我们至今对它知之甚少的方式制约着我们的潜能的释放与发挥，从而使不同社会中的人们表现出很不相同的想象力和创造力，以至于让我们感觉有些文明中的人们比另一些文明的人更聪慧。实际上并非在基因或潜能层面就是如此，而是不同文明的社会环境状态在释放和发挥人类潜能方面的差异所致。有些文明相对更重视强调个性的自由发挥，并为此提供制度的激励和保护；而有些文明则更多强调集体与遵从，要求个体湮没于集体之中，成为集体的一个小小细胞，并用各种各样的禁锢性规则和制度拘束人们的心灵，让心灵处于文化冻结状态，结果，纵然有天纵之才，也无由光荣绽放。我们社会就有许多由"神童"变成"泯然众人"的事例，我们甚至根本不知道一个曾经那么出色的人后来怎么变得那么平庸。这种事例见多了，就有了"小时了了，大未必佳"的谶语。

　　最有助于释放人类潜能的社会环境，莫过于自由。人类已有的研究表明，自由的环境与心态是创造性思维所需要的，而严格拘束规训的环境以及此种环境中必然具有的紧张焦虑恐惧心理则往往会导致相反结果。自由使一个人对自己的命运肩负着无法旁贷的责任，自由也使一个人能够拥有自己的努力所可能获得的一切收益，关键是自由还会使一个人的心灵处于最健康放松的状态，任何成就所不可或缺的灵感———一种美丽的邂逅———就是这种状态最自然的产物，它犹如不竭的源泉汩汩而出不断涌流。我们纵观历史可以发现，人类那些最伟大的发明与创造，莫不是自由心灵的天才杰作，而受制于人的奴隶劳动永远只停留在避免被惩罚的程度。因为不自由的劳动如奴隶劳动、徭役劳动和雇佣劳动，始终是令人厌恶的事情，始终表现为外在的强制性劳动，它没有为劳动创造出一些主观的和客观的条件，从而使劳动成为吸引人的事情，成为个人的自我实现。而真正自由的劳动，是作为一个主体的人的紧张活动，这个主体不是以单纯自然的，

---

① 孟德斯鸠：《论法的精神》，商务印书馆1961年版，第228页。

自然形成的形式出现在生产过程中，而是作为支配一切自然力的活动出现在生产过程中，这种劳动是积极的创造性的活动；同时，也是非常严肃、极其紧张的事情，而绝非像空想社会主义者所想象的那样是一种娱乐，一种消遣。① 因此，自由劳动和不自由劳动在劳动的想象力和创造力方面的天壤之别也就完全可以理解了。

因此，自由是一种弥足珍贵的社会状态，是发展的最大可能性空间，是最能产生奇迹性硕果的艺术。自由之用是无用之用，是具体的特殊的技术性之用得到产生并发挥作用的环境条件。没有自由，社会生活只有一种可能，而有了自由，社会生活的一切皆有可能。自由的社会往往是活力竞相迸发的社会，那里，科技进步，产业发展，文化繁荣，艺术璀璨，民生幸福；那里，权利受到尊重与保护，规则得到信仰与遵守，个性受到鼓励与包容。人们虽然专注于私人事务，但并不缺乏对公共事务和他人事务的合理关心，并不缺乏对他人之不幸基于感同身受的同情。因此，自由的社会也一直是以救助病弱和受压迫者为目标的一切伟大的人道主义运动的发祥地。

当然，自由之作用的发挥是相当缓慢的，而不像平等的效果那样立竿见影。正因如此，自由常为人们所忽视。但对于那样珍视自由并善于保持自由的民族而言，自由总能带来他们所期望的一切：发展、富裕、繁荣与幸福。

四　自由促进发展的典范

对于"自由是发展的最大可能性空间，自由是最能产生奇迹性硕果的艺术"这一理论命题，最容易找到的例证就是近代史上的英国。

近代英国就其基础条件而言并不比意大利、尼德兰、法国、比利时等西欧国家优越，在商业方面，1763年时的法国还稍稍领先一些。但是，英国却率先走了工业革命的道路，成为人类历史上第一个世界制造业基地，并通过自由贸易和军事殖民建立了庞大的"日不落帝国"。英国人所取得的成就也与他们所享有的自由有关。在英国，国家政策和社会制度对

---

① 《马克思恩格斯文集》第8卷，人民出版社2009年版，第174页。

任何给定范围内经济机会的利用,其所设的障碍,都比其他国家小得多。① 而且,这种情况在历史上就由来有自。早在中世纪封建性的政治与社会制度框架里,贵族和平民就享有一定程度的自由。中世纪的英国国王侵犯臣民私有财产的事实虽然并不罕见,但臣民对这种非法侵犯的抵制也自始就存在,而这种抵制的政治与法理依据是规定领主与附庸之间关系的封建制。1215年,封建贵族们为反抗国王对其封建权利的侵犯,强迫国王签署了《自由大宪章》,对国王非法侵犯贵族和臣民财产权利和利益的行为进行宪法约束,并借此获得了处分权利的自由,比如封土可以自由转让。英国封建社会中的农业劳动者,除了农奴外,还有其他不同身份地位的农民。首先是自由农民,他们从身份上说应该是自由人,他们领有土地的条件也是自由的,不是奴役性的。他们还享有迁徙自由,可以脱离土地,另觅主人。除此之外,英国农村还有大量的半自由人。② 而在城市里,市民是一种身份概念,它的含意是指居住在城市内,身份自由,而且领有土地的人。城市里的土地也可以自由买卖,市民拥有城市公共事务自治权利。所有这些自由都受到以普通法为代表的封建法律体系的保护,尽管有时也会遭到破坏。

1688年"光荣革命"以后,英国资产阶级成功实现了对公共权力的规则控制,从而保障并不断扩展社会成员所享有的无可争议的个人自由。1624年,英国议会通过了《垄断法》,宣布国王出卖特许权(专利权)是非法的,但可以在14年内保护新的工业方法的发明者。1689年,英国议会通过了《权利法案》,其中规定:不经议会同意,根据国王权威,废除法律、停止法律实施,或者借口国王特权,不经议会同意,即为国王课税,而其时限与方式与议会规定不符者,均为非法;臣民有权向国王陈述,一切压制和惩办此类陈述的行为,均为非法;臣民为了自卫,得在法律许可范围内酌情置备武器;议会成员的选举应当是自由的,议会内言论、争辩和处置事务的自由,不应受到议会外任何法庭或任何场合的弹劾或质询;在依法宣判一个人有罪之前,不得对其处以罚金或没收财产。

---

① 塞缪尔·亨廷顿等:《现代化:理论与历史经验的再探索》,上海译文出版社1993年版,第195页。

② 马克垚:《英国封建社会研究》,北京大学出版社1992年版,第201页。

1701年，议会又通过了《王位继承法》，重申了议会的立法主导地位，确立了阁员责任原则和司法独立原则。而《信仰自由法》虽然没有使用宽容这个字眼，也没有废止早期使非国教派为非法的立法，但在一定条件下通过废除对违反早期立法的人适用刑罚而取得了不同新教派别相互宽容的效果。1776年，亚当·斯密发表《国富论》。这部划时代巨著系统总结了近代初期英国资本主义发展的经验，并在批判吸收了当时有关重要经济理论的基础上，就整个国民经济运动过程作了系统而又深刻的阐述，形成了古典自由主义的理论体系，其核心主旨就是给人以充分的自由。"一切特惠或限制的制度，一经完全废除，最明白最单纯的自然自由制度就会树立起来。每个人，在他不违反正义的法律时，都应听任其完全自由，让他采用自己的方法，追求自己的利益，以其劳动及资本和任何其他人或其他阶级相竞争。这样，君主们就被完全解除了监督私人产业、指导私人产业、使之最适合于社会利益的义务。要履行这种义务，君主们极易陷于错误；要之行得当，恐不是人间智慧或知识所能做到的。"[①] 这一系列的政治、法律和思想理论的努力，彻底打开了英国经济、社会与文化发展的自由空间，英国成为当时世界上最自由的国家。在这种自由的社会环境中，生产技术、生产方式、经济组织形式不断创新，诱致性的制度变迁稳步推进，最重要的是资本市场的出现和发展。这是一个国家经济快速发展的强大推进器，它使英国工业经济步入一个快车道。英国人在18世纪所享有的无可争议的个人自由造就了一种空前的物质繁荣。1846年备受争议的旨在对进口小麦和其他粮食征收关税并施加其他限制的《谷物法》被正式废除，英国开启了以自由贸易立国的新时代，直到第一次世界大战爆发。英国也就在这种充分的经济贸易自由中走上其民族国家发展的巅峰。

马克思、恩格斯在1848年写作《共产党宣言》时，对以英国为原型的资本主义发展繁荣有过极为客观生动准确的描述：资产阶级在它不到一百年的阶级统治中所创造的生产力，比过去一切世代创造的全部生产力还要多，还要大。自然力的征服，机器的采用，化学在工业和农业

[①] 亚当·斯密：《国民财富的性质和原因的研究》下卷，商务印书馆1974年版，第252页。

中的应用，轮船的行驶，铁路的通行，电报的使用，整个大陆的开垦，河川的通航，仿佛用法术从地下呼唤出来的大量人口——过去哪个世代料想到在社会劳动里蕴藏有这样的生产力呢？资产阶级第一个证明了，人的活动能够取得什么样的成就。它创造了完全不同于埃及金字塔、罗马水道和哥特式教堂的奇迹；它完成了完全不同于民族大迁徙和十字军征讨的远征。面对从未有过的景象，我们不禁要问：资产阶级为什么能够在不到一百年的时间创造如此巨大的生产力？对此问题，马克思、恩格斯虽然只是寥寥数语——"起而代之的是自由竞争以及与自由竞争相适应的社会制度和政治制度"，但却为我们清晰地揭示了资本主义发展繁荣的秘密，那就是伴随法治而来的充分个人自由，以及建立在法治基础上的创业激励机制和社会财富积累机制，由此，整个社会出现财富创造上的"聚变效应"和"裂变效应"。从1688—1695年期间，英国股份公司的数目就从22个上升到150个。具有融资功能的银行和资本市场也于此时形成。"就经济而言，银行业的发达就等于信贷大为扩张，能容易而迅速地在最有利的用途上应用大批资本。形成了从不同源流上汇合而成为使产业革命所以可能的巨大资本的若干支流之一。"① 由此，导致英国在19世纪堪称巅峰的辉煌与繁荣。恩格斯在总结这段历史时也写道："紧接着自由贸易在英国获胜以后的那些年代，看来证实了对于建立在这个胜利基础上的繁荣所抱的最大希望。英国的贸易达到了神话般的规模；英国在世界市场上的工业垄断地位显得比过去任何时候都更加巩固；新的钢铁厂和新的纺织厂大批出现，到处都在建立新的工业部门。1848—1866年期间英国工业和贸易的空前发展，无疑在很大程度上是由废除食品和原料的保护关税引起的。"②

美国的情况与英国类似，在此，鉴于篇幅和内容安排上的原因就不加细述。只是引用两位学者的观点予以佐证。弗里德曼在回顾美国过去几十年的发展历程中指出：政府所从事的较大部分新事业没有达到它们的目标。美国继续在进步；它的公民吃得更好、穿得更好、住得更好并且交通也更好；阶级和社会阶层的区别已经缩小；少数人的集体变为在较少的程度上

---

① 莫尔顿：《人民的英国史》，生活·读书·新知三联书店1958年版，第236页。
② 《马克思恩格斯文集》第4卷，人民出版社2009年版，第337页。

处于不利地位；一般文化水平飞跃前进。所有这一切都是通过自由市场进行合作的个人积极性和动力的产品。① 而格沃特尼、斯特鲁普和德怀特·李则把贸易自由、竞争性市场、法律法规以及货币的稳定性视为国家富强的基础。当这些基础一旦实现，人们将可以"收获他们的播种"，生产力将被解放，财富也将被不断创造。他们认为这是美国物质进步的秘诀，自然也是人类文明进步发展繁荣的不二之道。② 我国知名学者资中筠先生也专门研究过美国的强盛之道，认为美国社会实践的主线还是自由竞争，这种自由主义——个人主义发挥得淋漓尽致，释放出了巨大的创造力。③

放眼世界，在经济社会发展与自由之间普遍存在着强劲的联动关系，这是谁也无法否认的客观事实。而且，在整体上，发展的程度与自由的水平具有相关性。在20世纪80年代中期，位于大不列颠哥伦比亚温哥华市的弗雷泽研究所开始研究一项具体的项目，致力于开发一个跨国家的经济自由度衡量指标。几位世界领先的学者，包括诺贝尔奖得主米尔顿·弗里德曼、加里·贝克尔以及道格拉斯·诺斯参与了这项事业。这个项目随着世界经济自由度指标（EFW）的开发而达到了高潮。这个指标包括了38项独立的内容，可以衡量出一个国家的体制和政策，在多大程度上允许经济自由。也就是说，在多大程度上允许个人选择、私人所有制、自由交换和竞争性市场。2002年，该研究所根据这个指标列出了十个在1980—2002年间拥有最高和最低的EFW评级的国家和地区的数据。在99个拥有近20年的EFW数据的国家和地区当中，中国香港、新加坡、美国和瑞士列居坚持最自由经济体系的榜首。而刚果、缅甸、阿尔及利亚和乌干达等国拥有最不自由经济体系。十个最自由经济体系的平均资本收入为28166美元，大约是十个最不自由经济体系人均资本收入的10倍。十个最自由经济体系不仅有明显高的收入水平，还拥有较高的增长速度。1980—2002年间，十个最自由经济体系的年平均增长速度达到2.4%，而十个最不自由经济体系的增长率为0.1%。

经过统计分析发现：相对自由的经济体系的人均收入都达到较高水平

---

① 弗里德曼：《资本主义与自由》，商务印书馆1986年版，第192页。
② 格沃特尼等：《经济学常识》，陕西师范大学出版社2007年版，第103页。
③ 资中筠：《资中筠集》，中国社会科学出版社2002年版，第313页。

并且增长更快。1980—2002年间经济自由度为7.0及其以上的14个国家的平均人均收入为27195美元，大约为30个EFW评级在5.0以下的国家平均人均收入的11倍。与此相似，位于经济自由度7.0以上顶部的经济体系的年平均增长率为2.4%，而位于底部的经济体系的增长率仅为0.1%。

事实证明，如果低收入国家实行正确的体制和政策，它们是能够实现高增长、缩小与高收入工业国家的收入差距的。像中国香港和中国台湾、新加坡、爱尔兰、智利、毛里求斯以及博茨瓦纳这些国家和地区就证明了这一点。近几十年，这些国家和地区都向自由经济迈出了一大步，经济迅速增长，收入水平和生活水平极大地提高。1980年时，世界两大人口大国，中国和印度也被列入世界最不自由经济体系行列。在最近的20年中，他们采取了与自由经济相一致的政策，也取得了惊人的经济增长率。①

我国的香港特区也是世界上最富于竞争力的地区之一，在世界经济论坛发表的《世界竞争力年报》中，香港的竞争力排名年年前移，到1996年已升至第二位。在造就香港强大竞争力的众多有利因素中，自由市场体系无疑是非常重要的关键性因素。正如特区政府高管所言：自由市场原则是香港经济持续发展和繁荣的基石。2009年1月，美国传统基金会和《华尔街日报》就营商自由、贸易自由、货币自由、投资自由、金融自由、产权保障、劳工自由以及政府开支、廉洁程度等十个范畴，评估全球1979年经济体系的自由度。评估结果显示，香港的得分达90分，被誉为全球最自由的经济体系，而且，这一桂冠已连续保持了22年。②

自由市场经济是香港经济最基本的特征，其核心内容就是通过价值规律、供求关系、竞争机制的自发调节来实现社会资源的有效配置。香港的自由市场经济是在自由港基础上形成的，政府除了对关系社会、民生的土地、公屋、自来水及其他一些公用事业进行直接控制、配置或立项管理外，对贸易、商业、工业、航运等重要部门概不干预，让其在市场调节下自动运行。即便在资本主义世界纷纷强化干预的今天，香港的整个市场体

---

① 格沃特尼等：《经济学常识》，陕西师范大学2007年版，第63页。
② 《环球时报》，2016年2月3日。

系依然具有高度开放、高度自由和高度国际化的鲜明特点。自由竞争、自由经营、资金自由流动以及政府尽量避免对私人经济进行干预的原则,始终成为香港政府进行各项经济立法和行政管理的主要政策依据。尽管自20世纪70年代中后期以来,鉴于一再出现的危机,香港政府已把原先奉行的"自由放任原则"修改为"积极不干预政策",在危机时适度加大了政府干预,但这种干预总体上仍属低度的,并没有打破香港人引以为自豪的自由经济制度和自由企业制度。正是这种高度自由、高度开放的市场环境,造就了人们强烈的竞争意识、生存意识,造就了香港企业家敏锐的市场触觉和把握机遇的能力,也培育了健康良好的市场机制,并使其能最有效地发挥资源配置的决定性作用,从而大大提高资源配置的效率。在香港市场上,每年都会有一大批企业关停并转,亦会一大批企业应市场需要和商业机会破土而出。新陈代谢优胜劣汰是这里经济生活的永恒规律,谁也不能例外。在这种严酷的市场竞争磨砺下,企业获得了越来越强的生存、竞争和发展能力,尤其是在经济危机时刻,更能显示出其对市场环境变化的出色适应能力,从而使经济较快恢复,再现繁荣。

而反观历史上一些文明的停滞、衰败直至消亡,可以发现:国家公权的统制、专制和极权致使民众失去最低限度的自由是其中最重要最深层的原因。古埃及文明在第五王朝便开始衰落了,此后文明便一直停滞不前。其间政府所采取的"国家统制政策"在很大程度上解释了这一时期古埃及文明停滞不前的原因。中华古典文明成熟很早,也很早就停滞了发展。政府利用政治、经济和文化的力量成功地抑制了私人的首创精神,这是科学为何在这个伟大的帝国中进展甚为缓慢的一个客观原因。在这里,标新立异、离经叛道,向来是不被肯定的,一些新鲜玩意儿一概被视为"奇技淫巧"而受到排斥和禁绝,国家公权所关注的不是发展进步而是原封不动地维护传统秩序。哈耶克就认为中国的历史提供了政府试图推行完美的秩序,使创新变为不可能的典型事例——政府的控制权导致中华文明后来的停滞不前。他说:"使极为先进的中国文明落在欧洲后面的,是它的政府限制甚严,因而没有为新的发展留下空间,而欧洲在中世纪异乎寻常的扩张,很可能应当归功于政治上的无政府状态。"[1]

---

[1] 哈耶克:《致命的自负》,中国社会科学出版社2000年版,第47页。

历史上因为自由的失落而导致文明的衰落，最典型的当属古希腊、古罗马文明。

古希腊和古罗马是人类古典文明的杰出代表，它们在文明的某些领域所曾经达到的高度，人类至今也无法超越；它们留给世界的文化遗产，直到今天仍然让全世界的人们享用不尽。马克思就曾说过："希腊艺术和史诗——仍然能够给我们以艺术的享受，而且就某方面说还是一种规范和高不可及的范本。"① 灿烂辉煌的古希腊、古罗马文明都崛起于自由的力量，而在奴隶制以及由此造成的对自由的创造性劳动的普遍性社会厌弃中走向衰落和崩溃。是公民社会的自由让它们变得强大，强大之后的对外侵略殖民和掠夺，尤其是大量输入由战俘转变而来的奴隶，则使这两个国家变得繁荣昌盛；然而，盛极而衰，奴隶制种下了一根毒刺，正是这根毒刺导致了人类有史以来最为辉煌灿烂的古典文明的衰落、崩溃和最终湮灭。

在史前时代，希腊人就已经按氏族、胞族、部落、部落联盟组织起来了，其中，氏族是基本的社会单位，胞族是一种分裂成几个女儿氏族同时又把它们联合起来的母亲氏族，胞族有胞族长，还有全体大会，通过必须执行的决定，拥有法庭和行政机关。几个亲属胞族构成一个部落。在阿提卡地区，就有四个部落，每个部落有三个胞族，每个胞族有三十个氏族。这些部落有常设的权力机关——议事会，还有人民大会、军号酋长巴赛勒斯，他除了军事的权限外，还有祭祀和审判的权限。至英雄时代，古希腊的氏族组织开始瓦解了。土地已经被分割而成了私有财产，商品生产与商品贸易已经出现，人口流动也越来越多，不同氏族、不同胞族和部落的人员很快杂居起来，人与人之间以前那种基于血缘亲情而产生的曾经非常熟悉的社会关系慢慢淡化了，最后甚至完全消失了，人们之间只有因为地缘和业缘而产生的新的社会关系。于是，希腊人开始改造原有的那套一般性公共组织体系，实行了据说是提修斯所规定的制度。首先是在雅典设立一个中央管理机关，以前由各部落独立处理的一部分事务，被宣布为共同的事务，而移交给设在雅典的共同的议事会管辖了；其次是把全体人民，不问氏族、胞族或部落，一概分成阶级，即贵族、农民和手工业者，并赋予贵族以担任公职的独占权。人类一种前所未有的政治社会和政治组织已经

---

① 《马克思恩格斯文集》第 8 卷，人民出版社 2009 版，第 35 页。

初露端倪。到公元前 600 年，一方面贵族统治已经日益加强，并且变得令人不能忍受了；另一方面货币经济，就像腐蚀性的酸类一样，渗入农村公社的以自然经济为基础的传统的生活方式。小农大量破产，一些人为债务所迫，只得将土地抵押给债权人。在阿提卡的田地上到处都竖着抵押柱；有的债务人甚至被逼出卖子女。在此背景下，梭伦进行了一次伟大的政治革命，史称梭伦改革。他首先宣布之前的一切债务无效，清除了负债土地上的抵押柱，使那些因债务而被出卖和逃亡到海外的人都重返家园。其次宣布禁止缔结以债务人的人身作抵押的债务契约。此外，又规定了个人所能占有的地产的最大数额，以便至少把贵族对于农民土地的无限贪欲限制一下。此举使希腊人获得自由并防止因为地产集中而导致奴役。更重要的是，梭伦把公民按照他们的地产和收入分为四个阶级。一切公职只有前三个阶级的人才能担任，最高的公职只有第一阶级的人才能担任；但第四个阶级则有在公民大会上发言和投票的权利。一切官吏都是在这里选出来的，一切官吏也都在这里报告自己的工作，一切法律都是在这里制定的；而第四个阶级在这里占多数。这四个阶级的人共同组织保卫城邦的公民军。这就是自由人组成的自由国家。对此，雅典人感到由衷的骄傲和自豪。他们全身心地投入城邦的公共事务，投入那些最需要想象力、创造力和勇气的事业，并创造出辉煌的文明成就；因而，他们也像热爱自己的生命一样热爱自己的国家，为了保卫自己的国家，不惜牺牲自己的生命。那些为保卫自己的家园而阵亡的将士受到全希腊人的尊敬和崇高赞誉。

当然，我们也应看到，雅典城邦——这个自由的政治社会，是建立的奴隶制基础上的，奴隶制是这里占统治地位的生产方式，它控制着各个地方经济之间繁杂的关系，并给整个城邦文明留下深刻印记。城邦内部公民之间的剥削受到了极大限制，转而去剥削庞大的奴隶和外来移民人口。在希腊人的世界里，创造财富的很多工作都由奴隶担任，而自由人则基本不参加劳动，因为他们认为劳动是一件不光彩的事情。在古希腊，没有一个词表达劳动的概念，无论它是作为社会功能还是作为个人行为。在那些城邦的公民看来，为生存所必需但留不下任何痕迹的劳动是动物工作，处于人类价值之外，在某些方面甚至与人的本质对立。它们是奴隶和妇女从事的事情；自由的城邦公民应该从事的是那些需要勇气和智慧且能够打上自己独特印记的事业，这才可配称为"人的工作"。因此，最杰出的城邦是不会使手工工匠成为公民的，在那里，公民既不从事手工业，也不经商，因为这种生活缺乏高贵的色彩，与美好的名声背道而驰。最典型的莫过于斯巴达，在那里，农业耕种的重担全压在奴隶黑劳士身上，斯巴达公民只从事政治、军事和体育活动，而且在公民社会内部也完全排斥个体自由。希腊人不仅在物质生产领域完全依赖奴隶，甚至在城邦的日常事务管理方面也离不开奴隶。比如负责维持秩序的宪兵队就是由奴隶组成的。这种警察职务在自由的雅典人看来是非常卑贱的，以致他们宁愿叫武装的奴隶逮捕自己，而自己却不肯去干这种丢脸的事。社会内部最大的阶级对立已经不再是贵族和平民之间的对立，而是奴隶和自由民之间的对立，被保护民和公民之间的对立。到了雅典全盛时代，自由公民的总数，连妇女和儿童在内约为九万人，而男女奴隶为三十六万五千人，被保护民——外地人和被释放的奴隶为四万五千人。这样，每个成年的男性公民至少有十八个奴隶和两个以上的被保护民。在科林斯城全盛时代，奴隶的人数达四十六万人，在埃伊纳达有奴隶四十七万人。这两个地方奴隶的人数都等于自由人的十倍。奴隶的强制性劳动成了整个社会庞大上层建筑所赖以建立的基础，而一旦生产劳动与失去自由紧密结合在一起，自由发明的社会基础也是彻底沦丧失陷。另外，随着商业和工业的发展，发生了财富积累和集中于少数人手中以及大批自由民贫困化的现象；摆在自由民面前的只有两条道路：或者从事手工业去跟奴隶劳动竞争，而这被认为是可耻的、卑贱的职业，并且不会有什么成功；或者变成穷光蛋。他们在当时条件下必不可免地走上了后一条道路；由于他们数量很大，于是就把整个雅典国家引向了灭亡。所以，"使雅典灭亡的并不是民主制，而是排斥自由公民劳动的奴隶制"。① 而希腊人丧失自由之后，一切美好的事物包括科学、技术与艺术都不可逆转地衰落了，而且再也未能在这一地带抬起头来。因此，在古典世界，技术虽然并没有完全停滞不前，但也没有产生出能够推动古代经济向新的大规模生产发展的一系列重要的发明。历史上再没有比古典时代全方位的技术停滞更令人震惊的了。②

古罗马的兴衰是世界史上关于自由与发展的又一个极好事例。罗马原

---

① 《马克思恩格斯文集》第 4 卷，人民出版社 2009 年版，第 136 页。
② 佩里·安德森：《从古代到封建主义的过渡》，上海人民出版社 2001 年版，第 14 页。

本是一个位于意大利中部台伯河上的一个非常不起眼的小商城,其居民都属于拉丁语人种。公元前509年,罗马结束王政而进入共和国时期。自公元前5世纪始,罗马人开始向外扩张,先后打败了伊特鲁里亚人、高卢人、萨莫奈人,经过100多年的对外战争,罗马终于征服了意大利。此后,罗马人继续向西部地中海发展,与海上强大迦太基发生了3次战争,并最终取得了对西地中海的霸权地位。与此同时,罗马人还开始了对东部地中海地区的征服活动,先后扫灭了马其顿王国、托勒密王国和塞琉古王国,成为了一个地跨欧亚非三大洲的庞大帝国,所辖人口约5400万,一望无垠的地中海完全成了罗马帝国的内湖,而如此大规模的帝国自此以后再也不曾出现过。然而,自公元2世纪,这个庞大帝国开始走向衰落。3世纪末,罗马皇帝为挽救危局,曾进行一系列政治、财政、经济改革。他独揽中央军政大权,废除行政官员的选举制度,改为完全由他任免;制定了人头税和土地税合一的新税制,同时改革币制,并颁布物价敕令,实行官定物价;将重要的工商业收归国家经营;强制实行社会分工,规定每个人要有固定的职业;在农村实行农奴制,把人固定在土地上耕种,各种职业都实行世袭制。这些管制性的改革措施非但没有缓解危机,反而加重了整个社会的的系统性危机。到5世纪末,罗马帝国已经是那么衰朽,毫无生气,面对咄咄逼人的德意志蛮族入侵,束手无策,彻底丧失了抵抗的能力,防卫的大门完全洞开。许多在帝国初期曾经繁荣昌盛的大城市被摧毁了,即便存在,也已破落;乡村的生活也很不景气。罗马地区的各个角落都是一派破败之象。有的地方因为兵灾和瘟疫,土地已经荒芜,盗贼在道路和森林中出没。公元476年,雇佣军首领推翻西罗马帝国的最后一任皇帝,于是,西罗马帝国灭亡了。帝国的命运何以如此具有戏剧性?如何说明帝国的兴起,又如何说明帝国的衰落?这确实是历史上两个最重要的问题。

从表面上看,罗马帝国灭亡于日耳曼蛮族的洗劫与侵略,而从深层次看,其实是亡于自身内部机质性恶病——奴隶制所体现的自由的失落。

首先是自由民的贫困化及其最终消失。自由农民在罗马初期曾是共和国的支柱。军队由占有土地的农民公民组成。战时打仗,平时耕种。他们有很强的公民权观念,珍惜罗马法律保护下的权利,为保卫权利不惜战斗牺牲。随着大土地占有制的发展,也随着战争规模的不断扩大,自由农民的生存困境越发严重,他们从事耕种的时间也越来越少,而军事生活所占的时间却变得越来越长。据统计,自公元前225年到公元前123年,罗马军队中服役年限超过16年的士兵占总数的30%,服役25年左右的占25%;英国学者佩里·安德森认为自公元前200年到公元前167年,10%甚至更多的自由罗马人被终身征募。① 马克思也指出:"罗马贵族不断进行战争,强迫平民服兵役,阻碍了他们的劳动条件的再生产,因而使他们沦为贫民(在这里,贫困化,即再生产条件的萎缩或丧失,是主要的形式)而终于破产。"② 除了服兵役,罗马平民还要遭受高利贷的盘剥,罗马贵族的高利贷把平民和小农彻底毁灭了。他们被迫把土地抵押出来,或成为世袭大领地的佃户,或成为游民无产者,有的干脆跑到蛮族那里去了。而当时罗马有法律规定,在领主的份地上定居若干年月的自由民丧失离开这块份地的权利,变成了固着在这块份地上的隶农。因此,到第五世纪的时候,自由农民和自由手艺人差不多已经绝迹。破产的平民大部分都跑到罗马城或罗马的其他城市,成为无所事事的游民,过着流浪苟且的生活。据记载,到共和末年,麇集在罗马城内的流浪人群约有32万人,约占当时公民人数的1/3。他们依靠国家养活,成为罗马社会的寄生虫。在他们身上,公民精神消失了,他们既不清楚自由为何物也不要求得到自由。他们已完全丧失了劳动习惯,并且极端鄙视劳动,他们宁愿伸手乞讨,靠别人的赠予和施舍来过游手好闲的生活,也绝不肯自食其力。

其次是奴隶的大量涌入并成为罗马国家人口的大多数。自由农民所腾空出来的生产地位就由战争俘获的奴隶来增补。这样,帝国的经济体系就慢慢地由奴隶农业取代了。而连年的对外征战,也为罗马国家提供了大量廉价的奴隶。公元前256年鲁古鲁斯在非洲俘获了2万名以上的战俘奴隶;公元前209年费边攻占他林敦,又有3万居民被变卖为奴隶;公元前177年,罗马再度占领撒丁尼亚,罗马军队俘获了8万多敌人,其俘获为奴的人数之多,以致在罗马出现了一句"像撒丁尼亚人那样便宜"的谚语。可以说,几乎每年都有数以万计的奴隶涌入罗马国家。奴隶成了这个国家从事物质生产劳动的主要力量。在大部分的工业行业和需要多人合作

---

① 转引自廖学盛主编:《世界历史十五讲》,人民出版社2006年版,第69页。
② 马克思:《资本论》第3卷,人民出版社1975年版,第677页。

的工作中，奴隶劳动广泛流行。开矿、冶金、修路以及建筑大型工程，都是奴隶的工作，大船的桨手也由奴隶担任。一切家务劳动几乎都由奴隶完成。除了私务奴隶，还有公务奴隶。这些奴隶有的是被俘虏来的，有的则天生就是奴隶。他们言语互不相通，彼此不能交流，所以没有反抗压迫的意识。奴隶们一直与权利无缘，也没有知识，因为他们不能读书写字。他们受尽屈辱，白天被迫在庄园里或在矿山上或在手工工场中从事沉重的体力劳动，晚上则被锁起来，以防逃走；或者被剃去半边头发，使之难以逃走。奴隶主可以随时随意虐待他们，甚至断其肢体，残杀无辜；还可以把他们卖到角斗场进行斗兽表演。反过来，如果奴隶杀了主人，那么，主人家里所有奴隶，不管是凶手与否，都要受到磔刑。我们所能想象得到的一切残酷待遇，几乎都残忍地施加到奴隶身上。在希腊的雅典，奴隶的命运虽不至于如此悲惨，但也很可怜。因此，对于处于水深火热之中的奴隶而言，来自北方森林的蛮族入侵者就不是敌人而是救星。

最后是国家对经济社会实施越来越严厉的统制政策。大致从第二世纪开始，罗马帝国加强了对经济社会的统制政策。帝国政府把帝国内重要的自然资源掌握在自己手里，也把大量的麦田、农场、橄榄园、葡萄园归入国库财产之中；政府见到管理那些和国家应有关系的职业可获得经济上的利益，就开始出面组织行会，并通过行会实现对制造武器、制造军需供应品、造船、运输等行业的控制；一切手艺和行业被强制地合并起来，放在国家的控制下，而行会本身也成为一个课税单位。后来，戴克里先制定了一项法律，要求每个城市对所有的职业进行登记，并规定儿子必须继承父亲的职业，只有法律、医药、教育、美术等各种自由职业不在此限。汤普逊说："再也不能想象有比它更有效地压制创造力和摧残天才的办法了。"[①] 此外，戴克里先还实行了最高限价措施来保护政府免受对各种供应品的过高索价，防止那些谷物、羊毛和皮革商人猛抬食物及其他必需品的价格。但这项措施并不奏效，物价依然很高。由于工资低微、工作时间久长、赋税繁重，或在职业上没有兴趣，有成千上万的人放弃了自己的职业，他们从原住的城市，逃往别的省份，甚至逃入边疆上蛮族中去。

所有这些方面都在慢慢损耗帝国生命力和活力。自由民的贫困化使他

---

① 汤普逊：《中世纪经济社会史》上卷，商务印书馆1961年版，第33页。

们不再是帝国的有生力量，反而成为需要帝国供养的寄生阶层；而政府的经济统制性政策犹如竭泽而渔，所得越大所害越多。另外，大量廉价奴隶的使用使帝国失去技术创新的意识冲动，即便已有的技术也得到推广应用。比如当时有人提出了一项可大大方便竖立方尖碑的技术措施，但皇帝为了不让奴隶有空闲，宁愿让他们继续从事笨重的体力劳动；再比如水车技术在公元前1世纪就已被帝国东部一些行省所掌握，但一直没有推广，直到公元4世纪奴隶来源枯竭后才为罗马采用。与之相比，中世纪西欧取得的技术进步比整个古希腊和罗马时期所取得的进步还要多。

奴隶劳动在生产的技术效率上也非常低下。奴隶由于其所遭受的非人待遇对强压在他们头上的一切充满敌意，他们士气低下，劳动热情低迷，对技术进步和生产方面量与质的增长都不会感兴趣，经常以毁坏工具、虐待牲畜、消极怠工等来发泄心中的怨愤，因而对奴隶的管理非常困难。当时的人即在说，使奴隶去耕种土地，等于是叫刽子手去对土地行刑。

更可怕的是奴隶制产生了一种鄙视厌弃体力劳动的社会职业选择心理，认为物质生产性的体力劳动是动物工作，虽然为生存所必需但留不下任何痕迹，从事这种体力劳动是不体面的甚至是有损尊严的，应该由奴隶来干，自由人不屑从事的。自由人应该从事是需要勇敢与智慧且能给自己的生活打上独特记号的创造性工作，如体育场上的竞技、没有任何功利价值的纯理论研究、艺术创造和政治。"英雄"的概念就出自希腊人对"人的工作"的定义。这种职业选择心理甚至影响到了学者的研究取向，认为纯理论才值得他们去研究，而实用的技术是没有什么价值意义的。阿基米德就热衷研究纯力学而不崇尚发明各种实用军事机械；柏拉图也看不起具体技术的研究而热衷研究理念问题。

源于奴隶制的这种损害性影响在帝国扩张时期还不是很明显，因为伴随着帝国扩张而来的大量战利品、贡物、粮食和奴隶遮蔽了这种影响。但一旦帝国的扩张停顿下来，这种损害性影响就显现出来了，并且日趋严重。比如庞大军队从前一直是获取奴隶和物质财富的有用工具，而现在却成了不可避免的沉重负担；扩张时期膨胀起来的官僚机构，到了收缩时期也日益不堪重负；这些公共开支和豢养流入城市的无业游民所需要的支出最终导致无法控制的通货膨胀，货币变得毫无价值。在某些地方甚至退化到以物易物的原始状态。即便如此，市场交易的总量在快速萎缩，帝国内部出现了自给自足的大庄园。尽管法律上限制大地产的占有不得超过一定的面积，但是大地主用分散大地产于各省的方法来规避这种限制。这些大庄园有时包括整个郡，而它的领主以私人资格行使着过去地方政府的行政职权。地方政府与庄园政府已合二为一，都是在富豪手里，政府的合法形式只是在理论上继续存在而实际上已经被取代。到第五世纪，帝国已经成为一个空壳，昔日一度强大而集中的皇权已经烟消云散，就等外力的最后一击就会轰然倒塌。

在思想史中，有许多思想家与研究者也指证了导致罗马衰落直至灭亡的这个原因。孟德斯鸠是西方历史上较早进行研究的思想家，他经过自己的深入研究认为罗马的兴衰说明了一个道理：即只有在公民得到自由和独立的地方，在共和的风俗习惯盛行的地方，社会才能顺利发展；而凡是公民没有自由思想并且受人奴役的国家，就一定会衰落下去，最后，终于在内外敌人的夹攻下一败涂地。20世纪最伟大的历史学家汤因比列数人类有史以来众多文明的兴衰成败，完成了《历史研究》这部鸿篇巨制，其中也讨论到古希腊和古罗马文明，并作了一个客观公允的分析判断。他指出："在古希腊各城邦普遍采用种植园奴隶制度的地方，虽然都显著地提高了土地的产量并且增加了资本家的利润，但是它却把这些地方变成了社会方面的不毛之地；因为凡是这种奴隶种植园制度到达的地方，它们像劣币排挤良币一样无可挽回地代替了自耕农而且逼使他们沦落到赤贫的地步。其社会结果便是使乡村的人口大减，而在城市里产生了大量的寄生的城市无产者。这种情况在罗马城里尤其严重。虽然后来罗马的几代改革家，从格拉古兄弟开始，曾想尽办法解决这个问题，但是他们却始终没有办法解决这个由于农业上的新技术所带来的社会灾难。这种种植园奴隶制度一直继续到了它借以谋利的货币经济制度崩溃的时候。这个财政上的崩溃是公元第三世纪的社会总崩溃的一部分；而这次总崩溃至少有一部分无疑是过去四百年间侵蚀着罗马社会的农业灾难的结果。这种社会毒瘤终于造成了它所寄以为生的社会的死亡。"[①]

[①] 汤因比：《历史研究》上，上海人民出版社1966年版，第247页。

哈耶克在其最后一部著作《致命的自负》也讨论了罗马文明的兴衰问题。他认为罗马为世界提供了建立在个人财产绝对观念上的一个私法楷模，在国家公权的保护下形成一个巨大商业社会。只是在罗马中央政府日益取消了创业自由之后，这种最早出现的扩展秩序才开始衰落并最终崩溃。从此事例中，哈耶克得到一个重要结论：文明可以扩展，但是在接管了公民日常事务管理权的政府统治下，它不太可能得到很大发展。如果没有一个把保护私有财产作为自己主要目标的政府，似乎不太可能发展出先进的文明。但是由此引起的进一步的进化和成长过程，却一再被强大的政府所中断。有足够的力量保护个人免于同胞暴力的政府，使一个日益复杂的自发秩序的进化和自愿合作成为可能。但是它们为贯彻自以为更大的智慧而不让各种社会制度随意发展，迟早会滥用这种权力，压制它原来所保护的自由，致使社会活力日渐枯竭，文明的衰落直至最后的崩溃由此而起。①

英国通俗历史学家韦尔斯也认为：罗马帝国的崛起与衰亡，表面上看可以找出许多原因，但就深层次而言，都与社会成员的自由状态息息相关。帝国之所以崛起，是因为早期公民权的观念使人民团结到了一起。从共和国扩张时期到帝国初期，罗马公民非常珍惜民权，并把它看成罗马市民的权利和义务。他们不断信任这种在罗马法律保护下的权利，而且还可以为维护罗马法律做出一切牺牲。但布匿战争后，公民权被富人及奴隶制度的发展破坏。尽管后来获得公民权的人数和范围都有所增加，但此时所谓的公民权早已变质了，公民权的精神消失了。罗马帝国已经在本质上变成了一个奴隶国家，奴隶占了这个国家人口的大多数，而且只有极少数人民能保持自己的尊严，享有自由。由此，我们就不难发现它从堕落到灭亡的线索。那时很少有现在所谓的家庭生活，也几乎没有过有节制生活的、拥有活跃的思想和研究的家庭。学校也很少。根本没有所谓的自由意志和自由精神。尽管罗马的宽阔的大道，宏伟建筑的遗迹，以及威严的法律和权力，但我们却知道这一切的表面的繁华，都是建立在强迫意志、压抑理性以及扭曲欲望的基础之上的。艺术、文学、科学和哲学都需要有自由的精神及快乐的心境，在这种氛围下，自然就慢慢消退了。抄袭与模仿充斥

---

① 哈耶克：《致命的自负》，中国社会科学出版社2000年版，第32页。

着帝国——在罗马统治下,雅典走向了衰败,亚历山大的科学也日薄西山了,甚至于人类的精神似乎也在一天天没落下去了。① 总之,罗马帝国已经不再有意志,所以它遭到了灭亡。马克斯·韦伯也曾从社会学角度分析过罗马帝国崩溃瓦解的原因。他指出罗马帝国衰败直至走向衰亡的原因就在于:在该社会中,国家占有或控制并调节一切铁、煤和采矿工业,一切铸造业,一切酒、雪茄、烟草、火柴以及现在由卡特尔所生产的一切大众消费的产品;国家管理着工厂以生产军事装备和供应官僚的商品,占有一切船舶和铁路,并且缔结国家控制羊毛进口的条约。这种根据官僚政治制度的统治来管理的复杂的整体,以及同这种官僚政治制度相并列的行会制度、证券的过剩、学术的或其他的方面,缺乏一切能动性。人们享受官僚政治的"秩序"的益处,而不是自由经营的"无政府状态"。② 可见,自由的失落实为罗马帝国由盛而衰的根本原因。

经典作家马克思、恩格斯也研究过古典文明的兴衰问题。他们与之前所有研究者不同的地方在于研究方法论的历史唯物主义倾向。他们历史地辩证地看待奴隶制,既肯定它曾经起到过的积极作用,又指出其内在的根本性局限。他们认为:在前期,奴隶制对罗马生产力的发展起到很大的促进作用,没有奴隶制就没有罗马帝国,没有奴隶制也就没有帝国的发展与繁荣。恩格斯指出:"只有奴隶制才使农业和工业之间的更大规模的分工成为可能,从而使古代世界的繁荣,使希腊文化成为可能。没有奴隶制,就没有希腊国家,就没有希腊的艺术与科学;没有奴隶制,就没有罗马帝国。没有希腊文化和罗马帝国所奠定的基础,也就没有现代欧洲。我们永远不应该忘记,我们的全部经济、政治和智力的发展,是以奴隶制既成为必要、同样又得到公认这种状况为前提的。在这个意义上,我们有理由说,没有古代的奴隶制,就没有现代的社会主义。"③ 然而奴隶制生产方式的固有局限是永远无法克服的,它使社会失去了技术创新和大规模运用新技术的兴趣,也极大地抑制了劳动者的生产积极性。因此,此种生产方式的活力十分有限,它立足于增加劳动力而不是立足于对土地的开发和资

---

① 韦尔斯:《世界简史》,贵州人民出版社2004年版,第232页。
② 《文明的历史脚步——韦伯文集》,上海三联书店1988年版,第200页。
③ 《马克思恩格斯文集》第9卷,人民出版社2009年版,第188页。

本的积累以及生产技术的改进。由此决定了奴隶制对经济、文化的促进作用只有在帝国能够持续不断地获得大量奴隶并稳固地实现对各行省的控制从而保持奴隶制所生产的产品有广阔市场条件下才能做到。但是，到帝国的后期，这些条件都日渐丧失。随着帝国对各行省控制的衰弱，也随着蛮族对帝国袭扰的深入，帝国的奴隶来源枯竭了，商品市场也日趋萎缩，即便在帝国内部也很难实现商品货物的自由流动，因为帝国内部存在许多关税势力圈，对往来商品货物征收从2%—12%不等的关税。这时，盛行已久的奴隶制已经过时了。无论是在乡村的大规模农业方面，还是在城市的工场手工业方面，它都已经不能提供足以补偿所耗劳动的收益。帝国繁荣时代的庞大的生产已收缩为小农业和小手工业，而这种小农业和小手工业都不能容纳大量奴隶了。只有替富人做家务的供他过奢侈生活用的奴隶，还存留在社会上。但是，日趋灭亡的奴隶制却留下了一根毒刺，即鄙视自由人的生产劳动，罗马的公民普遍认为，一切生产劳动无论是农业还是工商业都是奴隶才干的事，自由的罗马人是决不做这类营生的，如果有几个例外的话，那不过是一些被释放的奴隶继续干他们先前的行业而已；破产贫穷而自由的罗马人宁可领取国家发放的补贴救济，也不愿再去从事艰苦的生产劳动，它们成为罗马社会的寄生群体。于是，罗马世界便陷入了绝境：奴隶制在经济上已经不可能了，而自由人的劳动却在道德上受到鄙视。前者是已经不能成为社会生产的基本形式，后者是还不能成为这种形式。① 罗马帝国的崩溃也就不可避免了，而奴隶制恰恰是促成古罗马文明衰落的主要原因之一。

五　如何看待后发国家的超常发展

继英美法德等国率先走上现代化之路以后，相继有许多国家主动或被动打开国门，接受欧风美雨的洗礼，其中包括沙皇俄国、日本、土耳其，还有近代晚清时期的中国。第二次世界大战以后，又有更多的国家在取得民族独立后勇敢地汇入了现代化的历史潮流。在这股汹涌的历史潮流中，有的国家和地区不幸折戟沉沙，被潮流所吞没；而有的国家和地区则趁势

---

① 《马克思恩格斯文集》第4卷，人民出版社2009年版，第169页。

而上，成功地启动了现代化，并实现了国民经济的快速飞跃。尤其是新加坡、韩国、中国的台湾地区和香港地区，合称"亚洲四小龙"，其经济发展速度之快，被人惊叹为"东亚奇迹"。1971—1991 年间，亚洲新工业化经济群体（ANIEs）的平均国内经济增长率达到 8.6%，其中 1971—1980 年间达到 9.6%，20 年间人均 DGP 增加了 21 倍。东盟国家自 20 世纪 70 年代起，加快了经济发展的步伐，并于 80 年代中期实现了国民经济的高速增长。1970—1990 年间，年均 GDP 的增长率为 6.4%，人均 GDP 增加了 6.8 倍。① 在 1960—2005 年的 45 年间，新加坡的 GDP 实际年均增长速度达到 7.76%；它的实际 GDP 在这期间增长了 29 倍；2005 年的人均 GDP 已经攀升至 26892 美元（1960 年它的人均 GDP 按 2005 年的价格折算只有不到 1400 美元）。在 1996—2005 年的 10 年间，新加坡的人均收入已经超过西班牙和葡萄牙，而且几乎追平意大利，它的 GDP 的年均增长速度为 5.1%。自 1961 年起的 44 年中，香港的年均经济增长速度达到 6.2%，而且 GDP 增长了 14 倍。2005 年，香港的人均 GDP 与新加坡不相上下，达到 25550 美元。② 从工业化进程上看，亚洲新工业化经济群体（ANIEs）仅用了 30—40 年时间，便实现了发达国家曾经用一二百年时间才取得的产业结构的工业化。

我国自 20 世纪 70 年代末实行改革开放以来，经济发展也是突飞猛进，为全球经济史上前所未有，没有任何其他国家出现过这么长时间的迅速增长。在 30 年的时间里，我国的 GDP 从 1978 年的 3645 亿元增加到 2007 年的 246619 亿元，到 2013 年，中国经济总量实际上是 1978 年的 25 倍，GDP 在全球的份额增加了 3 倍多，从不到 3% 增至 12%；按可比价格计算，年均增长率为 9.8%。其中，2003—2007 年连续 5 年增长速度均达到或超过了 10%，而且人均 GDP 在改革时期也有了极大的提高。我们已经从世界上最穷的国家一跃成为全球的主要经济大国。按照购买力平价（PPP）计算，我国目前是仅次于美国的世界第二大经济体。2014 年 10 月，国际货币基金组织按购买力平价（PPP）计算，中国经济规模已经超过美国，达到了 17.6 万亿美元，而美国只有 17.4 万亿美元。1980 年，

---

① 刘力臻：《市场经济"现代体制"与"东亚模式"》，商务印书馆 2000 年版，第 218 页。
② 青木昌彦、吴敬琏主编：《从威权到民主》，中信出版社 2008 年版，第 21 页。

世界银行把中国以及大约30个世界最贫穷国家归类为低收入经济体；到2013年，世界银行把中国列入中上等收入类别，人均收入高于55个低收入或中下等收入国家。

如何看待后发国家的超常发展，这是一个巨大的历史课题。它犹如斯芬克斯之谜一样吸引着人们关注的目光，考验着人们解读的智慧。对于同一个问题，不同的人由于多种原因往往会有完全不同的解读。有学者认为，东亚的经济奇迹很大程度上归功于经济发展主义，也就是说，把经济发展放在首要位置的意识形态。[①] 也有学者认为东亚的增长主要是通过合适的政策及有效的实施达成的，而非其他原因，例如勤勉的工作或者儒家精神。那些没有采取必要的政策，或者未能成功贯彻之的国家，就未能加入到地区经济腾飞的行列中。[②] 还有人把东亚奇迹归因于以儒家文化为核心内容的精神力量，并据此提出所谓的"亚洲价值观"。在众多解读中，最有影响的还是世界银行于1993年报告《东亚奇迹》中提出的观点。该报告认为东亚各国都有自己的具体情况，但促成东亚奇迹般增长的一般性因素有四个：一是坚持宏观经济管理基础；二是强调发展一套有效率的官僚体系；三是选择性地使用关税保护和出口鼓励政策，以帮助它们的产业以更低成本竞争；四是普遍采用实用主义的方法，其措施具有灵活性。[③] 有学者在此基础上概括出了所谓的"威权发展模式"。这种体制的要点是：强势而懂经济的领导人；把经济发展当作国家目标、意识形态甚至迷信；有辅佐领导人制定和实施经济政策的技术精英集团；政权的合法性来自经济发展的成功。其中，第一条最为关键。[④]

所有这些解读虽然在一定程度上或从一个侧面说明了问题，但究其根底而言又不具透彻的解释力和说服力。经济发展主义在某种程度上是任何一个还不算太差的政府都会有的信念体系，即便在我国的"文化大革命"期间，抓革命也是为了促生产。那种勤勉勤劳的生活态度在东亚国家自古就不缺乏，甚至可能因为天灾人祸的原因而非常需要强调以资弥补。至于威权政府在非洲和南美地区可能更多见，也可能更威权，但那里的发展却

---

① 青木昌彦、吴敬琏主编：《从威权到民主》，中信出版社2008年版，第80页。
② 同上书，第68页。
③ 斯蒂格利茨等编：《东亚奇迹的反思》，中国人民大学出版社2003年版，第5页。
④ 青木昌彦、吴敬琏主编：《从威权到民主》，中信出版社2008年版，第74页。

并不怎么好。可见，这些都不是促成东亚国家奇迹般增长的根本原因。唯一能够在哲学意义上作为发展根本原因的是自由。

人类的历史证明，文化的进步取决于提供给某个社会群体的向其邻近群体学习经验的机会；开放的环境与后发优势相结合，一般就能实现超常规发展。东亚诸国，无论是日本、韩国、新加坡，还是我国的台湾地区和香港地区，以及包括东盟国家，是验证这一规律的极好事例。这一地区都实行对外开放的国策，实行自由的市场经济体制。尽管在市场与政府的关系上，相对于欧美国家尤其是英国和美国，可能稍稍偏向于政府一边，政府的作用相对更大一些，但它们的国民毫无例外地都享有一定程度的有法律保障的经济自由。更重要的是这些国家和地区都曾经受到过西方列强的殖民统治，深受西方法治传统的影响，尤其是日本、韩国、新加坡、中国的台湾和香港地区，法治水平相对较高，公民的政治权利保障虽然比较欠缺，但公民财产权利的法治保障方面还是相当完善。因此，起码在市场空间，公民和企业是享有一定程度的经济自由的。香港是世界闻名的自由港，香港政府几乎将所有的工业投资和生产安排都交由市场决定，市场力量决定人们的工资水平；而且由于香港不对进口商品设置任何数量或关税壁垒，所以消费者可以以世界市场的价格随心所欲地购买任何他们有能力支付的商品。新加坡也是一个自由港，那里可交易商品的价格全部由世界市场来确定。无论过去还是现在，外商直接投资在新加坡都受到热烈欢迎，而且这个岛国的工业发展中有相当一部分归外商所有。韩国自停战以后直到民主化之前，虽然一直都是军人主政的典型威权政府，也有许多强有力的干预政策，如出口补贴、进口保护、外汇管理、统一汇率、低息政策贷款以及税收激励，但，企业的市场决策依然是自由的，而不需要听命于政府，因为企业并不是政府的附属物。马来西亚于1957年独立后，也执行的是相对自由放任的经济政策，只是在1969年之后，政府才开始调整政策，建立政府大规模干预工业和现代服务业的发展模式。总之，在东亚诸国，尽管政府的作用要相对更强一些，但它们都保留了私人产权、保留了市场体制与法治，进而保留了由这三者所型构的经济自由。另外，国家所采取的是外向型发展战略，它对外来资本是开放而不是限制，国内生产是多面向世界市场而不是少面向世界市场，经济增长是依靠市场力量的更多自由化而不是依靠国家力量更多的外在控制。正是一定程度的市场经济自由，再加十分偶然地出现的奉行经济发展主义政策的有智慧的强政府，还有机缘巧合一样的国际大环境，这才造就了让世人惊叹不已的东亚奇迹。在如此之多的因素之中，那个经济自由才是底子性的内因，其他都是辅助性的条件而已。

哈耶克比所有其他经济学家深刻的之处在于他在别人看到最显著之政府作用的地方，看到了自由之潜在的深层次的而且也是十分强韧的作用。他认为："在这些新兴国家里，反对就经济活动采取全盘计划和进行总体指导的理由，要比在较为先进发达的国家里甚至更为充分。只有自由地生长或发展，才有可能使那些新兴国家发展出自己的富有活力的文明，才有能力对整个人类的需求做出自己的独特的贡献。"① 因为新兴国家历史地继承下来的经济社会文化条件以及现实所处的境遇和面临的问题任务都全然不同于先进发达国家，从后者引进任何已经实践证明为成功的发展模式并强加给自身所处的社会，并不一定会出现后者曾经有过的繁荣景象。因此，自由的实践与探索是新兴国家能够发展起来的第一条件，自主性发展也是这些国家和地区能够取得成功的基本经验。这些国家和地区在一定时段内表现出来的那种快速增长，正是自由开放出了许多过去也存在只因受限制而未能有效利用的大量机会的结果；犹如堰塞湖的水积压太多，一旦打开缺口就快速奔涌向前。

阿玛蒂亚·森也明确否定"东亚奇迹"的权威主义解释。他说几乎没有什么普遍性的证据表明权威主义政府以及对政治和公民权利的压制确实有助于促进经济发展。导致东亚经济体经济成功的政策包括开放竞争、运用国际市场、高识字率和高就学率、成功的土地改革以及对投资、出口和工业化积极性的公共支持。没有证据表明，上述任何政策与更多的民主不相容，或者这些政策实际上必须要靠正好出现在亚洲一些国家的那些威权主义因素来维持。②

就我们自己而言，我们之所以能在短短的30年取得令世人叹为观止的巨大发展成就，其根本原因也在于自由。中华民族早在其他民族还处于茹毛饮血的野蛮时代即已进入文明社会，创造出了辉煌灿烂的古典农耕文

---

① 哈耶克：《自由秩序原理》下册，生活·读书·新知三联书店1997年版，第148页。
② 阿玛蒂亚·森：《以自由看待发展》，中国人民大学出版社2002年版，第152页。

明。然而，自秦始皇扫除六合统一天下以来，帝国政府即以其专制政治统治天下，其间一些朝代虽然有经济与文化的脉冲式发展，但文明的生命力已经枯竭，文明整体状态呈现代际衰退，直至1840年遭遇西方工业文明的冲击时一触即溃。辛亥革命推翻了专制的帝制政治结构，确立了资产阶级的民主共和国。但由于民主力量的薄弱，整个国家并没有形成民主的政治秩序，军人专权、帝制复辟、军阀混战、外敌入侵、威权训政，乱纷纷，你方唱罢我登场，城头变幻大王旗。人民依然没有权利、没有自由。这种情况直到1949年才得到根本改变。中华人民共和国的成立，人民翻身做主人，实现了期待已久的政治意义上的阶级解放。而始于1979年的改革开放，整个国家开始朝着经济自由化的方向迈进。通过各个层面的体制机制的改革，人民在原有阶级解放的基础上进一步实现了法律意义上的个体解放，人民从此真正成为自己命运的主人。他们挣脱了计划经济和保障与束缚于一身的僵硬体制外衣，来到了自由的而充满机遇和风险的市场。他们像鸟儿一样自由，自由地发现稍纵即逝的机会，自由地选择生产要素的不同结构组合，自由地追逐体现着市场肯定性评价的利润，自由地承担选择失误的损失责任。然而自由并不是玫瑰色的，自由常常意味着艰辛，自由有时显得很悲苦，还伴有沉重的选择压力，因此，自由为一些过惯了受人指使不需自己费脑筋也不需自己承担责任的雇佣生活的人所不喜，他们竭力想逃避自由。尽管如此，人们依然向着自由前行。自由使每个人身心处于最开放最活跃的状态，他们热情地拥抱人类文明的一切优秀成果；自由以及由此而来的利益与责任的切身性也使每个人都成为自己利益和优势的最好发现者和维护者，使每个人所拥有的不为他人所知的知识都得到最充分有效的利用，还使每个人的潜能都得到最大限度地开发与释放，并使他们处于理性自制状态；自由还使社会发展所具有的无限可能性中的相当大部分都获得尝试与实践的机会，使社会中的每一种要素都能在自由流动中找到自己的最佳位置。在自由的状态下，人能尽其才，才能尽其用，事能尽其功。自由犹如春风一般唤醒沉睡的大地，使草木郁郁勃发。正是它使不确定的个人和整个社会获得最大化机会，使社会财富的每一个源泉充分涌流，才促成了经济的发展、社会的繁荣和人民生活的富足。因此，自由是致富之源。30年的改革开放和发展繁荣，以中国经验验证了两百多年前英国经济学家亚当·斯密的伟大发现：自由实为最能创造奇迹性硕果的生活艺术,人类历史上那些有价值的成就无一不是自由心灵的伟大杰作。因此,一个人只要他不违反体现公平正义的法律,就应听任他完全自由。他们那些追逐私利的个人努力在一个自由自发的市场秩序内竟然神奇地导致了他人利益的实现和整个社会的普遍繁荣。今日之中国,只有没有梦想的人,没有有梦想却没有机会实现的人。这里是罗陀斯,就在这里跳跃吧;这里有玫瑰花,就在这里跳舞吧!

较之于30多年前,今日之中国胸怀更大的梦想——中国梦。我们已基本越过了追赶性发展,进入了探索性发展的历史新阶段。我们已不再满足于吃饱喝足,也不再满足于做来料加工的世界工厂,更不再满足于做外来精神文化的简单消费者。我们希望已经成功开启的发展是全面协调可持续的,我们希望发展的成果能够更多地转化为切切实实的民生福利,我们希望过一种有品质的有体面和尊严的生活,我们希望自己能够成为国际社会受人欢迎的好伙伴,希望在国际社会上赢得别人的钦羡和尊重;我们希望自己的文明能够在世界多元文明的竞争中成功胜出,成为其他文明学习效仿的榜样;我们希望自己能够为初显雏形的全球文明贡献具有普世意义的经验与价值。要实现这些梦想,我们就必须不断扩展我们弥足珍贵的自由,让自由的天空更加辽阔,在那里,我们想飞得更高,也能够飞得更高。

第二章 市场与自由

市场意味着自由,它让人呼吸到新鲜的空气。——布罗代尔

市场是人类社会才有的现象。市场的出现极其古老。市场在世界各地任何文明中都存在,但只有在西方文明中才发展成一种有效社会生活秩序。在人类相当长的一段历史时间里,市场受到了政治权力严厉限制而处于不发展状态,一些地方的市井繁华并不能掩盖市场制度的内卷趋势,经济生活也因此呈现涨涨落落的不稳定发展态势。尽管如此,市场依然沿着自身的逻辑一路走来。到了资本主义,市场终于得到充分发展,市场秩序已经扩展到社会生活的方方面面。不仅有经济市场,还有思想文化市场,甚至还有政治市场。市场已经成为人类社会一种十分重要的秩序,深深地影响着人类的经济、政治和文化。哈耶克指出:"不管人们活着有什么目的,今天的大多数人所以活着,仅仅是因为有市场秩序。"① 然而,自市场出现以来,人们对市场的认识和态度就相当复杂、充满歧见。赞赏者把市场誉之为神奇的"上帝之手",批评者则视市场为"撒旦的磨坊",并做出过经济生活非市场化的实践努力。遗憾的是设想美好的计划经济秩序遭到了彻底的失败,市场秩序重新赢得了人们的信任。那些计划经济建设者的子孙们也发现"人类还未能创造出比市场经济更加有效的机制——市场经济所具有的自我调整和自我控制的功能,有助于促进经济活动和合理地利用劳动、原料和金融等资源,并能够促进国民经济平衡"。② 人类

---

① 哈耶克:《致命的自负》,中国社会科学出版社 2000 年版,第 153 页。
② 《500 天计划:向市场过渡》,苏维埃经济专家小组致戈尔巴乔夫和叶利钦的报告,1990 年。

向市场经济的历史性回归并不意味着关于市场秩序之意见分歧已经消失，事实上，这种意见分歧依然尖锐对立，依然有人对市场秩序给予严厉的谴责。罗马教皇保罗二世1998年在古巴布道时把市场斥之为一种盲目的力量；同年，希拉里·克林顿也批评"市场的自私自利使决策者忽视了社会问题"。马来西亚总理马哈蒂尔在亚洲金融危机后向国际社会抱怨：所谓的"市场力量"已毁灭马来西亚一半的财富。在我国，市场秩序也经历了一个戏剧性变化。曾几何时，我们把市场看作是可怕的魔鬼和滋生病菌的温床，必欲铲除干净而后快，就连农村集市也一度被关闭；后来，我们被迫承认市场还有一定程度的作用，但其作用的发挥需要受政府的限制和调节，而且还只是辅助性的作用，"计划经济为主、市场调节为辅"的提法清楚地表达了我们对市场作用的极有限承认；再到20世纪90年代，我们才比较充分地认识到市场的巨大作用，提出了"社会主义市场经济"的体制改革目标，指出要让市场在资源配置当中发挥基础性作用。2013年中国共产党十八届三中全会通过的《中共中央关于全面深化改革若干重大问题的决定》则进一步明确提出"市场在资源配置中起决定性作用"的科学命题，由此，我们对市场在资源配置方面的认识达到了前所未有今后也未必能够超越的最高度。今天，我们再也不能回避市场，逃离市场，而是面对市场，投身市场，促进市场秩序的健康发展，让市场发挥资源配置的决定性作用。因为，市场既是最有效率的生活秩序，又是一个典型的自由选择空间，在一个健康发展的市场上，我们将获得越来越大的实质自由与选择自由。

一　市场：一种自发形成的社会秩序

1. 什么是市场

市场是人类非出于主观理性设计的伟大创造，体现了人类解决社会生产、流通、分配与消费的高度智慧。它是人类独有的一种制度和秩序。我们观察动物世界，发现动物一般都会采集、捕猎、储藏，但就是不会交易。它们不会用自己的"所有"去换得自己的"所无"，实在吃不完，就丢弃不要了。亚当·斯密就曾经指出过人与动物之间的这个重要区别。他说许多同种但不同属的动物，相互之间差异性很大，远甚于人类的哲学家与挑夫之间的差异，但它们并没有相互利用的机会，因为它们没有交换交易的能力，所以，不能把这种不同的资质才能，结成一个共同的资源，因而，对于同种的幸福和便利，不能有所增进。而人类的情况就完全两样了。他们彼此间，哪怕是极不类似的才能也能交相为用。他们依着互通有无、物物交换和互相交易的一般倾向，好像把各种才能所生产的各种不同产物，结成一个共同的资源，各个人都可以从这个资源随意购取自己需要的别人生产的物品。①

　　自从有了市场，人类就和市场结下了不解之缘。原始社会的氏族部落共同体内虽然实现原始共产制，但氏族部落共同体之间早已出现商品交易的市场；封建社会小农经济基础上形成的是自给自足的田园生活，市场因缺乏交换的需要而处于停滞状态或因政治上的考虑而处于受限制状态，但毕竟始终存在，而且一度还十分繁华。资本主义社会更是市场主导的社会，没有市场就没有资本主义的萌芽，更没有资本主义的繁荣发展。总之，几千年来，人类社会有市场秩序存在的时间较多，而完全取缔市场存在的时间较少。只有在20世纪一些社会主义国家进行过取缔市场秩序的计划经济实验。而且，即便是在这些国家也没有完全禁绝市场的存在，黑市、农村集贸市场，就是市场秩序顽强表现自己的证明。

　　今天，我们每一个人每天都离不开市场，每一天都要几次进出市场。你可以不进政府的衙门，但必须进市场的大门。也许我们和市场靠得太近，或者置身于市场之中，所以反而不识市场真面目，对市场存有许多误解，所以需要有对市场正本清源地解读。

　　从最表面看，市场是一个买者和卖者面对面交换产品与服务的实实在在的社会空间，简言之，就是商品买卖的地方。那些住在乡下的农民们将他们多余的农产品拿到集市上或城镇里出售，匠人们则带着他们的手工艺品来到市场，还有一些商人穿梭其间。场地上满目都是鸡鸭鱼肉、猪狗牛羊、锅碗瓢盆和一些小件农业器具。凡是你想到或者没有想到的都可能出现在一个有潜在需求者的地方。卖者自豪地高声吆喝，买者则以挑剔的眼光打量着自己看中的东西，并饶有兴趣地与卖家讨价还价。经过一番明里暗里斗智斗勇的较量，终于达成了交易，并露出令人捉摸不透的微笑。这是

---

　　① 亚当·斯密：《国民财富的性质和原因的研究》上卷，商务印书馆1972年版，第16页。

我们日常生活里最常见的现象，其常见程度让我们熟视无睹。然而，恰恰是这种行为现象让人类冲破了部落共同体的藩篱，来到一个无须就共同目标达成共识而是以其各自所拥有的东西相交易即可满足各自愿望的开放社会。最初的市场可能是交通要道、渡口和码头旁边的一块空地，也可能是一条相对较宽的街巷，还可能是一条两边有勾栏瓦肆的河道。条件稍好一些的，可能是一座间隔成许多摊位、摆放了许多柜台的大厦。一个可供人们进行产品交易的看得见摸得着可以自由出入的社会空间，这是人们对市场的最初理解，也是最容易被人们理解的概念定义。直到20世纪八九十年代我国改革开放之初，人们对市场还是如此理解。当时，一些地方政府说要发展市场经济，就把建有形的市场作为抓手，一时间，各种各样的专业性和综合性市场如雨后春笋出现在全国各地。浙江温州市北部一个贫瘠的山坳里，就诞生了一个蜚声国内外的农村小商品市场——温州桥头纽扣市场。在改革开放的大潮中，桥头人成功地演绎了"小商品、大市场"的动人故事。在最鼎盛时期，桥头市场的纽扣销量占全国的80%，占世界的60%。此后崛起的义乌小商品市场，是中国小商品市场之窗，是世界市场经济发展史上的经典案例。直到今天，还是全国其他地方学习发展市场经济的最好榜样。

　　再一深层面看，我们会发现，市场是一组交易规则的集合，是一种买者和卖者共同决定价格并交换物品或劳务的机制；或者是买者和卖者相互作用并共同决定商品或劳务的价格和交易数量的机制。① 在市场体系中，每样东西都有价格，即物品的货币价值。价格代表了消费者与生产者愿意交换各自权利的条件。但这个价格又不是哪一个人或组织决定的，而是由参与市场交易的所有主体共同决定的。这其中，谁也不是决定性力量，谁也都是不容忽视的影响力量，他们的行为选择都会对最终的交易平衡产生微小的但也实实在在的影响。一个交易价格条件只要被双方认可，双方都会从这笔交易中获益，而且还很难说谁的获益更大。当然，所有交易都是依在交易实践中发现的或者千百年来传承下来的交易规则进行的。正因为有交易规则的约束引导，市场交易才能够如交易者所期待的那样进行，也才可以反复持续。没有规则，交易也就不成其为公平互利的交易，也就很

---

①　萨缪尔森：《经济学》第16版，华夏出版社1999年版，第21页。

难持续下去。交易规则和价格是市场的两个重要制度构件，交易规则界定双方的权利义务，交易价格反映市场资源的稀缺状况和产品的供求关系。人们借助市场交易规则能够实现完全陌生人之间的合作，而借助交易价格，则可以找到最有利于自己的交易伙伴和产品服务。因为对生产者和消费者来说，交易价格是一种信号。如果消费者需要更多数量的某种物品，该物品的价格就会上升，从而向生产者传递出供给不足的信号，由此可能导致供应的增加和消费量的削减。反过来，如果生产者生产的物品短时间内大量增加，以至于超出了消费者的需求，那么，物品的货币价格就会下跌，消费者因此可以增加消费，而生产者则会减少产出。正因如此，交易价格被哈耶克形象地称之为"潜望镜"，帮助生产者和消费者发现市场稍纵即逝的商机。

而从市场的本质层面看，市场则是一种交易规则约束下形成的以权利自由交换为核心的自发秩序，是一种素昧平生者之间的社会性合作结构。"它是唯一已知的方法，能够提供信息，使个人可以对他们直接有所了解的资源的不同用途的相对利益加以权衡，并且不管他们是否有此意图，他们能够利用这些资源为相距遥远素不相识的人的需要提供服务。"[1] 市场不是哪个圣明的组织或个人发明创造的东西，也不是哪个圣明的组织或个人所能驾驭得了的。它是自利的人们偶然发现的能够给双方带来好处的社会交往活动，是人们在重复进行的交易活动中形成的稳定恒常关系。借助它的帮助人们可以就实现目的的手段进行协调，进而在一个双方都能接受的程度上实现各自的目的。市场作为一种自生自发秩序，是一种抽象的而非具体的秩序，它是人们在规则约束下经由反复交互作用而自发形成的，这种秩序本身不可能具有目的，但它是那些在这种秩序内部活动的人实现各自目的所必要的条件。市场秩序犹如一部复杂而精良的机器，它通过价格、利润对个人和企业的各种经济活动进行协调，使利益取向、目的追求和兴趣偏好各不相同的人都能够和平相处各取其利。它不需要一个超越自身之上的权威性组织者，也不需要任何性质的中央计划体系（无论是指令性还是指导性），只依靠随时变动的价格和利润信号，就可能把一切经济活动调节得井井有条。在计划主义者看来是乱哄哄的熙熙攘攘的市场表

---

[1] 哈耶克：《致命的自负》，中国社会科学出版社2000年，第87页。

象后面是惊人的秩序魅力。更重要的是在市场这种自发秩序中，人们和平地理性地相互交换自己的权利，那些原本相冲突的权利主张和动机意图经由市场的协调也变得能够在最有利于双方和不特定第三方的情况下和谐共存，尤其是当市场上权利交易成本为零时，无论权利如何界定都能达到资源配置和利益分配的帕累托最优状态。因此，凡是市场秩序能够正常运行的地方，也常常是经济社会发展繁荣的地方；而那些市场秩序受到排斥或抑制的地方，往往经济凋敝、货物匮乏、民生艰难。在暂时的经济增长背后是在巨大的资源代价和环境代价。根据美国加州大学伯克利分校经济学家德隆的研究，在人类历史上，从旧石器时代到2000年的250万年间，人类花了99.4%的时间，即到15000年前，世界人均GDP达到了90国际元，然后，又花了0.59%的时间，到1750年，世界人均GDP翻了一番，达到180国际元，从1750年开始，到2000年，即在0.01%的时间里，世界人均GDP增加了37倍，达到6600国际元。换句话说，人类97%的财富，是在过去250年——也就是0.01%的时间里创造的。[1] 而这250年恰恰是市场秩序迅猛扩展的时段，两者重合绝非偶然，意味深长。

2. 市场的起源与发展

市场是一种十分古老的社会现象。作为以交换为目的的制度，市场从石器时代后期就已普遍出现了，尽管它在经济生活中的角色只不过是附属性的。[2]《周易·系辞》："日中为市，致天下之民，聚天下之货，交易而退，各得其所。"这里的市场就是为达到以物易物或者买卖之目的的聚合处。它可以是一条街坊，可以是一个广场，还可以是一个虚拟的交易网络。但无论其外在形态怎么变化，都改变不了其交易的制度安排这一本质。

市场的出现与生产力的发展有极大关系，它是人类生产力和社会交往方式发展到一定阶段上的产物。在原始社会的蒙昧时代和野蛮时代的低级阶段，人类的生产力水平极端低下，只有最简单的采集、渔猎和驯养，生产所得仅能勉强维持生存，很少有什么剩余。分工是纯粹自然产生的，它

---

[1] 转引自张维迎：《市场的逻辑》，上海人民出版社2010年版，第13页。
[2] 卡尔·波兰尼：《巨变：当代政治与经济的起源》，社会科学文献出版社2013年版，第110页。

只存在于两性之间。男子作战、打猎、捕鱼,获取食物的原料,并制作为此所必需的工具。妇女管家,制备食物和衣服——做饭、纺织、缝纫。社会的经济形态是氏族或部落共产制,其中包括若干个家庭,凡是共同制作和使用的东西,都是共同财产:房屋、园圃、小船以及其他生产和生活工具或器具。不同氏族或部落之间相距遥远,森林、河流、高山和田畴把它们隔离开来了,即便相距较近,也很少往来,因为相互之间没有交往的需要,"鸡犬之声相闻,而民老死不相往来",很可能是那时代的景象。

随着生产力的发展,一个氏族部落共同体所生产的产品出现了一些剩余。而与此同时,氏族成员日常生活中也有一些需要自身无法满足,于是就有了交易的欲望。最初的产品交换发生在部落之间,尤其是自游牧部落从其余的野蛮人群中分离出来,部落与部落之间便出现了零零星星的交换。费孝通先生在《乡土中国》中指出:商业是在血缘之外发展的,在亲密的血缘社会中商业是不能存在的。这并不是说这种社会不会发生交易,而是说他们的交易是以人情来维持的,是相互馈赠的方式。这种情况在今天的乡村依然可以看到,一些古风犹存的乡村,村民之间时常有相互馈赠。一个人可以把他所富余的东西送给你,但绝不会卖给你;你不要他的馈赠而硬要向他买,这会让他很不高兴。然而这种相互馈赠互通有无的制度安排尽管温情脉脉,但非常复杂,很受限制。① 人们要很用心地保持着人情往来上的平衡;这种体现着人情的馈赠有时会让受赠者于心不安。因此,以馈赠的方式互通有无的做法是很难扩展开来的。这就需要在人情往来之外通过交换实现互通有无,做这件事情的最合适地方就是部落之间。那里,人们相互之间没有血缘关系,甚至互不相识,没有人情的顾虑,不用担心抹不开面子讲价钱,因此,大家都愿意拿自己富余的东西去换取自己所欠缺的东西,由此形成了称之为街市的交易市场。

最初的交易和交易市场都是不固定的,也是非常次要的,只是作为日常生活的补充,且主要通过各自的部落首长进行。交易时,每个部落都只是把自己多余的东西放到氏族领地的边界上,守候在一边希望这些东西能够被另一个部落的成员发现。一开始,这种希望常常落空;后来,才有其他部落成员发现了这些物品,这些物品很可能恰好也是他们需要的。他们

---

① 费孝通:《乡土中国》,北京大学出版社1998年版,第74页。

为了确保这种供应能够再次发生，也留下了一些自己所有的物品作为回报。再到后来，随着交易频率的提高，交易地点逐渐固定下来，人们带着自己的农产品、手工艺品和牲畜来到交通要道的路口或河流的渡口码头以及教堂或庙宇等宗教场所附近的空地或广场上，进行集市交易。这是人类社会的一次伟大发现，由此，开启了一个从全体成员都为共同目标效力的部落组织，向人们和平地追求各自目标的开放社会之自发秩序进化的过程。这个过程如果能够持续下去，不断建立和完善与有关各方的具体目标无关的行为规则，并把这些规则扩展到一个人数不定的更大的范围，那么人类最终有可能建立起一个普遍和平的世界秩序。[①]

　　人类自从初次尝到了产品交易的好处后，便再也不能退回到自给自足的生活状态。部落之间的交易变得越来越频繁。而到了野蛮时代高级阶段，人类社会发生了第二次大分工，即农业和手工业之间的分工。分工是生产发展的结果，又是交换发展的前提。随着生产分为农业和手工业这两大部分，经济生活中便出现了直接以交换为目的的生产，即商品生产，随之而来的是贸易，不仅有部落内和部落边界的贸易，而且还有海外贸易。而随着私有制的产生，土地、劳动工具、劳动产品、畜群以及一些奢侈品开始变为私有财产，私人之间的交易取代了部落之间的交易而变得越来越多，越来越占优势，终于成为交易的唯一形式。这种商品的市场交换包含着随之而来的全部变革的萌芽。

　　随着商品交易的越来越频繁，市场上逐渐出现了一种能够与任何商品进行交换的特殊商品。一开始可能是某种使用频度最高的日常生活用品，或某种重要的生产资源如牲畜，它们变成了一切商品都用它来估价并且到处乐于同它交换的商品，再后来可能是某种稀缺美丽的奢侈品，如贝壳。历史上，牲畜、铜器、粮食、布匹和贵重装饰品，都可能充当过这种特殊等价物。[②] 但无论它是什么物品，这种能够很容易和任何产品相交换的商品必须是有价值的，也是便于携带和保存的，而越到后来，这种商品本身的价值越不被人们注意，人们在意的只是这种商品的交换价值，这种特殊商品就是货币，即其余一切商品都可以与它交换的普遍商品，即商

---

① 《哈耶克文选》，江苏人民出版社 2007 年版，第 351 页。
② 宋兆麟等：《中国原始社会史》，文物出版社 1983 年版，第 287 页。

品的商品。这种商品以隐蔽的方式包含着其他一切商品,它是可以任意变为任何随心所欲的东西的魔法手段。谁拥有了它,谁就统治了生产世界。一切商品,从而一切商品生产者,都应该毕恭毕敬地匍匐在货币面前。恩格斯认为这是一种新的社会力量,一种整个社会都要向它屈膝的普遍力量。①

在商品货币交易以及随之而来的债权债务、放贷抵押产生以后,市场这种自我秩序,就犹如酸性腐蚀剂一样侵蚀着旧有的部落共同体社会结构,并促进着新社会结构的成型。基于血缘而形成的同胞关系、宗族关系慢慢地解构了,社会成员进入了一个只有地缘关系和经济关系的社会状态。这种社会状态与氏族部落共同体相比显得不那么和睦温馨了,而是相当冰冷,甚至有些残酷和血腥。一些人因为生活困难而把土地抵押了,地里到处竖着抵押柱,上面写着这块地已经以多少钱抵押给某某人了。没有竖这种柱子的田地,大半都因未按期付还抵押款或利息而出售,归贵族高利贷者所有了;农民只要被允许做佃户租种原地,能得自己劳动生产产品的 1/6 以维持生活,把其余的 5/6 以地租形式交给新主人。如果出卖土地所得的钱还不够还债,或者债务没有抵押保证,那么,债务人便不得不把自己的子女出卖到国外去做奴隶,以偿还债务。雅典人的文明时代的欢乐曙光,就是如此。恩格斯在《家庭、私有制和国家的起源》一书中描述过市场秩序产生对原始社会结构的冲击性影响。"古老的氏族制度,不仅无力反对货币的胜利进军,而且它也绝对没有办法能在自己的结构内部给货币、债权人、债务人以及逼债等找到立足之地。但是新的力量已经存在;挽回旧的美好时光的虔诚愿望和渴望,都没有能再把货币和高利贷从世界上消除。""随着工业和交换的进一步发展,各种生产部门——农业、手工业、商业、航海业——之间的分工日益充分地发展起来;居民现在依其职业分成了相当稳定的集团,其中每个集团都有好多新的共同利益,这种利益在氏族或胞族内是没有存在的余地,因而就需要创设新的官职为这种利益服务。最后,贸易把许多外地人吸引到雅典来,这些外地人是为了易于赚钱而移居这里的,按照旧制度,他们既没有权利,也不受法律保护,所以尽管有传统的容忍精神,他们仍然是人民中间令人不安的异己分

---

① 《马克思恩格斯文集》第 4 卷,人民出版社 2009 年版,第 130 页。

子。氏族制度已经走到了尽头。社会一天天成长，越来越超出氏族制度的范围，国家已经不知不觉地发展起来了。①

市场虽然起源得很早，但在很长时间内并没有发展，更谈不上发达，相反，在某种程度上倒可以说一直处于停滞状态。自给自足的自然经济、小农经济或庄园经济是1500年以前的人类经济生活的主要形态，一个人的衣食住行多半取诸当地的资源、自己的生产，只有盐铁等少数产品必须通过交换才能得到。因此，商品交换虽然能给交易双方带来好处，但对绝大多数人来说只是偶一为之的活动，交换在其生活中只起到辅助性的拾遗补阙的作用，根本没有成为一个人经济生活的主要内容，也没有成为一个社会经济生活的主导性和支配性制度安排。1500年以后，随着商品经济的不断发展，随着地理大发现和环球航行的实现，也随着交通工具的更新与通信技术的发展，市场秩序不断扩展，逐渐成为经济生活的支配性秩序。从街坊市场到广场市场，从地区性市场到全国性市场，再从全国性市场到全球性市场，从社会实体市场到网络虚拟市场，市场类型不断增加，市场容量不断扩大，市场关系日趋复杂，市场交易的制度安排越来越健全，在社会生活中的作用也越来越强。时至今日，市场已经扩展到全球各地，其交易商品的数量也增加到不可思议的地步。世界性的商品市场、世界性的资本市场、货币市场已经形成，而且不同的市场互联成网——世界市场网，其中生产要素一天24小时不间断地在世界范围内流动。货物、资金、技术和信息在世界范围内的流动的速度、规模和相互联通的程度，比以前任何历史时期都要高得多。几乎在所有国家里，进出口所构成的经济活动比重都要远远大于过去；在外汇市场上每日的交易量已经达到1.2万美元，是世界贸易量的50倍。② 市场秩序已经成为人类社会最基本、最重要、最全方位扩展的全涉性自生自发秩序。现在已没有多少国家再置身于世界性的市场体系之外了。除了像朝鲜这样的极封闭国家，力图在经济上与世隔绝，它们虽然成功地维持了独立于世界市场的地位，但其付出的代价是极其巨大的。它们失去的不仅是更高的收入、更多的财富、更好

---

① 《马克思恩格斯文集》第4卷，人民出版社2009年版，第131页。
② 约翰·格雷：《伪黎明——全球资本主义的幻象》，中国社会科学出版社2002年版，第74页。

的生活水平，而且还是更有价值的未来发展机会。

3. 人类对市场认识的流变

市场尽管出现很早，但并不重要，也并不受人重视。它在很长一段时间里——从原始社会到资本主义社会之前——一直是经济生活的次要部分。在以自然经济为基础的原始社会，人们通过采集狩猎能够解决自己日常生活所需要的绝大部分；而在以自给自足为特征的小农经济里，男耕女织的家庭性别分工也能够满足一家人的生活，即便偶有欠缺，邻里之间尤其是亲戚朋友之间互惠性质的馈赠也足以应对，对市场交换的需求很弱；既没有多少东西可用来交换，也没有太大必要通过交换解决生活的急需问题。因此，在整个封建社会，市场始终处于附属性的次要地位，"市场只不过是经济生活上的附属品"。① 局部地区的市井繁华并不能掩盖整个社会市场制度的萎缩不发。

不仅如此，鉴于市场制度对血缘氏族部落共同体社会以及封建君主专制社会的解构作用，世界各地在很长一段时间里多有对市场的限制。从物理空间上的限制到交易行为上的限度，再从政治法律上的辖制到舆论道德的抑制，凡此种种不一而足。波兰尼说："这个制度（市场制度——引者注）从一开始就被一些设计来保护社会的一般经济组织免于受市场活动这一干扰的防范措施所围绕。市场的和平是以各种仪式和礼节为代价得来的。这些礼仪限制了交易的范围，并保证能在已给定的狭窄范围内进行交易。城镇既是市场贸易发展的最主要成果，也是预防它扩展到乡村去并因而侵害到这个社会之一般经济体制的手段。"② 城镇把市场给圈围起来，防止它向外扩散。他列举了东非坦桑尼亚一个部落查加族对市场的限制作为例子："在集市的日子里，市场必须定时加以查勘。若有意外事件妨碍开市超过一天以上，那么交易不能恢复，直到市场被斋净为止。在市场上发生任何伤害事件并导致流血时都必须立即给予被除仪式。从那时开始任何妇人不可以离开市场，而且不可以触摸任何商品；商品在被运走或用为食物以前都必须加以净戒。至少要立即用一只羊做牺牲品。如果一个妇人

---

① 卡尔·波兰尼：《巨变：当代政治经济的起源》，社会科学文献出版社2013年版，第145页。
② 同上书，第137页。

在市集上生小孩或流产,那么更昂贵、更大的被除仪式是必需的。在这种情形之下必须用一只产乳的动物作为牺牲品。此外,地区酋长也必须用祭祀过的母牛的血来清涤。乡村的所有妇人都必须接受同样方式的斋净,按区进行。像这样烦琐的规则使得市场不易扩散。"

而作为社会思想和意识形态生产者的知识分子一直以来都有对市场的指控,他们指责市场没有秩序,充满自发、盲目和混乱,因此,资源配置也极为低效,大量的资源和财富被浪费了,而劳动者的基本生活需求却得不到满足,这种情况的累积叠加造成周期性的经济大波动;他们还指责市场没有良心,把一切有高尚价值的东西都淹没在斤斤计较的利己主义打算的冰水之中;市场还鼓励甚至激励了人们的投机行为,助长了投机取巧的市侩心态;更令人无法接受的是市场没有为那些不打算将自己的才智和兴趣投入营利性经济行动的人们提供收益,造成"脑体倒挂"的分配不公;市场自然形成的利益分配上的马太效应,若不加遏制,就会造成社会的两极分化,有余者更有余,不足者更不足,大多数人贫困而极少数人十分富有;最后市场还必然会使社会不公固定化世袭化,因为继承得来的财产所起的作用会大大超出人本身的努力成果,从而使拥有大量遗产的人在竞争中轻易获得胜利。

这种对市场的指控具体集中表现在对生意人的鄙视和排斥上。纵观历史,生意人一直是普遍受到鄙视和道德诅咒的对象。在这些指控者看来,一个贱买贵卖的人本质上就是不诚实的,他们违背了同情关怀和无私互助的共同体道德准则。哈耶克说,这种对生意人的仇视就像有记录的历史一样古老,[①] 而且经久不绝。这种思想意识在东西方不同文明都有存在。

在我国几千年的封建社会,市场秩序及其商业始终受到国家政治、法律和道德意识形态的全面否定,受到国家官营工商业的排挤和小农经济的孤立。在这方面,历朝历代所采取的政策细节可能不一样,但精神实质却高度一致,就是抑商、轻商和贬商。市场作为一种经济生活秩序受到政府严格管制,而商业则被看作是末业,商人位列士农工之后,经商致富被看作是末富,虽然商不贵。商人成了这个社会道德上的弱势群体,任何人都可以对商人进行道德谴责。农民说商人狡诈以掩盖自己的愚昧;文人说商

---

① 哈耶克:《致命的自负》,中国社会科学出版社2000年版,第102页。

人铜臭以平衡自己的穷酸；官员说商人游滑以辩护自己管理上的无能；甚至连娼妓也说商人朝秦暮楚以掩饰自己的水性杨花。商人自古就背负了不义之名。他们劳而无功，总被人怀疑使了什么奸术；富而不贵，总是受到贬抑与打压。"无商不奸"一句话就把整个商人群体都给否定了。官员则把商人当作一只肥鹅，拔它的毛又不让它叫唤，动不动就让它流淌道德的血液。因此，在中国几千年的历史上，商业始终是不发达的，普通的商业很难做大做强，除非是像胡雪岩一样的官商。近代史上显赫一时的晋商、徽商和潮商都是依傍官府的势力获取巨额财富的，而随着政治势力对商的疏离，商业和商人也就不可逆转地衰落了。商业不发达反映的是市场秩序的停滞与萎缩，进而反映的是社会合作空间的停滞与萎缩。我们的社会合作空间始终停滞或局限在熟人圈子，而不能进入陌生人社会，这或许是我们的历史很早就已停滞、经济社会虽有增长但无发展的原因。

在西方，对市场、商业和商人的鄙薄也十分古老。在古希腊城邦里，商人的地位也不怎么高，他们只是比奴隶稍好些，被贵族视为"出身卑贱、蛮横无理、无知而又卑鄙的人"。阿里斯托芬在《骑士》一剧里通过一个将军试图劝服一个卖香肠的人去夺取民主派领袖克里昂的职位来嘲讽民主制度，也透露出了当时社会对商人的普遍看法；其剧中的农民也厌恶买卖："我厌恶这个城市，思念我的乡村，那儿从来不叫卖：'买木炭啊''买醋啊''买油啊'，从来不懂这个买字，什么都出产，应有尽有，就没有这种'妈呀''妈呀'的怪叫。"在罗马帝国，从事商业的骑士阶层虽然富有，但在政治上也没有实权。基督教也有轻商的倾向，耶稣反复告诫人们不要积聚世上的财富，要变卖所有人财产给穷人，这样就会在天国拥有财产。他还说有钱财的人进入天堂真是太难了，骆驼穿过针眼，也比有钱人进入天国容易一些。

对市场、商业和商人的批判与鄙视在空想社会主义思想体系里表现得最为彻底充分。空想社会主义者没有一个不批判私有制，也没有一个不对商业和市场进行无情的揭露和鞭挞。傅里叶认为市场和商业是一个充满撒谎欺骗、布满陷阱荆棘的场所，商人就是强盗、骗子和无恶不作之徒，属于寄生的不生产的经理人阶级。他们为了自己的最大化利益，干尽了一切坏事，甚至不惜把好好的商品毁灭掉；而在日常的买卖中则到处充斥着掺假的商品，在整个巴黎既找不到没有掺着甜菜的糖块，更找不到一杯纯牛奶和一杯纯白酒。他在《论商业》一书中详尽地列举了商人们的三十六种罪行，如破产、囤积居奇、证券投机、买空卖空、贩卖黑奴、海盗行为等。在商人所惯用的欺骗手段中，最虚假和最无耻的手段莫过于"破产掠夺"。因为破产总是给大多数居民带来恶果，并有利于商人对整个社会的掠夺。他列举了三个等级、九个种类、三十六种形式的"破产"，指出商人们可以在免受处罚的保障下，放心地进行着"破产掠夺"。他们往往在假装"破产"后，到乡间亲戚朋友家去过一个月。在这期间，公证人会把一切事情安排好。于是，他们又可以继续开张营业，不仅没有损失，而且借助"破产"还发了财。在该书中傅里叶还特别列举到被他称为"具有商业天才的高级类型的投机者的破产"一例，来说明"破产掠夺比之于在大道上的抢劫更为可恶"。一个拥有200万法郎财产的银行家很容易地以票据、商品以及其他形式聚集高达800万法郎的资本。这样，他手里实际上就掌握了1000万法郎的支配权。于是他利用这1000万法郎进行高级的投机活动，即操纵商品和政府的有价证券。到年底时，却损失了200万法郎。此时，他宣布破产并借助于"诚实的破产"的办法，那800万法郎的债务，只需在数年内以半数偿还给债权人，这样一来，他虽然损失了祖先遗留下来的200法郎，但他手里仍拥有400万法郎，完全达到了预期的目的，他也就变成了由公众那里盗窃而来的400万法郎财富的所有者。傅里叶对市场与商业的批判，深得恩格斯的赞许。恩格斯称赞傅里叶"不仅是批评家，他的永远开朗的性格还使他成为一个讽刺家，而且是自古以来最伟大的讽刺家之一。他以巧妙而诙谐的笔调描述了随着革命的低落而盛行起来的投机取巧和当时法国商业中普遍的小商贩气息"。[①]

　　傅里叶所披露的那些现象在当时的资本主义社会确实存在，其中有许多确实也可谓是丑恶之至。但这些现象并不是市场和商业本身与生俱来的，而是市场与商业在规则不完善的情况下发生的；还有现象如贩卖黑人奴隶、海盗行为更是与市场及商业无关，使黑人变成奴隶进行买卖的不是市场与商业，而是这之外的社会生产关系；至于海盗更是自古就存在的现象。自从出现私有制，自从人们发现盗窃比自己生产劳动能够更轻而易举地占有财富，包括海盗在内的以暴力侵犯财产权利的行为就已存在，它的

---

① 《马克思恩格斯选集》第3卷，人民出版社1972年版，第411页。

产生同样也与市场和商业无关。

在空想社会主义之后,批判市场秩序的既有站在革命立场的马克思主义经典作家,也包括站在改革改良立场的资本主义营垒之中的思想家和政治家。他们的初衷和目标虽然不同,但都认为市场是一种已经过时的经济秩序。马克思主义经典作家认为资本主义私有制与市场体制的结合,使资本主义陷入周期性的经济危机,这是资本主义社会自身无力克服的阿基里斯之踵,迄今为止资本主义国家所采取的所有措施只"不过是资产阶级准备更全面更猛烈的危机的办法,不过是使防止危机的手段愈来愈少的办法",它们的效果只是对日趋严重的深刻危机的暂时缓解罢了,并不能从根本上解决问题。欲图从根本上摆脱经济危机,只有通过无产阶级革命实现公有制和计划经济。对此,恩格斯在《共产主义原理》一文中有过清晰阐述。他指出:"大工业在它的发展初期自己创造了自由竞争,但是现在它的发展已经超越了自由竞争的范围。竞争和个人经营工业生产已经变成大工业的枷锁,大工业要粉碎它,而且一定会粉碎它。大工业只要还是按照现今的原则经营,就只有依靠每七年出现一次的普遍混乱才能维持生存,每次混乱对全部文明都将是一种威胁,它不但将无产者抛入贫困的深渊,而且也使许多资产者破产。因此,或者必须消灭大工业,——这是绝对不可能的,或者是承认,大工业造成一种绝对必需的局面,那就是建立一个全新的社会组织,在这个新的社会组织里,工业生产将不是由相互竞争的厂主来领导,而是由整个社会按照确定的计划和社会全体成员的需要来领导。"①

经典作家不仅认为市场秩序在经济上已经过时失效,而且还会对一个民族的道德产生破坏。恩格斯在《国民经济学批判大纲》中说:"商业即彼此交换必需品,亦即买和卖。这种商业与其他活动一样,必然是经商者收入的直接源泉;就是说,每个人必定要尽量设法贱买贵卖。因此,在任何一次买卖中,两个人总是以绝对对立的利益相对抗;这种对抗带有势不两立的性质。因为每一个人都知道另一个人的意图,知道另一个人的意图是和自己的意图相反的。因此,商业所产生的第一个后果是:一方面互不信任;另一方面为这种互不信任辩护,采取不道德的手段来达到不道德的

---

① 《马克思恩格斯选集》第 1 卷,人民出版社 1972 年版,第 217 页。

目的。例如，商业的第一条原则就是对一切可能降低有关商品的价格的事情都绝口不谈，秘而不宣，由此可以得出结论：在商业中允许利用对方的无知和轻信来取得最大利益，并且也同样允许夸大自己的商品本来没有的品质。总而言之，商业是合法的欺诈。任何一个商人，只要他说实话，他就会证明实践是符合这个理论的。18世纪民族间的相互敌视、可憎的妒忌以及商业角逐，都是贸易本身的必然。"[1] 由于对商业的否定，人们进而否定从事商业的商人，把商人看作一个不从事生产而只从事产品交换的阶级——一个寄生阶级，真正的社会寄生虫阶级。它根本不从事生产，只是将货物来来回回地腾挪就可以大获其利，甚至完全夺取了生产的领导权，并在经济上使生产者服从自己，它成为两个生产者之间的不可缺少的中间人，并对他们两者进行剥削。它从国内和国外的生产上榨取油水，作为对自己的实际上非常有限的贡献的报酬，它很快就获得了大量的财富和相应的社会影响。正因为如此，它在文明时期便取得了愈来愈荣誉的地位和对生产的愈来愈大的统治权，直到最后它自己也生产出自己的产品——周期性的商业危机为止。这些人不仅心智狡诈，而且手段残忍；就凭无中生有的本事，他们身上就散发出一股子妖邪之气。

而一些资本主义营垒里的学者也认为以亚当·斯密为代表的古典经济学家对自由市场的信奉是没有根据的，自律性的市场从来就不曾存在，所谓市场的神奇作用只是经济自由主义者鼓吹出来的一个神话，"市场是一个没有灵魂的制度，这种制度的唯一意图是物质福利的自动增加"，"市场的运作有摧毁社会的危险，社会的自保行动意味着去预防这种制度的建立，或者，一旦建立了，去干预其自由运作"。[2] 而干预的主体非属国家或政府不可。这方面理论的集大成者是凯恩斯。他认为：在失业严重时，单凭市场价格机制无法把资本主义经济调节到充分就业水平，因此，不能把决定当前投资量的职责放在私人手里，由私人根据价格信号自由决定，而必须交由政府去干预，政府通过制定和调整财政政策与货币政策，通过举办公共工程和公共福利来刺激起经济生活的活力，使之走出衰退萧条的

---

[1] 《马克思恩格斯文集》第1卷，人民出版社2009年版，第61页。
[2] 卡尔·波兰尼：《巨变：当代政治与经济的起源》，社会科学文献出版社2013年版，第367、341页。

阴影，重新走向经济总量的扩张与扩展之路。他说：确实，在短期内，公共工程起伏不定的投资量不是一个好的治理办法，可能还不一定能充分见效。如果由官方或半官方来控制投资数量，并且以一个长期稳定的计划为原则，那么，上述大起大伏的波动很可能就不再发生。要使消费倾向与投资引诱二者互相适应，政府机能不能不扩大。这种改变"虽然是对个人主义的极大侵犯"，但是"这是可以避免现代经济形态之全部毁灭的唯一切实办法"。①

凯恩斯之后，强调市场失效与政府干预之必要的思想成为学术界思想的主流，研究、传播、宣传凯恩斯理论成了思想学术界的显学，许多知识分子纷纷改换门庭，摇身一变成了凯恩斯主义者；"有一段时间，每一个年轻的经济学者都'懂得'市场体系的局限性；所有的教科书重复着同样的一列'缺陷'的清单。知识界对市场机制的拒绝常常导致激进的倡议，要用完全不同的方法来组织这个世界，却没有认真考察另一种可能性，即所倡议的那些替代方案所产生的失败会比预期的市场所产生的失败更大。对于替代方案所可能产生的新的、更多的问题，通常不存在什么兴趣"。② 政府也从凯恩斯主义理论获得了干预经济与社会生活的学理依据和道义依据，从此，政府就开始放开手脚来干预经济社会生活。从最崇尚自由竞争的英美到一直有国家至上主义情绪的德国，③ 政府无不在迅速扩大自己的权能，以各式各样的政策、法规干预着经济社会生活的运行。到了第二次世界大战结束后的25年间，计划经济似乎普遍存在于东方和西方。一位经济观察家在1949年描述："我们现在全都是计划者——自大战以来，对自由市场经济的普遍信仰已经以令人惊异的速度在世界各地迅速瓦解了。"④ 这种对市场缺陷与失灵的过度强调和对政府干预的执着痴迷的普遍社会心理一直持续到20世纪70年代末——亚当·斯密的《国富论》发表200周年之际。此时的人们仍然没有充分认识市场的神奇作用，

---

① 凯恩斯：《就业利息和货币通论》，商务印书馆1963年版，第323页。
② 阿玛蒂亚·森：《以自由看待发展》，中国人民大学出版社2002年版，第111页。
③ 凯恩斯主义在世界各国都有信奉者，纳粹德国和希特勒更是其理论的知音。此一事实颇耐人寻味。参见李工真：《纳粹经济纲领与德意志"经济改革派"》，《历史研究》，2001年第4期。
④ 转引自苏东斌：《人与市场》，人民出版社2005年版，第2页。

依然没有认识到使远距离的劳动分工成为可能乃是市场的一大成就。它造成了持续的适应无数特殊因素或事件的经济效应。而这些特殊因素和事件在总体上是未知的也是不可能被任何人了解的。即便到今天，依然有一些学者认为在全世界范围内建立一个单一的市场，这是一个绝对不能实现的乌托邦；这种追求已经产生了大范围的社会混乱和经济与政治的不稳定。在美国，自由市场已经对社会崩溃起到了促进作用，其程度在其他发达国家闻所未闻。自由市场还削弱或毁坏了维系美国社会凝聚力的其他制度。它创造了长期的繁荣，但大多数美国人却很难从中受益。① 迈克尔·佩罗曼也认为市场经济的胜利只是暂时的，因为它建立在对系统风险不切实际的理解基础之上，而市场恰恰具有天生的不稳定性。尤其是一些发展中国家正统知识界反对和否定市场秩序的思潮和社会势力依然存在，其立论基础包括规范性的，也包括实证性的。② 由此可见，要在人们心中建立类似亚当·斯密那样的对市场秩序的坚定信仰是多么困难啊。

市场秩序虽然受到人们的质疑并遭到了一些人为因素的破坏，但它依然以自己在资源配置上的卓越效率和自由的属性以及对社会道德进步的潜隐促进作用证明自己的优势；而计划经济的历史性失败也反证了市场秩序的成功，事实已经充分表明，试图用集中指令性计划经济体系来取代市场秩序，其所造成的破坏比之自由放任的最坏形式还要大。因此，到了20世纪90年代，人们不得不承认亚当·斯密所发现的市场原理依然是正确的，资源只有借助市场机制才能实现最有效率的配置。市场是人类创造的，可是人类却创造不出一种比市场更精巧、更有效、能够代替市场来合理配置资源的办法和工具。哈耶克在自己的最后一部著作中总结性地讲了自己对市场秩序的看法，他强调了市场经济的生产率与可以供养的人口的规模之间的关系，指出：任何一种摆脱市场制度的革命性转变，都会导致经济社会的内卷、萎缩和停滞，最终都将导致人口规模的下降。

在我国，市场秩序也经历了一个曲折的历史流变。

市场秩序在中华民族的文明史上出现很早。《周易·系辞》就记载：

---

① 约翰·格雷：《伪黎明——全球资本主义的幻象》，中国社会科学出版社2002年版，第2—3页。

② 迈克尔·佩罗曼：《市场的天生不稳定性》，辽宁教育出版社2003年版。

"日中为市，致天下之民，聚天下之货，交易而退，各得其所。"但我国从未有过一个市场秩序自由发展成为社会主导性制度安排的时代。在整个封建社会历史上，市场秩序具有四个明显特点。第一，市场的设立与废止都基于政府的命令。直至唐代，所有各地大小市场，其设立与废止，均以朝廷敕令行之；没有官府的许可，任何市场均不得设立。第二，设立市场后，市场内商贩们的经营活动也受到政府委派设立的官员的严格管制。第三，整个市场秩序是深深地镶嵌在自给自足的小农经济框架内，处于拾遗补阙的依附地位。个别都市城镇表面上的商业繁华掩盖不了市场秩序的萎缩与内卷。第四，社会对市场秩序充满了怀疑、恐惧和道德上的鄙视，认为市场是一个藏污纳垢之所，是市井小人麇集之处，有身份的体面人不应涉足，朝廷命官更是不许进入。

20世纪50年代，市场秩序的生命纺线在我国甚至被掐断了，我国进入一个有计划无市场的特殊经济状态。然而，被经典作家一致看好的计划经济并不能解决人们低限度的温饱问题，生存的压力迫使我们重新向市场开放，市场重新回到我们的生活之中。回首过去，我们发现，市场秩序在新中国成立后的变迁发展是非常坎坷曲折和艰难的，犹如一条溪流在不断冲刷着前面的阻拦障碍中艰难行进。

（1）完全排斥阶段。新中国成立初期，我们在财政经济方面遇到严重困难。国家财政入不敷出，出现巨额赤字；社会上通货膨胀物价飞涨，许多地区物资和资金严重匮乏；市场上的投机力量兴风作浪加剧了市场关系的波动。一时间，市场上云谲波诡险象环生，既影响了人民群众的日常生活，又严重影响了经济的稳定与发展。为此，中央决定采取一系列严厉措施，管制市场上的交易行为。与此同时，中央政府又组织全国范围内的物资调运，以有余补不足。经过艰苦努力，在短短的几个时间内就实现了平抑物价、统一财经，为国民经济的恢复创造了条件。新中国成立之初的这段惊心动魄的经历使执政的中国共产党和政府对市场形成了一种很负面的看法，把市场看作是充满投机和风险、滋生资本主义复辟可能性、威胁社会经济政治稳定和执政安全的破坏性力量；而把政府高度集中统一的计划体系看作是组织经济社会生活的不二法门。这种看法是根深蒂固的，成为一种成见。1975年《红旗》杂志刊文《货币交换与现实的阶段斗争》，就声称货币交换的等价原则是用形式的平等掩盖事实上不平等的资产阶级法权，货币交换"是滋生资产阶级和资本主义的一种土壤"。因此，从新中国成立到 1979 年，我们一直不遗余力地打击、限制和铲除商品、货币与市场交换。把所有的企业和个人都整合到严格的计划经济体系中。国家用严格的指令性计划安排国民经济各个环节上的活动，用严格的"统购统销"政策控制绝大多数产品的流动。凡属国家规定计划收购的农产品，一律不开放自由市场，全部由国家计划收购；烤烟、黄洋麻等重要土产品也都由国家委托国营商业部门、供销社统一收购，不允许进入自由市场。严格控制农村合作商店的发展，未经省、自治区、直辖市革委会批准，不得随意增加合作商店的人数；坚决取缔无证商贩，有证个体商贩只能减少不能增加。大致可以说，从 20 世纪 50 年代中期，市场秩序作为一种经济制度结构就从我国经济社会生活中消失了，只留下一些零散的功能极为有限的乡镇集市，且受到政府的严格管制，我国正式转入了计划经济秩序。

（2）有限利用阶段。计划经济并没有实现人们原先所期待的资源有效配置，也没有激发社会生活的活力，其逻辑导致的结果是生产的停顿和生活的停滞，国民经济处于崩溃的边缘。在严峻的生存压力下，一些位于社会底层的民众近乎出自本能地重操以货易货的古老谋生技艺，远古时期遗传下来的"商"的基因慢慢复活了。浙江省温州市那些在桥头摆摊卖纽扣的人，还有义乌县那些"鸡毛换糖"的货郎担们，是颠覆计划经济秩序、重启市场自发秩序的第一批商人。就是这些毫不起眼的草根商人、游走商人，创造了让计划主义者惊愕不已的经济奇迹。确凿的事实和强烈的对比反差让那些对计划经济体制之弊端感受颇深、对老百姓从事商品生产与交换之强烈要求体认更深的地方党政领导纷纷成为市场的坚定支持力量，也让那些最顽固的计划主义者不得不承认市场的作用，并在政策上主动或者被迫做出相应调整，改变原先的"禁止或取缔"政策，转而采取默认、允许、鼓励支持的政策，如允许恢复农村集贸市场，允许雇工经营，允许长途贩运。众多地方市场经济的实践以及由此获得的地方性经验知识不断积累，终于形成一个全国性的共识：在社会主义社会，市场依然有其存在的理由与价值，我们要注意发挥市场的作用。然而，1982 年前后，人们对市场的理解和给市场的功能定位依然十分有限，认为社会主义经济形态还是计划经济，无非是在计划经济的框架当中需要发挥市场的调节作用。当时，流行的提法是计划经济为主、市场调节为辅，有人把它形象地比喻成"鸟笼经济"，要求正确贯彻计划经济为主、市场调节为辅的原则，正确划分指令性计划、指导性计划和市场调节各自的范围与界限，保证国民经济的健康发展。这时的市场宛如一个提线木偶在计划的笼子里跳舞。然而，市场的实践并不会止步于政策的僵死规定，它往往以自己的强有力逻辑在众多的偶然性当中为自己的必然性开路，并突破强加在自己身上的条条框框。1984年，中共中央召开十二届三中全会，会议在总结之前各地市场经济实践经验的基础上通过了《关于经济体制改革若干重大问题的决定》，突破了把计划经济同商品经济对立起来的传统观念，确认我国的社会主义经济是"公有制基础上的有计划的商品经济"，从而实现了"有市场的计划经济"向"有计划的商品经济"的跨越。这里，虽然还没有明确提"市场经济"的概念，但经济生活的市场化主导取向已经暗含其中。

（3）发挥基础性作用阶段。1984年提出的"有计划的商品经济"尽管已经充分反映了当时人们的认识水平，达到了当时条件所决定的认识高度，因而能够获得多数人的认可。但就概念本身看，并不是一个内涵清晰的科学概念，也正因为如此，才给后来的理论及政策争议埋下了肇因。这种争议伴随着国内外形势的变化而愈演愈烈。1990年10月5日，《人民日报》发表《关于计划经济与市场调节相结合的两个问题》。文章说："社会主义的经济是公有制的经济，因而必然要求实行计划经济。计划经济即从整体上自觉实行有计划、按比例地发展国民经济，是社会主义经济的一个基本特征，是社会主义优越性的体现。"12月17日，《人民日报》发表《社会主义必定代替资本主义》，文章说："市场经济，就是取消公有制，这就是说，要否定共产党的领导，否定社会主义制度，搞资本主义。"一时间，"左"的思想又甚嚣尘上。"左"倾思潮的急剧膨胀导致了严重后果，私营企业人心惶惶，个体工商户和从业人员都明显减少。1989年，全国注册登记的个体户从上一年的1452.7万户减少到1247.1万户，从业人员从上一年的2304.9万人减少到1941.4万人。① 从1989年到1991年，GDP增长一直徘徊在5%左右。这种情况在浙江也明显存在。从1989—1991年，浙江的私营企业数与从业人员几乎处于停滞状态，私

---

① 黄孟复主编：《中国民营经济史·大事记》，社会科学文献出版社2009年版，第194页。

营企业的注册资金与产值也几乎没有什么增长。① 针对这股批判市场体制的思想逆流,邓小平在1991年视察上海时指出:"不要以为一说计划经济就是社会主义,一说市场经济就是资本主义,不是那么回事,两者都是手段,市场也可以为社会主义服务。"1992年,邓小平在视察南方途中又进一步阐述自己的观点。他说:"计划多一点还是市场多一点,不是社会主义与资本主义的本质区别。计划经济不等于社会主义,资本主义也有计划;市场经济不等于资本主义,社会主义也有市场。计划和市场都是经济手段。"② 在这之前,上海的《解放日报》根据邓小平在上海视察时的讲话精神,发表了一系列文章,提出要"突破任何一种僵滞的思维方式的束缚",要"敢冒风险,敢为天下先,走前人没有走过的路"。文章认为:"计划和市场只是资源配置的两种手段和形式,而不是划分社会主义和资本主义的标志,资本主义有计划,社会主义有市场。"明确提出社会主义也可以搞市场经济。这时,市场经济的概念已经呼之欲出。在上下各种力量的共同作用下,1992年召开的中共十四大上,江泽民总书记代表党中央作了《加快改革开放和现代化建设步伐,夺取有中国特色社会主义事业的更大胜利》的政治报告,明确提出建立社会主义市场经济体制的改革目标,强调要使市场在社会主义国家宏观调控下对资源配置起基础性作用。1993年3月,根据十四大报告的精神,全国人大通过了第二个宪法修正案,其中将"国家在社会主义公有制基础上实行计划经济。国家通过经济计划的综合平衡和市场调节的辅助作用,保证国民经济按比例地协调发展"。"禁止任何组织或者个人扰乱社会经济秩序,破坏国家经济计划。"修改为"国家实行社会主义市场经济"。"国家加强经济立法,完善宏观调控。""国家依法禁止任何组织或者个人扰乱社会经济秩序。"从此,市场、市场经济在我国正式获得了合法名分。

(4)起决定性作用阶段。自觉的十四大以来,我国的市场经济得到了进一步的深化发展,市场也更充分地体现了其自身所拥有的神奇作用。我们经济社会生活中一些问题的存在,如资源效率的低下、生态环境的恶化、公共服务的滞后并不是过度市场化的结果,在一定程度上恰恰是市场

---

① 解力平:《浙江私营经济研究》,浙江人民出版社2000年版,第6页。
② 《邓小平文选》第3卷,人民出版社1994年版,第373页。

化不够的体现。市场在我们社会生活中的作用远未充分发挥；与此相对应的，政府在其行动范围和功能作用发挥上仍有越位之嫌，习惯甚至偏好用"看得见的手"直接去配置稀缺资源，并在微观层面进行绵密细致甚至烦琐的政府管制。政府在"规范市场运行、消除市场混乱和无序"或者"扶助弱势群体"的道德名义下从事着许多违背市场规律的管制活动，这些活动非但没有达到预期的目的，反而增加了市场的混乱与无序，并让弱势群体处于更加不堪的境地。因此，社会强烈要求给市场以更大的活动空间，并让政府局限于其所能胜任的职能领域。对此，党的十八大及时作出明确的政治回应。报告指出："经济体制改革的核心问题是处理好政府与市场的关系，必须更加尊重市场规律，更好发挥政府作用。"紧接着的十八届三中全会《关于全面深化改革若干重大问题的决定》进一步指出："市场决定资源配置是市场经济的一般规律，健全社会主义市场经济体制必须遵循这条规律，着力解决市场体系不完善、政府干预过多和监管不到位的问题。""必须积极稳妥从广度和深度上推进市场化改革，大幅度减少政府对资源的直接配置，推动资源配置依据市场规则、市场价格、市场竞争实现效益最大化和效率最大化。""让市场在资源配置中起决定性作用"，这是我党对市场秩序认识所达到的最高度，它表明我们已经在理念上彻底告别计划经济秩序，回归到人类在千百年前无意之中发现的至今为止也是最为有效的市场秩序。这是一种自生自发不断扩展的秩序，它以抽象规则代替具体的共同目标，并运用价格、成本、利润协调人与人之间的行为，使人类合作超越了个人知识界限的局限，并使以弥散状态分布的知识、信息、资源得到最有效率的使用。它是一种神奇如"上帝之手"的秩序，它将会给我们带来我们所期待的富庶与繁荣。

回顾历史，我们不禁感慨：

（1）经济秩序类型的选择非常重要。在 20 世纪，人类进行了一场伟大的乌托邦试验，即用集中统一的计划经济秩序取代了分散的在正义规则约束下的通过彼此调适、相互调整来完成多中心任务的市场经济秩序，其结果有目共睹。人类为这个已经消亡的计划经济实验付出了巨大沉重的代价：巨大的资源浪费、低劣的生活品质、苛烦的政府计划性管制与规训、普遍的特权腐败现象和灾难性的环境恶化。而 30 多年的市场化实践彻底改变了中国的面貌。我们迅速摆脱了贫困，解决了温饱问题，正向全面小康社会迈进；国家 GDP 总量迅速超越日本位居世界第二，仅次于美国。当然，我们今天也遭遇到了发展的瓶颈约束，也面临着转型升级的痛苦。未来中国能不能持续前 30 年的发展辉煌，能不能超越美国成为世界第一经济强国，完全取决于我们是不是把市场化改革进行到底，让市场在资源配置当中真正起到决定性作用。因此，我们一定要很好地领会十八届三中全会的精神，不能再用之前我们处理政府与市场之间关系的经验来理解"让市场在资源配置当中发挥决定性作用"这个全新的命题。社会资源必须经由市场实现高效率配置，政府的全部作用在于为市场发挥资源配置的决定性作用提供制度的保障，并通过公平正义的民主程序实现社会财富的公平分配。这才是需要政府更好发挥的作用，能够发挥好这个作用，政府就已经善莫大焉。

（2）市场秩序是人类所发现的至今为止最为有效的秩序类型。其巨大作用在于能够最充分地发现与利用那些不为其他人所知仅为当事人了解的事实与知识，能够发现一种相对最为有利的资源配置结构与利用方式，从而使生产达到当时的资源供给与技术条件所允许的最大可能性边界，能够使不同的利益主体在目标取向各不相同的情况下协调彼此之间的行动，形成一种开放性的社会结构。正因为如此，所以，市场秩序可以养活如此之多的人口，并使不同的种群、不同的国家和不同的文明在目标与价值各不相同的情况下实现和平共处。哈耶克说："不管人们活着有什么目的，今天的大多数人所以活着，仅仅是因为有市场秩序。"[①] "我们的生产规模变得如此之大，完全是因为我们通过各有其主的财产的市场交换过程，能够利用广泛分布的有关具体事实的知识，来配置各有其主的资源。"[②] 市场秩序从发现至今成为人类社会的支配性秩序，已充分体现其巨大的功能价值和强大的生命力量。政治社会的权威力量可以压抑它、限制它，但不可能从根本上铲除它，黑市的存在便是证明。正义规则约束下形成的市场秩序在资源配置上的作用之大远远超出人类的想象。它不仅带给我们效率，更带给我们自由。它是一个典型的社会自由空间，诚如布罗代尔所言："市场意味着自由、开放、与其他国家交往。它让我们呼吸到了新鲜

---

① 哈耶克：《致命的自负》，中国社会科学出版社 2000 年版，第 153 页。
② 同上书，第 87 页。

的空气。"①

（3）对市场秩序的坚定信念是不容易树立的。从历史上看，对市场秩序的鄙视或敌视由来已久，形成了许多民族都固有的根深蒂固的偏见。在鄙视或敌视市场秩序的人当中尤其以政府官员和知识分子居多。这种情况直到今天也没有多大改变。斯蒂格勒就曾说："知识分子从来就对市场没有好印象，他们认为，市场上所充斥的，无非是一些粗俗的人和卑劣的动机。无论是古希腊的哲人，还是现代社会中的知识阶层，其基本立场都十分相似：前者视经济生活为一种绝对不应当宣扬和予以重视的讨厌需求；而后者则以竭力嘲讽生意人的伎俩和麦迪逊大街的商业广告为能事；这类现象，已是众所周知的事实。"② 而一些官员或计划体制的既得利益者则往往习惯于虚夸市场失灵的程度或者从发育不全甚至被扭曲的市场寻找一些实证资料来否定市场秩序。他们都不相信市场秩序，而愿意更多地相信政府，在这种心理和行为选择的背后是他们对自己理性的致命自负和对草根智慧的傲慢与鄙视。这些人有时即便被迫承认市场的作用，也常常很顺便地补上一句"市场不是万能的"来诋毁市场，并似乎在的缺点为主张政府的超范围作用提供反方向的依据。这种做法其实恰如用一个人错误来批评他不是圣人一样，是完全无的放矢。由此可见，要在人们心中建立类似亚当·斯密那样的对市场秩序的坚定信仰是多么困难啊！其实信奉市场秩序并非一定要基于"市场秩序是完美无缺"的这个永远也不可能的事实假定，信奉市场秩序的人也并非就是一个道德上的冷血无情者。曾写过《国富论》的亚当·斯密也写过《道德情操论》，这就可看出市场经济教父级人物对市场秩序的理性态度以及对基于同情心的道德情操的追求。我们认为：只要市场秩序能够比其他任何秩序都更有助于分散知识的充分利用，更有助于人们在目标和利益不同的情况下协调相互之间的行为，维系和促进社会的合作，更有助于人们实现不受他人专断意志干预的自由，它就值得我们信仰和追求。当然，我们在追求市场秩序的同时，也要辅之以公平人道的公共服务制度安排，关注那些因为自身无法对其负责的原因而导致生活困难的群体，向他们提供最基准的公共产品与公共服

---

① 约翰·麦克米兰：《重新发现市场》，中信出版社 2014 年版，第 255 页。
② 《斯蒂格勒论文精粹》，商务印书馆 1999 年版，第 93 页。

务，并为他们寻求自身命运的改变提供机会与条件。这才是一个万物自由竞长、充满生机活力且富有人道价值的理想社会。

（4）在中国建设市场秩序，既非纯粹自发的过程，亦非纯粹强制的过程，而是一个自然发育和政府培育相结合的过程。不错，有些改革是由政府首先发动和组织的，但是有更多的改革和制度创新是社会底层的民众基于赢利机会的比较而自发探索发现出来的。如农村的联产承包责任制，是先由群众自发搞起来，然后才得到政府的认可；先在局部地方合法化，然后才在全国范围普遍推开。义乌的小商品市场也是在坚韧如柳的民众不懈坚持中才逐渐发育壮大并走向成熟，政府只是起到了在关键时刻推动一把的作用。因此，市场是一种自生自发自我扩展的秩序，其内部有一种自我强化的力量。这里，政府的作用在于解除禁令、提供正义规则，给老百姓以创业和创新的充分自由。"四张清单一张网"的政府改革努力就体现了让市场秩序在一个更加自由的社会环境中健康成长的精神，有了这种自由，市场秩序就能慢慢发展成熟起来。

二 市场是一种典型的社会自由空间

迄今为止，人们对市场秩序的肯定更多的是因其在资源配置上的效率而忽视了市场在经济之外和道义上的价值，仅仅把市场简单地看作是一种效率工具，认为市场机制能够比其他任何机制尤其是计划体制更能实现资源的最有效率配置，从而也更能实现最大化的价值回报。经济学就习惯于从效率角度论证市场体制的必要性的优越性。阿玛蒂亚·森就曾经指出："经济学专业一直趋于偏离对自由的关注，转而聚焦于效用、收入和财富。虽然很难指责经济学作为一个专业没有足够地赞扬市场机制，但视角的缩小确实导致了对市场机制全面作用理解的欠缺。问题不在于赞扬的数量，而在于赞扬的理由。"[1] 对市场体制的经济效率视角的论证诚然是必要的也是极为有力的，但还远远不够，而且也还不能彻底地说服人，因为有时在一些局部的地方，市场体制似乎并不怎么有效或高效，相反，倒是那种中央集权的计划经济体制似乎显得很有效率，在很短时间内走完市场

---

[1] 阿玛蒂亚·森：《以自由看待发展》，中国人民大学出版社2002年版，第20页。

经济国家很长时间才走完成的路程。这是一些人顽固坚持计划经济而反对市场经济的重要缘由。阿玛蒂亚·森就假设了这样一种情况：自由的市场体制与不自由的计划体制在经济效率上相同，是否就意味着计划体制也是可取的。他认为即便如此，人们也不会选择计划体制而依然偏好自由选择的经济生活方式。因为这里存在一个区别：即最终成果与综合成果的区别。前者是只看最后的结果而不看如何达到那里的过程；后果则注意导致最终结果的过程。如果把导致最终结果的过程考虑进去，那么，人们有理由去坚持那种自由的市场体制了，哪怕在经济效率上计划体制也毫不逊色。因此，他认为，市场体系的优点绝非仅仅在于它以更高效率产生最终结果的能力。[1] 我们也绝不能仅从效率角度肯定市场秩序，而必须看到市场秩序与社会成员自由之间的逻辑相关性。市场不但是相对最有效率的制度安排，而且也是一个典型的社会自由空间，市场秩序更伟大的作用在于其对人们自由的保护与促进，市场与自由之间有一种内在的紧密的逻辑相生相伴关系。伴随着市场的扩展，人们的社会自由空间也相应地扩展出来了。

　　市场与自由的逻辑相关性是亚当·斯密的伟大发现。他以经济学的理性思维系统地论证了市场与自由的内在逻辑关系。亚当·斯密认为：交换和交易的自由，其本身就是人们有理由珍视的基本自由的一部分。市场就是实现这种天赋自由的地方，也是个人自由发展的地方，进而是个人主义存在的地方。"通过任意制定限制而否定人们从事交易的机会，本身就可以是不自由的一个源泉。在这种情况下，人们被禁止去做可以认为是在他们权利范围之内的事情。"个人与市场的关系是鱼与水的关系，个人在市场中如鱼得水，获得互不以专断意志相强制的自由。竞争性的市场在人们不知不觉的情况下自动调节着人们的行为和相互之间的利益关系，从而保障整个社会的协调与和平。历史学家布罗代尔在叙述初萌于中世纪欧洲城市之市场秩序时说："市场意味着自由、开放、与其他国家的交往。它让人呼吸到新鲜的空气。"[2] 当代经济学家阿玛蒂亚·森也认为市场与自由是相生相伴的关系，人类之所以取向市场不仅因其有效率，更因其有自

---

[1] 同上。
[2] 转引自约翰·麦克米兰：《重新发现市场》，中信出版社2014年版，第255页。

由。竞争性的市场既可以实现效率的帕累托最优，也可以实现彼此兼容的最充分自由。"竞争市场均衡可保证，在保持所有其他人的自由不变时，没有一个人的自由可以有任何增加。"① 而"限制市场机会的政策可以造成限制实质性自由扩展的后果。"② 因此，一般性地反对市场，就像一般性地反对人们之间的交谈一样荒唐，虽然某些交谈显然是愚蠢的，而且会给别人甚至谈话者自己带来麻烦。对交换词句、物品或礼物的自由的接受，并不是因为这些交换所起到的有利的但却是简单的效果，而是因为它们是社会中的人们生活和相互交往方式的一部分。市场机制对经济增长的贡献当然是重要的，但与自由交换——词句、物品、礼物——的直接意义相比，它只是次要的。

当然，这种思想在历史上并非没有受到过批判。马克思就曾讨论过资本主义社会中的个人自由，认为资本主义市场上的那种自由，只不过是在资本统治的基础上的自由发展，这种个人自由发展同时也是最彻底地取消任何个人自由，而使个性完全屈从于这样的社会条件，这些社会条件采取物的权力的形式，而且是极其强大的物，离开彼此发生关系的个人本身而独立的物。③ 100多年后的英国哲学家波兰尼也否认市场与自由的关系，认为："市场经济的退隐，可成为一个前所未有自由时代的开端。"④ 其实我们应该看到，马克思并没有直接否认市场与自由的关系，他只不过是指出由于资本主义生产关系的逻辑，市场所能提供的自由有其深刻局限和片面；而人类所经历的计划经济则已充分确凿地证明波兰尼观点的错误。

经过历史的反复比对，如今的人们终于清楚地看到市场与自由在逻辑上的相生相伴关系。市场是人类最典型的自由空间，是一个人自由地表达自己的意见、偏好和主张的地方，也是人们自由交换权利的地方。应该受到道德谴责的剥削行为并非是市场秩序的逻辑伴生物，而毋宁是比市场秩序更根本的特定社会制度的伴生物；一个健康的受法治保护的市场对人剥削人的潜在可能性倒有严格限制，因而，市场倾向于使人的自由极大化，

---

① 阿玛蒂亚·森：《以自由看待发展》，中国人民大学出版社2002年版，第116页。
② 同上书，第20页。
③ 《马克思恩格斯文集》第8卷，人民出版社2009年版，第181页。
④ 卡尔·波兰尼：《巨变：当代政治与经济的起源》，社会科学文献出版社2013年版，第420页。

自由在允许市场发挥作用的社会制度里受到最好的保护。而市场上流通的钱"是人们所发明的最伟大的自由工具之一。在现存社会中，只有钱才向穷人开放一个惊人的选择范围——这个范围比以前向富人开放的范围还要大"。① 美国经济学家布坎南也指出："市场是这样一种互动框架，在其中人们保持着最大限度的相互依赖性，然而没有任何人向其他人施加直接任意的影响力。"② 国内学者虽然大多成长于计划经济年代，但经过30多年市场经济的洗礼，也发现了市场与自由的逻辑关系。国务院发展研究中心企业研究所副所长张文魁指出：市场的本质是自由，是人们拥有自由选择的权利，市场发展的过程其实就是民权自由化的过程。如果不能认识到产权是市场的根基、自由是市场的本质，如果不去努力夯实市场的根基和实现市场的本质，只是在市场的表象上做工作，这种表面文章是扎不住根、立不住脚的。③ 知名学者张维迎也认为：市场不仅仅是一个资源配置的工具，它其实还给我们带来自由，让我们每个人都可以自由选择。因此，市场应该成为我们的一种理念，一种生活方式。因为在哲学层面上看，市场和自由是同一个意思。没有市场的地方，实际上就没有自由。④ 还有学者认为在人类已经找到的各类制度当中，只有市场制度比较充分地赋予人们自由选择的权利，尽管一部分人可以"自由到一无所有"。⑤

交易是人类特有的社会性行为。自由交易就和自由交谈一样，是人的基本权利，正如我们不能禁止或取缔人与人之间的自由交谈一样，我们也不能禁止或取缔人与人之间的自由交易。而自由交易所形成的自发秩序，也是后续的自由交易赖以进行的制度框架就是市场。因此，市场和人们最基本的经济自由是密不可分的，简言之，市场与自由毋宁说是一个事物的两个方面。市场是一个典型的自由空间，自由最初始的形态也就是市场上交易的自由。那么，为什么说市场是一个典型的社会自由空间？

---

① 哈耶克：《通往奴役之路》，中国社会科学出版社1997年版，第88页。
② 布坎南：《财产与自由》，中国社会科学出版社2002年版，第34页。
③ 张文魁：《要走市场经济道路，就应还产还权，先从土地开始》，凤凰网，2014年1月14日。
④ 引自《改革不能闭门造车》，凤凰网《财知道》第108期。
⑤ 苏东斌：《人与市场》，人民出版社2005年版，第547页。

1. 市场在逻辑上能够实现利己、利人与利社会的统一

利己是人类的本性要求,而利人或者利他、利社会,则是人类基于休戚相关的利益关系而提出的道德要求。然而,在相当长一段时间里,人类对这两种要求的内在关系缺乏正确精深的认识,自然也没有处理的良好制度安排。人类困扰于自利与利人之间的矛盾冲突,进而提出舍利取义的道德劝诫和僧院共产制的制度安排。然而,人类并没有因此放弃自利的追求,反而因为道德的压抑而使自利变得扭曲乖张,并因此给他人与社会造成损害。自利与利人到底是一种什么关系,如何才能实现利己与利人的统一?这个千古之谜一次又一次地考验着人类的智慧,到18世纪,它才被人类的智慧揭开了神秘的面纱,露出它的庐山真相。揭开这个谜底的是智慧的亚当·斯密。他发现,人类有一种互通有无、物物交换、相互交易的倾向,它是人类所共有,亦为人类所特有,在其他各种动物中是找不到的;而人类在社会中生存随时有取得多数人的协作和援助的必要。如果仅仅依靠他人的恩惠,那是一定不行的。相反,如果能够刺激起他们的利己心,使有利于他,并告诉他们,给他做事,是对他们自己有利的,他要达到目的就容易得多了。请给我以我所要的东西吧,同时,你也可以获得你所要的东西,这就是交易的通义。由于有了交易,我们每天所需的食料和饮料,不是出自屠夫、酿酒师或面包师的恩惠,而是出于他们自利的打算。[①] 在人类社会这个相当世俗的世界,真正对你好的,除了你的父母,就是那个想赚你钱的人。每一个想赚钱的人都必须不断地努力为他自己所能支配的资本找到最有利的用途,为他人提供他们所渴望的产品与服务,这是市场千古不变的逻辑。固然,他在这样做时所考虑的不是他人的利益或社会利益,而是他自身的利益,但他对自身利益的研究自然会或者毋宁说必然会引导他选定最有利于社会的用途。因为,在这一场合,像在其他许多场合一样,他受着一只看不见的手的指导,去尽力达到一个并非他本意想要达到的目的。他追求自己的利益,往往使他能比在真正出于本意的情况下更有效地促进社会的利益。因此之故,每个人改善自身境况的一致的、经常的、不断的努力是社会财富、国民财富以及私人财富所赖以产生的重大因素。这不断的努力,常常强大得足以战胜政府的浪费,

---

① 亚当·斯密:《国民财富的性质和原因的研究》上册,商务印书馆1972年版,第14页。

足以挽救行政的大错误，使事情日趋改良。① 从此，利己与利人之间搭起了一座桥梁，看起来相互矛盾的两种利益选择却通过市场交易神奇地统一起来了，这是人类社会最神奇的机制，不由得让人惊叹为"看不见的上帝之手"。由于市场实现了利益矛盾的谐和，人与人之间免除了许多利益冲突的可能性，他们都能从一个动态意义上不可限量的蓄水池中获取自己所追求的利益，并因此而不相扰攘，消极意义上的自由也就在他们之间出现。

2. 市场只与人们实现目的的手段相关而与人们各不相同的目的无涉

市场的巨大优越性是它允许广泛的多样性的存在，这包括价值的多样性、目的的多样性和情趣偏好的多样性，即便在某个时候出现某种倾向性的潮流、时尚或者风尚，它也允许与此潮流、时尚、风尚不同的样式、款式、消费偏好的存在。在市场上既有大众化的趋势，又有小众化的生存空间，哪怕是一种极其另类的偏好，只要无害于他人和社会的公序良俗，依然有其存在的社会空间而不会受到他人惊扰。"市场允许不同人群'投票'并获得他们想得到的东西。通过市场，每一个多样性的选择都会得到满足。"② 也就是说，市场关心调节的不是人们追求的价值、目的和情趣偏好，而是人们实现自己所追求之价值、目的与情趣偏好的物质手段。因为这个世界资源总是有限的，相对于人们的需求来说，现有的资源总显得稀缺不够。这就有一个资源的分配与配置问题。一项资源配置既可以配置到这个领域、这个项目、这个市场主体，也可以配置到另一个领域、另一项目、另一个市场主体，但它们肯定不能同时得到这些资源。这就产生了一个如何有效配置资源的问题。人类曾为此伤脑筋，试图找到资源配置的最佳机制。经过几千年的实践，人类终于发现市场是实现资源最有效率配置的最佳机制。在市场上，资源总是能够配置给那些最能使资源得到充分利用因而出价总是相对最高的人，总是能够从效率低的地方流向效率高的地方。在这里，市场并不关心人们的行为目的、价值观念、情趣偏好，

---

① 亚当·斯密：《国民财富的物质和原因的研究》上册，商务印书馆1972年版，第315页。

② 格沃特尼等：《经济学常识》，陕西师范大学出版社2007年版，第73页。

也不要求人们在这方面协调一致达成共识,而只要求人们在实现目的的物质手段的配置上达成一致。它不问一个人的目的是什么,只问一个人愿意支付多少代价实现自己的目的。市场利用价格和利润传递着内涵复杂含义丰富的信息,它们告诉生产与消费者各种商品与服务的相对供求状况,因而指导着生产与消费活动,使具有各不相同之目的的人们在行动上彼此协调,避免了因目的不同而可能引发的种种矛盾与冲突。因此,市场秩序不是一个目的相关性的生活空间,而是一种手段相关的生活秩序,它允许人们抱持各不相同的生活目的,而只是就达成目的的手段进行彼此协调;它允许有责任能力的成年人做他们自己喜欢做的事情,只要他们不伤害他人即可。市场允许所有人对涉及自己的交易条件自由表示意见。在市场当中,每一种偏好都能得到表示,也都能在自己所能接受的条件下得到满足或者放弃满足,而他之所以放弃某种偏好的满足,是因为他有自己认为更值得满足的偏好需要满足。市场上的人们只受预先确定的、广为公布的因而也是众所周知的普遍适用的一般性正当行为规则的约束,而无须考虑一个行为在正当行为规则之外的种种特殊性质和影响。因此之故,市场是人们生活中的典型自由空间。在市场上,在市场所逐渐形成的普遍行为规则之内,任何人都能最大限度地按照自己的意愿办事,尽管他们不见得总能实现自己的期待,尽管每一种情趣偏好也不见得都高尚,但我们不能因为有些期待没有实现或者由于市场满足了某种不怎么高尚的情趣偏好而对市场进行谴责。如果期待本身缺乏合理性,如果情趣偏好本身就有道德缺陷而谴责让某些期待落空或者满足某种不太道德之偏好的市场,这是找错地方的无的放矢。

詹姆斯·格沃特尼等人在《经济学常识》一书中就简单提出了市场与自由的关系。他们认为自由市场和民主政治一个十分重要的本质性区别,就是民主政治实行的是多数人统治原则,在民主政治过程中,处于少数地位的人总要屈己以从多数,除非他让自己成为多数一分子,否则他就要牺牲自己的利益和意志,尽管事情的状态并非总是如此。在另一事情上,他也可能成为了多数,某一个先前是属于多数营垒的人现在变成了少数。但只要是少数,总要服从多数,这是民主政治的基本原则。而在市场环境里,则实行比例代议制,市场允许不同人群"投票"并获得他们想得到的东西。例如,当教育不是通过政府提供而是通过市场配置时，一些家长会选择强调宗教价值的学校，一些家长会选择非宗教的学校，还有一些家长会选择强调基本技能、文化多样性或是职业训练的学校。通过市场，每一个多样的选择都得到满足。人们不需要通过成为多数中的一员才能得到自己想要的东西。这是少数民族比其他族群更喜欢教育券的原因。只要个人愿意支付费用，市场就会对他们的偏好做出反应，各种少数派的利益将通过他们在购买规模中的比例得到体现。此外，多数人将其意志强加在少数人身上所产生的冲突也可以避免。①

3. 市场流通的货币只是一种单纯的价值符号而没有任何社会性特征

市场是一个讲究平等的地方，而商品天生就是一个平等派，自由因平等而生。马克思指出："正如商品的一切质的差别在货币上消灭了一样，货币作为激进的平均主义者把一切差别都消灭了。"② 市场对不同身份的人一视同仁，不搞区别对待。市场关注的是商品与服务的质量优势和价格优势，是谁拥有可以与任何商品相交换的货币媒介，而从不问商品与服务的生产经营者的社会身份、社会地位、性别特征、种族肤色、宗教信仰和政治倾向，也不问货币媒介拥有者购买商品与服务的意图动机、获得商品与服务后的使用打算。在作为商品流通媒介的货币上，只有标志其价值和交换能力的符号，而没有任何其他的社会性特征，同样面值的货币在不同人手里是完全等价的，具有相同的交换能力，不会因为货币拥有者的社会身份不同而有所区别。这和计划经济制度中的票券完全不同。票券如粮票、布票、外汇券、华侨券都含有或体现一定的身份信息，只有特定身份的人才能获得相应的票券，因此，计划经济体制中的票券体现的是一种身份特权。另外，在市场上，买卖双方的社会性特征都是隐匿不现的，他们只按照财产来界定权利，这要比按照人的社会性特征界定权利要容易得多。③ 决定谁有权获得一份资源的不是谁的需求更重要更迫切，而是谁具有与这份资源相交换的经济权利。由于买卖双方的市场人格是平等的，

---

① 格沃特尼等：《经济学常识》，陕西师范大学出版社2007年版，第74页。
② 马克思：《资本论》第1卷，人民出版社1975年版，第152页。
③ 张五常：《经济解释》，商务印书馆2000年版，第381页。

相互之间没有任何经济的、法律的和道义上的依附关系,他们可以自由地表达自己的意志和偏好,自由地否决交易相对人的邀约主张;也同样是由于市场人格的平等,他们在交易过程中谁也不能把自己的主观意志强加于对方身上。他们随时可以建立交易关系,经过协商也可以随时解除交易关系,他们双方均处于不受对方专断意志强制的自由状态。诚然,他们之间会表现出一方对另一方的相对优势,但这种相对优势不是压倒性和支配性的,而是相对的,因而也是暂时的和流动的,到底谁获得这种相对的市场优势,取决于市场上资源要素供求的结构性状态。当市场供不应求时,卖方会有一些相对优势;反过来,当市场供过于求时,买方会获得一些相对优势。但是如果历史地看,则买卖双方大体是平衡的,除非是一个单边垄断市场。纵然是寡头垄断,市场交易双方的势力有些偏倾,但也不会完全封杀交易者的选择自由。因此,寡头垄断的市场也会有一些自由,无非这时的自由已经非常不充分了,而且处境也岌岌可危。

4. 市场上通行的原则是等价交换和自愿同意

等价是指相互交易的权利在价值和效价上等值,这是自愿同意的价值基础。价值是相对确定的东西,是凝结在商品中的一般社会必要劳动时间,而效价则是商品的价值与使用价值相对于特定市场主体的主观满足程度。同一个商品对于不同的人具有完全不同的效价,可能在一个人眼里价值很高,而在另一个人眼里则一钱不值。价值与效价构成一个市场主体对商品或权利的全部评价。市场上交易必须建立在等价基础上,只有这种交易关系才体现人与人之间的平等与自由;不等价的交易肯定充斥着或明或暗的强制性,是一种强买或者强卖,其间所体现的是交易一方的不自由。在等价基础上,双方的意志表示还必须一致,也就是说交易必须是自愿的,不受任何他人专断意志的强迫。市场交易双方都有否决权,否决那些对自己不利的交易条件和交易价格水平。因此,自愿达成的交易必定是对双方均有利,至少是肯定不会损害一方的利益。而且,由于交易是在不特定的人之间重复进行的,这会使欺诈和毁约行为大大减少,尤其在一个信息传播极快的市场更是如此。由此可见,市场是一种容许人们相互之间在没有强迫顺从的情况下取得一致意见的制度安排,"它实际上是一种有效的比例代表制"①，市场上不需要服从多数，也不需服从少数，更不需服从一个人。在市场上，每一种主观偏好都能得到表现，每种愿望需求都能得到与其所能支付的代价相称的满足，每一个自由意志在权利范围内都能得到他人的尊重。人们尊重这个自由意志不是因为它道德高尚，而是因为它可能给自己带来合作的机会与潜在的利益，它相对于市场合作者所具有的价值，值得所有愿意与之合作的人给予充分的尊重。市场当中交易双方所结成的是契约关系——一种基于自由合意产生的理性关系，关系的双方不仅作出了一项自由的选择，而且都清楚地知道这种选择的意义，了解这种关系的全部内容，以及他们各自的权利与义务。因此，广泛地使用市场可以减少社会结构的紧张程度，可以让社会变得更加平等与自由。

5. 市场是一种反集中、去中心化的秩序，市场秩序的重要特征是责任的分散与权力的分散

市场上的消费需求和消费偏好是多样化的，而且对事物因果关系及相关关系的知识以及对具体情势的知识也是非均衡地以弥散状态分布于整个社会。因此，要很好地利用现有资源，满足消费者多样化的消费需求和消费偏好，就必须把生产决策的责任分散化，使生产决策由分散的消费者的多种多样需求来引导；而伴随着生产经营责任的分散，是生产经营权力的分散，正是这两个方面构成了经济自由的全部内容。亚当·斯密指出："关于可以把资本用在什么种类的国内产业上面，其生产物能有最大价值这一问题，每一个人处在他当地的位置，显然能判断得比政治家或立法家好得多。如果政治家企图指导私人应如何运用他们的资本，那不仅是自寻烦恼地去注意最不需要注意的问题，而且是僭取一种不能放心地委托给任何人、也不能放心地委之于任何委员会或参议院的权力。把这种权力交给一个大言不惭地、荒唐地自认为有资格行使的人，是再危险也没有了。"②在稍后一些地方，亚当·斯密又重申君主应该被完全解除监督私人产业、指导私人产业、使之最适合于社会利益的义务。要履行这种义务，君主们

---

① 弗里德曼：《资本主义与自由》，商务印书馆1986年版，第24页。
② 亚当·斯密：《国民财富的性质和原因的研究》下卷，商务印书馆1974年版，第27页。

极易陷于错误，要行之得当，恐不是人间智慧或知识所能做到的。① 也就是说经济社会的发展是一个多中心任务，它无法通过把所有数据收集到一个中心加以运算处理求解进而对人们作出指导来实现，而必须交由社会中的人们在规则约束下相互调适来完成。因此，经济生活的内在逻辑——其任务的多中心性决定了经营责任与经营权力分散化的必要，让每个人在规则约束之下和市场价格信号的引导之下通过对具体的经营问题作出判断和应对实现相互配合与协调。这样看来，市场因为排除了集中化的权力而给予了每个人以充分的自由。任何人只要他不违反正义的法律，就听任他在市场价格信号的引导下以其知识、才智、能力、资本以及具体的情景判断与他人相竞争，并承担由此产生的相应责任。而权力自主与责任自负，正是一个人自由的本质规定。

我们再从历史上看，自由也是伴随着商品经济的发展、工商业城镇的兴起、市场的发展成熟而不断地扩展出来的。马克思指出：人类社会关系就其基本结构来看，大致有三种形态，"人的依赖关系（起初完全是自然发生的），是最初的社会形态，在这种社会形态下，人的生产能力只是在狭窄的范围内和孤立的地点上发展着。以物的依赖性为基础的人的独立性，是第二形态，在这种形态下，才形成普遍的社会物质交换，全面的关系，多方面的需求以及全面的能力的体系。建立在个人全面发展和他们共同的社会生产能力成为他们的社会财富这一基础上的自由个性，是第三阶段。第二阶段为第三阶段创造条件。因此，家长制的、古代的（以及封建的）状态随着商业、货币、交换价值的发展而没落下去，现代社会则随着这些东西一道发展起来"。② 历史的发展完全印证了马克思的天才预见。

正如法国学者贡斯当所讲的，古代社会没有个人自由的概念，即便是堪称古典民主之典范的古希腊，也只有作为城邦主人的人民所享有的政治自由，而没有个人私人事务自主意义的个人自由，雅典可能是一个罕见的例外。进入中世纪封建社会后，封建领主贵族之外的其他人以佃农的身份编制在一个又一个大大小小的封建庄园里，这种庄园是由领主的臣属所居

---

① 同上书，第252页。
② 《马克思恩格斯全集》第46卷（上），人民出版社1972年版，第104页。

住的地产,它通常划分为密切地相互依存的两部分:一是领主自领地,出产的产品全部直接归领主所有;二是佃领地,即中小规模的农民佃领地,这种土地数量不等,分布于领主的庭院周围。领主声称对农奴的房舍、可耕地和草地拥有绝对的不动产权,这表现在这些财产每次转让时,领主都要求举行新的封地仪式,封地仪式很少是免费授予;财产继承人空缺时领主享有占有权;享有合法没收权;最后也是最重要的是,领主有权征税和征索役务。佃农对领主的租佃负担虽然不怎么重,但很繁多。有时候,佃农送给领主管家的可能是几个小银币,更常见的是田地上收获的几捆谷物、庭院中饲养的几只母鸡、从自己蜂箱中或附近森林的蜂窝中得来的几块蜂蜡;有时佃农到领主自领地的耕地或草地上劳动;或者替领主用马车将几桶酒或几袋谷物送往远处的住地。佃农还要参加修筑城堡的卫墙或者修挖护城河的劳动;如果领主接待客人,那么农民要卷掉自己的床铺为客人提供床铺盖;狩猎季节来临,佃户要饲养一群猎犬;如果爆发战争,他要在村长的指挥下履行步兵义务或充当传令兵。[①] 因此,领主和佃农之间有全面的人身依附关系。佃农虽然也受到领主的保护,但更受到领主的专制与强制,封建领主甚至享有对新婚娘子的初夜权。

由于不堪封建领主的专制与强制,一些佃农开始逃离封建庄园,来到了城市从事手工业或者商业,经营类似小饭馆小旅馆一类的餐饮服务业。在这里,他们终于摆脱了封建领主的人身束缚,既不需向领主缴纳赋税,也不必为领主服各种劳役,更不用担心遭受领主人格污辱性的待遇。与以前的身份相比,他们已经是自由人了。由这些自由人组成的城市是一个工商业中心,是独立于封建领主直接控制的一个自由和自治的城市,每一个城市都各自成为一个经济单位,各自有其行政和司法机构,甚至各自有其自卫的武力,有些还各自铸造货币,各自规定度量衡。它不仅与农村有显著的社会分工,而且城市市民对领主没有隶属关系,不受领主的控制和剥削。这样,便在封建社会中产生了一种在封建体系之外的自由城市和特权市民,它们在封建社会的政治经济形态中享有受法律保护的经济自由。所以,中世纪的德国有句谚语:"城市的空气使人自由。"其实,也就是市场使人自由。

---

① 马克·布洛赫:《封建社会》,商务印书馆2004年版,第399页。

如果说市场上的小生产者、小手工业者、小作坊主、小饭店小旅馆经营者，还有那些贩夫走卒引车卖浆之徒是自由人的话，那么，那些除了自己的一身力气外一无所有的无产者是不是也是自由人呢？

这个问题在资产阶级经济学家眼里根本不是问题，他们认为那些被解除了封建人身依附关系的农奴自从离开封建主的庄园来到了城市，他们就是一个自由人了，他们可以支配自己的生命、肉体、思想和时间，在法律上也有一些受保护的权利，他们尽管可能还很贫穷，但他们毫无疑问是自由人。但马克思主义政治经济学却没有这么简单地看问题，马克思对这个问题的看法显然比任何资产阶级经济学家更深刻一些。马克思说："劳动力的买和卖是在流通领域或商品交换领域的界限以内进行的，这个领域确实是天赋人权的真正伊甸园。那里占统治地位的只是自由、平等、所有权和边沁。——但是，一离开这个简单流通领域或商品交换领域，就会看到我们的剧中人的面貌已经起了某些变化。原来的货币占有者作为资本家，昂首前行；劳动力占有者作为他的工人，尾随于后。一个笑容满面，雄心勃勃；一个战战兢兢，畏缩不前，像在市场上出卖了自己的皮一样，只有一个前途——让人家来鞣。"① 也就是说，雇佣劳动制度中的工人，就其已经解除了与他人的封建性人身依附关系，可以与资本家谈判劳动力交易条件并决定把自己的劳动力出卖给哪个资本家而言，他是自由的，他和资本家都是作为自由的、在法律上平等的人缔结契约的；契约是他们的意志借以得到共同的法律表现的最后结果。然而，雇佣工人就其自由到一无所有的地步，以至于必须出卖自己的劳动力才能养活自己及其家人而言，他又是不自由的。他虽然不属于某个特定的资本家，却属于整个资本家阶级。

马克思在这里讲的是两个层面上的事情。一个是无产者作为个体处置自己的劳动能力层面；另一个是无产者作为一个阶级相对另一个阶级的关系上。在前者是自由的，而在后者又是不自由的。自由的个体间关系掩盖了不自由的阶级间关系。在自由的表面现象背后能够看到不自由的本相，这是马克思比其他经济学家深刻的地方。然而，正如个体之间的关系不能等同于阶级关系一样，阶级之间的政治关系也不能等同于人与人之间的法

---

① 马克思：《资本论》第 1 卷，人民出版社 1975 年版，第 200 页。

律关系。无论是用前者否定后者还是用后者掩盖前者都未必妥当。而我们如果从逻辑和实践上看，只要确立了劳动力的个人所有权，个人能够自由地处置自己的劳动力，劳动力就能够变成商品，拥有劳动力的人就是自由的。至于在这种情况下，劳动力是否变成商品，即个人是出卖劳动力，还是自己去经营，则取决于个人根据从这两种活动的成本收益比较作出的权衡和选择。当个人认为出卖劳动力能够取得更多的收入和更大的满足时，即使他拥有足够的财产，他仍然会出卖劳动力；如果认为自己经营能够最大化自己利益，即使没有足够的财产，他也会设法解决；而仅有简单劳动能力的人出卖劳动力既是他的唯一选择，也是最佳选择。① 而且，正如前所述，这里选择并不是衡判自由与否最重要的表征，关键是看这种选择是否出于本人的意愿，是否趋向本人设定的目标。从这两方面看，那些能够在市场上自主地出卖劳动力的人是实实在在、真真切切的自由人。市场把他们处置自己劳动能力的自由权利给予实现了，让他们在现实层面而非理论可能性层面获得了真实的自由。

退一万步讲，即便他不得不出卖劳动力，如果能够自由选择雇主，那也比把奴役劳动和人身依附结合起来的奴隶制或农奴制要好得多。对一个穷人而言，他"所有的世袭财产，就是他的体力与技巧。不让他以他认为正当的方式，在不侵害他邻人的条件下，使用他们的体力与技巧，那明显的是侵犯这最神圣的财产。显然，那不但侵害这劳动者的正当自由，而且还侵害劳动雇佣者的正当自由"。② 近代社会的一个巨大进步就表现在"从身份到契约"的转变，从而赋予劳动者以从未有过的自由。因为是出卖劳动力而否定参与劳动市场之自由的意义，这是一种因误读市场秩序而作出的非理性做法，完全不值得肯定。在今天，许多发展中国家破除形形色色的制度藩篱，构建完善的劳动力市场体系依然是非常之重要，其理由与使美国内战名垂史册的一些理由相同。③ 马克思之所以把美国内战称之为现代史上唯一重大的事件，也是因为它让美国南方种植园里的奴隶获得了参与劳动力市场的契约自由。

---

① 张曙光：《繁荣的必由之路》，广东经济出版社1999年版，第73页。
② 亚当·斯密：《国民财富的性质与原因的研究》上卷，商务印书馆1972年版，第115页。
③ 阿玛蒂亚·森：《以自由看待发展》，中国人民大学出版社2002年版，第4页。

今天，人类的市场无论在广度方面还是在深度方面都已达到了一个前所未有的高度。首先，是市场的专业化分工不断向纵深发展，已经到了一个相当精细的程度，产业链条越来越长，相互之间的衔接越来越紧密。市场在让我们充分享受专业化分工之好处的同时，也让我们突破专业化分工的局限，并获得超越自己知识范围的种种益处。其次，市场上的经济联系越来越紧密。经济联系的增加毫无疑问会增加相互之间的依赖性，我们已经是谁也离不开谁了。但密如蛛网一样的经济关系、经济联系又何尝不给我们扩展了合作的自由选择空间？布坎南就曾指出："市场网络（包括期货市场）及其相伴生的法律——制度结构的发展，以及与之相联系的对这种结构的一种理解的发展，使得个体参加者在有限的情形中获得了专业化所带来的全部利益，与此同时，还享有与无成本的退出选择权等值的自由。当然，这种近乎不可思议的结果只有在一种完全竞争经济存在并且运行的情况下才会发生，其间存在着很多作为市场上买方和卖方的经济单位，它们很容易参与和退出所有的生产活动。在这种限定的情形中，每个人作为一个特定价格的买者或者卖者，都面临着一系列客观存在的选择自由权，这些选择自由权使人们的行为好像并不相互依赖。"① 而且，由于愈益清楚地认识到相互之间那种休戚与共的利害关系，人们愈加不能以邻为壑、画地为牢或者封疆自保了，那种与自由贸易的精神背道而驰的闭关自守的愚蠢做法，往往是伤敌一千自伤八百，害人害己，毫无任何益处。最后，伴随着市场规模的扩大，市场专业化程度的提高，市场经济联系的增多和市场上财富的增多，市场机会也呈爆炸式增长。在一个健康的市场上，任何有一定能力且愿意工作的人，总能找到自己的能力所能胜任又足以养活自己与家人的工作，如果他愿意随时调整自己的就业期待。我们翻看一下每天的报纸，那里充斥着大量的招工广告，它们不正是我们可以自由选择的空间吗？我们再看一看，那个存在了上千年的种族歧视现象不正是在市场力量的作用下在逐步地减少吗？还有那个长期被困锁在家庭里的妇女——占人口总数的一半，不正是在现代市场经济社会中才走出家庭的围城，获得解放与自由吗？她们离家转移到户外机构参加劳动是与家务劳动的向外转移同时发生的。伴随着这两方面进程的推进使妇女的自由也

---

① 布坎南：《财产与自由》，中国社会科学出版社2002年版，第21页。

随之扩大。因此，妇女的解放与市场的发展同步。而正如空想社会主义者傅里叶所言：在任何社会中，妇女解放的程度是衡量普遍解放的天然尺度。① 妇女的自由程度表征出的是社会的普遍自由程度。

三 妨碍市场自由的因素

自市场产生之日起，妨碍市场自由的因素就已存在。它既可能存在于市场内部，也可能存在于市场外部；既可能来自同在市场的经济人，也可能来自在市场之外的某种力量，其中包括政府这种重要的权威力量。市场就是在争取自由和妨碍自由两种力量的博弈中发展过来的。马克思指出：自由竞争"从历史上看在一国内部表现为把行会强制、政府调节、国内关税以及诸如此类的事情取消，在世界市场上表现为把闭关自守、禁止性关税或保护关税废除，总之，从历史上看它表现为对作为资本的前导的各生产阶段所固有的各种界限和限制的否定"。② 在封建社会，世界各国都存在着妨碍市场自由的许多制度性障碍，如特许、垄断、捐税、关税、限额、禁令。减少这些妨碍市场自由的壁垒是人类在16世纪到19世纪的最伟大成就之一。首先，是专制君主与新生资产阶级结盟，建立强大的中央政府，反对地方性的封建贵族特权，消除民族国家内部的贸易壁垒，实现国内市场的一体化；其次，是各资本主义国家致力于消除国与国之间的贸易壁垒，实现全球市场一体化和贸易自由化。在19世纪，几乎世界上各个国家都减少了国际贸易壁垒，虽然到19世纪末潮流有了改变，但到1990年，同前一个世纪相比，贸易上的限制是微不足道的。

1. 封闭的行会制度

早在中世纪的欧洲，在城市内部各行各业，从业者为了共同利益自发地组织起来，形成兄弟会式的既有自律约束又有互济互助性质的行会制度，把每个市民按照其职业，组织在一个行会之中，由行会组织负责对本

---

① 《马克思恩格斯文集》第3卷，人民出版社2009年版，第531页。
② 《马克思恩格斯文集》第8卷，人民出版社2009年版，第178页。

行业及其从业者的自治性管理。它们的目的是管制整个的工业，制定关于价格、品质、工作条件等的规则。这些极严格的行规对外起到了行业壁垒的作用，防止或者限制竞争者进入，对内则是从业者的行为规范，对从业者的生产销售行为起到约束引导和规范作用。行会的监督和管制是非常严格的，整个行业从生产到销售的全部过程都在行会组织的监督管制之下。英国早在12世纪就有一些手工业行会的零星记录。它们要通过向财政署缴纳费用以取得国王的特权证书才得以建立，并有自己的组织治理章程。其中有许多限制性规定。比如1348年伦敦制帽业行会规定：只有本行会成员始得从事本行业；只有自由人才能成为学徒；未经行会首领允许不得开业；非本行成员不得在城内零售帽子，只能批发给本行之人。[①] 到17世纪，英国城镇里的行会对工商活动仍有许多限制。纺织行会就规定："如果纺织者想按照自己发明的方法织布，则应该首先取得行会中四位最年长的商人和四位最年长的纺织者的同意，其次还要经过城镇法官的许可，才可以使用一定数量和长度的纱线。"亚当·斯密辩驳说，这类约束——无论是由政府规定还是垄断者提出的，也无论是关于生产还是关于外贸的——都会限制市场体系的正常运行，并最终损害工人和消费者的利益。来自行会组织的保护、监督、约束与管制，既可以有效地防范来自外部的竞争挑战，也可能消弭内部的同行竞争，使整个行为处于相对有利的地位，因此，城市内部的行会制度与会员的根本利益相一致，从业者必须要加入一个行会以求得到保护，尽管也牺牲一部分自由。但相对于整个经济生活而言却又是封闭和僵化的，它限制了行业之外的人们进入该行业的自由，尤其是严格禁止外部资本——商业资本的进入，从而阻止了商业资本向产业资本的转化。[②]

中国封建社会的城市是一个与欧洲的城市截然不同的社会综合体。它从来没有脱离封建制度的控制，更谈不上在封建统治体系之外成为一个独立的、自治的和自由的城市，恰恰相反，它自始就是封建统治体系中的一个基本环节，是封建统治阶级集中盘踞的地方，是封建统治者为实现专制统治而发号施令的神经中枢。各级大小不同的城市——从中央王都到州府

---

① 马克垚：《英国封建社会研究》，北京大学出版社2005年版，第245页。
② 参见马克思：《资本论》第1卷，人民出版社1975年版，第397页。

县治，就是等级不同的封建统治者——各级封建政府的驻在地。所以一个城市就是一个实施封建统治的政治中心，同时也是一个军事上的防御堡垒。中国封建社会的城市主要是作为一个政治军事中心而存在，城市的经济生活是依附性，很受限制，且主要是为了生活在城市里的统治阶级提供服务性质的，自始就没有成为一支独立的社会力量。城市经济生活受到封建国家的政治、法律、文化的系统打压，没有一丁点自由的社会空间。但封建统治者只是在政治上、法律上和道德上为工商业划出一个限制性的界限，至于在工商业内部，封建统治的权力并没有触及，而是由称之为"行"的组织负责的。

中国古代的城市工商业者很早就有了自己的组织，至少到隋代即已有关于"行"的明确记载，到唐代，特别是到宋代，工商业者的"行"又有了大的发展。但中国城市工商业者的"行"与欧洲中世纪基尔特型的行会制度，乃是两个完全不同的东西，彼此的产生根源不同，性质不同，作用不同，对经济发展所产生的影响亦不同。两者除了名称相似，其他方面都概不相同。[①] 如果说欧洲中世纪的基尔特型行会组织是一个团结会员对封建主争取权利或特权而对内部的会员既有限制又有保护的自治共同体的话，那么，中国自古代直到近代在城市工商业存在的"行"就是一个与官府相勾连，代替官府对从业者进行控制的封闭性组织。它们在很大程度上控制了城市的经济生活，而且，它们的控制比皇帝的行政机构的控制，乃至许多方面比欧洲城市相应组织的控制都更为彻底有力。除了少数执有官方发给的专利许可证外，行会不经政府官方的任何许可，便有权对自己的会员施加绝对的控制。会员参加这些行会是强制性的，而那些打算从事某种经营的人也不得不加入行会，不然会被处死。行会有会所，并征收管理人员薪金税或商人营利税。任何会员向官府指控别的会员，都会受到行会的惩罚，行会会提供某一特定土地为坟墓以代替其原有的家乡。行会担负其会员与外人打官司的全部费用，并且当双方发生冲突时，为其会员向中央权力机构提出诉讼。除此之外，行会还有开除、抵制和私刑处死会员的几乎绝对的权力。行会也经营某些经济事务，如重量和度量、货币、维修街道、控制信用贷款的发放和加强垄断。行会还有监督送货人

---

① 傅筑夫：《中国经济史论丛》上，生活·读书·新知三联书店1980年版，第15页。

员，告发非法或不正当交易，照管按时还债，监督兑换价格的调整，对延误交货代垫款项，控制艺徒招收数量和条件。在 19 世纪，一个会员所收的徒弟人数超过规定的数目限度，就会被绞死。马克斯·韦伯把古近代中国城市行会所具有的绝对权威理解为是：对行会会员在行会以外的环境中总是俯仰随人的地位的一种反映。但是在对行业内部的管理上，中国古代城市里的行会倒显得有些放任。一些欧洲城市行会禁止其会员做的事情，如同行之间竞争、会员贫富悬殊、使用不同的生产方法、技术保密、各自垄断市场、任意扩大生产规模等，在这里倒是没有去管。行会会员可以自由地扩大生产规模，自由地仿造他人的技术与产品。一个人只要有资本、有能力，就可以尽量发展，而没有组织力量的干涉和阻挠。因此，在商业中，代代都有财拥巨万的富商大贾；在工业中，很早就有规模比较大的工场和作坊。至于产品与技术的相互仿造更是比比皆是。当一个生产者在技术上有所发明创造，能创造出畅销的商品时，同行业的生产者便群起到效仿之，甚至以仿制伪造的劣品来冒充其产品，夺取其市场。"同行是冤家"由此而来，它显示了同行恶性竞争的激烈程度。

2. 市场垄断：自由的天敌

在一个具有难以控制的复杂性的世界上，竞争可以产生最好的解决办法，尤其是那些创造性冲突是避免过分不灵活的唯一手段。而垄断却是竞争的天敌，也是自由的天敌。

垄断一词在中国古代也有使用。《孟子》一书中说："古之为市也，以其所有易其所无者，有司者治之耳。有贱丈夫焉，必求龙断（小土冈）而登之，以左右望而罔利。人皆以为贱，故从而征之。征商，自贱丈夫始矣。"（《孟子·公孙丑下》）后来转指一种利用经济的或超经济的支配地位谋取超市场平均利润的经济现象。它的存在非常古老，而且在这种经济现象背后似乎总徘徊着政府公权的影子。在自给自足的小农经济时代，就有政府实施的或有政府支持的垄断现象。我国汉朝的盐铁专卖制度就是政府操盘的垄断。亚里士多德给我们讲了一个以垄断致富的有趣故事。哲学家泰利斯以智慧有名于世，但又贫困得几乎难以自给，并因此遭到世人的嘲笑。某年冬，他凭星象学预测来年橄榄将获大丰收，于是他把自己所有的资金作为定金租下了当地所有的油坊。收获季节来临时，需要榨油的人纷纷来到各油坊，按照泰利斯开出的价格租用榨油设备，泰利斯由此获得大量金钱。这个故事的本意在显示泰利斯的智慧，但恰好也因此说明了造成垄断的方法，即造成某一事物的专有以牟取暴利，这种方法可以普遍运用于致富的各个门径。当然，私人垄断和城邦公利有时是互相冲突的，会受到城邦统治者的反对。狄欧尼斯就曾把一个以垄断牟利的人驱逐出境，只容许他带走自己的钱财。

近代史上早期的垄断基于国王的授权而产生，是一种法律特权。而自从步入市场经济以后，一种新的垄断——由市场竞争而来的垄断也如影随形地出现了。

垄断按其成因可分为自然垄断和人为垄断。前者是指由生产的基本条件和产品特性所决定的一种市场结构，其中单个企业能比两家或两家以上的企业更有效率地向市场提供同样数量的产品。在以前，电信、电力、铁路运输、自来水和煤气供应等基础设施产业，尤其是线路管网部分，被公认为自然垄断产业，经济特性是自然垄断行业的本质特征。[1] 人为垄断，意指为人所刻意追求的市场垄断，其存身依据或者是远远超出竞争对手的技术优势与服务优势，或者国家法律的授权规定，或者是政府的行政指令以及公权力或明或暗的支持许可。这种有政府公权支持的垄断又称之为行政性垄断。它是所有垄断种类中最难破除，也是最具危害的，与之相较，私人垄断可能是害处最少的。[2]

经济生活中的大量垄断并非由于技术效率或服务质量卓越导致，而常常是这之外的其他因素作用的结果。它们或通过互相串通的协定而形成，或者为政府公开的政策所促进，而且也不存在垄断者所宣称的那些益处。垄断者所真正想维持的是免于市场竞争的特权。

迄今为止，人们对垄断现象的研究、反思和批判，更多的是从经济理性的视角，着眼于垄断行业的生产效率与社会效益，无论是垄断的支持者还是批判者无不如此。然而，最近几十年来的理论研究和实证分析表明，即便从经济理性角度看，垄断的经济正当性也是开始动摇了。人们发现：在市场经济条件下，垄断虽然能够给垄断者带来超额的垄断利润，但是对

---

[1] 王俊豪：《政府管制经济学导论》，商务印书馆2001年版，第73页。
[2] 弗里德曼：《资本主义与自由》，商务印书馆1986年版，第30页。

于与之有关的其他人来说，垄断所带来的结果往往是不利的。经验分析表明，不管各个企业的法律地位如何，不管它们是私人企业还是公共企业，占有垄断地位的企业的生产费用很少能够低于竞争环境中发展的公司的生产费用。① 因为垄断的有效性和有利性是有条件的，而且这种条件很难满足，而免于竞争的市场地位则使得它很容易产生诸多弊端。职是之故，垄断的弊端比其益处更普遍多见。

如果我们从市场主体的自由权利角度看，垄断现象更加不可欲了。市场经济一个非常重要的特征是权利人之间的自由竞争，通过竞争发现各地资源的稀缺状况，发现资源的最有价值用途，发现资源最优配置的结构，发现谁是市场当中的最优秀者，发现谁能为我们提供我们所需要的产品与服务。因此，"在本质上讲，竞争乃是一种形成意见的过程：通过传播信息，竞争使经济体系达致了统一性和一贯性"。"竞争使人们对什么是最好的和什么是最便宜的这两个问题形成自己的看法；而且也正因为竞争，人们有可能知道的各种可能性和机会才至少会与他们事实上所知道的一样多。"② 竞争让我们发现了许多新的东西。而垄断虽然是自由竞争的结果，但它从本质上看是一种排斥自由竞争的行为，垄断所体现的是一种资本的专断权力。在一个竞争性的社会，我们的选择自由是基于这一事实：如果某一个人拒绝满足我们的希望，我们可以转向另一个人。但如果我们面对一个垄断者，不管这个垄断者是基于自己非常特殊出色的技术服务还是基于政府的特许授权或者基于对生产资料与生活资料的垄断性独占，那么，能够确保一个人自由的财产权利可能相对来讲几乎没有什么价值，在个人所有权范围内进行的名义上的选择自由也变得几乎毫无价值。他必须按照垄断者开出的条件提供服务或者购买产品。因此，凡在只有一个购买者或者供应者的地方，就肯定没有自由。垄断意味着否定了市场经济人最基本的权利——表达意志的权利、选择交易伙伴和交易条件的权利，也意味着资源要素流动的停滞。它不仅会妨碍对未知世界的进一步探索，会弱化进一步改革创新的冲动，还会把自己的专断意志强加于他人。这是垄断最应受到谴责和诟病的地方。因此，所有垄断——无论其是什么性质或什么形

---

① 张曙光：《繁荣的必由之路》，广东经济出版社1999年版，第84页。
② 哈耶克：《个人主义与经济秩序》，复旦大学出版社2013年版，第115页。

式——都不利于自由，对于追求自由的人而言，都属于应该反对和扫除之列。

相反，如果市场是开放的，市场上充满竞争，那么，市场的开放性和交易对象的可替代性将会对物品和服务的供求双方之市场影响力的潜在滥用构成限制，个人参加者就不会陷于仅仅面对单独一个预期购买者的境地，他的自由会因市场的竞争而得到实现，他也因此能够在最大程度上避免因不利的交易条件而可能受到的剥削。道德意义上应该谴责的剥削只有在一个不自由的经济生活体系中存在，并达到剥削的最极限。

以美国为代表的西方国家自19世纪80年代以来，反垄断始终是政府管制的重要内容，从最早的针对铁路运输的州际贸易委员会到后来被誉为"维护竞争的交通警察"的联邦贸易委员会，反垄断是西方国家政府治理市场环境的主线。尽管在有的时段，反垄断的政府管制不期然蜕变成企业垄断的暗中保护力量，但市场自由是其始终不变的追求。而我们的经济生活自由度与美国相比，就要低很多。其中的一个突出表现就是我们的经济生活中存在各种各样的垄断现象。自然垄断和行政性垄断暂且先不必论，企业的市场垄断也是屡见不鲜。一些在西方国家只能偷偷摸摸做的事情，如企业合谋垄断市场，在我们这里却以行业自律价的形式堂皇行之，而且还得到政府支持。2008年，我们也终于出台《反垄断法》，但这部市场经济的大宪章却天生有许多不足。反垄断剑走偏锋，只反一般性的市场垄断，而对危害更大的行政性垄断却没有触及。一些领域的市场垄断结构并没有改变，行政性垄断企业依然可以凭借自己的市场垄断地位坐享丰厚的垄断利润和优厚的员工工资福利；而消费者依然得忍受垄断带来的福利净损失。因此，坚决彻底地反对垄断，创建一个更加自由的市场环境，还是一个有待完成的艰巨任务。

3. 形形色色的市场进入壁垒

市场作为一种典型的自由空间，理论上应该是除了交易成本的阻力外，没有任何其他阻力，资源要素可以在市场上自由流动。然而，这是一个理想状态，现实生活中的市场，除了交易成本的阻力外，还存在市场进入与流动的种种壁垒。

早在封建社会，封建主和国王基于封建政治结构及其封建特权在其领地内设立关卡，对过往货物进行征税，以从中牟利，这是商品、劳动力和资本自由流动的最早壁垒。除了关卡，各诸侯国税制、司法也很不统一，各城市之间经常发生贸易争讼。另外，由于各封建主各自割据独立，对统一的道路交通之重要性缺乏认识，有时还加以破坏，如随便在道路上凿井、挖沟等，因此，各地区之间的道路交通条件都十分糟糕。这种情况在当时的西欧各国普遍存在，而德国尤其严重，它在政治上被三十六个意图和癖好互相矛盾的君主所任意分割，封建压迫束缚着农业和与之相联系的商业。这种相互分割的碎片化结构十分严重地妨碍了商品货物的流动，妨碍了市场经济的发展。资产阶级的一个伟大贡献就是和专制君主联合摧毁了一切封建性的市场壁垒，摧毁了一切闭关锁国盲目排外的"万里长城"，把一切民族甚至最野蛮的民族都卷到文明中来。过去那种地方的和民族的自给自足和闭关自守状态，被各民族的各方面的互相往来和各方面的互相依赖所代替了。无论在物质生产方面还是在精神生产方面，都形成了统一的市场，并用一种"没有良心的贸易自由"代替了无数特许的和自力挣得的自由。对于这种贸易自由，马克思曾经予以揭露和批判。他说资产阶级所竭力宣扬的贸易自由，就其实质而言，"是资本的自由。排除一些仍然阻碍着资本自由发展的民族障碍，只不过是让资本能充分地自由活动罢了"。① 但我们不要因此以为马克思是反对自由贸易的，他所反对的与其说是自由贸易，不如说是当时的自由贸易借以在其中展开的资本主义生产关系与社会关系。正如恩格斯所言，马克思他归根结底在原则上还是表示赞成自由贸易。在他看来，自由贸易是现代资本主义生产的正常条件。只有实行自由贸易，蒸汽、电力、机器的巨大生产力才能够获得充分的发展。恩格斯也是一个自由贸易的热情讴歌者。他认为一个国家在工业化的奠基起飞阶段需要某种程度的关税保护，但一旦具备了基本的工业基础以后就应该撤除关税保护，参与世界市场的自由竞争。如果无视关税保护制度之作用的暂时性，把它变成一项长期的制度安排，关税保护制度的负面作用就会日益凸显，直至成为一个国家进一步发展的绊脚石。德国的关税保护制度正在杀害一只下金蛋的母鹅，法国也为自己的保护关税制度吃尽了苦

---

① 《马克思恩格斯文集》第 1 卷，人民出版社 2009 年版，第 756 页。

头。可见,保护关税制度对于任何一个有望成功地争取自立于世界市场的国家都会变成不能忍受的镣铐。他预计美国在运用关税保护制度建立起本国的工业体系后,如果转而实行自由贸易,那么它10年以内将在世界市场打败英国。①

当今世界,封建性的市场壁垒虽然已经撤除,但经济生活当中依然存在着形形色色的市场进入壁垒。规模经济是进入壁垒的一种很普遍的类型,除此之外,法律限制、进入的高成本以及广告和产品差别也会形成进入壁垒。比如国与国之间的关税壁垒、技术标准壁垒,或者基于某种优势技术和卓越服务而形成的品质壁垒等。在众多的市场进入壁垒中,政府的法律限制形成的市场进入壁垒是最难攻克的。政府通过立法把生产与提供某种产品与服务的权利作为特权授予特定的企业——无论是私营企业还是国有企业——都构成对其他企业的市场进入壁垒。这种情况一般在公用事业领域比较多见,在我国甚至延及一些所谓事关国计民生的重大产业领域,如石油勘探开采与冶炼领域、金融领域、烟草与食盐的生产销售领域等。在这些领域,政府都有极其严格的准入限制。进入21世纪以来,国人虽然屡次呼吁打破垄断,开放产业进入空间;国务院也先后出台过一些促进非公有制经济发展的政策规定,但现实生活中妨碍或者阻碍民间资本产业进入的"玻璃门""弹簧门"依然存在。党的十八大以后,在大众创业万众创新的大潮中,民间资本产业进入的总体情况虽然有所改善,但也还存在产业进入的"最后一公里障碍"。我们如果不彻底消除这种体制机制性的障碍,就不能实现市场经济发展所要求的创业自由。

在国际范围内,自由贸易虽然还是经济生活的主流,但也时常会有贸易保护主义的杂音与逆流,尤其当世界经济步入危机的时候,各个国家都会祭起贸易保护主义的大旗,制定实施各种各样的贸易保护主义政策,即便是自由贸易发源的地方,也不例外。在这些国家,有的特定利益集团出于自己的特殊利益追求,假借民族工业和经济安全的政治与道德名义要求政府实施贸易保护主义;而政府虽然也可能知道自由贸易的道理,知道自由贸易最终能够使国民受益,但由于受制于特殊利益集团的强大政治压

---

① 《马克思恩格斯文集》第4卷,人民出版社2009年版,第339页。

力，出于选票最大化的政治考虑，也不得不实行一些贸易保护的政策，以不特定的因而无法清楚识别的群体之利益牺牲为代价获取特定的特殊利益集团的政治支持。因此，消除形形色色的市场进入壁垒，实现充分的市场进入自由，在任何时候都是一项需要我们不懈努力才能达到的生活状态。

第三章 规则与自由

> 谁要求过大的独立自由,谁就在寻求过大的奴役。
>
> ——托克维尔

规则是宇宙、自然、人类社会普遍存在的现象,是一个系统、一种秩序赖以存在的重要条件,没有规则,或者规则遭受破坏,系统就趋于混乱直至崩溃。人类在规则面前始终有一种矛盾心态。一方面,人类依赖规则,利用规则来控制和降低社会生活的不确定性;另一方面,人类又有一种突破规则的心理冲动,它给人类社会带来善恶兼具的影响。一些重大的发明创造或者制度革新就是那些"不安分守己的人"突破现有规则的结果,而同样是这些"不安分守己的人",他们突破现有规则的行为也可能给人类带来祸害与灾难。但人类总体而论是偏好规则的。哈耶克说:"人不仅是一种追求目的的动物,而且在很大程度上也是一种遵循规则的动物。人之所以获得成功,并不是因为他知道他为什么应当遵守那些他实际上所遵守的规则,甚至更不是因为他有能力把所有这些规则形诸于文字,而是因为他的思维和行动受着这样一些规则的调整——这些规则是在他生活于其间的社会中经由一种选择过程而演化出来的,从而它们也是世世代代的经验的产物。"① 人的行动并不是简单地指向目的,他们也遵循社会准则和惯例,他是因知道规则和目标而行事的。福山也认为:人类之遵循规则,主要植根于情感,并不依靠理性过程。通过愤怒、可耻、有罪、骄傲的特殊情感,遵循规范的习惯得以嵌入人性。人类在遵守规则中投入这

---

① 哈耶克:《法律、立法与自由》第 1 卷,中国大百科全书 2000 年版,第 7 页。

么多感情,以致失去理性,危害自身的利益。① 人类在根本上是一种偏好规则、依赖规则和遵守规则的动物。人类幸赖规则得以存续、繁衍和发展。规则与人类社会的自由和秩序密切相关,自由是规则约束下的自由,秩序也只有在规则存在并受到人们尊敬和遵守的地方才能生成或型构。如果有谁要求过大的独立自由,谁就在寻求过大的奴役。如果有谁自负地以为没有规则可以活得更好,谁就会遭受没有规则的最大祸害。然而,这些古老的智慧在今天逐渐被人遗忘了。从知识分子到社会大众,基本上都是"制度盲",我们怀着既羡慕又妒忌的复杂心情,看着那些聪明的大玩家按照自己的利益操纵现行规则。众人竞相效仿的不是圣贤,而是这些耍小聪明的人。聪明人比比皆是,智慧日益贫乏。② 这是现代社会出现失序的根本原因。因此,我们要恢复规则的权威,恢复对规则的忠诚信仰,恢复对规则"心向往之"的情感依附,那是我们安身立命的地方,是维系社会秩序的纽带。

一 规则的理由

1. 什么是规则

规则是人类各种活动借以开展的约束性条件,它是人们所发现或制定的相对最有利于行动持续展开的恒常关系。在一切社会,从最原始的直至最先进的,人们无不在自己身上施加种种约束,以此来为自己与他人的联系提供稳定的结构。规则或者体现了事物的规律性要求,或者体现了相互交往的人们一定程度上共识。它一经确立便成为人们行动的外在约束性条件,其客观外在性犹如人们所栖身的自然环境一样。而那些因遵循此类规则而获得成功的人们,其成功的示范效应更强化了规则的权威性,使规则为更多的人所了解和效仿。

规则与人们通常所说的制度具有相同的含义。正因如此,一些制度经济学家把制度理解为"用于共同体内的、众所周知的规则。它们抑制着

---

① 福山:《政治秩序的起源》,广西师范大学出版社2012年版,第40页。
② 布伦南、布坎南:《宪政经济学·规则的理由》,商务印书馆2000年版,第1页。

人类交往中可能出现的机会主义行为，并无例外地对违规行为施加某些惩罚"。① 如果说两者相互之间有一些区别的话，那么，规则可以理解为单项的制度，而制度则是系统化的规则。

当我们提到规则时，大概与之联系最紧密的活动就是游戏。任何一种游戏，哪怕是最简单的游戏也都需要规则。游戏创造了规则，也普及了规则，游戏是规则的学校。而规则界定着游戏者的行为方式，协调着游戏者之间的相互关系，它是游戏正常展开的必备条件，也是让游戏者都能公平地从中受益的必备条件。规则和游戏是两个层面的事物，规则是游戏得以开展的框架，游戏则是在一套规则约束下游戏者之间的即时性互动，以确定胜负和明确权益归属。游戏本身不构成规则的一部分，但它处处体现了规则的要求。一套游戏规则形成后，对所有人包括提出某项规则的人都有平等普遍的约束力，一个人只有遵守游戏规则，按照游戏规则出牌，才能被伙伴们接受参与游戏，否则，就会被排挤而出局。反过来，一套游戏规则要想能够被大家遵守，就必须先被大家接受，让所有人从心理上认同它，接受它的约束。人们对规则的认同程度越高，偏离规则的行为发生的概率越小。另外，任何一套游戏规则都必须附有对违规行为的惩罚措施，包括惩罚的形式、方式和力度，缺少这种制裁，正义的法则在人间就是虚幻的。

从理论上说，任何游戏规则只要平等普遍地适用所有人，都是可以接受的，不会造成规则上的不公平。但不同的规则对人们的心理和行为的激励效应却确实是不同的，一些规则更能激励人们的冒险精神和创新意识，因此，对个人和社会都更具有效率，而另有一些规则却可能抑制人们内心的创新冲动，让人们变得更安于现状，社会发展也因此大受影响。制度经济学家指出："有着相同动机和能力的相同的个人，在不同规则集下，在相互作用中会产生出相当不同的总体后果，并对每个参与者的福利带来非常不同的影响。"② 因此，规则的选择至关重要，它从根本上决定了社会发展的状况。人类几千年来，不同文明和不同地区发展状况很不相同：一些国家和地区率先发展起来了，而另一国家和地区则始终停滞不前；还有

---

① 柯武刚、史漫飞：《制度经济学》，商务印书馆2000年版，第110页。
② 布伦南、布坎南：《宪政经济学·规则的理由》，商务印书馆2000年版，第2页。

一些国家和地区在发展到一定阶段后出人意料地陷入了中等收入陷阱,甚至步入衰退的下降轨道;而有的国家和地区则能够持久地保持发展和繁荣。国与国之间、地区与地区之间之所以会有如此巨大的差异,其原因就在于制度安排不同使然。因此,一国要想求得更好更快的发展,就必须谋求制度安排的改进。

人类社会性活动所必需的规则大致可分为三种类型:一是纯规则;即任何人都不会去违背的规则,因为任何人都不可能从违背规则中获益,反而会因违背规则受损,因此,人人皆没有违背规则之冲动。最典型的就是人际交往借以正常展开的语法规则。在漫长的历史发展中,每个文明都形成了自己的话语体系,都有一套人们对它并不明确知晓但却恪守不渝的语法规则。每个人都在按这套约定俗成的语法规则讲话、发言、撰写文章。如果有谁违背语法规则进行人际沟通交流,那么他就不可能达到自己的目的,深受其害的不是别人而正是违背语法规则者自己。二是正义的规则;即对任何人在保护和约束上都一视同仁的规则,此种规则旨在形成一种普惠性的秩序,在其中,任何不特定的人都可以从中受益而又不能获得比别人更多的额外好处,比如不得相互伤害,或者按照交通信号指示标牌通行等,都属于正义的规则,它不会给任何人以特定的好处,也不会给任何人以特定的损害,但它却是所有人实现自己的目的追求所必须依赖的基础性环境条件。当然,这类规则要想能够发挥其最大化的社会效益,必须得到所有人的合作支持。在正义的规则面前,合作的人越多,合作程度越高,个体和整个社会从规则中获益也就越大;而"当正直的人对一切人都遵守正义的法则,却没有人对他遵守时,正义的法则就只不过造成了坏人的幸福和正直的人的不幸罢了。"① 三是政策性规则;即涉及社会价值物权威性分配的规则。这类规则总是会给特定的人以特定的好处而为此又必须给特定的人以特定的损害,它涉及利益在不同群体之间的损益性变化,给一部分人好处,就意味着另一部分人的受损,有时,得到好处的人是明确的,而因此蒙受损失的人却可能不太清楚,以至于让人觉得好像只有受益者而没有受损者。其实不然,没有明确的可以指认出来的受害者并不等于没有受害者。没有明确受害者的状况可能更值得我们警惕和防范,因为有

---

① 卢梭:《社会契约论》,商务印书馆1980年版,第49页。

明确受害者的反对,一种涉及财富转移的政策性规则不至于走过头,而没有明确受害者,政府在实施此种政策性规则时就可能走向极端。在今天,政府制定的规则大量的是此类政策性规则,因而政府的门前也常常麇集着大批利益取向各不相同的人,他们为了自己的团体私利而向政府施加政治或经济的压力,政府也常常成为不同利益群体瓜分利益的权威性工具,这在政府不受宪法性规则限制只接受多数民意指导且具有无限权能的国家尤其如此。

在规则的起源上一直有两种对立的理解进路。一是理性建构主义的理解进路。这种理解进路认为,规则是圣贤智慧的结晶,是具有极高度主观条件的人或组织经过自己的理性思考而制定出来供广大智力与德行条件都一般的民众遵循的行为规范;那些负责制定规则的人称之为立法者,负责执行这些规则的人称之为执法者或守法者,而那些被法规则所约束的人就是广大的普通民众,他们只有受法规则的约束,才不致成为社会的破坏性因素,才是社会中堪可一用的材料,而一旦失去了法规则的约束,他们就成为徒具危害的暴民或者乱民。因此,立法者是决定社会治乱的关键,他们理性地研究人性与社会问题,并制定相应的法律规则和道德规则,用这套规则体系去约束其他的社会成员,从而形成稳定的社会秩序。在这种社会秩序中,不同的人处于不同的社会地位上,从事不同的社会职业,起到不同的社会作用,他们相分而又相合,构成一个和谐幸福的社会共同体。二是自然演进的理解进路。这种理解进路认为人类社会的许多规则不是由哪一个人格化的组织或圣贤制定的,而是缘于千万人的互动,是人们在漫长的生产和生活实践中逐渐发现并慢慢明确起来的,在这一过程中,那些依循规则的行为其所具有的良好效果和那些违背规则的行为所导致的不良后果从正反两个方面强化了规则的合法性、正当性和神圣性,使规则具有更普遍的约束力,从而形成人们对规则的信仰和信守。近代史的休谟和密尔以及当代自由主义大家哈耶克都持有此类观点。哈耶克认为社会规则不是个别或者少数才智杰出人士理性设计的结果,而是在数千万分散的个人之间的互动过程中自发产生的,是通过分散的适应与选择得到发展。那些个人在各自所遭遇到的生活界面上为解决特定问题尝试各式规则,并在以后的行动中保留有效的,拒绝无效的,由此使规则得到甄别、筛选、传播和传承。在这个自发的创新、学习、传播过程中,规则变得越来越具有普适性,越来越丰富复杂,最终形成一个健全的规则体系。人们比较熟悉的规则形成方式——立法即有意识地颁布新规则的活动则是发生于人类历史的相对晚期。在人类能够通过立法制定规则之前就已经学会了发现和利用规则这个社会生活的伟大技艺。

人类的文明史也说明了规则的自然演进形成路径。自然界和人类社会在最原始的时候都是以力服人的丛林状态。野兽以力相搏,凭自己锐利的爪牙获得果腹的食物、解渴的水源和传递生命基因的交配权利。原始人类也是凭自己的强力获得用以满足自己生理需要的一切资料和机会。这种情况持续存在了很长时间,在这个漫长的过程中,有些行为方式或模式反复出现,并得到相互认可,由此形成习惯、惯例等非正式规则。人类社会与动物世界的区别在于动物世界始终停留在习惯惯例的高度,对约束行为的规则之遵守也更多地出自遗传的本能而不是自觉的意识。几千年来,甚至上万年来,有些规则都不曾改变,遵守规则的行为状态也不曾改变。偶然出现的偏离规则的行为总能得到及时的纠正。这是一种动物种类生存上万年而依然延续不绝的重要原因。而人类则不同,人类不但有发现规则的能力,还有改善规则的能力。因此,人类社会的规则有一个从低级到高级、从简单到复杂、从单项到配套、从不成文到成文、从非正式到正式的发展过程。随着岁月的流逝,社会规则越来越正规化,变成书面的法律,不再是习惯或非正式传统。这些正式规则,不必顾及在特定时间行使权力的某人,可自主决定制度中的权力分配。换言之,制度替代了领袖。这些法律,最终成为社会中的最高权威,高于暂时拥有权力的人。这就是我们今天所熟知的作为现代政治文明之重要结构件的宪政与法治,它是人类政治生活领域规则长期发展演变的最高级形态。

对于人类社会的规则,人们一般总是给予信仰和尊敬,甚至把一些规则视为神圣不可侵犯的东西,倾注以极大的感情,成为人们所珍惜的不惜为此而牺牲生命去捍卫的有价值的对象。如果规则得不到妥善遵守,人类会发起生物学家罗伯特·特里弗斯所称的"说教型进攻"。人类在规则面前这种保守心理和行为选择如果达到了比较严重的程度时,就可能转化为阻碍社会变革发展进步的惰性因素。因此,遵守规则和寻求变革始终是有活力的有序社会生活所需解决的一对矛盾。

2. 人类为什么需要规则

规则的存在是一个客观事实，规则的作用也没有任何一个理性人会加以否认。但人类为什么需要规则却是一个不容易回答的问题。让我们引述人类先贤对这个问题的思考以启发我们的思维。

在中国古代，荀子曾经明确探讨过人类社会规则的起源。荀子认为："人之性，恶；其善者，伪也。"（《荀子·性恶》）本恶的人性只有经过规训才能变得好起来。现实生活中，无论是节制、公正还是慷慨都不是天生的本性，而是后天教育、规则型塑的结果。"性者，本始材朴也；伪者，文理隆盛也。无性则伪之无所加；无伪则性不能自美。"（《荀子·礼论》）。具有此种人性的人如果孤身独处，那也不会有什么问题。问题是人不能离群索居而必须加入到社会之中。因为人的能力是有片面性的，而人的需求则是多方面的。荀子说："百技所成，所以养一人也。而能不能兼技，人不能兼官，离居不相待则穷。"（《荀子·富国》）性本恶的人相处在一起，就会发生许多冲突。因为他们都有欲望，而且欲望相同的东西，再加上人人所欲望的东西是有限的，不能同时满足人们欲望需要，于是就逻辑地会有冲突。他说："人生而有欲，欲而不得则不能无求；求而度量分界，则不能无争，争则乱，乱则穷。先王恶其乱，故制礼义以分之，以养人之欲，给人之求，使欲必不穷乎物，物不必屈于欲，两者相持而长，是礼之所起也。"（《荀子·礼论》）从这里的论述我们可以看出，人类的规则是为了协调人与人之间的相互关系而被发现和制定的，一个人独处的鲁宾孙式社会不需要规则；规则为人们划出了一个行动和生活的自主空间，在这个范围内，人们可以自由呼吸和行动；在这个范围之外，人们必须按照规则行事，这样才能避免发生冲突。规则不仅有使人们避免冲突的一面，还进一步有使人们相互合作的一面。凭借着对规则的尊重与遵守，各有自利的人们才能相互合作从中受益，实现对自身能力局限的超越。人"力不如牛，走不如马，而牛马为用，何也？曰：人能群，彼不能群也"。（《荀子·王制》）所谓群，就是人与人之间的社会性团结，而要达到此种社会境界，非有规则不可。

在古希腊，柏拉图对人类何以需要法律的规则作过系统的论证。他认为一个人如果由于神的仁慈，某种自然的禀赋与生俱来，并有机会施展这种力量，那么他就无须用法律来控制他。知识是任何法律和规则所超越不了的；理性，如果它是真实的并真正具有天然的自由，那么它就应该拥有普遍的力量。把理性置于某种别的事物的控制之下是不对的。但问题是这些美好的东西在任何地方都找不到的，有的只是随处可见的点滴暗示罢了。事实上，现实城邦里的人都是那种变成一个所谓"硬壳蛋"的人，他们的性格倔强无比，拒绝被软化。他们当中没有哪个人有足够的天赋，不仅去辨明在他们的社会关系中什么东西是对人们有益的，而且经常准备并能够把他们的知识运用于最好的实际中。之所以如此，是因为存在着两个认识上的困难：第一个困难在于认识到真正的政治技能的合适对象并不是个别的私人利益，而是公共利益。正是凭着这种公共利益把国家团结在一起，而私人利益则会把国家弄得分崩离析。如果公共利益而不是私人利益得到了很好的维护，那么个人和社会同样都受益。第二个困难在于即使有人对所有这一切情况理论上都了如指掌，但后来他可能获得了一个绝对控制国家的职位，他就目空一切了。在这种情况下，他决不会有自信的勇气；他决不会把他的一生贡献给他首先关心的社会福利，也不会把他的私人利益摆在公共利益之后的第二位。他的人性总是驱使他注意到他们自己的利益和他自己的钱袋。一种非理性的避苦趋乐的心理将统治着他的性格，使他把这两个目的放在更为正义和更好的东西之前。自我施加的盲目性最终引导人的整个生命和整个国家走向罪恶的泥潭。既然人性如此，那么就得寻求规则的统治。人们必须为他们自己制定法律并在生活中遵守它们，否则他们会无异于最野蛮的野兽。① 因此，法律实际上起源于不那么令人乐观的人性状态。就此而言，所有这些法律的编制本身是一种耻辱。我们必须制定反对这些人的法律，当他们犯罪时威吓他们并惩罚他们，假定他们肯定会这样干的话。我们是为人类的孩子立法。一个城邦，法律是高于统治者还是低于统治者，决定了城邦的兴衰。在法律服从于其他某种权威，而它自己一无所有的地方，我看，这个国家的崩溃已为时不远了。但如果法律是政府的主人，并且政府是它的奴仆，那么形势就充满了希望，人们能够享有众神赐给城市的一切好处。②

---

① 柏拉图：《法律篇》，上海人民出版社2001年版，第309页。
② 同上书，第123页。

从东西方两位重量级思想家的论述我们可以看出：规则的出现与不那么乐观的人性状态有关。人性自利且总是偏向自己或与自己比较亲近的人，无私或者利他不是人性的自然倾向，而是经由社会化陶冶出来的道德品质，哪怕在最亲近的人之间，人们也还是会有自利的考虑，除非是亲子之间的关系。亚里士多德说："人们关怀着自己的所有，而忽视公共的事物；对于公共的一切，他至多只留意到其中对他个人多少有些相关的事物。人们要是认为某一事物已有别人在执管，他就不再去注意了"① 这种人性倾向使人常常做出机会主义的自利行为选择，由此引发无穷无尽的人际矛盾与冲突。假设社会中的人都是十足的好人，那还真不用规则了。因此，从理论上说，规则对好人是没有必要的，但问题是由于我们无法准确区分好人坏人，于是，便有怀疑、提防、抑制和自卫的必要性，即使这偶尔会针对最诚实公正的人。规则就是针对非好人而被发现和设计的行为方式要求，它抑制着"人类交往中可能出现的机会主义行为，并无例外地对违规行为施加某些惩罚"。② 规则通过构划我们每个人从事自己的活动的私人空间，通过界分人与人之间的行为边界，协调着人与人之间的关系，从而有效避免了人际之间的矛盾与冲突。犹如交通规则要求我们都靠右行走，自然就不会发生冲撞一样。没有规则或者有规则但得不到遵守，那么，形形色色的冲突就会层出不穷了。这时，任何人走进聚集的人群，就好比是走进狮子窝。③ 恪守规则对具体的某个人来说可能会带来行动上的不便，这是规则常常不被人们遵守的具体动因。但恪守规则尤其是整个社会在恪守规则上普遍提供合作的行为策略，可以大大节约社会交往的成本，从而使社会交往变得更有效率，并从广度、深度和长度三个方面深化拓展社会交往，由此使个人和社会都能深受其益，其受益之大足以弥补人们在具体行动上的小小不便。因此，如果说违背规则以获得超越规则的特殊好处是一个人的小聪明的话，那么，恪守规则以持续获取个人和社会整体的最大化益处便是一个民族的大智慧。

具体来说，人类之所以需要规则，其逻辑理据在于：

---

① 亚里士多德：《政治学》，商务印书馆1981年版，第48页。
② 柯武刚、史漫飞：《制度经济学》，商务印书馆，第110页。
③ 亚当·斯密：《道德情操论》，中央编译出版社2008年版，第104页。

第一，人类对特定情形所具有的那种不可避免的无知，使得我们必须借助于规则。

人类向往全知全能或无所不通、无所不能的知识状态。或者认为存在这种全知全能、于事无不通的人，或者自负地认识自己就是这种全知全能、于事无不通的人。但是，事实上，除了虚拟的上帝或柏拉图心目中的"哲学王"或者中国人眼中的从不曾有过的"圣人"，尘世之间并没有全知全能者。人类的知识永远存在某种不可克服的局限性，无论是相对于未知面而言，还是相对于人类的知识总量而言，任何人的知识都是太有限了，太微不足道了，哪怕是学富五车的饱学之士或博学鸿儒，既有自己的知识面，也有自己的未知面。人与人相比，知识范围可能有大小，认识水平可能有高低，但绝不会差距到理想国里哲学家与普通民众之间的那种程度。每个人所拥有的知识相对于人类的知识总量和未知面而言，那简直就是知识海洋中的孤岛。

中国的庄子就有对人类知识有限性的由衷感慨。他说："吾生也有涯，而知也无涯。以有涯随无涯，殆矣。"（《庄子·养生主》）他给我们讲了两个有趣的寓言故事。一个是河伯的故事，说主管河流的神河伯看到"秋水时至，百川灌河，泾流之大，两岸渚崖之间，不辩牛马"，于是就欣然自喜，以为天下之美尽在己。顺流而东行，至于北海，东面而视，不见水端，河伯望洋兴叹，说"闻道百以为莫己若者，我之谓也"，并担心自己将被"大方之家"所取笑了。另一个是关于神龟的故事，说宋元君夜半梦见一个人披头散发来告诉他自己是一只龟，作为清江使者，在到河伯之所的路上，被一个名叫余且的捕鱼人抓住了。第二天，宋元君叫人解梦，解梦人说这是一只神龟。于是，宋元君就下令让余且把这只龟呈献上来，开膛破肚以作占卜之神器，以此占卜，每每十分精准。孔子听说这个故事后就说：这个神龟能托梦于元君，却不能逃脱余且的渔网；它的神灵能够十分准确地预言吉凶祸福，却不能避免开膛破肚之患。由此可见，"知有所困，神有所不及也"。庄子用这两个寓言故事告诉我们人的知识是有局限性的。他指出："计人之所知，不若其所不知；其生之时，不若未生之时；以其至小求穷其至大之域，是故迷乱而不能自得也。"（《庄子·秋水》）既然人类的知识是有限的，任何人总有自己的未知面，总有自己所不懂的，总有理性不及的领域，那么，在这些领域，我们就必须借助规则的帮助，来应对所面临的问题，用规则来弥补我们在知识上的不足；同时，还必须对自然心存敬畏，意存谦卑，保持在行动上的节制与谦慎。

在西方，自古以来，也存在对人类知识有限性的清醒认识。柏拉图在洞穴比喻中所讲的那些被囚禁在洞穴的人其实就是现实生活中的人们认识能力与认识水平的真实写照。因此，我们对柏拉图的知识论完全可以作另一种解释，即与其说他是用普通人的低浅认识来凸显哲学家的深刻认识，不如说他是用一个根本不存在的超凡认识来反映普通人认识和知性的不完整性和浮浅性。由柏拉图首先曲折隐约反映出来的人类知性的有限性成为西方世界认识论的重要传统。从亚里士多德、中世纪经院哲学家，至近代的孟德斯鸠和休谟，以及当代的哈耶克，无不主张人类知性的有限性。孟德斯鸠就说："人类是一个有局限性的存在物，他和一切有局限性的智灵一样，不能免于无知与错误。"① 休谟也说假如每一个人都很明智，在任何时候都意识到主持正义和公道对自己甚有好处，并且坚强的意志足以坚持服从整体的和长远的利益，能够抗拒眼前欢愉和暂时利益的诱惑，那么也就不需要任何约束性的规则和制度了。② 但事实上，人类存在不可克服的理智的缺陷，或者人类理解力的狭窄疆界。在这种情况下，如果没有固定的规则，会造成这样一种后果，他们在多数时候会根据具体的判断采取行动，他们既会考虑问题的一般性质，也会考虑每个人的性格和处境。但是，很容易看出，这会给人类社会造成无穷的混乱，如果不受某些普遍的不可更改的原则的限制，人类的贪心与偏见会很快使世界陷入混乱。哈耶克也更多地从人类知识理性的有限性来寻找规则的依据。他指出："每个人对于大多数决定着各个社会成员的行动的特定事实，都处于一种必然的且无从救济的无知状态之中。"并认为这"是一个极为明显且不容争辩的事实"。③ 也就是说，社会知识的分布是相当分散的，每个人都只是知道相当有限的部分，而对其他部分则无法避免地处于无知状态。一个人的行动不仅要适应他的知识部分，也要适应他的无知部分。为此，就需要遵循

---

① 孟德斯鸠：《论法的精神》，商务印书馆1961年版，第3页。
② 《休谟政治论文选》，商务印书馆1993年版，第190页。
③ 哈耶克：《法律、立法与自由》第1卷，中国大百科全书出版社2000年版，第8页。

传统、规则和制度。他说:"人的行动之所以在很大程度上获得成功,实乃是因为人的行动既适应于他所知道的特定事实,而且也适应于他所不知道甚至不可能知道的大量其他的事实。人对其周遭的一般环境所做的这种成功调适,是他经由遵守这样一些规则而实现的,而这些规则并不是出于人的设计而且人也往往并不明确知道它们,尽管他们能够在行动的过程中尊重它们。换言之,我们对我们的环境的调适,不仅在于我们对因果关系的洞见,而且也在于我们的行动受着这样一些规则的支配。这些规则与我们生活于其间的那种环境相适应,也就是说,这些规则适应于我们并不意识但却决定着我们成功行动之模式的环境。"① 普通人是如此,掌握公共权力的人也是如此。由于他们的知识理性也是有限的,因此,即便他们行使权力的动机十分高尚,由于他们无法掌握许多个人根据变动不居的信息分别作出的决定,因而他们难以为目标的重要性等级制定出公认的统一尺度,也难以根据这种不充分的知识了解来最妥适地利用公共权力。所以,即使是一心为民造福的权力,其范围和作用方式也应当受到预设规则的严格限制,把它限制在一个勉强能够胜任的领域,并要求它按凝聚着更大智慧的规则办事。这就是人类规则成立的知识论基础,而规则乃是我们所掌握的一种手段,用以应对我们对环境及特定行动之结果的结构性无知。

第二,人类对未来生活之不确定性的杞人之忧,使得我们必须借助于规则。

人类所栖身的自然和社会环境充满了不确定性,人类生活本身也因此充满了不确定性,尤其当它们处于快速发展变化中时,不确定性的程度更高。在我们这个世界上,完全确定的事情是极少的。自然界里,能量守恒是确定的,但能量转换就是很不确定的;在人类社会,变化是确定的,但发展进步尤其是发展进步的方向和速率就很不确定的。哈耶克说:"那种认为进步是不可避免的观点,无疑是虚幻且天真幼稚的。"② 根本不存在从一种社会形态向另一种社会形态转换的必然规律,那种把人类社会发展到今天的历史过程看作是一个必然的不以人们意志为转移的客观规律的体现,是一种不科学的历史主义宿命论;具体到人而言,人的死亡是确定

---

① 哈耶克:《法律、立法与自由》第1卷,中国大百科全书出版社2000年版,第8页。
② 哈耶克:《自由秩序原理》上册,生活·读书·新知三联书店1997年版,第42页。

的，但什么时候死，以什么样的方式或状态死却又是高度不确定的。因此，从逻辑上说，唯一确定的就是不确定性。万事万物的发生发展，其不确定性有高低之别，所谓确定性其实也是在特定条件下的确定性，当特定条件发生变化时，原先曾经有过的确定性又消失了，事物又变得不确定起来。无可避免地面临着不确定性的人们对不确定性是有心理准备的，一定程度的不确定性也是他能够承受的，有的冒险者，甚至愿意承受在别人看来无法承受的不确定性。因为这种不确定性对他来说犹如一种强烈刺激，令他兴奋不已。然而当环境和生活的不确定性达到一定的程度时，人们的内心就会充满紧张、烦躁、焦虑甚至痛苦。相传中国古代有一个叫杞国的地方，老百姓就被会不会天崩地裂以至于无所寄居这个高度不确定的事情搞得痛苦不堪。这里，杞人忧的不是天崩地裂这个事实，而是天崩地裂这种极恐怖的事情到底会不会发生。假如这个事情百分之百会发生，那么，杞人就不是担忧，而是恐惧和绝望。正因为天崩地裂这种事情会不会发生很不确定，所以才让杞人为之忧心如焚。

　　自然界和人类社会的不确定性来源于很多方面。首先来源于其内部那些不为我们所知的事实和关系。如前所述，经过几千年的发展，我们对自然界和人类社会尽管有比过去丰富得多的认识和见地，但其内部仍有许多我们至今还未知或者知之甚少的方面。与我们的已知面相比，我们的未知面无疑更大。这种未知面由两部分组成，一部分是我们的实践和理性未及的领域；另一部分是他人已知而相对于我们仍然未知的领域。前者似乎由于科学的发展和实践的扩展而渐渐缩小，但它们却在另一层意义上又扩大了我们的未知面。对此，哈耶克曾经作过很深刻的论述，他指出："人往往会对其知识的增长感到自豪和得意。但是不容忽视的是，在知识增长的同时，作为为自身创造的结果，对于人有意识的行动会产生重要影响的人的有意识知识的局限、从而也是人的无知范围，亦会不断增加和扩大。自现代科学发端始，就连最优秀的科学家都承认，随着科学的发展，公认的无知范围亦会扩大。由于我们关于自然的知识增长会恒久地向我们展现新的无知领域，所以我们依据这种知识而建构起来的文明亦会日呈复杂和繁复，而这也就当然会对我们在智识上理解和领悟周遭世界时造成新的障碍。人类的知识愈多，那么每一个个人的心智从中所能汲取的知识份额亦就愈小。我们的文明程度愈高，那么每一个个人对文明运行所依凭的事实亦就一定知之愈少。知识的分工特性，当会扩大个人的必然无知的范围，亦即使个人对这种知识中的大部分知识必然处于无知状态。"① 那些我们至今还未知的或者知之甚少的事实和关系，还有那些我们所不知道的他人的知识就使自然界和社会的发展变化、使他人的行动选择对我们来说具有一种不确定性。其次来源于事物本身变化的变化性。毫无疑问，任何事物都会发生变化，停滞不变的事物是不存在的。就事物变化的绝对性而言，任何事物无时无刻不在发生着变化，因此，古希腊哲学家说一个人不可能两次踏进同一条河流。在我国的道家哲学中，也十分强调事物的易变性。万事万物都永远可变在变，即便是道，也是在不断变化中，无非它是一种封闭式的往复循环。事物的变化既有本态，也有变态，因循道的变化，就是变化的本态，违背道的变化，就是变化的变态。老子称之为"不道"或"违道"。物极必反，就是循道的变化。"反者，道之动也。"（《老子·第四十章》）"逝曰远，远曰反"，（《老子·第二十五章》）意思是说，任何事物其性质如果向极端发展，这些性质一定转变成它们的反面。正因为如此，人世间的祸福是相依相伏的，"祸兮福之所倚，福兮祸之所伏"。（《老子·第五十八章》）而且，这种变化也并非总是合规律的或有规则的，也就是说，变化本身也在变化，这就加剧了事物的不确定性。最后来源于人与人交往过程中人们行为选择上的机会主义。在人际交往中，人们由于知识和理性的局限，为了博取即时性最大化的利益，往往会有一种强烈的机会主义冲动，这表现在行为上就是不按常规进行选择，而是违背常规常理，违背人们基于常规对其形成的一般性预期作出一些出乎意料的令人感到匪夷所思的行为举动。这种机会主义的心理冲动和行动选择，就会增加社会生活的不确定性，让人们感到无所适从。为了有效应对这些客观环境的不确定性，人类便演化出了旨在简化处理过程的规则和程序，由此形成的制度框架通过结构化人们的互动，限制了行为人的选择集合。②

第三，人类天性中难以克服的机会主义倾向，使我们必须借助于规则。

---

① 哈耶克：《自由秩序原理》上册，生活·读书·新知三联书店 1997 年版，第 25 页。
② 道格拉斯·诺思：《制度、制度变迁与经济绩效》，上海人民出版社 2008 年版，第 34 页。

人性是人类一个永恒的认识主题。从古到今，人类关于人性已经有许多认识，有主张人性本善的，也有主张人性本恶的，还有主张人性本无善恶；有主张人性利己，也有主张人性利他；有主张人性相近，也有主张人性品分。刘泽华先生概括梳理了中国先秦诸子的人性论就有十二种之多。① 西方对人性的认识也很早，柏拉图、亚里士多德就曾充分讨论过人性问题，并根据自己对人性的认识提出独特的政治主张。中世纪的经院哲学家、文艺复兴时期的启蒙思想家以及资产阶级革命时期那些启发过人们头脑的伟大人物也都有对人性的深度思考，并提出了"经济人说""社会人说""道德人说"或者"综合人性说"。应该说所有关于人性的看法既非全是真理，也非全是谬误。它们在一定程度上揭示了人性的特定面相，具有真理性的一面，当然也包含着一些不真实的因素，因而，任何一种人性理论似乎都可以找到生活中的一些例外。既然如此，那么我们就无法在众多的人性理论中钦定一尊。当然这并非说所有的人性理论都具有同样的真理性，事实上，有的人性理论相对于其他更接近于生活的真实，更能得到现实生活中的人性状况的经验支持。比如人性自利说就是这样一种人性理论。从现实情况看，人性确实是倾向于自利的，人们在本性上关心自己更甚于关心他人，自身利益最大化是其内心不息的心理冲动，特定时点对其利益的主动性减损都是在利益最大化心律支配下精心考虑反复斟酌权衡的结果，目的还是最后利益的最大化。早在两千多年前的亚里士多德就曾经说过："人人都爱自己，而自爱出于天赋。他们关怀着自己的所有，而忽视公共的事物；对于公共的一切，他们至多只留心到其中对他个人多少有些相关的事物。"② 英国哲学家密尔说："人通常总是爱自己胜于爱别人，爱和自己接近的人胜于爱较疏远的人，当这一点不复是真理的时候，从那时起，共产主义就一定不仅是实际可行的，而且是唯一可以辩护的社会形式了。"③ 既然人性如此，那么那种投机取巧以使自己获得更多更大利益的机会主义行为也就自然而然地层出不穷了，而一旦人人都以投机的心态出现，并进行机会主义的行为选择，那么人际交往就只能停留在最简

---

① 刘泽华：《中国传统政治思想反思》，生活·读书·新知三联书店1987年版，第39页。
② 亚里士多德：《政治学》，商务印书馆1981年版，第163、169页。
③ 密尔：《代议制政府》，商务印书馆1982年版，第44页。

单的水平而很难深化扩展。为了克服人性中的投机冲动和社会交往中的机会主义倾向，就需要规则的约束，以规则约束各利益主体之间的交往行为和利益博弈行为，使他们都能够对对方的行为反应产生稳定的预期，并借此引导调节判断行为选择。一如休谟所言："如果抛弃一般性行为规则，而只考虑种种特殊情况，那么就会在人类社会中产生无限纷扰，而且人类的偏心和偏私如果不受某种一般的不变的原则约束，就会立刻使世界混乱起来。人类正是着眼于这种弊害，才确立那些原则，并同意以一般的规则约束自己，因为一般的规则是不会被敌意和偏私、不会被对公私利益的特殊看法所改变的。"① 于是，我们看到，在规则之下，人们的利己行为受到了规则的约束，"捞一把就走"的短期心理与行为选择被"通过持久合作获利"的稳定心态和长期打算所取代，人们的利己不再相互排斥，反而可以相互存容相互激励。可见，在一个人人自利的社会，并不需要对人性的改造。人人相亲相爱固然可喜，没有相亲相爱也不可怕；只要有一套体现公平正义的规则体系，即可有效防阻社会交往中的机会主义倾向，使坏人也可以为他人幸福和社会公益服务。

第四，人类对有秩序生活的向往与追求，也使我们必须借助于规则。

秩序是人类生活的必要条件，任何人都向往一种有秩序的生活。在一个没有外力干扰或自身内部没有发生突变的事物现象，其内部各组成部分之间都存在一种稳定关系，因而表现出一定程度的有序性。即使在貌似混乱的场景中其实也存在惊人的有序。因此，有序性其实是一种自然属性，是事物存在的常态，无序才是一种例外，而引发这种例外的肯定有某种我们未必确知的因素。在人与人组成的社会，也会有某种形态的秩序，这种秩序也会在某种外力或内部因素影响下发生紊乱。此时社会就处于失序状态。在这种没有秩序的状态下，任何产业是无法存在的，最糟糕的是人们不断处于暴力死亡的恐惧和危险中，人的生活孤独、贫困、卑污、残忍而短寿。② 因此，人类可以有秩序而没有自由，但绝不可以有自由而没有秩序。按照哈耶克的理解，秩序是指这样一种事态，其间，无数且各种各样的要素之间的相互关系是极为密切的，所以，我们可以从我们对于整体中

---

① 休谟：《人性论》下卷，商务印书馆1980年版，第573页。
② 霍布斯：《利维坦》，商务印书馆1985年版，第95页。

的某个空间部分或某个时间部分所作的了解中学会对其余部分作出正确的预期，或者至少是学会作出颇有希望被证明为正确的预期。① 也有学者把秩序理解为"符合可识别模式的重复事件或行为。它使人们相信，他们可以依赖的未来行为模式完全能被合理地预期到。如果世界是有序的，复杂性从而知识问题就会被减弱，而各种经济主体也更能专业化"。② 一种秩序必有几个鲜明特征：一是相互关系的稳定性；二是关系之中人们行为的可预期性，即出现预期行为的可靠性；三是行为模式的可重复性。由此，人们可以有效应对未来的生活情状，可以放心地把一些需要当下完成的活动延迟至未来的某个约定时候，从而给人际交往增加了大量便利和机会，也还可以减少用于控制人们的机会主义行为的成本投入。总之，秩序使人类生活具有了一定的确定性，而如果没有这种确定性，则一切社会交往活动都无法开展，即便有交往，那也是即时性的以货易货的交易模式，而这会大大限制互利的交易活动的深化。

弥足珍贵的人类社会秩序有两种生成模式：一是在正当行为规则约束下经由人们之间的交往互动而形成的秩序，由此产生的秩序称之为自生自发的秩序。在自然界，无论是宏观世界还是中观或微观世界，都存在此类自生自发的秩序。它们是在自然法则的约束下经过组成部分之间的相互作用而形成的恒常状态。比如行星围绕着恒星沿着椭圆轨道运行；生物有机体细胞的排列组合；低等级动物世界（比如海洋鱼群）里的内部秩序等。在人类社会，这种自生自发的秩序也是随处可见，最典型的是语言文字符号系统和作为交易媒介的货币系统。它们的出现绝非是哪个特定权威的刻意安排，而是人们在共同遵守一些一般性行为规则的情况下经由长期的相互作用而形成出现的。最纯粹的一般性行为规则不需要任何人强制，行为人为求自己愿望实现自动要求遵循公认的规则，除非他故意使自己为他人所排斥。在一个完美的自发秩序中，每个元素所占的地位，并非是由一个外在或内在的力量安排所造成的结果，而是由各个元素本身的行动所产生的。这个秩序也不是任何一个秩序中的成员所刻意造成的，而是各成员的行动与互动之间所造成的一个非意图的结果。因此，自发秩序是一种无政

---

① 哈耶克：《法律、立法与自由》第1卷，中国大百科全书出版社2000年版，第54页。
② 柯武刚、史漫飞：《制度经济学》，商务印书馆2002年版，第182页。

府状态，但更是一种有序状态；① 二是在社会公共权威治理下形成的秩序，亦可称为组织化的秩序。在其中，公共权威凭借自己的力量优势，通过提供规则、管理指挥、指定安排使其所面对的社会成员处在特定的位置上，并形成人与人之间比较稳定恒常的关系。军队是最典型的组织化秩序，而计划经济秩序尽管时常产生种种混乱，但理论上看也是计划组织性的秩序。这种秩序出于某一个权威的刻意安排，并实现着这个权威安排者的主观意图。根据抽象普遍的一般性正当行为规则经由成员之间互动交往而形成的自发秩序是一个在决定上有多中心的秩序，每个行动者的具体行为都由自己基于规则的约束引导和形势判断而自主决定。而权威构建的计划组织性秩序是单一决定中心的，一切皆出于这个权威中心的选择和指定。生活中，这两种秩序绝不是截然分开，而是相互融合。人类社会没有完全自发无须组织化努力的秩序，即便是语言秩序和市场秩序也需要政府这种公共权威力量的维护；当然也不可能完全以组织化的秩序替代自发秩序，否则就会导致社会的僵化。哈耶克指出："力求通过安排和组织建立一种社会秩序的所有自觉的努力，是在一个更为广泛的自发秩序中产生的。"② 因此，国家治理的艺术就在于如何把握好这两种秩序生成模式的平衡，使之相互支撑相互耦合，从而有效形成社会的整体秩序，实现经济发展、文化繁荣、生态优良、民生幸福的国家目标。

从以上分析可以看出，无论是自生自发的秩序还是组织化的秩序，都需要规则。前者所需的是一般性正当行为规则，后者所需的则是以命令或政策形式表现出来的规则。只有在这两类规则的共同作用下，才能形成一种稳定秩序，在其中，人们能够有效地达到各自不同的生活目的或者某种共同目的，否则，人类生活就会像霍布斯在 300 年前向我们描绘的那样处于人对人犹如狼对狼一样的战争状态。其间，孤独、贫困、肮脏、残酷和匮乏是逻辑地可能出现的现象，任何人的利益、权益、财产甚至包括人身都得不到保障，社会的产业也无以发展，财富也无法积累，人们犹如飞絮飘蓬沉浮不定难以安生。

因此，"从最基本的层面上说，规则的理由就存在于人们永无休止地

---

① 石元康：《当代自由主义理论》，上海三联书店 2000 年版，第 118 页。
② 哈耶克：《哈耶克文选》，江苏人民出版社 2007 年版，第 317 页。

追求和平与和谐的共同生活的愿望之中;在这种生活中不存在持续不断的人人为敌的霍布斯式战争"。① 正如霍布斯所言:"人们为了取得和平、并由此而保全自己的生命,因而制造了一个人为的人,这就是我们所谓的国家一样,他们也制造了称为国法的若干人为的锁链,并通过相互订立的信约将锁链的一端系在他们赋予主权的个人或议会的嘴唇上,另一端则系在自己的耳朵上。这些锁链就其本质来说是不坚固的,它们之所以得以维持,虽然并不在于难以折断,但却是在于折断后所将发生的危险。"② 而中国的老子早在两千多年前就以警句告诫人们:"不知常,妄作,凶。"(《老子·第十六章》)

第五,规则之善也决定了对人类生活的必要性。

规则是一种在实践中确定并相对固定的行为模式,它是人类在应对自己所面临的问题时经由大量的试错而逐渐发现并明确起来的。当相互关联的规则以系统化的形式存在时,即为制度。所以美国经济学家舒尔茨将制度定义为"一种行为规则,这些规则涉及社会、政治及经济行为"。③ 规则是人类行为的非意图结果,它不是出于某个人的主观设计,也不是某种外部力量昭示或给予人类的。它们是人类实践经验的产物,是文化进化的产物。在这个进化过程中,那些得到证明使人类行为更为有效的因素被保留下来,效果不好的则被舍弃。这些被保留下来的因素被人们所传习和模仿,并逐渐获得权威性以及基于权威的约束力。当一种行为模式被普遍证明为有效并具有基于权威的约束力时,它就演变为规则。哈耶克也认为规则是人们生活于其间的社会经由一种选择过程而演化出来的,它们是世世代代的经验的产物,它们是人类对一种"不可能性"进行调适的产物,这种不可能性指的是,任何一个人都不可能有意识地考虑到所有渗入社会秩序中的特定事实。④ 因此,规则实际上凝聚了人类深邃的智慧,它可以帮助人们在相当大程度上克服自己知识上的构成性局限,降低所面临的环境的不确定性。人类从经验中学习,就是一个遵循、传播、传递和发展那些因成功而胜出并盛行的惯例的过程,这些惯例之所以获得成功,往往不

---

① 布伦南、布坎南:《宪政经济学·规则的理由》,中国社会科学出版社2004年版,第2页。
② 霍布斯:《利维坦》,商务印书馆1985年版,第164页。
③ 科斯等:《财产权利与制度变迁》,上海三联书店、上海人民出版社1994年版,第253页。
④ 哈耶克:《法律、立法与自由》,中国大百科全书出版社2000年版,第10页。

是因为它们给予了行动者个人以任何一种可识别的益处，而是因为它们增加了该行动者所属的那个群体的生存机会。而规则之所以能够给予遵循它的群体以更多的生存机会，是因为规则是特定情境中的最优行为模式。它一方面提高了人们行为的有效性；另一方面又增强了人们行为的可预见性，并因行为可预见性的提高而增强人际合作的可能性。因此，人不仅是一种追求目的的动物，而且在很大程度上也是一种遵循规则的动物。人类社会的规则可分为明示规则和默会规则两部分。前者可以用明确的语言文字准确地表达并载之于各种物质的介质；后者则需要人们用心去观察、体会和领悟，是一种表现为文化的并且高度艺术化的规则。在政治领域，规则以法的形式存在。这些表现为法的行为规则，从其最一般意义上说，就是经由人们的反复博弈和试错而逐渐形成的借以约束和引导政治行为的共同约定。它一方面可以增强政治生活的确定性和可预期性；另一方面也可以平衡社会各阶级或集团相互之间的利益关系以及以此利益关系为基础的其他社会关系和政治关系，实现社会政治生活的公平与正义。政治社会的法规则界定着我们每个人从事自己的活动的私人空间，同时也规定着公共权力的活动范围；法规则还缓和着人与人之间必然要发生的矛盾与冲突，促进着利己利人利社会的团结协作。博登海默在讨论法律的普遍性要素时指出："法律在本质上是对专制权力行使的一种限制，因此，它同无政府状态以及专制政治是敌对的。为了防止具有为数众多而又相互抵触的意志的无政府状态，法律限制了私人的权力。为了防止一个专制政府的暴政，法律控制了统治当局的权力。它试图通过将秩序与规则性引入私人交往以及政府机构运转之中的方法而在无政府状态和专制状态之间维持一种折中或平衡。一个完整与充分发达的法律制度，对于无政府状态和专制政治这两种截然相对的形式来讲，是处于等距离的位置。通过一个行之有效的私法制度，它就可试图划定私人或私人群体的行为范围，以防止或反对相互侵犯、过分妨碍他人的自由或所有权的行使和社会冲突。通过行使一个行之有效的公法制度，它就可努力限定与约束政府官员的权力，以防止或救济对应予保障的私人权益领域的不恰当侵损，以预防随意的暴政统治。"[①]如此性质和旨向的一套规则以及我们对这套规则的真诚坚定信仰使我们摆

---

① E. 博登海默：《法理学——法哲学及其方法》，华夏出版社1987年版，第224页。

脱了霍布斯在 300 年前所描述的"产业不发达以及孤独、贫困、短寿"的可怖状态，过上自由的、有秩序的生活，并经由这种生活而更好地发展着自己。因此，我们必须坚定地树立起对法规则的信仰，努力消除对法的虚无主义、功利主义和机会主义态度；我们不要自负地以为没有法的规则可以生活得更好；这种人即便有，但也为数极少。对于绝大多数人来说，幸赖法的规则，才有我们弥足珍贵的权利与自由。我国十年"文化大革命"遗留给我们的最大教训就是：一个国家如果没有规则至上的法治，任何人都有可能成为权力的牺牲品，无有例外。因此，法是自由的《圣经》，在法之外无自由，在法之外无正义。

3. 规则的逻辑类分

人类社会赖以存在和运行的规则可以从不同角度进行不同的逻辑分类。

首先，我们可以根据规则的产生方式把规则划分为内部规则和外部规则。所谓内部规则是指在一个社群内部经由人与人之间的互动而逐渐产生、确认并最终被固化的规则。而外部规则则被定义为外在地设计出来并靠政治行动由上面强加于社会的规则。礼貌是内部规则的典型例子，它是人们在人际交往中逐渐发现和接受的规范交往行为、协调人际关系的惯常做法，人们发现这些惯常做法能够有效地避免人际冲突与紧张，使相互之间关系趋于和谐，从而赋予它们以道德价值，遵循这些惯常做法的人受到人们的肯定性评价和欢迎，并得到许多很有价值的合作机会，而违背这些礼貌规则的人则受到人们的否定和排斥。这就从正反两方面强化了这些礼貌规则，使之成为社会中的人们必须遵循的行为准则。外部规则则是由一个行为主体设计出来并依靠某种强力强加于一个社会共同体或组织，狭义上的法律法令和政策是最典型的外部规则，它们是由政治社会中的公共权力机关负责制定的，其实施也总是依靠某种强制力，对违背这些外部规则的制裁也永远是正式的惩罚。这种外部规则又由两部分组成，一是类似于英国普通法的一般性正当行为规则，如刑法、民法、商法，它们旨在形成一种人人皆可从中受益的良善秩序；二是具有特定目的追求的特殊法或政策，它们导致社会价值物在不同人群之间的转移与分配。

其次，根据规则所达成秩序的性质把规则分为自生自发秩序的规则和组织建构秩序的规则。秩序是规则支配下形成的稳定关系状态，在其间，"无数且各种各样的要素之间的相互关系是极为密切的，所以我们可以从我们对整体中的某个空间部分或某个时间部分所作的了解中学会对其余部分作出正确的预期，或者至少是学会作出颇有希望被证明为正确的预期"。① 秩序的形成有两种路径：一是在一般性正当行为规则约束下自生自发形成的路径，由此形成的秩序称之为自生自发的秩序，如语言文字等符合系统、货币系统、市场系统等；二是某种行为主体（个人或者组织）借助外部规则通过行使权力人为地建构而成，政治秩序和治理秩序就属此类。一个负责建立和维护某种建构秩序的组织，我们既可以把它看作是一种建构的秩序，同时也是某一个更大秩序系统的行为主体。它们都具有强烈的组织属性。秩序形成所依赖的这两类规则是有重大区别的，"支配自生自发秩序的规则必定是目的独立的和平等适用的，即使未必对所有成员都同样适用，至少也要对整个成员阶层同样适用。"② 而组织建构秩序的规则必定依附于命令，而且只能调整命令所未规定的事项，它所趋向的是某种独立于所有成员具体目标的特定目标。

最后，根据规则的文字表达情况可分为成文规则和不成文规则，或者条文化规则与未条文化规则。自然界包括动物世界的法则规则都是不成文的或未条文化的，其中的组成部分或成员个体以一种我们至今还对它知之甚少的方式感知着这些规则，受这些规则的律约，并在这些规则的支配下作出行为反应与选择，进而形成稳定的秩序。在人类社会，借以规范着人们行为、调节着相互之间的关系的规则也并非都能够用明确的语言文字加以记述和表述。"有些规则永远不可能被赋予明确的形式。许多这类规则之所以为人们所承认，只是因为它们会导向一贯的且可预见的判决，而且也将被它们所指导的人们视作一种正义感的表达。"③ "一条规则有效支配着行为，可以是指我们对它的了解使我们能够预见人们会如何行动，但行动者不一定非要知道其文字表述形式。人们可以知道如何行动，他们的行为方式可以用人为的规则作出准确的描述，但他们不必确切知道规则的细

---

① 哈耶克：《法律、立法与自由》第 1 卷，中国大百科全书出版社 2000 年版，第 54 页。
② 同上书，第 72 页。
③ 哈耶克：《自由秩序原理》上册，生活·读书·新知三联书店 1997 年版，第 265 页。

节。"① 这些人们知道其存在并在实践中遵循着的规则就是不成文的或者未条文化的规则。人类社会就有大量类似的不成文规则或未条文化规则。在人类能够用明确的语言文字记述或者表述规则之前，这些不成文的未条文化的规则就已经存在且被人们敬畏、信仰和遵守。那时候的规则是以风俗、习惯、习俗、宗教禁忌与迷信以及人伦道德的形式存在，被人们口口相传，人们对它知其然而不知其所以然，只看到过这些规则被人们遵守着，而且也因此获益或者据说曾经深受其益，因此，他们也就信从众人的选择，模仿着遵守那些历史地传承下来的规则，至于这些规则是如何起源的，其中内在有什么样的道理，为什么会给遵守它的人们带来好处等问题一概不去过问，既没有过问的兴趣，也没有研究的能力，而是把它们看作历来如此、不证自明甚至带有神秘性质不得探究的东西，似乎去追问本身就是对规则的亵渎。人类正是靠着这些不成文的或者未条文化的规则而走过了漫长的历史岁月，我们实在没法想象如果没有这些不成文的未条文化的规则，历史上的人类会是一个怎样的结局。

人类学家弗雷泽说："迷信对人类帮助甚大。它为众人提供行为端正的动机，即使这种动机本身是错误的；人们出于错误的动机做正确的事情，与愿望极好却做了错事相比，当然对这个世界更为有利。关系到社会的是行为，不是看法，只要我们行为端正，我们的看法是否错误并不会对别人有丝毫影响。"② 小时候，父母告诉我们不要玩火否则会尿床。这显而易见是一种迷信，但它有效地规范了小孩子的用火行为，因此，于家庭和社会均属有益。

随着人类社会的发展，文明的进步，文化水平的提高，人类感受到了用语言文字准确清晰地记述或表述规则的必要，而语言符号系统的发达和逻辑表述能力的增强使人类用语言文字准确清晰地记述或表述规则成为可能。于是，就有了成文的条文化的规则。这是人类文明发展中比较晚近才出现的社会现象。哈耶克指出："早在人类想到自己能够制定或改变法律之前，法律已然存在很长一段时间了。那种认为人类能够制定或改变法律的观点的出现，不太可能早于古希腊时代，甚至就在那个时代，这种观点

---

① 《哈耶克文选》，江苏人民出版社 2007 年版，第 325 页。
② 转引自哈耶克：《致命的自负》，中国社会科学出版社 2000 年版，第 181 页。

也因其他思想的发展而被淹没了；直到中世纪晚期，这一观点才重新凸显出来，并且逐渐赢得了较为广泛的赞同。"① 用语言文字来记述或表述规则的必要性源于两个方面，一是为了论证酋长的命令行为的正当性；二是为了帮助酋长或头领更好地解决部落成员之间的纠纷。归根结底是为了便于人们更好地了解和遵守规则。"把业已确立的惯例或习俗明确表达为一项成文的规则，其目的乃在于求得人们对该项规则之存在的同意，而不在于制定一项新的规则。"② 因此，从不成文规则到成文规则、从未条文化的规则到条文化规则的进化，是人类社会文明的巨大进步，同时也更有利于人类文明的发展。

那些不成文的或者未条文化的规则，我们也可以称之为默会规则，而那些成文规则或者条文化规则，则可称之为明示规则。与前者相比，后者可能是人类社会规则体系中的冰山一角。那些不成文的未条文化的规则可能是一个更真实也是更庞大的存在。诺思说："正式规则，即便是在那些最发达的经济中，也只是型塑选择的约束的很小一部分（尽管非常重要）。略加思索，我们就会发现非正式约束的普遍存在。"③ 而且，这两种规则总是不断相互作用，如果没有未条文化的规则作为基础，使条文化的规则系统一旦出现裂痕即可援用之，那么任何条文化的规则系统都是无法存在或难以理解的。

现在，我国社会生活的许多领域，人们正彼此心照不宣地按着所谓的"潜规则"进行竞争性或者合作性博弈。人们往往把一些不能摆到台面上的做法或者明显偏离正式规则或习惯性的非正式规则的做法称之为"潜规则"。一时间，"潜规则"大行其道，其通行之盛，以至于正式规则或习惯性非正式规则倒是被人们弃置一边。"潜规则"就是我们前面所述的不成文的未条文化规则或者诺思所讲的非正式规则吗？笔者认为，"潜规则"不是规则，而是一种反规则，它是对正式规则的反动与消解，是对社会秩序的干扰。因为潜规则既不公开也不确定更不普遍，一切皆取决于当时当地的情境和基于此情境的权宜性决策。按规则人人都能办成的事

---

① 哈耶克：《法律、立法与自由》第1卷，中国大百科全书出版社2000年版，第115页。
② 同上书，第122页。
③ 道格拉斯·诺思：《制度、制度变迁与经济绩效》，上海人民出版社2008年版，第50页。

情,按潜规则就不见得人人都能办成。仅此就足以证明按潜规则办事是对按规则办事的消解,尽管按潜规则办事有时似乎比按规则办事效率更高,但这是以不特定个人合法权益的牺牲和整个社会总体效率的损失为代价换得的个体效率。因此,按潜规则办事,从法治的视角看是决不可取。

二 规则如何保护自由

规则与自由的关系极其复杂,人类对其认识也是聚众纷纭莫衷一是。一种观点认为规则是自由的对立物,有规则就没有自由,要自由就必须破除规则。欧洲大陆的自由主义者如笛卡儿和英国功利主义哲学家以及德国的法律实证主义者就持此说。正如边沁所说:"每一种法律都是罪恶,因为每一种法律都是对自由的破坏。"另一种观点则认为,规则是自由的保护或保障,人类只有在规则之下才有真正意义的利己利人利社会的自由。规则通过划分人与人之间的权利边界,并使他们和平相处而使每一个人都获得免受他人专断意志干预的自由。因此,自由只有在法治之下才能存在。在信奉此说的思想家里可以列出一长串伟大的名字:从古希腊的柏拉图、亚里士多德到近代的洛克、大卫休谟,还有亚当·斯密、伊曼纽尔·康德,以及贡斯当、托克维尔。对他们来说,法律与自由相互依存而不可分离。亚里士多德认为:"法律不应该被看作与自由相对的奴役,法律毋宁是拯救。"[①] 洛克亦说:"法律的目的不是废除或限制自由,而是保护和扩大自由。"[②]

在我国,长期没有对规则与自由之关系的系统性学理研究,缺乏对这个关系的深刻见解与认识;只有一些粗浅的模糊的朦胧感觉,其中多认为规则是自由的克星,有规则的地方就没有自由。

之所以会有如此对立的观点,根本原因就在于人们对法律的理解即通称所谓的法律观不同所致。洛克、休谟、亚当·斯密以及康德和后来英国的辉格党人说法律是自由不可缺少的捍卫者,他们所理解的法律,是那些包含在私法或刑法中的公正行为规则,而不是立法机关所发布的一切称之

[①] 亚里士多德:《政治学》,商务印书馆1981年版,第276页。
[②] 洛克:《政府论》下,商务印书馆1964年版,第36页。

为法律的规范性文件。在他们看来,立法机关所通过的一切规范性文件中,有相当一部分是不配称之为法律的,它们只是暂时凑合而成的混杂且不稳定的多数人的意志而已。这种不配称之为"法律"的法律,具有特殊的目的追求,在有益于一部分人的同时,总是有损于另一部分人,而且它们的适用范围也是有限的,仅仅适用社会中的一部分人。这样的法律,不是正义的法律,而是特殊的法律。这种法律当然就不再能够起到保护社会成员自由的作用,而是以这样或那样的方式侵损着社会成员的自由。于是,法律越多,自由就越受限制。正所谓"法令滋彰,动辄得咎"。

相反,如果法律仅仅是一些普遍适用的一般性正当行为规则,它们只是界定权利人之间的权利边界,只是出于维护社会成员的私域和公共秩序而对社会成员的行为作出一些禁止性规定,或者作出一些任何人处于那种处境中都会如此要求也会从所规定的行为中获益的义务性规定,那么,这种法律就不会破坏社会成员的自由(当然不是那种仅仅以个人力量为界限的自然的自由),反而是社会成员所珍视的那种道德的自由所依赖的保护性力量。英国的普通法就属此种性质的法律,它们是针对个人行为的普遍规则,适用于一切未知的未来事件,并且划定了个人受保护的范围,因此,它本质上必然具有禁令而非具体命令的性质。这种法律才是真正的法律,才是正义的法律,自然也才是自由的法律。在这些公正行为规则所规定的限制之外,个人被认为可以自由地利用各自的知识和技能,以他认为适当的任何方式追求自己的目标。正如霍布斯所言:"法律,作为得到批准的法规,其用处不在于约束人民不做任何自愿行为,而只是指导和维护他们,使之在这种行为中不要由于自己的鲁莽愿望、草率从事或行为不慎而伤害了自己。正如同栽篱笆不是为了阻挡行人,而只是为了使他们往路上走一样。"[①]

卢梭也坚持法律下的自由观。他认为人类有两种形态的自由,一种是仅仅以个人力量为界限的自然的自由;另一种是被公意所约束着的社会的自由。人类是曾经享受过那种以个人力量为界限的自然的自由,但这种自由很不可靠,常常因遭受彼此之间的专断意志和行为的干预而蒙遭破坏;因此,人类要从这种状态中走出来,寻求一种社会结合形式,使它能以全

---

① 霍布斯:《利维坦》,商务印书馆1985年版,第271页。

部共同的力量来卫护和保障每个结合者的人身和财富,并且由于这一结合而使每一个与全体相联合的个人又只不过是在服从自己本人,并且仍然像以往一样的自由。这种社会结合形式就是建立在社会契约基础上的政治共同体——一个道德的与集体的共同体,它是由全体个人的结合所形成的公共人格,是一个公共的"大我"。社会中的每一个人都以其自身及其全部的力量共同置于共同体意志——公意的最高指导之下,并且我们在共同体中接纳每一个成员作为任何之不可分割的一部分。人人都平等地、完全地而且相互地奉献自己的权利和力量于共同体,反过来也从共同体获得整体力量的平等完全保护。于是,人们就得到了自己所丧失的一切东西的等价物以及更大的力量来保全自己的所有。可见,人类由于社会契约而丧失的,只是他的天然的自由以及对于他所企图的和所能得到的一切东西的那种无限权利;而他所获得的乃是社会的自由以及对于他所享有的一切东西的所有权。卢梭认为,这是一种道德的自由,唯有这种道德的自由才使人类真正成为自己的主人。因为仅只有嗜欲的冲动便是奴隶状态,而唯有服从人们自己为自己所规定的法律,才是自由。[①] 他在《山中书简》中说"根本就不存在没有法律的自由,也不存在任何人是高于法律之上的。一个自由的人民,服从但不受奴役;有首领但没有主人;服从法律但仅仅是服从法律。共和国里对于行政官所设下的全部障碍,都是为着保障法律的神圣堡垒的安全而建立的。他们是执行者而不是仲裁者;他们应该保卫法律而不是侵犯法律。"[②]

马克思也认为自由与法律是不相冲突的,因为"自由是可以做和可以从事任何不损害他人的事情的权利。每个人能够不损害他人而进行活动的界限是由法律规定的,正像两块田地之间的界限是由界桩确定的一样"。[③] 哪里的法律成为真正的法律,哪里的法律也就真正实现了人的自由。法律是自由的《圣经》,人在自己的生活中服从自由的法律,只有超出这个界限,法律才能起强制作用,强制的目的是使人成为自由的人。而法律是由国家保障实施的,因此,"国家是人和人之间的自由的中介者。

---

① 卢梭:《社会契约论》,商务印书馆1980年版,第30页。
② 转引自卢梭:《社会契约论》,商务印书馆1980年版,第51页。
③ 《马克思恩格斯文集》第1卷,人民出版社2009年版,第40页。

正像基督是中介者,人把自己的全部神性、自己的全部宗教束缚都加在自己身上一样,国家也是中介者,人把自己的全部非神性、自己的全部人的自由寄托在它身上。"①

在人类社会,占主流的是后一种观点:规则是自由的保障,自由是规则之下的自由。概言之,人类坚持的是一种法治之下的自由观。这种自由的概念有着十分明确的含义:这首先意味着自由的个人不服从专横的强制。但是就生活在受到保护免于这种强制的社会里的人而言,也需要对所有的人施以某种限制,使他们不能去强制别人。只有使每个人自由的程度未超出可以与其他一切人的同等自由和谐共存的范围,才能够使所有人都享有自由。因此,自由主义的自由观必然是一种法治的自由观,它通过限制每个人的专断意志与行为,以便保障一切人享有同样的自由。② 这里,人们所真实享有的自由不再是自然状态里的自由,而是社会状态里才能存在的有道德价值的自由,这种自由仅受为保护他人同样的自由和表现为正义一类的公共利益所必需的一些规则的限制。犹如肯尼思·博尔丁所言:"自由托庇于道德、金钱、法律和常识,宛如置身于栅栏的保护之中。"③

1. 通过划定私域保护社会成员的自由

一个人生活在社会中,首先是以私人身份出现的。他有自己的身份角色,有自己独一无二的名字,有自己私性的利益、目标、理想和追求,有自己私人的事务,有一个或大或小的人际关系圈。在一个与他人无涉的范围内,他自己的情趣和价值偏好是至高无上的,而不需要顾及他人明示或暗示的意思表示、评价判断和意见建议。这才是真正的没有被曲解过的个人主义。个人在私人事务领域自主性越高,社会的自由度就越大。

私人事务领域,简称私域,是一个古老的罗马法概念。私域自主则是罗马法的基本精神。家是最典型的私域社会空间,西方甚至有"我家即我城"(my home is my castle)的谚语。在家里,自权人是可以很自由的。后来的罗马法虽然对自权人在家里的行为有了一些法律限制,但总的来

---

① 《马克思恩格斯文集》第 1 卷,人民出版社 2009 年版,第 29 页。
② 《哈耶克文选》,江苏人民出版社 2007 年版,第 299 页。
③ 转引自柯武刚、史漫飞:《制度经济学》,商务印书馆 2000 年版,第 145 页。

说,家是罗马人可以享有充分自由的社会空间。因此,从自由的起源上就可以看出,自由要求允许个人追求他自己的目标,自由总是与私域相伴,"自由预设了个人具有某种确获保障的私域,亦预设了他的生活环境中存有一系列情势是他人所不能干涉的"。① 一个社会的私人自主空间是由该社会的法律划出,并受到整个社会共同体力量的保护。这是人类在漫长的岁月里探索出来的协调人与人之间关系、确保社会成员个体自由的最有效方法。哈耶克指出:"在界定一系列应受法律保护的预期并因此而减少人们行动对彼此意图的干扰的方面,迄今为止,人类只发现了一种方法,亦即通过确定只有特定的个人可获准处置而任何其他人都不得干涉的一系列物品的方法而为每个个人界分出所允许的行动范围。只有当平等适用于所有人的规则有可能确定每个人为了实现自己的目的而可以支配的特定物品的时候,这些规则才能够确定每个人不受他人干涉的行动范围。"这种规则首先是关于财产权利的,它是人类在面对如何于实现个人自由的同时又不致互相冲突这个问题的方面迄今为止发现的唯一一种解决方法。因此,法律、自由和财产权,乃是一种密不可分的三位一体。②

2. 通过排除式的反向规定保护社会成员的自由

规则是一种简单化抽象化的行为模式,相对于行为的丰富具体多样而言,任何时候的规则都是简单的概括性的,是经过无数次的抽象提炼而形成的标准化的行为方式。而人类在具体特定情景中的行为是复杂多样的,也是需要变革变化的。在一种情景中非常成功的行为移置到另一种情景就不一定依然成功,甚至可能遭受失败,因为问题在另一种情景中的表现已经和以前不同了,解决问题的条件也已经有了一定改变。在这种情况下,就必须创新行为,以解决所面临的新问题。因此,人类社会的规则相对于行为总显得不胜其求,试图为所有的行为都制定出规则是不现实的,把所有的未来行为都削足适履地纳入现有的行为规则范式也是不可取的,而只能对某些行为作出排除式的禁止性规定从而把其他行为保留在自由判断和选择的范围之内。"世界上没有一个国家能订出足够的法规来规定人们的

---

① 哈耶克:《自由秩序原理》上册,生活·读书·新知三联书店1997年版,第6页。
② 哈耶克:《法律、立法与自由》第1卷,中国大百科全书出版社2000年版,第169页。

一切言论和行为，这种事情是不可能办到的；这样就必然会得出一个结论说：在法律未加规定的一切行为中，人们有自由去做自己的理性认为最有利于自己的事情。""在主权者未以条令规定的地方，臣民都有自由根据自己的判断采取或不采取行动。"因此，"臣民的自由只有在主权者未对其行为加以规定的事物中才能存在，如买卖或其他契约行为的自由，选择自己的住所、饮食、生业，以及按自己认为适宜的方式教育子女的自由等。"① 这是人类社会的一条重要法理——法无禁止即自由。也就是说，人类的自由除了受法律的限制之外，不受任何其他的限制；除了法律禁止去做的，其他的可以做什么都保留给社会成员自己去判断。汉娜·阿伦特说："法律在自由社会里的伟大性在于它们只说人不应该做什么，从来不说人应该做什么。"② 当行动者由"汝不应——"一类的禁令引导时，就会拥有较多的自由。

通过排除式的反向规定而界定出来的社会成员自由，理论上讲是辽阔无边，我们现有的知识和旨在保护自由的法律根本无法穷尽其具体的自由项数。当然，在具体的历史社会文化条件下，这种自由的空间范围又有大有小，关键看体现共同体公意的法律是怎么规定的。据记载，在英格兰曾经有一个时期人们可以凭武力进入自己的土地，赶走非法入侵者。但后来这种凭武力赶走非法入侵者进入自己家园的自由因国王暨议会以成文法规定而被取消了。此外，世界上有的地方未禁止多妻，男子拥有多个妻子的自由；而更多的地方法律禁止多妻制，男子也就不再有多妻的自由了。

在美国，曾经有一个时候，公民的言论自由也没有什么限制，其历史上就曾发生过这样一个事件。一个导演根据英国作家威尔斯的科幻小说《世界战争》改编了一个新闻式广播剧，在电台上播放。广播剧完全模仿新闻记者现场采访的形式，似乎是真有记者在现场进行采访报道真实发生的灾难性事件。这个广播剧一播出即造成了"灾难性事件现场"周边居民的恐慌，许多居民纷纷逃离家园。事后人们才发现这只不过是一个别出心裁的导演为追求猎奇效果而编播的广播剧，其出发点并无恶意，但它已在事实上对一些居民造成了伤害。为此，该广播剧的导演在国会听证会上

---

① 霍布斯：《利维坦》，商务印书馆1985年版，第164、171、165页。
② 汉娜·阿伦特：《极权主义起源》，上海三联书店2008年版，第582页。

进行了说明并作出了道歉。尽管当时有一些人要求对会产生广泛社会影响的言论行为作出一些限制，但国会考虑到这种限制把握不好会损害宪法保护的言论自由，因此并未立法加以规定。美国总统罗斯福在白宫召见了这位导演，开玩笑说：在美国有两个最好演员，一个是你，另一个就是罗斯福自己。

但是，到了20世纪60年代，美国才开始对言论自由作出一些保护性的法律限制。1964年，美国联邦最高法院在著名的《纽约时报》诉沙利文一案中判定：国家官员不得因诽谤起诉而要求赔偿，除非他能证明已发表的公开指控不仅失实，而且这一公开指控是出于"实际恶意"——出版商事先知道这一指控是假的，或者疏忽大意而不顾指控的真实性。当然如果诽谤案的当事人为普通百姓，原告则可按照州法获得赔偿。根据州法传统规定，只要原告能证明对他们的报道失实并有损他们声誉，法院就可判原告胜诉。① 这里，我们可以解读出这样一层意思：即言论自由权利人不得捏造事实或者故意忽视事实的真实性。在涉及言论自由的其他案件审查中，大法官霍姆斯和布兰代斯确立了"明确而现时的危险"这一限制性原则，即当一种言论能够引起"明确而现时危险"时，就不属于受宪法和法律保护的言论自由行为。这就是对言论自由的一种保护性法律限制。

3. 通过划分权利边界、协调相互之间的权利行为保护社会成员的自由

在这个世界上，欲望是无边的，而权利与利益是有边界的，界限性是权利与利益的重要属性。因此，权利和利益是节制欲望的最有效制度安排。此中奥秘早就曾为孟德斯鸠所窥见。他说："幸运的是，人们处于这样的情境中，虽然其欲望可能会促使他们做坏人，然而其利益却阻止他们这样做。"② 英国经济学家斯图尔特也认为，建立在权利基础上的近代经济（即各种利益）的复杂系统，是曾被发明出来以反对专制主义愚行的最为有效的马勒。受这两位思想家的启发，艾伯特·赫希曼提出了以利益

---

① 罗纳德·德沃金：《自由的法》，上海人民出版社2001年版，第276页。
② 孟德斯鸠：《论法的精神》，商务印书馆1963年版，第68页。

制约欲望的命题。他认为：把利益概念置于关于人类行为动机的欲望与理性这两个传统范畴之间，这为解释人类行为带来了一线希望。[1] 利益是一兼具了欲望与理性这两个范畴各自优良之秉性的概念，正如英国一句谚语所言：利益不会撒谎，受利益支配的世界具有可预见性和恒久性的优点。如果人们能够领悟到某人正在实施的计划的利益所在，就可确知自己何去何从，就可确知如何判断其他人的意图，尽管他精明过人。这里的利益其实就是一种有权利主张的价值，因此，权利和利益是有紧密勾连的。而作为一种具有正当性价值的社会关系，权利和利益总是暗含着一条我们虽然看不见唯有理性才能发现的边界，它需要通过法律予以明确，并以可见的形式呈现在我们面前。而法律也通过明确权利与利益的边界，有效地防范了权利行为之间的摩擦与冲突，使具有不同权利和利益的人们相互之间互不侵犯、和睦相处成为可能。这也就是我国古代思想家荀子所发现的社会团结的秘密——"有分才有群。"

一个人对一块土地拥有财产权利。从理论上说，他可以以一定的形式开发使用这块土地，譬如可以用来耕种，也可以用来养殖，还可以用来修建房屋，建造起来的房屋可以用来自住，也可以用来出租，他当然也可以闲置不用。这都是他的权利行为，他人不得干涉。但是他的这种权利行为是有边界的，他不得将土地进行毁坏，以至于使任何形式、任何性质的开发使用都成为不可能；他也不得采用一些必然会对他人的合法权益产生危害的有害的土地使用形式；他更不得在这块土地上进行一些危害社会公共利益的活动。德国《魏玛宪法》第153条第4款规定："所有权包含义务，所有权的行使，应同时顾及公共福利。"第155条规定："土地的分配和利用，应由联邦和邦加以监督，以防止其滥用，且使所有德国人，均获得健康的居住——土地的开拓和利用，是土地所有人对公众应负的义务；不因劳力和资本导致的土地价格之增加，其利益应归于社会。"其他国家对私有财产权利也大致有类似的宪法规定，对私有财产的限制是20世纪西方各国宪法共有的条款。[2]

人类正是凭借着对权利的法律界定和边界划分，使人人皆享有彼此不

---

[1] 艾伯特·赫希曼：《欲望与利益》，上海文艺出版社，第37页。
[2] 龚祥瑞：《比较宪法与行政法》，法律出版社2003年版，第165页。

相伤害的自由,从而在一个由自利人组成社会实现了人与人之间的社会性团结。恰如哈耶克所言:"共同规则的存在使社会中个人的和平共处成为可能。"① 没有规则,没有法律,也就没有人与人之间的权利界限,没有大家可以彼此相容的自由,人类将处于永无休止的矛盾冲突之中。

4. 通过对公权力的规则控制保护社会成员的自由

自由并不是了无约束、为所欲为的状态;自由的社会也不是一个没有任何强制的社会。这种状态和社会从不曾存在过,即便偶尔存在,也会给生活在其中的人们带来无尽的麻烦、痛苦和灾难。因此,我们既不应如此来理解自由,也不应追求此种意义的所谓自由社会。真正有意义的、有道德价值的自由毫无例外的都是规则之下的自由,而相当多的正义规则的遵守需要外在的权威力量,因此,自由与外在权威的强制就具有某种不可分离的关系,自由的社会也肯定存在着某种形式的权威强制。哈耶克指出:"如果让所有的人享有尽可能多的自由,就不能完全取消强制,而是把它限制在使个人或群体不能任意强制他人的最小范围之内。这是一种在公认的规则条件下的自由,这些规则使个人只要不逾越界限,他就可以免于受到强制。"②

问题是这种外在权威又很可能成为自由的最可怕破坏力量。我们知道,在一个自由社会,人们所享有的自由诚然会受到彼此之间的相互伤害,但更容易受到来自政府公共权力的伤害,而且,两者相较,来自政府公共权力对自由的破坏更为严重可怕。政府虽然是我们出于保护自己的自由与权利而构建起来的一种权威性组织,但它常常不期然转变成为自由和权利的破坏性力量。只有时刻保持对政府的警惕与防范,或许才会有我们弥足珍贵的权利与自由。在对政府公权力的防范控制中,规则控制是其中的核心性的重要组成部分。即用预先确定的、广为公布的因而也是众所周知的规则去控制政府的公共权力,将政府的强制权严格限制在实施旨在保护公民自由的有关公正行为的普遍规则的范围之内,限制在防止一个人对另一个人、一个组织对另一个组织的个体意志性的强制上。这是自由社会

---

① 哈耶克:《法律、立法与自由》第 1 卷,中国大百科全书出版社 2000 年版,第 72 页。
② 《哈耶克文选》,江苏人民出版社 2007 年版,第 299 页。

和法治国家的一条基本原则。这条原则剥夺了政府命令或管制个人经济活动的权力；如果授权政府这样的权力，就会使它拥有本质上专横的权力，而这必然会限制甚至破坏一切自由主义者都会加以保护的个人选择的自由。而有了上述限制，政府的强制权力也就不会构成对公民自由的侵害了。

5. 规则通过促进社会合作而扩大人们的自由

人与人之间既存在着竞争，也存在着合作，竞争中的合作与合作中的竞争可以说是人类交往关系的基本形态。竞争是一个发现、筛选、甄别的过程，而合作则是一种互补互利互强行为，人们基于合作而在社会意义上扩大了我们的知识面，使那些以前不为我们所知、今后我们也无力去获取的知识能够被我们所利用。这是我们能够在一定程度上突破我们每一个人所面临的知识结构上的构成性局限而使自己得到更好发展的制度安排。哈耶克说："社会生活之所以能够给人以益处，大多基于如下的事实，即个人能从其所未认识到的其他人的知识中获益。这一状况在较为发达的社会中尤其明显。文明始于个人在追求其目标时能够使用较其本人所拥有的更多的知识，始于个人能够从其本人并不拥有的知识中获益并超越其无知的限度。"① 过去，我们的竞争与合作主要发生于熟人之间，并且局限于熟人之间，人们对彼此情况的了解以及基于此种了解而产生的感情有效地促成了某种形式的竞争与合作。然而，仅仅靠熟识和感情达成的竞争与合作是极为有限的。因为在这个世界上，对任何人来说都是熟人少而陌生人多。如果我们仅仅依靠熟识与感情进行竞争合作，那么竞争合作的空间就始终停留在熟人小圈子里而不能有效扩大。要想扩大竞争合作空间，深化竞争与合作的程度，就必须迈出熟人圈子进入陌生人社会。陌生人之间既不熟悉也谈不上感情，要想在陌生人社会达成竞争合作，就必须依靠规则。由规则界定各自的权利及其边界，由规则调节相互之间的权利义务关系，由规则来防止竞争合作双方的机会主义冲动，由规则及其负责实施规则的第三方来化解竞争合作双方的利益矛盾与冲突。在规则之下，任何自利的理性经济人都能够对未来形成稳定预期，并且基于这种预期来理性地

---

① 哈耶克：《自由秩序原理》上册，生活·读书·新知三联书店1997年版，第19页。

选择安排自己的策略行为。而伴随着竞争合作空间的扩大，是人们自由程度的提高。他们既有更多的竞争合作伙伴，又有更多的竞争合作方式，还有不断增加的竞争合作内容，竞争合作的三个维度：空间的广度、时间的长度、内容的深度都会得到有效拓展。这样，受特定合作伙伴和合作方式专断制约的可能性也就随之下降，人们所享有的选择自由也随之增加。

可见，一个社会所奉行的正义与道德的规则并非是对个人选择的专横约束，而是任何一种社会合作的先决条件。要使我们的社会性合作范围不断扩大，就必须从依赖共同的目标转向依赖正义与道德的规则。一如哈耶克所言："人类合作超越个人知识界限的必要条件之一，就是这种追求的范围越来越不受共同目标的支配，而是受抽象行为规则的支配；遵守这些规则使我们越来越服务于我们素不相识的人们的需求，并发现与我们素不相识的人同样也满足着我们的需求。"[①] 自由人的联合体只能是正义规则约束下的自主自发联合体，而非权力整合下的组织体。人们只有在承认并遵守共同认可的规则前提下，才能在目标选择和利益取向互不相同的情况下展开互利合作，才能合作去做一些需要共同努力才能完成的事情。有鉴于此，当代社会科学家们才越来越强调一个社会人所共享的丰富的共同价值观，把它视为弥足珍贵"社会资本"，视为人际社会合作的先决条件。经济学家认为对此类规则，即便盲目遵守在经济上也是理性的。如果每一次社会行动都要计算得失，就会变得非常昂贵和适得其反。如必须跟伙伴不时谈判新规则，我们就会陷入瘫痪，无法从事例行的集体行动。我们把某些规则当作目标本身，而不再是达到目标的手段，这一事实大大增加了社会生活的稳定，从而扩大了潜在合作范围。总之，是规则促进了合作，而合作带来了更大的自由。

三 自由的规则

规则之所以为规则，除了其对行为作出一般性的规定外，还有其正当性要求。或者说内涵了一定的正当性要求的行为规定，才可以配称为规则。正因如此，所以在法律中，有良法与恶法之分，在道德中有善德与恶德之别，在风俗习惯中，有良俗与恶俗之辨。一个好的社会，首要之义在于有好的规

---

① 哈耶克：《致命的自负》，中国社会科学出版社 2000 年版，第 129 页。

则。它尊重而不是贬抑人性,张扬而不是囚絷个性,保护而不是破坏权利,促进而不是限制自由,维系而不是分割社会,即便有对不特定个人之自由的限制,那也是为了保护他人彼此可以相容的自由。人类唯有如此的规则才能界定出个人的自由。而且,好的规则还有一种健康的自我繁殖能力,正如卢梭所言:"好法律会使人制定出更好的法律,坏法律则导致更坏的法律。"① 因此,人道的社会无不追求好的规则。在今天,最好的规则就是自由的规则,在其下,每一个人都能获得最大限度的自由,且彼此不相妨碍。

1. 自由规则的性质

(1)禁止性抑或否定性。自由的规则毫无例外都是一些禁止而非要求采取某些特定种类的行动的规则,其目的乃在于对可以确认的领域提供保护,在这些领域中,每个个人都可以自由地按照自己的选择行事。它们通常不向任何人施加肯定性的义务。这个特征适用于绝大多数行为规则,但也不是没有例外。例如,家庭法中的某些规定就对行为人施加了某些义务(比如子女对父母的义务);还有一些更为罕见的情形,其间,根据正当行为规则,一个人因各种情势而被认为与某些其他人处于某种特定的亲密关系之中,并因此而对他们负有一项特别具体的义务。如公海遇险救助。现代立法要求于人们的肯定性义务有增多的趋势。比如《德国刑法典》1935 年增补的条款规定"任何一个在意外事故、共有危险或危难场合不提供救助的人,如果有人需要他的救助而且也能够合理地期望得到他的救助,尤其是,如果他这样做而又至于使他自己蒙遭实质性的危险或不至于使他违反其他重要的义务"都将遭到刑法的处罚。这类肯定性义务仍可能是极为有限的,因为要用一般性规则来明确规定具体由谁去承担这样一项义务,无疑是十分困难的。因此,要求采取肯定性行动的正当行为规则仍属罕见的例外情形,它们仅适用于这样一些场合,其间,一些偶然性因素会暂时使人们与某些其他人发生紧密的关系。②

自由的规则之所以必须是否定性的或者是禁止性的,是因为规则不断扩展其适用范围并超出那种能够共享或能够意识到共同目的的生活共同体

---

① 卢梭:《社会契约论》,商务印书馆 1980 年版,第 124 页。
② 哈耶克:《法律、立法与自由》第 2、3 卷,中国大百科全书出版社 2000 年版,第 57 页。

而造成的一个必然结果。① 在一个人们相互熟识具有某些共同目标的生活共同体里，比如家庭家族、氏族部落或村落，行为规则可以是有具体特定要求的，如要求给予某个需要帮助的人以他所要求的帮助，受帮助的人并不需要在当下就给予帮助者以回报，以后有机会回报时，其回报也不一定要与先前接受的资助等值。但是，如果他知恩不报，那么他在这个共同体中就会受到谴责、排斥，甚至驱逐出界；也可以要求共同体成员出资做一些善事，给那些与自己亲如兄弟情同手足、叙起来多多少少有一些或远或近的血缘关系的邻人以关怀。马克斯·格鲁克曼就曾把"相互帮助和彼此支持这项普遍的义务"描述为部族社会尤其是血缘群体的典型特征。②因此，在这种血缘性的生活共同体中，既有否定性规则，又有肯定性规则。但随着规则的适用范围不断扩大，熟人社会慢慢变成陌生人社会，变成移民社会，血缘关系慢慢被冲淡，慢慢被地缘关系和业缘关系所取代，人们相互之间的熟识程度下降了，对各自具体情况的了解减少了，相互关心的必要性也削弱了。那些要求人们根据自己对邻人具体情况的了解提供帮助的规则也慢慢消失了，只剩下类似于不得相互冲犯的否定性规则。因此，那些慢慢淡忘了肯定性规则，只奉行着否定性规则的开放性社会，部落共同体中曾经洋溢过的脉脉温情很少见，人们住在对门也可能互不认识，更谈不上关心帮助，偶尔在楼梯间照面，也会瞪着狐疑的目光上下打量着。这是这种社会总让一些人尤其是那些刚从乡村社会中来的人很不习惯甚至狠加诟病的地方。而其实，在这种互不关心表象下面，是大家互不以专断意志和行动相冲犯的自由状态。这恰恰有赖于否定性规则的存在。当然，自由的社会并不排除一个人对自己所熟识或所选择的人根据其具体情状给予关心帮助与支持的义务，只是我们不能把它抽象为普遍义务，形成一种要求人人遵守的肯定性规则，并以国家强制力确保其实施。

（2）抽象性与一般性。"严格意义的法律应当是一般性的公共法律，它们对于处于相同情况下的每一个社会成员都具有同等约束力。"③ 法律

---

① 哈耶克：《法律、立法与自由》第2、3卷，中国大百科全书出版社2000年版，第57页。

② 转引自哈耶克：《法律、立法与自由》第2、3卷，中国大百科全书出版社2000年版，第102页。

③ 哈耶克：《自由秩序原理》上册，生活·读书·新知三联书店1997年版，第236页。

可以是某个人或某个组织制定，但立法者如果只考虑为之规范的那种社会行为的最一般特征，而不考虑这种行为在具体情景下的细节差异以及实施这种行为的人的一些具体特殊情况，并且把立法者自身也置于法律规则之下，那么，这个法律规则就是公正的，因为没有人会对自己不公正；也是自由的，因为没有人愿意剥夺自己的自由。因此，自由的规则或者公平正义的规则必须是抽象的或一般性的正当行为规则，它只考虑到行为人的普遍性而非特殊性，也只考虑到行为本身的普遍性而非行为在具体情景中表现出来的无限多样的特殊性。针对这两点而发现或制定的规则往往是抽象的，也是一般的，它们能够适用未来无限多的情况，而且，平等地适用处于该规则所规定之条件下的所有人，任何人身处其中也会如此要求。具有如此性质的规则才能被所有人接受认可并在行动中加以遵守，也才不会在执行中人为地制造出特惠或歧视性质的差别待遇，从而与每一个人的最大化自由最相无碍。卢梭把如此定义的法律称之为全体人民对全体人民作出的规定，他认为法律的对象永远是普遍性的，法律只考虑臣民的共同体以及抽象的行为，而绝不考虑个别的人以及个别的行为；法律结合了意志的普遍性与对象的普遍性，在此意义上，法律才可以说是公意的行为，是公意的体现。它毫无疑问是公正的，因为没有人会对自己不公正；也毫无疑问是覆盖所有人的，因为它是所有人对所有人作出的规定。凡是不具有上述性质的规则，都不配称之为规则，更不配称之为法律，它只是发布者的一道命令而已。"一个人，不论他是谁，擅自发号施令就绝不能成为法律；即使是主权者对于某个个别对象所发出的号令，也绝不能成为一条法律，而只能是一道命令；那不是主权的行为，而只是行政的行为。"① 德国哲学家黑格尔也认为："法律是自在地是法的东西而被设定在它的客观定在中。法的东西要成为法律，不仅首先必须获得它的普遍性的形式，而且还必须获得它的被规定了的普遍性的内容。"②

其一，规则之所以必须是抽象的一般的，完全是因为人类的智力与知识根本不足以为每一个具体行为规定下当时情景中如何才算是合宜的标准，而只能根据一般情景找到行为如何才算合宜的标准，因此，作为行为

---

① 卢梭：《社会契约论》，商务印书馆1980年版，第51页。
② 黑格尔：《法哲学原理》，商务印书馆1961年版，第218页。

合宜之标准的规则必须也是抽象的和一般性的；它只为人们规定了一个可以选择的行动范围，至于在这个行动范围里，到底应该作出何种具体行为，还应该由当事人根据自己所掌握的具体情景知识作出判断与选择。其二，规则之所以必须是抽象的和一般性的，是因为只有抽象的和一般性的规则，人们才可以对行为是否符合规则作出评判；如果规则是具体的且特殊的，而行为及其行为发生的情景也是具体的特殊的，那么，人们对行为是否符合规则根本无法作出评判。这此种情况下，人们的评判权力必然是专断地随意地运用，从而不但无助社会的有序，反而导致社会更大程度上的混乱。其三，规则之所以必须是抽象的和一般性的，是因为唯有如此才能将所有的人都置于规则的约束之下，彻底杜绝一些人利用规则辖治他人从中渔利的不法企图。规则越抽象、越具有一般性，能够被规则涵摄覆盖和约束的人就越多，一旦规则变得具体特殊，那些恰巧具有某种特殊性的人就可以超越规则的约束，规则也就变成了特权性的或歧视性的了。

（3）无目的性。自由的规则除了规则约束和保护下生活的人们各不相同的目的外，没有任何自身所特有的与众不同的特殊目的，这种规则并不针对特定的人的愿望和需要，也并不旨在满足他们的愿望与需要，而是针对所有人的共同愿望与需要，它具有形式规则的外部特征，仅仅用来充当人们追求个人目标的工具，是人们有效追求各自目的所不可缺少的环境条件。比如靠右通行，就是一种无特殊目的的规则，但却是所有人自由通行以到达自己目的地的必备条件。哈耶克把这种规则称之为"目的独立的规则"，并指出这种规则完全无力决定一项特定的行动，而只能界定出它们所许可的某些行动类型的范围，至于是否采取某项特定的行动，则由行动者本人根据他自己的目的加以决定。

（4）确定性或者稳定性。规则之所有能够被人们所依赖，正在于它的确定性或者稳定性。假使规则不具有确定性或者稳定性，规则从根本上说也就不成其为规则，也就无法起到人们期望规则能够起到的作用，它不但无助于控制或者降低生活本身的不确定性，反而因为自身的不确定性而加剧了生活本身的不确定性。因此，确定性或者稳定性是规则必须具有的属性，对生活中的人们善莫大焉。一种规则可能并不怎么合理，但只要能够做到确定或者稳定，而非朝令夕改，就能够把规则之不合理性所导致的不公平减至最小，达致该规则所能达致的善，人人皆有机会从中受益；相反，如果规则朝令夕改，那么就会导致人为的不公平。因此，哈耶克指出："法律的确定性对于一自由社会得以有效且顺利地运行来讲，具有不可估量的重要意义。就西方的繁荣而言，可能没有任何一个因素比西方普行的法律的相对稳定性所做出的贡献更大。的确，法律的完全确定性，也只是一个我们须努力趋近但却永不可能彻底达到的理想，然而这一事实并不能减损法律确定性对西方繁荣所具有的重要意义。"① 人治社会与法治社会的一个重要区别就在于前者规则是极度不确定性，有些人调侃人治社会的政策规则犹如天上的月亮，初一十五不一样。朝令夕改都不足以形容其更改速度之快，对规则很难形成稳定预期，自然也不能根据这种稳定预期从容安排自己的私人事务，搞得老百姓手足无措。时间一久，社会上就形成了政策规则的"班车现象"，抢头班车，挤末班车，因为谁也不知道是否还有下一班车。规则的不确定或者不稳定对人们的社会心理、行为模式和整个社会秩序都会产生冲击和影响，导致系统的失调与紊乱。

（5）平等性或者普遍适用性。自由的规则必须是平等普遍适用的规则，包括规则的制定者也不例外。唯有如此，我们才能防止立法者制定一些专断的恶性的规定，因为从人性上说，没有人会对自己作恶。哈耶克指出："正是所有的规则都平等地适用于人人这一事实，才使得压制性规则不可能得到采用。"② 在某种程度上，规则的平等普遍适用比规则内容本身更重要。自由规则的平等普遍适用性在近代概括为一个原则，那就是法律面前人人平等，同样的行为同样地对待，不因个人的性别、家庭出身、社会地位、宗教信仰、婚姻状况、经济条件而有所区别。现实生活中，尽管许多规则包括法律只是针对一部分人群，但这并不否定法律面前人人平等这个大原则。比如普通民事法律和刑事法律，对未成年人和心智残障人士就有例外规定，有些条款只适用理性健全的成年人。"即使在具有完全责任能力的公民中，进行这样的类分也是不可避免的。"③ 我们到处可以看到法律生活中的这种人群类分，有时，这种类分之多、之滥、之不合

---

① 哈耶克：《自由秩序原理》上册，生活·读书·新知三联书店1997年版，第264页。
② 同上书，第267页。
③ 同上书，第266页。

理，让我们心生法律不公平之感。因此，法律面前人人平等，只是在法律所确定的人群类内的平等，一项法律如果只指涉相关的人的行为之形式特征，那么，它就具有了法律面前人人平等的普遍属性。当然，法律所确定的人群类分，必须得到类内外人的同意或默认。也就是说所有人都同意这种类分，这样，建立在这种类分基础上的法律适用就不会给人以不平等之感。总之，"法律面前人人平等的理想，乃旨在平等地改善不确定的任何人的机会，它与那种以人们可预见的方式致使特定的人受损或获益的做法都是极不相容的。"①

过去，我们之所以有规则而没有自由，是因为我国封建社会的法律不是正义的规则，而是一种具有特殊肯定性和差别性的礼法规范，对不同的人有完全不同的规范性要求，其目的是为了维护同样是差别性的礼治秩序，正所谓"名位不同，礼亦异数"。长有长之礼，幼有幼之礼，尊有尊之礼，卑有卑之礼，贵有贵之礼，贱有贱之礼。超出自己的名位身份去做，就是僭越，重者杀头，轻者受到耻笑排斥。在这里，礼法成为人们行为的标准与规觉，除了礼法所肯定的行为外，一切其他行为都在禁止之外。这正好与正义的法律以及所旨在追求的自由处于相背反的状态。

总之，自由的规则必须是正义的规则。借用罗尔斯的一段名言："正义是社会制度的首要价值，正像真理是思想的首要价值一样。一种理论，无论它多么精致和简洁，只要它不真实，就必须加以拒绝或修正；同样，某些法律制度，不管它们如何有效率和有条理，只要它们不正义，就必须加以改造或者废除。"② 或者如哈耶克所言："法治之治若要有效，须被大多数人承认为是正义的。"③ 而上述五个方面是规则之正义性的具体表现。在此种规则之下，才有我们所期盼的弥足珍贵的自由。

2. 自由规则的形式

法律。法律是凝聚社区的有关正义的一组抽象规则。④ 作为自由规则的法律是全体人民对全体人民作出的规定，是那些需要遵守法律服从法律

---

① 哈耶克：《自由秩序原理》上册，生活·读书·新知三联书店1997年版，第266页。
② 罗尔斯：《正义论》，上海译文出版社1991年版，第92页。
③ 哈耶克：《自由秩序原理》上册，生活·读书·新知三联书店1997年版，第266页。
④ 福山：《政治秩序的起源》，广西师范大学出版社2012年版，第241页。

约束的人的共同意志的记录，是实现社会结合而又不失自由的一般条件，是确保人们和平相处自主行动的规则。萨维尼指出：在人类交往中，"若想使自由的人生活在一起，让他们在各自的发展中相互支持而不是相互妨碍，就必须承认有一道无形的界限，保证在此界限内每个人的生活和劳作享有一定的自由空间。划定这一界限和每个人自由范围的规则，就是法律"。① 人们唯有服从法律而才有自由。作为自由规则的一种重要形式，法律必须是内涵了一些正义价值，它顺从人性的基本倾向，体现人类社会的常识、常情和常理，尊重人类的价值和尊严，体现了公平正义的价值精神。违逆人性、悖逆常理的规则可以是国家公权机关颁布的，但它们比之一伙强盗在聚会时通过的规则来说不应该也更不配称之为法或法律。如果人们对于立法机关通过的每一条冠之以法律之名的规则，无论其怎样荒谬可笑或不合情理，均需视为法律，人们将不复有权诉说不公道或不义了。因此，能够称得上法律的或配得上法律这个高贵称号的一定是善法，法治也一定是善法之治。恶法非法，恶法不可能催生法治。正如德国著名法学家拉德布鲁赫在《法律的不法与超法律的法》一文中所指出"凡是展示人类的共同理性、以维护人权为特征的法才叫法，背离了人类的共同理性以剥夺和践踏人权、侵犯了人的尊严的法不叫法"。

所谓善法或者良法就是为人民的利益所需且又清晰明确的法律。② 它针对人人皆具有的最一般情况而不考虑特殊人群的特殊性状；它是公开稳定且具有内在的统一性，能够使人们对法治之下的他人和政府行为作出稳定预期，并根据这种预期来安排自己的行动；它必须是善意且合乎情理，法律所要求和禁止的行动必须是人们理应能够做到的或能够避免的行动，它决不可以规定一种人们注定无法做到的事情；它具有最高性，覆盖所有的组织和个人，即便是发现或制定法律规则的人也不例外；它必须平等地适用所有人而不论这种平等适用会在实际效价上产生何种差别性影响，法律对所有人的权利和义务都予以平等的保护和平等的约束；而且法律规则的目的只能是正义本身，如果法律服务于正义之外的其他目的，那么法律本身也就是不正义的了；另外法律规则不得违背作为政治共同体之元规则

---

① 转引自哈耶克：《致命的自负》，中国社会科学出版社2000年版，第35页。
② 霍布斯：《利维坦》，商务印书馆1985年版，第270页。

的宪法，不得侵犯宪法所保障的权利与自由，因此，一切法律都必须接受违宪审查；最后法律规则在效力上不溯及既往，即新法不能适用于过去发生的行为，除非是新法对当事人较旧法更为有利；对法律和事实的解释应以有利于法律所致力于保护的权利为原则。

　　道德。如果说法律体现的是行为的底线，那么，道德标志的是行为的高度；一个社会行为可以没有高度，但必须要有底线。体现行为底线的法律使人与人之间和平，而标志行为高度的道德则使人与人之间和谐。一个既和平又和谐的社会，才是理想幸福的社会。道德与法律可以说是同源殊途而又同归，所谓同源是指它们都起源于规范人们的行为、调节相互之间关系的需要；所谓殊途是指它们适用的范围和起作用的方式不同；而所谓同归则又是指它们所追求的目的相同，即一个理想良善和谐幸福的社会。一个社会之所以在法律之外还需要有道德的规则，一方面是因为法律作为一种极重要的行为规则有其自身无法克服的局限性；法律只能处理外部的行为而不能及于内部的心灵；另一方面法律只能强制人们做与不做而无法强制人们想与不想，更无法强制人们的感情投入。在法律无能为力的领域如果还强行借助法律，就会导致更严重的因而是更不可欲的后果；相反，如果留待道德处理，则既能解决想要解决的问题，又不致产生其他方面的更严重后果。比如婚外情就是一个适宜于道德处理的社会问题，法律如果贸然加以干预，会不期然地产生一些非意图结果，如对自由和另一种权利的粗暴侵犯。因为我们知道，法律是强制性，是用国家强制力确保其执行的，它所适用的行为领域只能是那些对他人自由与权利或对公共秩序一类的公共利益构成破坏的行为，以保护每一个人都拥有的个人在其中至高无上的私域，保护每一个人都能从中受益的公共秩序。哈耶克指出："在自生自发的秩序中，只有在为了确使个人私域免受他人干涉而必须使用强制的场合，使用强制才是正当的，而在不需要使用强制去保护其他人的场合，则不得使用强制去干涉个人的私域。法律服务于一种社会秩序，也就是说服务于个人之间的关系，但是那些对任何人都不造成影响而只影响实施它们的个人的行动却不应当受到法律的控制，而不论这些行动在多大程度上受着习俗和道德规则的调整。"[①] 可见，法律与道德既需要相互支撑

---

① 哈耶克：《法律、立法与自由》第2、3卷，中国大百科全书出版社2000年版，第86页。

又需要有明确的范围划分。尽管任何民族、任何国家、任何文明都有将一些道德内容法律化的做法，但我们绝不能因此就把道德调整的范围与法律调整的范围混同起来，一种行为也许是不道德的，也许会让一些道德高尚人士心生不悦，但只要没有破坏他人的权利，没有破坏社会的公共秩序，我们就不能祭起道德的大旗，借助法律和国家强制力去干涉。

对于将道德领域与法律领域混淆一起或将道德内容无限法律化的过头做法，亚当·斯密表示了自己的担忧。他指出："所有文明国家的法律都强迫父母抚养他们的子女，强迫子女奉养他们的父母，并且强迫人民履行许多其他仁慈的责任。民政长官被托付的权力，不仅包括抑制不义，以维持公共安宁，而且也包括确立优良纪律，打击各种邪恶和不当行为，以增进国家整体繁荣。所以他不仅可以颁布命令禁止人民相互伤害，而且也可以颁布命令强制人民在一定程度内要相互帮助。当君主命令人民遵守一些全然无关紧要的行为规矩，或者遵守某些在他下令前即使疏忽也不会责备的规矩时，不服从他的命令，就会变成不仅该受责备，而且也该受惩罚。所以，当他命令人民遵守某些在他下令前如果不遵守就会大受非议的规矩时，如不服从他的命令，无疑变得更该受罚。然而，在立法者的所有责任当中，也许就数这项工作，若想执行得当，最需要大量的谨慎与节制了。完全忽略这项工作，国家恐怕会发生许多极其严重的失序与骇人听闻的罪孽，但是这项工作推行过了头，恐怕又会摧毁一切自由、安全与正义。"① 惯例。

人类社会的许多规则是在长期的社会生活过程经由人们的实践、互动、模仿与学习、博弈与协商、通过社会的文化选择过程而逐渐形成的，是长期积累、约定俗成、习以为常的结果，在某种意义上，它是人们行动的非意图结果，它既与纯粹自然的规则不同，也与人们刻意制定的规则有别。它不是在自然界当中存在，而是存在于人类社会之中，但又不是哪个人或哪个组织刻意制定的，即便是那些新出现的规则，我们也很难确定是哪个人或组织最先提出，更遑论那些古老的规则。也许当初就是某个人或某些人为了应对某种特定的问题情景而想出的一种临时性办法，后来，这种临时性办法因其有效而被越来越多的人所仿效，逐渐成为一种惯常的例

---

① 亚当·斯密：《道德情操论》，中央编译出版社2008年版，第98页。

则。而一旦成为惯常例则后，人们就把它作为一种既存的文化遗产，不再思考或反思它何以如此，只是照章办事就可以了。有时，对这种惯常例则的遵守竟达到机械的程度，遵守例则本身成为目的，而遵守例则所本要达到的状态倒是其次的事情。比如在一些古老的节日，人们常常要遵行例则去做一些事情。如秋日登高望远，春天踏青出行，端午节插菖蒲叶与艾草等。也许在当初刚出现这些例则时，人们去做这些事情是有特定的目的，而到了后来，这些目的逐渐被人们遗忘，只留下行为本身。

这种我们称之为惯例的非正式规则在社会生活的各个领域都普遍存在，其便利性毋庸置疑，以至于人们基本上都能出于自利动机而自动地服从这类规则。比如在商业领域，"偷一罚十"的例则就古已有之，已经成为公众认可的一种商业惯例和商业规则，它不是法律条文，也不必成为法律条文，但却是法律条文不可替代的行为规则，是商家保护自己正当权益的自卫手段。①

在政治生活领域，惯例性质的非正式规则也普遍存在。马克思指出："在英国，最重要的政治自由一般都是由习惯法确认的，而不是由成文法批准的。例如，出版自由就是如此。"② 英国著名宪法学家戴雪早在1885年就指出，英国法治的许多规则都是普通法法院在司法过程中缓慢渐进发展的结果，在很大程度上基于先例而形成的，并不存在"清晰明确的原则声明"，有的只是议会的司法记忆和条文创新的相互作用。在议会与内阁的关系上，英国内阁必须建立在议会的多数支持，这是实现对行政权力的民主控制的制度安排，是体现英国政治生活民主性的重要方面。如果内阁失去了议会的多数支持，内阁必须向议会提出总辞职；或者提请国王解散议会重新举行大选。这两种做法也都是英国政治生活中逐渐形成的政治惯例而非正式的法律规定。在美国，连选连任不超过两届，原来也只是由华盛顿开创的宪法惯例，只是到了1947年通过制定第22宪法修正案，才由柔性的宪法惯例变成刚性的宪法规定。

风俗习惯。还有一种规则，它既不是铭刻在大理石上，也不是铭刻在铜表上，而是铭刻在公民们的内心里；它形成了国家的真正宪法；它每天

---

① 张曙光：《繁荣的必由之路》，广东经济出版社1999年版，第350页。
② 《马克思恩格斯全集》第6卷，人民出版社1957年版，第295页。

都在获得新的力量；当其他的法律衰老或消亡的时候，它可以复活那些法律或代替那些法律，它可以保持一个民族的创制精神，而且可以不知不觉地以习惯的力量代替权威的力量。这种法律规则是所有一切法律规则中最重要的，它们就是风俗习惯。从一定意义上说，它们是建立在人类经验的基础上，它们是这种经验中通过文化进化的过程而形成的。如果把法律规则的体系形象为一座大厦的话，那些条文化的规则都只不过是这个大厦穹窿顶上的拱梁，而唯有慢慢诞生的风尚才最后构成那个穹窿顶上的不可动摇的拱心石。① 任何一个社会都有这种存在于民间，很好地调节着人与人之间关系，确保人们和平相处的风俗习惯。孔子就曾说"礼失求诸野"，即在那些相对封闭流动变化不大的乡村社会存在着复杂典章制度的原始形式与精神，这是一个国家规则体系发展的根脉，从中我们总能找到迷失掉的东西。

　　一个民族的风俗习惯是任何人都不能忽视的柔韧性力量。它历史悠久源远流长，根基深厚不摇不晃，与时俱进显现力量；它如细雨润物一样影响着这个民族的正式制度规则，或使之更有效发挥作用，或使之扭曲变样形同虚设。人类历史上一些民族对突然降临的自由与民主显得那么的手足无措，还有一些民族虽然建立了自由民主的政治制度，但社会运行的状态并不好，自由扭曲为任意，民主蜕变为民粹，其所以如此，都是因为自由民主的正式制度规则与这个社会积久而成的专制屈从的风俗习惯相抵牾造成的结果。一个明智的创制者，并不从制定良好的法律本身着手，而是事先要考察一下，他要为之立法的那些人民是否适宜于接受那些法律。当风俗一旦确立，偏见一旦生根，再想加以改造就是一件危险而徒劳的事情了；人民甚至不能容忍别人为了要消灭缺点而碰一碰自己的缺点，正像是愚蠢而胆小的病人一见到医生就要发抖一样。基于此，卢梭呼吁自由的人民记住一条定理："人们可以争取自由，但却永远不能恢复自由"② 由此可见，民风民俗的形成、改变以及民智的启发是非常重要的，它们能够在根本层面上决定一项现代化的事业到底是成功还是失败。

---

① 卢梭：《社会契约论》，商务印书馆1980年版，第74页。
② 同上书，第61页。

四 规则的信守

1. 对规则的信仰

美国法律史学家伯尔曼说:"法律必须被信仰,否则它将无法运作。它不仅包含有人的理性和意志,而且还包含了他的情感,他的直觉和献身,以及他的信仰。"[①] 对包括法律在内的一切规则的信仰是规则发挥作用的前提性心理条件。

信仰是人的精神层面的一种心理状态,它与欲望、理性一起构成了人的灵魂。毛泽东曾经说过:"人是需要一点精神的",这精神就是基于信仰而表现出来的坚毅、追求、超越和"九死其犹未悔"的献身与执着。人的信仰对象有很多,有信仰上帝或鬼神,有信仰金钱与财富,有信仰某种思想与主义。这些信仰无所谓对错之分,它们根本不在科学判断范围;只要不排斥其他信仰,只要不给不信仰者带来伤害,任何信仰都值得尊重。重要的不是信仰什么,而是有没有信仰,哪怕信仰金钱财富,也比没有信仰好。现实生活中有些人对金钱财富的铺张浪费、肆意糟蹋、用非其所,恰恰表现了他们对金钱财富的不信仰;一个人如果真正信仰金钱财富,绝不会有如上的行为表现。

要建立一个任何人都能自由生活与发展的社会,非常需要有对规则的信仰,规则也享有高度神圣的权威,其权威之神圣犹如神祇。正如卢梭所言:"在一个自由的国家里,谁要是提到法律,那就是提到一件会使全体公民人人都在它面前战栗的事情了。"[②] 这是一种对规则超越个人功利甚至生死毁誉的信持与坚守,它把规则视为神所昭示的意志,视为宇宙自然之道,视为人类公平正义的体现,视为公平正义借以实现的介质或理性工具,是人类几千年来逐渐发现并积累而成的恒常关系和行为方式,是人类古老的智慧。正是这些规则使那些恪守它们的种群在与其他种群的竞争中成功胜出。英国大法官爱德华·科克对国王所说的:国王虽然在万民之上,但也在上帝和法律之下,体现的是西方世界对法律规则的信仰;而

[①] 伯尔曼:《法律与宗教》,商务印书馆2012年版,第7页。
[②] 卢梭:《社会契约论》,商务印书馆1980年版,第118页。

"法大如天，法治天下"则反映的是当今中国老百姓对法的敬畏与信仰。这种信仰对维系东西方类型很不一样的社会生活都曾起到巨大的作用。有了这种信仰，规则就能得到比较好的遵守，行为也会有自趋规范的效果。因此，我们在努力发现正义的法律规则之后，还要努力树立对法律规则的坚定信仰。视法律如头顶的青天、心中的神祇，充满敬畏、仰望和向往。

对法律规则的信仰并不是高不可攀、需要高深修炼而且只有少数人才能达到的状态。任何人在体现公平正义、为维持自由秩序所需要的禁止性规则面前，只要能够成功克制自己去触犯的冲动，在体现现代交通文明的"红灯"面前毫不迟疑地停住自己的脚步而不考虑周围是否有警察在值勤，不考虑十字路口是否空无一人，那就是对规则的信仰。

另外，对规则体系之漏洞的态度也是衡判一个人是否有对规则之信仰的试金石。任何称之为法的规则都是人之智慧的产物，它虽然会不断完善，但注定永远无法达到尽善尽美的程度。任何国家任何时候的规则体系总存在或大或小的漏洞，只要你用心去发现，总能找到这种疏漏之处。面对着法律规则体系的漏洞，一个有法律信仰的人，会对漏洞视而不见，拒绝利用，哪怕因此而失去许多明显可见的利益。不仅如此，他还会充分运用自己的智慧促进法律的完善。相反，一个没有法律规则信仰的人，面对着规则，则会千方百计寻求规则的漏洞，一旦发现规则漏洞，就会把规则漏洞利用到最大化。我们无意对那些发现并利用规则之漏洞的人进行道德谴责，但如此行为确实不是对法律有信仰之人所为。

在人类历史上，有许多显示人们对规则信仰的故事。如苏格拉底被雅典城邦的人民法庭以不信神和蛊惑青年的罪名判处了死刑。众人皆知这是一个在某种阴暗心理支配下曲法枉断铸造的一个冤假错案，那些控告人和法官也清楚地知道这一点。所以他们只要苏格拉底认个错悔个罪就可以放他一条生路，但苏格拉底拒不承认莫须有的罪名，不愿为了苟且偷生而低下高贵的头颅；他的许多学生为营救他出狱而积极奔波，愿意提供巨额赎金，或者买通狱卒越狱逃跑，但苏格拉底也直言谢绝了。他在法庭上对控告他和投票判他死刑的人说：我并不恨你们，但你们的所作所为堪值谴责；与此同时，苏格拉底重托他们一件事："我子长大时，以我之道还治我子之身，如果发现他注意钱财或其他东西先于德性，没有出息而自以为有出息，责备他如我之责备你们，责备他不注意所当注意的事、不成器而自以为成器。你们如果这样做了，我父子算是得到了你们的公平待遇。"最后，苏格拉底说："分手的时候到了，我去死，你们去活，谁的去路好，唯有神知道。"①

在临刑前的最后一个晚上，苏格拉底的学生克力同来看他，看到老师酣睡如常，就坐等老师醒后告诉他现在是逃走的最后机会，并央求他听从他们的劝告，赶紧逃走。苏格拉底心如止水，平静地对克力同说：追求好的生活远过于生活，我们丝毫不必考虑大众怎么质问我们，只要注意那明辨是非邪正的一人和真理本身是怎么说的。人生在世，应当念念在于免行不义。我虽然是被人曲法枉断判为死刑，但毕竟是在我认同与尊敬的城邦法庭上被判死刑的。如果法庭的判决不生效力，可以被私人废弃、取消，那么国家还能存在、还能不至于天翻地覆吗？今天，我毅然赴死，总算是含冤，不是死于我们——法律，是死于人，总还可以与先前同样死于不公平之判断的古人诉说我的不幸遭遇；但是如果越狱出逃，以错还错，以恶还恶，践踏自己所订的合约，毁伤最不应该毁伤的人，那么阴曹地府的法律也会不欢迎的。因此，我宁愿在法律之下做一个屈死鬼，也不愿背叛法律而苟且偷生。他劝克力同：就这样吧，就这样办吧，这是神所指引的路。②

辛普森案件体现了美国人民和所有服务于法律的人对法、法律与法治的真诚信仰。辛普森是一个美国黑人橄榄球明星，他涉嫌杀害了前女友及其男朋友。警方也获得了许多能够证明辛普森犯罪的证据，他们对自己所侦办的这个案件的确凿性充分自信；许多美国民众也相信辛普森是杀人犯，希望法律予以严惩。当然，也有人担心客观存在的种族歧视因素可能影响司法审判的公正性。为了消除人们的顾虑、担忧与怀疑，官方把案件的审理放在一个黑人社区的法庭，陪审团里有许多黑人陪审员。在审理过程中，陪审团发现警方在收集罪犯证据过程中有一些程序上的违法行为，正是这些证据收集上的违法行为让陪审团对证据的有效性产生合理怀疑。而美国司法中坚持合理怀疑排除原则，即一个案件只有在不存在任何合理怀疑的情况下才能定罪。在此案中，既然不能排除合理怀疑，那么，陪审

---

① 柏拉图：《苏格拉底的申辩》，商务印书馆 1983 年版，第 80 页。
② 同上书，第 113 页。

团就宣判辛普森无罪,只负民事上的赔偿责任。这场世纪审判让许多不理解美国司法制度、司法原则与精神的人大跌眼镜,认为是美国司法制度不健全的集中表现,也是美国人权保护制度虚伪性质的集中表现;包括一些美国人也对这个宣判感到有些不可理解、匪夷所思。但是,如果我们理性地客观公正地深入思考,就会发现,这其实是美国人对法治坚定信仰的有力体现。他们宁可因恪守正当程序而让一个很可能是犯罪分子的嫌疑人因为证据不足而逍遥法外,也绝不为了惩罚一个极可能的真凶而无视法治原则、破坏法定程序、滥行违法之举。因为他们担心法治原则和正当程序一旦被破坏,今后,大量的不义行为就会滚滚而来。

而在我国,自古以来就缺乏对法律的信仰,至今也没有成功地树立起这种信仰。法律在中国古典政治文明的体系里地位不高作用有限,处于备而不用的状态。儒家崇尚德治姑且不论,即便强调法治的法家,也仅仅把法律视为治国之器,而且只是众多治国手段之一。更致命的是,法律被人们普遍认定为统治阶级的专断意志,是维护统治阶级利益和地位的工具。由此,法律对那些被统治阶级来说一直是外在于他们的强制性存在,是与他们对立甚至敌对的,令他们感到拘束、压迫甚至窒息,所以,他们要千方百计地规避法律,钻法律的空子;而那些属于统治阶级的人,也不会热爱与遵守法律。因为他们认为法律既然是自己的意志的表现,那么就不能约束意志本身而必须服从意志。所以他们只要求他人服从法律而从不把自己也置于法律之下,他们总是追求一种超越法律之上的特权地位,而把法律看作是自己手中用来管治他人的一种工具,而且,一旦发现这个工具有碍自己的任意意志,就会毫不犹豫地弃之不顾。法律信仰的缺乏,是传统中国虽有法律但不被人们遵守的重要原因,也是当代中国走向法治国家和法治社会的最大心理障碍。

2. 对规则的普遍遵守

规则通过约束人们的行为,通过在人们之间建立稳定预期以调节各自的涉他性行为来维持一个社会的秩序,让生活其中的人们从中受益。这就是规则的价值。这种价值的发挥取决于人们对规则遵守的程度。人们对规则遵守的程度越高,遵守规则的行为越普遍,规则的价值作用就越大。仅此而论,规则犹如公共信息,利用的人越多,价值越大。因此,规则是需要得到人们的信守，再好的规则也只有当它得到所有人严谨地遵守时，才能发挥其善的作用，人们寄希望于规则的那些所有美好的设想与预期也才能得到实现。如果有人无视规则，擅闯规则禁区，那么，规则不但不能给人们带来发现与制定规则时所预想的益处，反而会给人们带来一些不便和麻烦；极端言之，只要有一个人不遵守规则，规则的善的作用就发挥不出来，还会出现许多没有规则的状态下未必会出现的其他一些祸害、弊端和麻烦。卢梭清楚地洞察到了这一点，他指出：人世间"存在着一种完全出自理性的普遍正义；但这要使这种正义能为我们所公认，它就必须是相互的。当正直的人对一切人都遵守正义的法则，却没有人对他遵守时，正义的法则就只不过造成了坏人的幸福和正直的人的不幸罢了"。①

我们的生活中就常有这样一种情形，规则颁布后，有人严格遵守、认真执行，而有人熟视无睹置若罔闻，根本不把规则当回事，为了一己私利或者为了自己小小的方便，不惜以身试法，触犯规则红线。后者往往因此获得不匪的超越规则的好处并受人羡慕；而前者则被人耻笑为"老实人"而吃亏受损。一些负责执行规则的部门对这种现象也听之任之，不加制止，这无异是对违规行为的奖励，以至于违规行为受到其他人的仿效而越来越普遍化。在这种无视规则的地方，规则形同虚设，引不起任何的尊敬，违反规则成为家常便饭。少数几个恪守规则的老实人显得那么形单影只孤立无助，与违规的洪流格格不入。而一个总是让老实人吃亏的社会，是形不成对规则的信仰的，人们也享受不到规则带来的巨大好处。社会常常处于失序状态，并因此而使所有人深受其害。

对于恪守规则吃亏、违反规则反而获利的现象，我们需要作些分析。违反规则而获利，这并不意味着违反规则的行为是可取的。它之所以获利不是因为其行为性质正确，而是因为那些恪守规则的人无意之中给违规者提供了一种反面机会；而一旦违规者和违规行为越来越多，这种反面机会就越来越少，直至最后完全消失，大家彼此都受到违规行为的相互专制，那时，任何违规者都再也得不到任何好处。这一点在交通路口表现得最明显。如果多数人遵守交通规则，少数人任意通行，那么，这些不讲规则的

---

① 卢梭：《社会契约论》，商务印书馆1980年版，第51页。

人往往能够跑得更快。但是一旦大家都不讲交通规则，那么大家就很可能都拥堵在路口而动弹不得，整个交通系统也会彻底瘫痪。

因此，规则需要大家在遵守上的普遍合作。"人民之中的每个人都很清楚，如果有了例外，那就会对他不利。因此，大家都怕有例外；而怕有例外的人热爱法律。"① 整个国家和社会舆论也要对遵守规则的行为给予褒奖，对违规行为给予谴责和确定无疑的制裁，由此形成遵守规则的良性环境。诚如此，社会的和谐有序就可以乐观预期了。

我们在强调行为合法的同时，当然也希望行为合理。一个行为既合法又合理，当然是最好的状态。但当合法与合理发生冲突时，我们就应该非常慎重。既不要因为合法而无视合理，也不要因为合理而放任非法行为。英国哲学家罗素说："为一个非法行为辩护，比为一个只是触犯传统道德的行为辩护，需要更强有力的根据。原因在于，尊重法律是任何还算过得去的社会秩序的存在所不可少的一个条件。当一个人认为某项法律是不好的时候，他有权利，并且也有责任去努力改变它，但只有在很少的情况下他破坏法律才是正当的。"②

3. 遵守规则的例外情形

规则是为人的生活服务。生活是活泼多变的，而规则却是一板一眼的，规则与生活相遇，总有其不适之处，这就会给我们带来或大或小的不便与麻烦。许多时候，这些不便与麻烦并不大，完全不值得我们为此去破坏规则，遵守规则所获裨益是如此之大，以至于需要我们去为规则的巨大好处而甘愿忍受那些小小的不便；但有时，这种不便和麻烦却很大，这时就需要开启遵守规则上的例外。因为，人民的福利毕竟是最高的法律，与之相比，那些具体的法律法条就是等而次之的事情了。以人民的福利为重，这是一条公正的和根本的准则，谁要真诚地加以遵守，谁就不会犯严重的错误。因此，一项具体的法律或法条一旦对人民的福利构成破坏，那就有开启执行上的例外之必要。但这样做必须非常慎重，必须确实出于无法排除的必要；轻率为之，往往会破坏规则的权威与尊严，降低人们对规

---

① 卢梭：《社会契约论》，商务印书馆1980年版，第51页。
② 罗素：《权威与个人》，商务印书馆2010年版，第88页。

则的信任与信仰，从而扰乱社会的公共秩序。对此，卢梭早已给出中肯的忠告。他说：法律的僵硬性会妨碍法律得以因事制宜，所以在某些情况下就能使法律成为有害的，并且在危急关头还能因此致使国家灭亡。程序以及种种手续上的拖延，都需要一段时间，有时候这是局势所不容许的。很可能出现千百种情况都是立法者所根本未曾预料到的。因此，就绝不能要求把政治制度坚硬化到竟致取消了那种使法律中止生效的权力的地步。然而，我们又不能轻率地因为些微不便就中止法律的效力。唯有最大的危险才值得去冒变更公共秩序的危险，并且除非是在涉及国家生死存亡的时候，否则人们是决不应当停止法律的神圣权力的。① 美国开国元勋、第三任总统托马斯·杰弗逊也主张把开启遵守法律上的例外情形这一政治权力授予担负着重大政治责任的官员，他们所承担的重大政治责任使得他们在必要时值得去冒政治风险开启遵守法律上的例外情形，那些有权监督和评判官员的人在总体上也有义务按照他采取行动时的环境对该官员作出政治评判。② 至于一般性的政治官员，尤其是事务类官员通常不宜享有此项政治权力，因为他们所接触到的规则带来的不便与麻烦往往是无关紧要，也非全局性的，更非根本性的，他们没有权力不按成文法律来处理事务。要知道，就一般而论，超越法律规则之行动导致的罪恶远甚于谨守法律规则可能造成的不便。所以他们不能轻启遵守和执行法律上的例外。正如罗素所言："遵从法律尽管不是一项绝对的原则，也是一项必须高度重视的原则，只有在很少的情况下，在深思熟虑之后才允许存在例外。"③

一些对法的精神和法治价值没有真切理解的民族容易出现两个极端。要么是无视法的存在和作用，表现出法律虚无主义态度；要么简单机械地株守法律法规，不惜因此窒息生命。古希腊的雅典城邦就有株守法条的现象。一位希腊人对波斯国王谈及自己的同胞时就说："虽然他们是自由人，但并非在各个方面都是自由的；法律是他们的主人，他们畏惧这位主人甚于你的臣民畏惧你。法律规定他们做什么，他们就做什么；法律的条

---

① 卢梭：《社会契约论》，商务印书馆1980年版，第163页。
② 杰弗逊：《杰弗逊集》下，生活·读书·新知三联书店1993年版，第1437页。
③ 罗素：《权威与个人》，商务印书馆2010年版，第88页。

文始终如一。法律禁止他们临战脱逃,不管遇到的敌人有多少;要求他们作战时坚如磐石,或者战胜敌人,或者死于敌手。"① 我国历史上把法家理论奉为治国圭臬的秦帝国也是死抠法律规则、漠视人民生命的恶政典型。据记载,有一年,秦国发生大饥荒,应侯请求把皇家庄园里的蔬菜、橡果、枣、栗分发给老百姓。昭襄王断然拒绝了这一建议,说:"吾秦法使民有功而受赏,有罪而受诛。今发五苑之蔬果者,使民有功与无功俱赏也。夫使民有功与无功俱赏者,此乱之道也。夫发五苑而乱,不如弃枣蔬而治。"(《韩非子·外储说右下》)

为了守法竟弃民生死于不顾,这是多么冷血的"法治主义"啊!它以"日常的治理常规"之一叶遮蔽了"紧急状态下生命拯救"之泰山,用法律问题把人道问题驱逐出关注的视野,从而在生命救治和规则株守之间作出了错误的价值判断与行为选择。这样的法律法规已不再是呵护生命的正义之神,而是拘禁戕害生命的绳索与戒条,呈现出其冷峻、酷严、苛暴的恐怖面目。这种完全不顾人道、决然摈弃对生命之温情的法律,不仅是恶法、苛法,简直就是一种死法。

4. 规则的变革

规则固然需要稳定,但也需要变革,尤其是社会转型时期,伴随着社会生活的快速变迁,规范行为调节关系以形成秩序的规则也要与时俱进作相应的调整与改变,由此就有变法之必要。美国开国元勋杰弗逊在他的备忘录中就设想过这种需要。他说:"我不是一个主张频繁变动的人——但是法律和制度必须与人类思想的进步同步。由于人类的思想变得更发达、更明智,由于新的发现不断出现——行为方式和舆论也在发生变化,制度也必须和时代同步前进。"② 因为社会环境改变后,人与人之间的权利义务关系会相应改变,人们的思想观念、行为方式、价值取向也都会发生相应变化,整个国家与社会关注的重点、致力解决的问题也不一样。在这样一个大背景下,一些原有的规则已经不能适应形势的变化而成为滞碍社会

---

① 转引自斯塔夫里阿诺斯:《全球通史:1500年以前的世界》,上海社会科学出版社1999年版,第218页。

② 转引自哈拉尔:《新资本主义》,社会科学文献出版社1999年版,第498页。

发展的条条框框，而另有一些社会生活领域亟待发现或建立新的规则，还有一些规则需要作全新的解释。所有这些努力合成在一起，就会使社会的规则体系发生缓缓地改变，最终形成新的规则体系。在西方，伴随着从身份社会向契约社会的转变，是长达几百年的规则体系的变革；而在成功转向现代社会后，西方国家的规则变革也从没有停息。它们针对经济社会生活中的新问题，制定了大量的管制法规和旨在为公民提供公共服务与福利的法律。作为柔性规则的道德也在缓缓地变化，过去，人们更多地强调自由、自主，并把一个人生活得幸福与否更多地视为个人的责任，而今天，越来越多的人在越来越大的程度上把个人生活的境遇置于政府的肩上，似乎政府要为个人生活的任何失意负责。有些人一想起自己生活的不如意，就骂政府、怨社会，而从不在自己身上找原因。自从20世纪60年代以来，西方社会更是经历了一系列解放运动。这些运动都试图把个人从许多传统的社会规范和道德准则中解放出来。在整个西方世界，相继爆发了性革命、妇女解放运动、女权运动以及支持男、女同性恋者权利的运动。每场运动所寻求的解放都跟规则的变革有关，都旨在突破旧规则，寻求更有助人性发展的新规则。

在我国，规则变革是社会变迁的核心层面。自觉的十一届三中全会始，国家工作重心从以阶级斗争为纲转向以经济建设为中心。为了给以经济建设为中心的社会主义现代化建设提供有效的秩序，国家努力推进政治生活的民主化和法治化，制定和颁布了大量的法律和法规。仅从1978年至1988年这十年，国家层面的立法数量就超过前面三十年立法数量的总和。随着我国确立社会主义市场经济的体制改革目标和社会主义法治国家的政治体制改革目标，也随着我国更深度地融入国际社会，通过规则的废、改、立、释，国家的规则体系又发生巨大变化。针对1982年通过的宪法，全国人大就先后颁布了四个宪法修正案，提出了许多新的重大的宪法原则；许多法律法规法条从抽象理念到具体条文、从基本原则到具体细则，都有重大的结构性的改革与调整；有的法律前后修改多次，无论是立法精神、法律框架、条文条款，甚至是法律措辞都有显明的变化。比如作为正义之法律的典型态——刑法就先后修改了八次，2011年颁布的《〈刑法〉修正案（八）》取消了13个经济性非暴力犯罪的死刑,占死刑罪名总数的19.1%。①体现了司法伦理和法治文明的进步。因此,从规则的变革,我们可以看到社会的变迁,正是在此意义上,我们可以说,规则的变革史就是社会的变迁史。

规则的变革是经由规则社会选择和文化选择而实现的。在这一点上,它与生物进化既有相似之处,又有相异之处。就规则的变革是一个进化过程而言,它与生物进化是一样的,都排除了独立于进化过程的人格化主体对进化过程的外力控制和主观设计;正如生物不是出自上帝的创造,规则也不是出自哪个伟大人物的创造。但规则的进化与生物的进化又有重要的不同之点。生物进化是通过遗传和基因突变借助自然选择实现的,生物有机体发生随意的遗传变化,那些最适应环境的,得以存活和繁殖。而规则进化不像基因突变那样通过自然选择实现,而是通过社会交往与文化传播实现的,即那些经由实践证明最适应环境的规则,那些成功地使最先采用这些规则的族群得到更好发展与繁衍的规则,得到其他族群的学习效仿,而那些没有发现或采用这些规则的族群则在与前者的竞争中衰败下来。在这个可以说是规则的竞争过程中逐渐实现了规则的变革和替换。

规则的变革既重要又复杂,它影响人们的行为选择、规则意识,甚至包括对规则的道德情感,也影响规则系统的结构以及规则系统的整体效率。而其中牵涉到的因素是如此之多,以至于一个细则的微调也需要我们极高的智慧,包括对人性的洞察、对社情民意的把握、对利弊得失的比较与权衡,在任何一个方面若有不慎,都会导致远大于意图结果的不良非意图影响。因此,在规则的变革中,我们必须有最大限度的谦慎。一种规则除非已充分表明其不良性,否则,不宜轻率变更。亚里士多德指出:"法律所以能见成效,全靠民众的服从,而遵守法律的习性须经长期的培养,如果轻易地对这种或那种法制常常作这样或那样的废改,民众守法的习性必然消减,而法律的威信也就跟着削弱了。"因此,"变革实在是一件应当慎重考虑的大事。要是变革所得利益不大,则法律和政府方面所包含的一些缺点还是姑且让它沿袭的好;一经更张,法律和政府的威信总要一度

---

① 《中共中央关于全面深化改革若干重大问题的决定》"辅导读本",人民出版社2013年版,第226页。

降落,这样,变革所得的一些利益也许不足以抵偿更张所受的损失"。① 即便必须变革规则,那么新规则的制定也必须最大限度地吸收民众智慧,并预测可能引起的行为反应。在出台之前,"必须经过反复论证和科学评估,力求切合实际、行之有效、行之久远,不能随便'翻烧饼'。否则,失之毫厘,谬以千里"。② 美国的开国元勋们之所以给国会的立法权设置两院体制的约束和保守迟重之法院的制衡,正是为了节制国会立法可能存在的轻率倾向,使规则的变革更趋妥适与稳重。正如哈耶克所言:"司法审查对变革而言,并不是绝对的障碍,它——只是延缓变革的进程,并且促使立宪机构必须就争议中的原则做出舍弃或重申的决定。"③ 在规则的变革中,必须正确处理好改革与法治的关系,以法治的精神并在法治轨道上进行制度、体制和机制的改革,改革那些有违法治精神的法律法规和法条,抑或人们通常所讲的非法治之法或者恶法,使之趋近于法治之法,从而实现良法善治。

---

① 亚里士多德:《政治学》,商务印书馆1965年版,第81页。
② 《习近平关于全面深化改革论述摘编》,中央文献出版社2014年版,第42页。
③ 哈耶克:《自由秩序原理》上册,生活·读书·新知三联书店1997年版,第242页。

第四章 政府管制与自由

国多忌讳而民弥贫。 ——老子

　　社会成员的自由空间是有边界的,超越边界的行动必将给他人和社会带来损害。自由空间的边界通过两种方式划定:一是作为一般性正当行为规则的法律的禁止性规定,或者说是普通法的禁止性规定;二是针对特定社会问题为达到特定目的而通过立法制定特殊法规作出的限制约束。后者就属于通常所讲的政府管制范畴,其中的行政审批或行政许可和行政监管是最为我们所熟悉的管制工具。政府管制与公民的社会自由空间密切相关,而且关系又是十分复杂。有时,一项政府管制政策到底是给予了还是限制了社会成员的自由,委实难以简单地作出判断。其难度在于"在得到一切人认可的古老警察职能与某些人建议施行的新型管制职能之间,到底存在什么本质的差别,是最难以捉摸的东西"。[①] 有些管制行为从一个角度看似乎是限制了个人的自由,但从另一角度看又好像给予了个人自由;反之亦然。因此,设计一种良善的有多方面正当性的政府管制制度相当不容易,非常需要政府的智慧。而只有一种定位正确、范围适当、内在精神符合法治价值追求的政府管制制度才有助于保护公民的经济社会活动自由,在定位、范围和内在精神上的任何程度的差池都会使政府管制蜕变成一种限制甚至破坏公民经济社会活动自由的制度。人类针对经济社会问题实施的政府管制的历史虽不太长,但也已充分表明这项制度的危险性,政府管制要保持适当适度实属不易,政府管理的职能定位和权力扩张的内在逻辑都容易使政府管制走过头,与管制不足相比,更常见的是管制过

---

① 《斯蒂格勒论文精粹》,商务印书馆1999年版,第131页。

度。当今世界几乎所有国家都受困于政府管制过度之苦,就连美国这个一向被视为自由堡垒的国家,也有烦琐绵密的政府管制,以致有"管制资本主义"之诮。我国也是一个以管制过多而著称的国家,我们的经济"仍然是一个被高度管制的经济,中国企业家在创业和经营企业方面仍然受太多不合理的约束";① 我们既有遗传自计划经济体制的政府管制,又有适应市场经济发展而出现的政府管制。我们的政府管制无论在性质、数量、还是程度上与资本主义国家相比,都是有过之而无不及,其对公民自由的损害与破坏也相对更大,并已严重影响了经济社会的健康发展。这些年来,社会一直有改革政府管制制度,把市场和社会解放出来的强烈呼声。党的十八届三中全会通过的《关于全面深化改革若干重大问题的决定》要求让市场在资源配置当中发挥决定性作用;一些地方政府也开始了新一轮的政府管制制度改革,并明确理出政府权力清单、责任清单和企业负面清单。这是压缩政府管制权力,扩大公民自由空间的重大举措,必将对我国的经济社会发展和政治文明进程产生深远影响。

一 政府管制:一种微观干预的制度安排

1. 政府管制的起源

一般意义上的政府管制起源很早。在我国,自从有了城市,就有了对城市经济生活的政府管制。因为我们的城市自始就是作为一个军事政治单位存在的,其经济生活向来不是占主导地位,而只是为政治军事职能活动提供物质基础。因此,城市的修建管理必须符合更为根本的制度规范——王制或礼制。城市只能在"王制"——"礼"——的规范之中存在和发展,不可能溢出这个规范之外,更不可能抗拒这个规范。② 其中自然也包括对城市经济生活的管理与规范。自古以来,大小城邑均设有市场。战国以前的市场都是根据封建"礼法"设置在城内的一定地点,并成为城内的一个特殊区域。战国以后的市场仍然是根据《周礼》《王制》的规定,由官家设立,并设官管理。这种限于固定地点的官立市场制度,直到北宋

---

① 张维迎:《市场的逻辑》,上海人民出版社 2010 年版,第 86 页。
② 傅筑夫:《中国经济史论丛》上,生活·读书·新知三联书店 1980 年版,第 335 页。

年间，才随着城内坊制的改变，撤除了围墙门禁的限制，政府不再以命令设立某市或废止某市，同时也取消了"日中为市"的时间限制，商人们的门面铺席，工匠的作坊货肆，可以散布于城郭各处，其他"屠沽负贩"亦可以自由选择适宜的营业地点，在城郭内形成繁华的商业区。但，即便如此，政府对市场经营行为一如既往有许多细致的管制。

历代的市场管理制度皆本于《周礼》。《周礼》地官有司市，其属官有质人、廛人、胥吏、贾师、司暴、司稽、肆长、泉府、司门等官。质人主平抑物价，廛人掌市中邸舍及征收"货贿停储邸舍之税"。其余"自胥吏以及司稽，皆司市所自辟除也。胥及肆长，市中给繇役者，胥师领群胥，贾师定物价，司暴禁暴乱，司稽察留连不时去者"，泉府掌钱币，司门掌市门之启闭。由设官之多、分职之细可见政府对市场经营活动管制之深。

战国以后，工商业者仍然是不自由的。秦汉时代，在市内营业的工商业者都有市籍，[①] 注销市籍，即与罪谪相同，其身份相当于奴隶或半奴隶。国家一有战事，首先就从这些人中征用戍卒。在平时，这些工商业者的社会政治地位也很低，统治阶级千方百计采取措施排挤、抑制、贬低、打击他们，给他们以不平等的待遇，让他们遭受整个社会的歧视。在这方面，历朝历代所采取的政策细节可能不一样，但精神实质却高度一致，就是抑商、轻商和贬商。商人成了这个社会道德上的弱势群体，任何人都可以对商人进行道德谴责。农民说商人狡诈以掩盖自己的愚昧；文人说商人铜臭以平衡自己的穷酸；官员说商人游滑以辩护自己管理上的无能；甚至连娼妓也说商人朝秦暮楚以掩饰自己的水性杨花。商人自古就背负了不义之名。他们劳而无功，总被人怀疑使了什么奸术；富而不贵，总是受到贬抑与打压。官员把商人当作一只肥鹅，拔它的毛又不让它叫唤，动不动就让它流淌道德的血液。

为了限制民间工商业的发展，同时又能够满足朝廷对工商业产品的奢侈需要，封建统治者就建立了官工业制度、土贡制度和禁榷制度。在上述各种制度并行的情况下，私人工商业的活动范围被大大压缩了。而即便在这狭小的范围里，工商业活动从生产到销售依然深受管制。在生产方面，

[①] 陆建伟：《秦汉时期市籍制度初探》，《中国经济史研究》，1999年第4期。

禁止生产任何新奇的物品，因为任何新的品种和花色，都被认为是"奇技淫巧"，生产这些东西是与统治者号召的抑奢精神相抵触的；对于销售过程的干涉和管制，更是无微不至。在坊市存在时期，一切交易都严格限制在一个方圆不大的固定区域内，并在众多的市政官吏稽查管理之下进行。入市交易的商品必须以类相从，分别陈列在规定的地点，称为肆或次。肆中出售的商品，其价格须由官家评定，按旬、按月或者按季进行评定，由质人或者贾正专门负责。入市交易的商品也有许多质量和款式的限制，一切与封建礼制不合的东西不得入市交易，一些有伤社会风化的东西不得入市交易，违反时令、没有成熟的农产品不得入市交易。此外，还限制营业时间。在宋以前，一直保持着古代的"日中为市"制度，城市市场是朝聚夕散，市门也是朝开夕闭。交易时间皆在上午，过午则渐散，至夕而罢，罢市之后，一切交易皆须停止。现在有些农村小集镇依然还保留着这种交易古风。

　　在西方，政府管制的思想和制度萌芽可以追溯到古希腊。柏拉图和亚里士多德都看到了私人权利对公共利益可能存在的侵损，因而主张对私人在市场上的经营权利行为进行一定程度的管制。无论是内贸还是外贸，都必须在专门开辟的场地里进行。市场上有专门的市场管理员，他们的第一项工作是保证市场周围的庙宇不受任何人的任何破坏；第二项工作是注意百姓在从事他们的职业时是有秩序的还是无秩序的，并给予需要受到惩罚的人惩罚。他们必须保证，市民们卖给外国人的每种商品都是按法律规定的方式出售的，而法律规定的方式是极其细琐繁杂。他们也只保护那些按法律规定的方式进行交易的人。市场管理人会同城市管理员在市场上划出适当的地段，并规定每种商品的出售地点，每种商品都必须在给它们划定的地段出售。当有人通过买卖同另一个人发生交易时，转移货物的工作必须在市场的指定地点进行，并当场收取货款；不允许先付钱后交货或者赊账。一个出售货物的人收到50德拉克马或50以上德拉克马的货款，他就应该待在国内10天，而买者必须知道卖者的住所，以便进行由于此种商品关系而易于产生的诉讼和依法退回商品。市场上任何商品的卖者决不能对其货物定出两种价格，而只能定出一种，并且如果卖不到这一价格，他可以非常正当地把他的货物转移到另一个地方，但在当天不得提价或者降价。他不得强行推销他的货物或为货物的质量赌咒发誓。如果有人违反了这些规则，任何路过的公民，只要他的年龄不在30岁之下，都可以惩罚这个人并揍他而不受惩罚。政府管制还应包括对劳动质量和劳动工资的规定。如果一个工匠没有完成规定时间内的工作，那么他将受到神的惩罚，他必须支付他欺骗雇主的那些工作的价款，并在规定时间内无偿地再完成一次他的工作。另外，一个工匠，不得趁机规定高出于他的服务价格过多的价格。在农业生产中，也有许多细致的管制规定。如果有人在自己地里烧荒而没有注意保护邻居的庄稼或树林，就必须支付一笔由官员决定的罚金；任何人可以将水供给自己的土地，前提是水源必须是公共水库，并且他不去截断任何私人的地表水泉。水是植物最有营养的食物，而且很容易受到污染，因此水必须得到法律的保护。

我们不要以为这是柏拉图的主观臆想。如果说他的《理想国》里确有许多臆想成分，那么，他的《法律篇》所描述的很可能就是当时古希腊雅典城邦的真实情况。

近代西方国家的政府管制起源于工业化和城市化的历史进程。伴随着工业革命和城市化的巨大历史变革，西方国家内部出现了许多前所未有的社会问题。粗笨复杂节奏很快的工业机器和将许多人集中在一起的工厂体系给工人的身心都带来了明显的伤害；一些工厂生产条件恶劣：场地湿滑、照明昏暗、空气污浊、噪声刺耳；更有甚者，一些必要的安全设施没有安装到位，经常发生机械伤人事故。在许多工厂里，工人劳动时间长，工作强度大，大量地雇佣童工和女工；而且，资本家还经常以各种借口压低工人工资。诸如此类情况在资本主义原始积累时期的工厂里是十分普遍，以至于被人称之为"血汗工厂"。这绝非耸人听闻的说辞，而是当时情况的真实反映。

针对这种情况，在社会各界包括资产阶级改良派所施加的政治压力下，资本主义国家的议会和政府主动或被动地出台了一些管制措施。从1833年至1864年，英国议会颁布了关于工作日的若干个法令。1833年的法令规定工厂的普通工作日应从早晨5点半到晚上8点半，共15个小时；少年每天做工不得超过12小时；禁止9岁至18岁的少年做夜工。1847年通过的新工厂法规定，从1848年5月1日起，实行每天10小时工作日制。以争取改善工人生产条件为宗旨的英国工厂立法，对欧洲和北美其他国家的类似社会改革运动产生了极大的影响。法国在英国后面慢慢跟了上来，它一下子就给所有的作坊和工厂毫无区别地规定了同样的工作日界限；而北美大陆限制工作日的社会改革运动进展更快，争取 8 小时工作日运动，迅速从新英格兰蔓延到了加利福尼亚。对于这个运动及其所争取到的成果，马克思给予高度评价："从法律上限制工作日的朴素的大宪章，代替了'不可剥夺的人权'这种冠冕堂皇的条目，这个大宪章终于明确地规定了，工人出卖的时间何时结束，属于工人自己的时间何时开始。多么大的变化啊！"①

除了对工作时间的管制外，还有对劳动条件的管制。广泛运用的机器虽然提高了劳动生产率，但也使工人变成了机器体系的一部分，一辈子重复一个相当简单的工作行为。不仅如此，复杂的机器还有伤害工人肢体的危险。所以，一开始工人反抗资本家的运动主要表现为捣毁机器；后来才学会把机器和机器的资本主义应用区别开来，从而学会把自己的攻击从物质生产资料本身转向物质生产资料的社会使用形式上。就是在这种斗争中，资产阶级被迫作出一些让步，对工厂里的生产条件和安全设施作出一些法律上的强制性规定。如厂房应该粉刷墙壁，应该保持清洁通风，对于危险的机器应该进行防护。尽管这些措施在内容上显得非常贫乏，②但工人的生产环境毕竟因此有所改善，这是对工厂生产条件和安全设施进行政府管制的开始。

在美国，政府管制首先是从对铁路运输业开始的。南北战争后，美国进入了工业化的快车道，铁路建设一日千里，并在国民经济发展中发挥着巨大作用。然而，铁路运输行业也很快出现了垄断现象。查尔斯·比尔德就曾经说："美国铁路业弊病丛生。"③ 中小企业主和民众怨声载道，并发动了"格兰其运动"，对垄断的各铁路公司进行攻击；农民绿色纸币党也行动起来，要求政府对铁路公司滥用市场支配地位的行为进行管制。1887年，美国国会通过了《州际贸易法》，建立了州际贸易委员会对铁路运费进行管制。这是美国政府管制的开始。

此后，美国的政府管制从反垄断领域出发，一直向其他领域蔓延。

---

① 《马克思恩格斯文集》第 5 卷，人民出版社 2009 年版，第 350 页。
② 同上书，第 553 页。
③ 查尔斯·比尔德：《美国政府与政治》上册，商务印书馆 1987 年版，第 442 页。

1906 年通过《食品与药物法》，建立了对食药品的质量管制；1920 年根据国会通过的《联邦水力法》，建立联邦动力委员会，对内河流域内的水电建筑实施强制性的许可证制度。此外，联邦政府根据《农产品销售法》《谷类价格法》《棉花期权交易法》以及《仓库法》对农业和农产品生产与销售进行管制。这种政府对经济生活的管制在 1929—1933 年的资本主义经济大危机影响下实施的罗斯福新政期间达到了高潮。20 世纪 50 年代以后，美国国会又通过一系列法律，将政府管制范围扩展到能源、天然气、石油价格、核动力开发、有毒废物排放、环境保护以及矿山安全、劳动安全和消费品安全等领域。政府管制由经济性管制进一步扩展到社会性管制。到 20 世纪 70 年代时，美国已经成为"管制资本主义"的典型。卡普兰就曾说过："20 世纪 60 年代开始并持续至今的联邦政府职责的扩大，把过去一直是工业民主国家中集权最少的美国政府变成了集权最多的政府之一。"①

2. 政府管制的逻辑基础

政府管制作为一种微观干预的制度安排是历史的产物，它的产生与建立有其现实的逻辑合理性。对此，即便是最自由放任的思想家也不会予以否认。休谟是一位伟大的政治怀疑论者，他并不指望从政治和政府中获得多少善果，但即便这样他也不否认政府也有积极的任务，有依法处置具体问题的权力。幸亏有这种处置权，才从一个角度促进了社会秩序。深受休谟影响的亚当·斯密虽然更加竭力呼吁自由，主张一个人只要不违反体现正义的法律，就应当给予充分的自由；但他也清楚地看到：人们所行使的自由权利，如果不加限制就可能会危害整个社会的安全，因此，没有不受法律限制的自由权利。他举了一个银行业货币发行的例子。他针对一些人提出的"银行钞票无论其数额大小，只要私人愿受，就应在许可之列。政府禁止其领受，取缔其发行，是侵犯天然的自由，不是法律应有"的观点，指出："从某观点说，这限制诚然是侵犯天然的自由。但会危害全社会安全的少数人的天然自由，却要受而且应受一切政府的法律制裁，无论政府是最民主的政府或是最专制的政府，法律强迫人民建筑隔墙，

---

① 卡普兰：《美国社会发展趋势》，商务印书馆 1997 年版，第 245 页。

以预防火灾蔓延,其侵犯天然自由,无异于我们这里主张以法律限制银行活动。"① 英国学者波兰尼指出:"引进自由市场不但没有消除对控制、管制与干涉等方面的需要,反而扩大了它们的范围。政府官员必须随时保持警觉,以确保这个制度的自由运行。因此,即使是那些最强烈主张除掉政府所承担之不必要责任的人,也就是那些以限制政府活动为其哲学的人,也不得不将新的权力、机构与制度委诸政府,以求建立自由放任制。"②后来的经济学家更是以经济学的专业理论系统论证了政府管制的必然性和合理性,从而给政府管制奠定了似乎非常可靠的理论基础,而现实生活中一些现象的直观分析也似乎证明了政府管制的必要性和优越性,政府管制就是在这样一些貌似科学的理论观念氛围中以不断自我强化的方式发展起来的。今天,我们需要重新审视这些理据,唯有如此,才能使政府管制回归合理的定位。

第一,外部性的存在。

一个人所作的决策行为有许多势必会对第三人产生一定程度的影响。这种影响既可能是有益的,也可能是有害的,无论是有益还是有害都很难含括在双方当事人交易达成的结果中。经济学把这种外溢性的影响称之为外部经济或者外部不经济。20世纪50年代,美国经济学家萨缪尔森首创了"外部性"概念,取代了外部经济或外部不经济这个短语。所谓外部性,是指一个经济机构对他人福利施加的一种未在市场交易中反映出来的影响。在生产和消费过程中当有人被强加了非自愿的成本或利润时,外部性就会产生。③ 比如A和B达成了一笔交易,这笔交易对C产生了一定性质和一定程度的影响。此种影响即为交易决策行为的外部性。传统的福利经济学往往把市场决策行为的外部性视为政府管制的逻辑依据,认为这种外部性在市场中无法内部化,必须得由政府进行管制,才能对产生外部性的市场决策行为有足够约束,进而保护受到这种市场决策行为损害的某种权利和利益。他们最经常举的例子就是污染。企业主开工生产造成了粉尘、烟雾、废水、废气和固体废弃物的污染,其影响范围之大、影响人数

---

① 亚当·斯密:《国民财富的性质和原因研究》上卷,商务印书馆1972年版,第298页。

② 卡尔·波兰尼:《巨变:当代政治与经济的起源》,社会科学文献出版社2013年版,第252页。

③ 萨缪尔森:《经济学》第16版,华夏出版社1999年版,第267页。

之多、影响结果的非直接性,都使得受到污染影响的人很难形成有组织的力量与企业主进行讨价还价,影响者与被影响者之间无法通过市场交易实现权利的优化配置,因为这种权利的交易成本是极高的,而且还无法进行有效率的分配,因而只能求助于政府的权威管制,由政府对企业主的污染行为作出限制,以图保护那些受污染者的利益。否则,企业主的污染就会一直持续下去,直至他的污染收益等于污染也给他自己造成的损失。因此,没有管制的市场经济会产生一定水平的污染,在这个水平上,污染的私人边际收益等于私人边际成本,而整个社会则会产生太少的控污行为和太多的污染。

到目前为止,世界各国政府控制污染的管制制度都是建立在这个经济学理论基础上。政府或者通过污染总量控制或者通过设立污染标准对生产与生活的污染进行控制。比如1970年美国通过的《空气洁净法》将三种主要的污染源的规定排放量降低了90%;到1977年要求新的厂家必须减少90%的硫化物排放量。政府也可以通过立法制定企业污染排放的技术标准,如果这个标准被合理地确定下来,那么企业的污染排放就会达到有效率的污染水平。在这个水平上,企业的经济效益和整个社会的经济与非经济效益都处于最大化状态。

为了避免直接的行政性管制的陷阱,许多经济学家建议政府应更多地依靠经济激励而非行政命令,办法之一就是收取排污费和排污权市场交易,即要求厂商为他们的污染支付等于其外部危害的税款。这既是企业排污行为的经济代价,也有通过征取排污费、挤压企业赢利空间,倒逼企业减少污染的政策意涵,并为整个国家的污染治理筹集必需的经费。而污染权市场交易则通过创建市场交易平台,让控制和降低污染的企业能够从中受益。这种控制污染的经济手段被认为相对于行政手段更具优势,是市场交易原理在政府管制领域的具体应用。然而,收取排污费这种经济手段其暗含的灰色寻租空间也相对更大。

政府管制的外部性理据遭到了以科斯和斯蒂格勒为代表的一批经济学家的质疑。科斯认为:外部性的存在并不能成为政府干预的依据。仅仅是外部性的存在并不能为政府干预提供任何理由。"政府干预也有其成本的事实使下述论断非常合适:大多数外部性应该被允许继续存在,如果我们追求的是生产价值最大化的话。如果我们假定政府并不是庇古理想中的政府,而是更像他描述过的正常的政府当局——无知、迫于压力和贪污腐败,那么这个结论就更有说服力了。"① 政府管制通常使情况变得更糟。

第二,逆向选择与道德风险。

逆向选择是理性选择的一种表现形式。它和正向选择表现形式不同,但追求的目标却一致——即利益最大化。如果结果与努力紧密挂钩,呈现逻辑上的正相关性,那么利益主体就会作出正向选择,即作出更多的努力以获得更多的结果。但是当结果为既定时,那么利益主体就会转变竞争方向,从作出更多的努力转向减少努力付出以求变相实现利益最大化,这种行为选择就是我们这里所讲的逆向选择或者逆向竞争。

经济学界最早开始逆向选择的研究。1970 年,经济学家阿克洛夫在《经济学季刊》发表论文《次品市场:质量、不确定性和市场机制》,他以二手车市场为例分析了在买卖双方信息不对称的情况下出现的一些现象。他发现在二手车市场中,卖者显然比买者更了解车辆的质量状况,买者对卖者介绍的情况只有有限的信任,甚至不怎么信任。在这种情况下,买者只愿意按质量比较差的状况出价,尽可能压低价格以求弥补可能遭受的损失;而卖者也就会把与买者出的较低价格相称的较差的车出手。这个过程不断循环,直至市场上只有最差的车,从而导致二手车市场的萎缩和瓦解。这个出价越低导致肯卖的车子质量越差的过程,叫作"逆向选择"。导致交易双方出现逆向选择的原因是事前的信息不对称,即交易或者行为之前存在的一方知道而另一方不知道的信息。每一方都只愿意按照自己所了解的情况作出相应的行为选择,这一过程不断循环,直至出现一个最差状态。

逆向选择在政治领域也是广泛存在。在很多时候,选民对代理人的工作情况是不太了解的,选民与代理人之间存在严重的信息不对称。他们在选择代理人时不是比较他们的优点长处,而是比较他们的缺陷和不足,哪一个代理人缺陷和不足相对更少,他就能成功胜出。

在一个信息不对称的环境,除了逆向选择,还会出现行为选择上的"道德风险"。即享有信息优势的一方可能会凭借自己的信息优势而规避契约规定的义务,如不尽职地提供劳务、磨洋工、没有尽到小心防范

---

① 罗纳德·科斯:《企业、市场与法律》,上海三联书店 2009 年版,第 25 页。

的义务而是放纵生活或生产过程中可能出现的风险。比如一个人投了汽车保险，他对汽车遭受损害的风险防范意识可能就会减弱，一些没有投保时会有的防范措施可能就会因为投保而被忽视，或者在驾驶过程中相对于过去有更多的粗心大意和疏忽。无论是逆向选择还是道德风险，都是市场中的机会主义现象。如果以签订合同的时间为界限，逆向选择是"合同前的机会主义"，因为私有信息的存在提供给人们在合同签订前讨价还价时说谎的机会；道德风险是"合同后的机会主义"，因为许多行为是不可观察的或不可证实的，这就提供给人们在合同签订后行骗的机会。

为了防止市场竞争中的逆向选择和道德风险，经济学家提出政府管制的政策建议。用企业的资质制度或职业资格制度来作信息不对称情况下的信用担保，遏制逆向选择的螺旋式下降，保障市场的正常运作和健康发展。针对合同后的机会主义，政府设计出了出险状况与保费标准挂钩的制度，通过保费标准的变化对当事人形成一种正负激励，以此来抑制道德风险这种合同后的机会主义行为选择。除此之外，还有股票市场上的信息强制披露制度，以此在一定程度上缓解市场交易主体之间的信息不对称状况。

第三，公地悲剧。

人类自从出现私有制，公共土地等公共资源就不断遭受侵蚀而日渐消散。这一现象早就被亚里士多德所窥见。他说："凡是属于最多数人的公共事物常常是最少受人照顾的事物，人们关怀着自己的所有，而忽视公共的事物；对于公共的一切，他至多只留心到其中对他个人多少有些相关的事物。人们要是认为某一事物已有别人在执管，他就不再去注意了。"[①]自私的人们不但不去关心公共事物，反而会利用各种机会攫取公共事物中的一部分作为自己的私人利益。这种行为如果不加制止，任其泛滥，就会导致公共事物的悲剧。人类历史就在一直上演着这种悲剧，直到今天依然没有更好的制度安排来避免。哈丁就曾描述过种公地悲剧。他设想有一个向所有人开放的牧场，每一个理性放牧人都想尽可能多地放养牲畜以获取更多的个人利益，但是当公共牧场上放养的牲畜越来越多时，公共牧场就

---

① 亚里士多德：《政治学》，商务印书馆1981年版，第48页。

会退化,直至最后再也无法放牧。哈丁说:"公用地的自由享用给所有人带来了毁灭。"① 美国知名学者埃莉诺·奥斯特罗姆用公共池塘来指喻公共事物。形象设喻不一样,但内涵的道理完全相同。

香港经济学家张五常用专业的经济学语言分析了公地悲剧。他认为公共资源的公共性决定了任何人都无权排斥其他人使用,大家都可以为使用它而进行自由地竞争。由于没有排他性使用权,人人争相使用某项共有财产,会把其租金的价值或净值降为零。这是因为,如果没有人对该共有财产的价值(即租金)拥有排他性权利,那么,人们的相互竞争使用所导致的结果是:每一个竞争使用者所获得的,只不过是利用该共有财产所需的他自己的资源的可选择的收益。换言之,在互相竞争的情况下,由于没有一个人享有特别的优势,不具有排他性权利所有者的"奖金",将会被必须用来赢得这种奖金的其他资源的成本所消散或吸收。因而,所赢得的奖金的净值等于零。②

对于如何解决公地悲剧,包括哈丁在内的学者都认为,需要一个有强大制约性权力的政府。哈丁说:"在一个杂乱无章的世界上,如果想要避免毁灭,人民就必须对外在于他们个人心灵的强制力,用霍布斯的话语来说就是'利维坦'表示臣服。"③ 由这个机构对使用公共财产资源的行为进行控制与管制。而另一些经济学家如德姆塞茨则主张通过把公共资源转化为私有财产来解决公地悲剧问题,他们提出"外部资源内部化",即把公共资源转变了私有财产,这样一来,私人业主就会有保护资源的动机。埃莉诺·奥斯特罗姆则通过大量的调研和案例研究发现,人类团体在不同时代和不同地方,常常可以找到"共用资源悲剧"的解决方案,许多此类方案既不需要把共用资源私有化,也不需要由国家来管制;人们可以理性地制定非正式规则或者是正式规则来分享共用资源。香港经济学家张五常也对政府管制的有效性持保留态度,他说:"虽然管制或限制使用某项公共财产常常可以减少租金消散,但是可以获得的租金通常少于该财产由私人拥有所获得的租金。""诚然,法规可以减少租金消散,但在这一过

---

① G. Harding: The Tragedy of the Commons, Science, Vol. 162, 1968, pp. 1243-1248.
② 张五常:《经济解释》,商务印书馆 2000 年版,第 428 页。
③ 转引自埃莉诺·奥斯特罗姆:《公共事物的治理之道》,上海三联书店 2000 年版,第 22 页。

程中，它们不仅会扭曲资源的运作，而且还会招致腐败和特殊利益集团的出现。"① 现实生活的情状也正是如此。在资源公共化并由政府管制的地方，公共资源的配置与利用效率并不高，而且，还出现一些以公共资源谋取行业内职工高福利的特殊利益集团。

上述三个方面问题概称为市场失灵，它是政府管制之逻辑基础的经典表述。世界各地的政府正是借由市场失灵的存在而正当在且大规模的介入市场进行干预与管制。然而，我们深入分析发现市场失灵并不像政府管制主张者所夸大的那样。市场所具有的优势，也并不以市场是完全的或者充分竞争的为前提条件。现实生活中，有些事务处理的市场失灵，与其说是市场秩序的失灵，毋宁说是市场秩序在当下之具体运作机制的失灵。正如阿玛蒂亚·森所言：市场机制"在实践中所产生的问题，通常是由于其他原因——而不是因为市场的存在本身——而导致的。对这些情况的处理不是压制市场，而是让市场更好地运作，具有更高的公平性，而且得到适当的补充"。② 随着我们找到更好的权利界分办法，找到更好的市场交易机制——如排污权交易，市场秩序就能解决一些以前不能解决的所谓失灵问题。1992年，瑞典议会通过了一项法案，要求用市场力量来调度铁路运输。当时有些人认为这完全不可行。但没想到，两位经济学家设计了一个极具创造力的拍卖方案，成功解决了客货运分散条件下铁路时刻表的编制问题。从这个例子可以看出，如果拍卖机制得到精心设计，那么市场本身完全有可能解决巨大的外部性问题。③

另外，还有一些所谓市场失灵是政府管制者忽悠出来的。张维迎就直言："所谓市场缺陷，很大程度上是市场批评者的臆想和由此导致的政府干预的结果。"④ 哈耶克一针见血地指出：市场"这种自发秩序的大多数缺陷和失效，多是因为有人试图干涉甚至阻碍它的机制运行，或是想改进它的具体结果。"⑤ 张五常也批评一些经济学家为推行政府干预，没有仔细调查，

---

① 张五常：《经济解释》，商务印书馆2000年版，第429页。
② 阿玛蒂亚·森：《以自由看待发展》，中国人民大学出版社2002年版，第135页。
③ 约翰·麦克米兰：《重新发现市场》，中信出版社2014年版，第252页。
④ 张维迎：《市场的逻辑》，上海人民出版社2010年版，第3页。
⑤ 哈耶克：《致命的自负》，中国社会科学出版社2000年版，第95页。

就提出"市场失灵"的概念，完全无视市场运作对解决环境退化问题的可能性。① 因此，我们不要想当然地简单认定市场失灵进而直接要求政府管制，而是多一份理智与冷静，察看是否果真存在市场失灵，是否值得政府出手管制，要知道，真正的市场失灵也只是政府管制的必要条件而已。

3. 政府管制过度的常规原因

在现实生活中，与政府管制不足相比，更常见的是政府管制过度。世界范围内似乎没有一个政府不热衷于管制，没有一个国家不在一定程度上多多少少存在管制过度的现象。当今社会，政府管制无所不在无孔不入。我们仔细看看，还有什么领域没有政府管制的影子，不经过政府的许可，我们还能干什么？那些实行计划经济体制的国家或者刚刚从计划经济转轨过来的国家，其政府管制之多自不必言，即便是奉行自由主义理论最彻底的美国，也存在过度管制的现象，以致有管制资本主义之讥。"你可以从事哪些行业，你可以收取什么样的价格，你的工作时间，你的工资，你可以买什么商品、在什么时候买，这一切的一切都由国家控制着。"② 人们为什么如此热衷于政府管制？政府管制为什么会呈现如此繁盛的景象？分析起来，导致政府管制过度的原因是多重的。

首先，管制者对管制需求的夸大与过度反映。任何一个社会客观上都存在一定程度的管制需求，问题是如何理性地实事求是地看待这种管制需求，这是政府管制正确定位的前提。现实中虽然不乏无视或者忽略这种管制需求的政府，但与之相较，更多的是重视甚至夸大这种管制需求，尤其是民主政府，基于民众的民主压力，或者为了争取选票，或者为了迎合民众的民粹主义情绪，往往会夸大现实中的管制需求，有时甚至会制造出管制需求。这是现代民主社会政府管制普遍比较繁密的根本原因。

其次，政府也有规避风险的强烈心理冲动。从逻辑上看，政府管制是针对外部性、信息非对称环境中的逆向选择和道德风险、公地悲剧等所谓市场失灵问题而设计出来的制度安排，政府管制的重要目的之一就是为了避免某种社会风险，如生态环境的污染与破坏、现代公交工具可能带来的

---

① 张五常：《经济解释》，商务印书馆 2000 年版，第 160 页。
② 约翰·麦克米兰：《重新发现市场》，中信出版社 2014 年版，第 257 页。

人身伤害与财产损失、产品质量对人身安全和身心健康的潜在威胁。一旦出现此类风险，政府将处于舆论抨击的风口浪尖，并导致相应的责任追究。也就是说在如何应对与处理上述社会风险时，政府本身也是面临着极大的风险。它可以给予少量的管制，把一些经济社会问题交由市场来调节，或交由社会组织来治理，但由此就可能潜藏着一些风险；它也可以强化管制，以求杜绝上述社会风险，尽管事实上常常是杜绝不了。但它毕竟为避免上述风险做了很大努力。在这里，出现上述社会风险的政府责任就要轻许多。在这种情况下，政府往往就会倾向于过度管制，而不管过度管制在深层次上给社会与人们的心理带来什么伤害。我们试举药品质量管制为例。政府对药品质量的监管是为了避免药品质量问题对患者身心健康的伤害。但如果政府过度追求用药安全而强化政府管制则又会滞缓新药的研制与投入使用，而这在无形之中又损害了患者的健康福利。这里，药品质量问题带来的风险是显性，而过度政府管制带来的新药研发迟缓的风险则是潜在的，不易为人所感知。在这种情况下，政府为了自身的责任安全就会倾向于过度的政府管制以避免那种显性的药品质量问题带来的风险。柯武刚、史漫飞指出："在政府的保护性职能中存在一种倾向，即喜好强调安全，而不惜牺牲对竞争系统协调能力和控制能力的培育，并因此而牺牲繁荣——如果议会和官僚们在安全问题上接受这种不计成本的井蛙之见，他们就会任保护性管制成本日积月累，并剥夺人们自行尝试和自行决断的自由权。其结果是糟糕的经济增长，这最终会在人的生命和安全方面招致更大的风险，并导致不断扩散的权利遭剥夺感。"[1]

我们的病人不能及时得到国外已经在使用的最新药剂，就是因为政府管制过度追求安全所致。根据规定，国外新药进入中国市场必须重新临床试验。任何一种新药无论拥有多么充分的国外临床试验数据，也无论在国外已经安全使用了多少年，要想进入中国市场就必须再在中国病人身上进行一次临床试验。通常情况下，临床试验至少需要两年时间。临床试验完成后，药监部门还要审查试验结果，之后还要经过进口报关、药品检验、药厂报价、招标采购等环节。这样算下来，一种新药从开始申请到最终用到消费者身上，平均需要5年时间。如果再算上纳入医保目录所需时间，

---

[1] 柯武刚、史漫飞：《制度经济学》，商务印书馆2000年版，第361页。

平均需要6—8年。药审过慢的部分原因在于前国家药监局局长郑筱萸，他滥用审批权而被判死刑。这让药监局官员变得格外小心，宁可不批新药，也不愿因审批新药而承担任何风险。①

再次，政府管制的寻租利益驱动也是政府管制趋于过度的重要原因。设立一项政府管制，就有潜在的可以预期的部门化管制收益，这在市场体制不健全、针对政府管制的约束性机制不完善、政府管制过程缺乏公开透明的国家更是如此。管制者不但可以合法地收取管制规费，还可以利用管制权力进行寻租，把稀缺的市场机会批给那些曾经给予管制者以或明或暗好处的市场竞争者，或者给予它们以优惠的差别化待遇，或者为它们提供行政性保护，使这些市场主体免于已在或者潜在竞争者的市场竞争。这还是在管制的正常状态下的情况，如果管制被金钱女色腐败，那么，利用管制进行权力寻租的行为就更加不堪了，那时，管制标准的执行、违法案件的查处都可以因人而异。而这里面的利益交换和利益输送是无法准确估量了。

最后，政府管制的大量滥用还与政府激励的扭曲有关。政府为了达到某个特定目的，有多种政策工具可供选择，但不同政策工具的成本代价支出是不一样的，政府会选择一个相对成本代价支出最小的政策工具。然而，当政府激励的结构被扭曲时，政府就会偏颇某种政策工具，从而导致该种政策工具的过度滥用。比如对一块私有土地，政府可以运用"征用"的政策工具，对私有产权进行影响，也可以通过"管制"限制其用途对这块土地的私有产权进行影响。如果是征用，政府就得给予补偿；而如果进行用途管制，则政府可以不花一分钱，政府将会视管制的成本为零。正是这种"财政幻觉"导致了政府的过度管制。既然两种政策工具都能达到某个特定目的，那么，相对成本代价支出最小的政策工具当然是最优先应该考虑的。再比如有一个私人企业提供市话电信服务，政府也想进入市话服务。如果政府收购私人电信企业，政府必须支付相应的收购价格。但是，如果政府用管制的办法禁止私人电信服务，政府就无须为私人的损失支付补偿。这样一来，政府显然就有更大的积极性对电信业实施管制而不

---

① 《三联生活周刊》，2014年第23期。

是收购私人企业。① 北京市交通管理部门曾规定没有后备厢的轿车不能上长安街。可以设想，如果交通局必须对由此给车主造成的损失予以补偿，这一规定就不会出台。

二　政府管制对自由的双重影响

　　政府管制与公民自由之间的关系，也许是公共领域最复杂的问题之一。许多重量级的思想家都曾对此有过深思和讨论，但也一直未能有一个清晰的界限和结论。英国保守主义思想家柏克说："哪些事情是国家应该依据政治智慧担负领导责任的，哪些事情是国家应该尽量少干预、留给个人自由处理的。这是立法活动中最有意思的问题之一。应当承认，在这个问题上确定一个不允许有例外情况的标准是不可能的，许多例外是长期的，有些例外是暂时的。政治家应该知道事物有不同的分界，哪些属于法律统治的范围，哪些只能交给礼俗去调整。对这些礼俗，伟大的政治家们可以给予倾向性的引导，但不能施与强制性的法律。"② 政府管制的复杂性除了体现在范围界限划分上，还体现在政府管制对公民自由的影响上，即同一政府管制对公民自由的影响也是双重的。政府管制往往在保护一些人自由的同时，限制了另一些人的自由；或者相反，在限制了一些人行动自由的同时，又保护促进了另一些人的自由。比如专利权是法律确认和保护的一种重要权利，但一些发展中国家如南非、泰国都有颁发强制特许令的做法，允许企业规避专利权约束生产仿制药物，以应对公共卫生危机。美国政府有时也对专利采取强制特许令的措施，以摧毁某种垄断市场结构。这里，颁发强制特许令的政府管制虽然损害了专利权人的权利自由，但保护了社会公众的权利自由。美国著名经济学家斯蒂格利茨在为波兰尼的著作所写的"序言"中指出："各种各样的社会管制可能剥夺一些个人的自由，但它却同时增进其他人的自由。自由地将资本从一个国家转移到另一个国家对某些人而言是种自由，但对他人却可能有极大伤害。用经济

---

　　① 张维迎：《信息、信任与法律》，生活·读书·新知三联书店2003年版，第150页。
　　② 柏克：《自由与传统》，商务印书馆2001年版，第295页。

学的术语来说,这都是大规模的'外部性'所致。"① 比如一个关于公平雇佣的法律及建基于此上的政府管制,限制了雇主在选择其雇员方面的自由,但却可以扩大少数民族群体的成员找到好工作的机会。一项关于禁止旅馆或餐厅主人歧视黑人的法规,限制了这些主人为他们愿意服务的人服务的自由,但是它则扩大了黑人光顾他们自己所选择的旅馆和餐厅的自由;这种法规还在赋予他们同白人相平等的权利方面迈出了一大步。有些领域政府管制所追求的价值也和自由有冲突,如旨在确保安全(包括传统安全和非传统安全)的政府管制与公民自由之间就存在着一种紧张状态,有的学者甚至声称:安全和自由之间是不可调和的,安全的加强要求自由的减损,公权机关对公民的隐私侵扰得越厉害,人们就越安全。然而,当自由被破坏时,安全还有意义吗?监狱里的犯人倒是安全了,但又有谁愿意生活在一个监狱似的社会?可见,我们必须充分看到政府管制的两面性,对其侵害自由的一面加以高度的警惕和防范,庶几才可在实现政府管制之价值追求的同时保全更为重要的自由。

1. 政府管制对自由的保护

通过对垄断的规制保护市场竞争的自由。垄断是一种畸形的市场结构,其中的市场主体凭借某种独特的优势控制了生产与销售的绝大部分,并滥用自己的市场支配地位,谋取超出市场平均水平的额外利润。从起源上看,垄断是自由市场经济组织发展的必然结果,然而,这个结果反过来又会损害自身所由以出现的自由市场竞争,导致资本权力的支配性统治——一种非法治所允许的强制。因此,垄断是市场自由竞争的天敌,在有垄断的地方就没有市场竞争的自由,垄断向来就是以此种负面形象出现在公众面前。历史上,垄断就被人们看作是暴政的同义词。伊丽莎白一世时的一个议员就曾毫不含糊地指出:"我难以想象这些垄断特权给城市和乡村带来的痛苦,它的实质是将大众的利润转移到私人手中,带来的将是民众的破产和被奴役。"威廉·布莱克斯顿也一针见血地指出垄断的实质"就是限制民众过去原本拥有的生产或贸易自

---

① 转引自卡尔·波兰尼:《巨变——当代经济与社会的起源》序言,社会科学文献出版社2013年版,第16页。

由"。所有这种看法都为后来的反垄断战争提供了意识形态和感情上的支持。[①]

垄断在英美国家出现很早，我们一直可以追溯到伊丽莎白一世时代的英格兰。当时，英国皇室就授予一些公司以垄断特权。在美洲殖民地获得独立前，垄断、垄断者等词汇就已经问世，尽管在美国宪法中没有提到垄断，在美国开国元勋的著述中也找不到它的踪影，但有几个州却已经认识到这一问题的严重性，并在独立后不久便在各自的州宪法中明文规定禁止垄断。如1776年的马里兰宪法规定：垄断是可憎的，与自由政府的精神相抵触——应该予以避免。不过，总的来说，垄断在工业革命之前的美国并不严重。

内战结束后，美国开启了工业革命的历史进程。伴随着工业化的快速推进，垄断这头饕餮巨兽也迅速成长。一开始是铁路运输领域，继而是石油开采冶炼行业以及与工业化密切相关的金融行业，先后都出现了垄断。范德比尔特、古尔德、洛克菲勒、卡内基都是各自领域的垄断大亨，他们利用各种形式打击竞争对手，攫取垄断利润，被人们称为"强盗爵爷"。垄断大亨们的市场强盗行径激起了中小企业主和广大民众的愤怒，他们强烈要求政府打击市场垄断行为。1887年，美国国会经过漫长而困难的辩论，通过了《州际贸易法案》，并据此建立州际贸易委员会，负责监督州际商务贸易活动，从此，铁路运输业开始受到政府的管制，铁路联营和给客户回扣的做法被明确禁止，铁路受到了束缚，公众得到了补偿。

然而，经济生活中的垄断并没有因为州际贸易法案的通过而停止，反而有愈演愈烈的趋势。烟草、制糖等行业也出现了被称之为托拉斯的垄断组织形式。社会内部酝酿着反对托拉斯组织的情绪，中西部一些州也通过了反托拉斯的法律。在此背景下，1890年美国国会通过了《谢尔曼反托拉斯法》，这部法律的目的在于为那些深受托拉斯之害的企业提供法律救济。该法宣布：所有以托拉斯或其他形式阴谋的合同和联合，如果限制了各州间或者与外国的贸易或商业之活动，均为违法。这部法律虽然有许多缺陷如语言泛泛，处罚轻微，但意义重大，成为美国反垄断传统的奠基石。

---

① 参见查里斯·R. 吉斯特：《美国垄断史》，经济科学出版社2004年版。

除了上述两部法律，美国涉及反垄断的政府管制立法还包括1914年的《克莱顿法案》，该法对托拉斯作了更为严厉的规定，限制了企业间的横向和纵向合并。此外，还有《格拉斯—斯蒂高尔法案》《银行控股公司法案》《1935年公用事业控股公司法案》等法律，它们在拆散金融垄断体和公用事业垄断体方面要远比专门的反垄断法有效得多。

此后，美国对垄断的定义尽管有所变化，对垄断行为也经历了严厉控制和放松管制相交替的过程，与此相应，有关是否以及如何维护自由市场经济秩序的争议也不时出现，但与自由竞争相对立的垄断始终被看作是与美国崇尚自由的传统相悖的经济现象，是美国第一号的经济公敌。反垄断的达摩克利斯之剑始终悬挂在那些巨型的商业帝国或金融帝国头上。IBM和微软都曾遭受过反垄断调查，并被迫对自己的企业组织结构和市场结构作出调整，从而促进了企业之间的竞争。因为多数美国人始终相信当大机构控制了经济权力后，对政治权力的控制也就为时不远了。

通过对就业歧视的规制保护公民的择业自由。就业歧视由来已久。在封建社会，就业歧视表现为对某些特定行业的道德否定，如理发、演艺、保洁等行业就被看作是仅比娼妓略高一点的职业，这些行业的从业人员甚至不能参加科举考试。印度的种姓制度也包含着就业歧视的内容，属于不同种姓的人从事的职业也不同，绝对不能混淆。欧洲中世纪的行会制度也带有就业歧视的色彩，凡没有加入一个行会者，绝不可从事该行业的工作。我国封建社会的"行"虽然不同于欧洲中世纪型的行会，[①] 但也同样具有封闭色彩，每一个在城市谋生的经营者，不论其规模大小，都必须"投行"，否则停止其营业，并予以法律制裁。推翻中世纪行会制度是自由在西方世界兴起的一个不可缺少的早期步骤，从行会制度瓦解到19世纪中叶以前，在英国、美国以及欧洲大陆部分地区，人们能未经任何政府或类似政府当局的同意而从事他们所企求的任何行业或职业。资本主义相对于封建社会的一大进步就是废除各种形形色色的人身束缚，实现工厂主和雇佣劳动者的创业与职业自由，由此释放出整个社会的巨大活力。尽管就雇佣劳动者而言，这种职业自由带有一定的虚假成分，即他们没有不出卖劳动力的自由，但相对于封建社会的农奴和种植园里的奴隶，他们毕竟

[①] 傅筑夫：《中国经济史论丛》下，生活·读书·新知三联书店1980年版，第407页。

获得了迁徙的自由与选择职业的自由。而且,这种自由是如此重要,以至于他们宁可因此忍受饥寒交迫的贫困生活,也不愿再回到衣食有保障的奴隶状态。美国南方种植园里的黑奴以实物计量的消费高于自由的农业工人,奴隶的寿命期望值也远高于美国和欧洲自由的城市工业工人,但黑奴还是要逃跑。在奴隶制废止后,庄园主试图召回奴隶,使他们继续按奴隶的方式工作,但并没有成功。[①]

然而,法律上所赋予的自由并不意味着现实生活中实际能够享有的自由。现实生活中存在的种种就业歧视等于是剥夺了人们的职业选择自由。在美国历史上存在过三种就业歧视:社团就业歧视、种族就业歧视和性别就业歧视。臭名昭著的黄狗合同体现的就是对劳工的社团歧视。雇主利用该合同要求工人保证不参加劳工组织,如果劳工组织者以后试图让这些工人参加工会,雇主可以根据黄狗合同申请法院予以阻拦。这显而易见是一项试图通过破坏工人团结来削弱工人与资本家谈判力量的阴谋,因而理所当然受到工人的抵制和反对。在工会组织的压力下,美国国会于1932年通过了《诺里斯—拉瓜迪亚法》,使黄狗合同不能执行,并给予劳工以组织起来的权利。在后来的新政期间,国会又通过了一系列保护工人及其组织工会的权利的法律。最著名的有1935年的《全国劳工关系法》(通常称为瓦格纳法)。该法在前言中宣布,在影响州际商业的企业中,工人应享有组织起来的集体谈判的权利;该法还规定雇主的五种行为为不公平行为:(1)干涉工人组织工会或集体谈判;(2)支持公司工会(由雇主建立与控制的工会);(3)歧视工会会员;(4)开除或用其他方式迫害按该法采取行动的雇员;(5)拒绝同工会代表谈判。该法的用意是防止雇主采用暴力、侦探、宣传的社区压力来阻挠工人联合。围绕着劳工关系法虽然有很大的争议,但它对劳工结社自由的保护作用是显而易见的。自1945年开始,在联邦以及各州层面,即便是未加入工会的工人也能参加集体谈判和享有法定权利。

与针对劳工的社团歧视相比,针对黑人等有色人种的种族歧视更是美国社会中的深层次问题。内战虽然解放了黑奴,黑人也因为宪法第15修正案而获得与白人平等的公民权利,但社会中依然普遍存在对有色人种的

[①] 参见阿玛蒂亚·森:《以自由看待发展》,中国人民大学出版社2002年版,第21页。

歧视。许多废奴主义者和在理论上拥护种族平等的人士，也以种种理由主张种族隔离。联邦最高法院在一项判决中提出了"隔离但平等"的理论，等于在法律上批准了种族隔离。在进步主义时期，美国在抑富扶贫上有许多改良，但在推进种族平等上却迟滞不前。在这种情况下，黑人起而争取自己的权利，开始组织起来进行反对种族隔离的正义斗争。20世纪40年代，美国的种族隔离开始有所松动，各州开始颁布禁止种族、信仰和肤色歧视的法律。1945年，纽约州颁布了美国第一个平等就业机会法，这是美国历史上第一个全面的、可执行的反工作上的种族、宗教和民族歧视的法律；一些司法机关通过个案诉讼和判决，逐步取消了某些种族隔离的传统，罗斯福总统也下令禁止在兵工厂和政府机关实行种族隔离，并建立了平等就业委员会。1954年，美国最高法院在"布朗诉教育委员会案"中裁决种族隔离为违宪，从此，种族隔离成为非法。20世纪60年代，美国的民权运动掀起了一个高潮，1963年，马丁·路德·金发起了著名的"向华盛顿大进军"活动，发表了"我有一个梦想"的主题演讲，其主旨就是要求权利平等，反对种族歧视。在民权运动的强大压力下，1961年，美国总统肯尼迪签署了一项行政命令，要求接受政府工程或订货的承包商不得歧视少数民族；1964年，美国国会又通过了《民权法案》，该法明文规定禁止一切因肤色和种族等原因的歧视，特别是包括工资、就业方面的具体条款；取消公共场所歧视性隔离制度，取消学校隔离制，禁止在雇佣人员中种族歧视等。为此，赋予合众国的联邦地区法院对在公共膳宿处发生的歧视现象提供强制禁止令救济的司法管辖权，授权首席检察官司法部长提起诉讼来保护使用公共设施和公共教育领域的宪法权利，并决定拓展民权委员会的权力范围，防止联邦资助项目中出现歧视现象，建立就业机会平等委员会以促进平等就业权利的实现。1965年9月，继任总统约翰逊签署了第11246号行政命令，要求所有接受政府加工订货的工厂企业采取"肯定性行动保证申请人能得到雇佣"。这一委婉提法与"平等就业机会法"联系起来，实际上就意味着要主动、优先录用黑人、妇女以及其他原来处于弱势地位的人群。1970年，尼克松政府正式颁布指令，要求与联邦政府签约的企业有一定的少数民族的名额。

  政府管制对公民自由的保护在信息领域也有所体现，它通过对信息披露的强制规定保护并且促进了公民的信息自由。

信息是人类社会的重要资源。信息对于公民自由和对于统治与治理均具有重大意义。美国第三任总统杰弗逊就曾说过：信息之于民主，犹如货币之于经济。没有信息公开和信息流动，民主也就无法运行起来。而统治者要实现有效的统治与治理，就必须在握有强大武力的基础上掌握足够的信息，获得一种相对于统治治理对象的信息优势。武力使人畏惧，信息使人信服。两者结合在一起，统治的基础就牢不可破。因此，古代的思想家无不强调统治者对信息的占有、垄断和解释。孔子就曾告诫统治者："民可使由之，不可使知之。"柏拉图也要求哲学王对城邦的信息传播进行最严厉的管制，凡是认定能够乱人心性的诗词说唱一律都在禁止取缔之列。此后，人类历史上所有的专制极权统治者及其官僚体系都奉行愚民的统治理念和行政措施，对老百姓进行全面彻底的信息屏蔽；在此基础上又进行选择性的欺骗性的信息灌输，制造了一个又一个政治童话、政治神话和政治谎话，使老百姓成为最适合统治的"软体动物"。对此，马克思曾经给予深刻的揭露和批判。他指出：官僚政治是这样一种政治生活方式，其中"官僚机构掌握了国家，掌握了社会的唯灵论实质：这是它的私有财产。官僚机构的普遍精神是秘密，是奥秘。保守这种秘密在官僚界内部是靠等级制组织，对于外界则靠那种闭关自守的公会性质。因此，公开国家的精神及国家的意图，对官僚机构来说就等于出卖它的秘密。"[1] 诺贝尔经济学奖得主斯蒂格利茨也认为："政府官员有着制造信息保密的激励，因为借此可以获取租金。秘密的出现使得新闻舆论对公开的要求呼声更加强烈，官员有时仅仅向那些和自己相处关系好的新闻界人士公开信息，用这种方式来获取租金——信息保密培育了滋养特殊利益集团的肥沃土壤；增加了管理租金，加大了交易成本；使民主过程中的公众参与大打折扣；使得媒体舆论无法形成对政府滥用职权的监督制衡机制。"[2] 因此，政府信息公开，实现公民在信息分享上的自由就必须要有管制法规的介入。

---

[1] 《马克思恩格斯全集》第1卷，人民出版社1950年版，第302页。
[2] 斯蒂格利茨：《自由、知情权和公共话语》，转引自刘恒：《政府信息公开制度》，中国社会科学出版社2004年版，"附录"。

在政府信息公开方面，现在世界上已经有40多个国家制定了政府信息公开的法律，不少国家将信息自由与知情权作为一项公民的基本政治权利写入了宪法或宪法性文件。美国是世界上政府信息公开制度最健全的国家。在美国，有关信息公开的立法是由以下三部最为重要的法律构成的：一是1966年的《信息自由法》，该法要求行政机关依据职权或者依据申请向社会公开政府信息；在法定范围内，任何公民不需要说明理由，均可要求获取政府的相关信息，行政机关不得拒绝提供，否则必须承担举证说明的责任。二是1976年的《阳光下的政府法》，该法规定合议制行政机关的会议必须公开，公众可以观察会议进程，并取得会议的文件与信息。三是1974年制定的《隐私权法》，该法主要规定了行政机关对个人信息的搜集、利用和传播必须遵守的规则，它保证政府对个人信息搜集的正当性，制止行政机关滥用个人信息、侵犯个人的隐私权。由于法律规定个人记录必须坚持对本人公开和对第三人限制公开的原则，因而《隐私权法》也属于行政公开法律的范畴。

以上三部法律共同构成了美国信息公开制度的基础，是其信息公开法的核心组成部分。此外，有关信息公开的补充立法还有以下三项：一是1972年的《联邦咨询委员会法》，该法规定联邦行政机关的咨询委员会的组织、监督、文件和会议必须公开。二是1988年的《电脑匹配和隐私权保护法》，该法规定了行政机关对个人信息进行电脑处理所必须遵循的程序，以保护个人隐私权。三是1996年的《电子信息自由法》，该法对电子记录的检索、公开、期限等问题作了新的规定，使公众能够更快捷地获取政府的电子信息。这些法律以及据此建立的相应政府管制制度，促进了整个社会的信息自由。美国公民在法律规定的范围内可以很方便地获取自己所需要的信息。在美国，有一个叫作Data.gov的网站正式上线，这是一个数据开放的门户网站，旨在全面开放美国联邦政府拥有的数据。项目负责人是维伟克·昆德拉——美国历史上第一位首席信息官，他说："这是一场数据民主化的运动，我们正在把信息的力量放到美国人民手中。"没过几个月，这个网站就收到了社会各界约900项开放数据的申请。联邦政府最后的回复：16%的数据立即开放，26%的数据将在短期内开放，36%的数据将计划开放，还有22%的数据因为涉及国家安全和个人隐私以及技术方面的限制无法开放。在Data.gov上线发布一周年的时候，联邦政府开放的数据总数已经达到 27 万项。①

为了保证政府信息数据的质量，美国国会又通过了《数据质量法》，其中规定：任何联邦政府部门收集的数据信息，必须无偿与其他部门共享；而在发布数据信息时，必须同时发布一系列的文档，说明数据信息的来源、采集的方法以及用户复制过程中可能出现的问题和错误，为用户使用数据信息提供方便。推动数据信息开放的国家并不只有美国。2006 年，英国也拉开了数据开放运动的序幕。2010 年 1 月，英国政府的 Data.gov.uk 正式上线发布，第一天就公布了 3000 多项民生数据。卡梅伦出任首相后提出"数据权"概念，将获得政府所拥有的数据信息视为信息时代每一个公民都应拥有的一项基本权利。2011 年 9 月，由西方 8 个国家发起成立了"开放政府联盟"在纽约成立，这个国际组织旨在推动、协调各个国家的数据开放运动。美国总统奥巴马也是一个政府信息公开化的积极推动者。就任总统前，他于 2007 年底访问谷哥时指出：人民知道得越多，政府官员才能更加负责任——我将把联邦政府的相关数据用通用格式推上互联网；我要让公民可以跟踪、查询政府的资金、合同、专门款项和游说人员的信息。2009 年 1 月，新任总统奥巴马就签署了他的首份总统备忘录《透明和开放的政府》，推动政府信息的公开与透明。

2. 政府管制对自由的限制

哈耶克在回顾半个多世纪以来西方社会发展历史后指出："我们逐渐放弃了经济事务中的自由，而离开这种自由，就绝不会存在以往那种个人的和政治的自由。"② 而经济事务之自由的放弃抑或牺牲与犹如蛛网一般日益绵密的政府管制密不可分。因为政府管制虽然有对公民自由保护的一面，但更有对公民自由限制的一面，而且后者因与政府管制自身的性质相一致而更为常见。法国亨利·勒帕日说："国家的许多干预措施和管理条例，如目前实行的那些措施和条例，事实上真正剥夺了人们的自由。"③ 弗里德曼也指出："近几十年来美国国内越来越多的经济控制，不仅限制

---

① 《中国青年报》，2012 年 8 月 22 日。
② 哈耶克：《通往奴役之路》，中国社会科学出版社 1997 年版，第 20 页。
③ 亨利·勒帕日：《美国新自由主义经济学》，北京大学出版社 1985 年版，第 315 页。

了我们利用经济资源的自由,而且也影响了我们在言论、出版和信仰等方面的自由。"① 当代西方国家之所以爆发政府管制革命以及我国自 2000 年以来政府之所以进行壮士断腕式的行政审批制度改革,厉行政府权力清单和责任清单,正是因为政府管制的过度泛滥破坏了最能产生奇迹性硕果的自由以至于从根本上研伤社会发展的后劲从而导致社会发展的僵滞,放松或者解除政府管制的目的也在于恢复和扩大企业和公众在法律范围内所应该享有的充分自由,让市场在资源配置中真正起到决定性作用。

政府管制对公民自由的限制完全是由其自身的性质所决定的。政府管制是政府在特定的情境下,基于自己明确的目的追求而针对公民、企业和社会组织做出的权威性意志规定。政府管制就其内容来看,一般都逻辑地包括两个方面:一是禁止市场主体和社会成员做的事情;二是要求它们必须做的事情。市场主体和社会成员无论在哪个方面没有符合政府的管制规定,都将受到政府的制裁和处罚。因此,从性质上看,政府管制及其所依据的行为规则是一种针对特殊情况具有特殊目的追求的特殊行为规则,它和针对普遍情况且没有特殊目的追求的一般行为规则是完全不同的。一般行为规则如遵守契约、禁止闯红灯既不针对任何个人,也不针对任何特定的情况,而是普遍适用,要求社会成员遵守这种一般行为规则的政府也没有借此要求而欲达到的特殊目的,因此,这种规则以及基于遵守此种规则而形成的自发秩序只不过是为人们自由地追求自己的目的提供了一个可以稳定地确立行为人自己的预期的环境。这种一般行为规则(哈耶克有时也称为抽象规则、正当行为规则或内部规则)就是严格意义上的法律,或者亦可称之为正义的法律,它是自由不可或缺的条件,正是凭借着对抽象规则的尊重和遵守,通过用抽象规则对一切人的自由做出统一的限制而为所有人保障了尽可能多的自由。而政府管制所依据的是一种特殊行为规则,是在特定情境下针对特定人员具有特殊目的追求的命令,尽管它也有法律法规或规章的表现形式,因此也宽泛地称之为法,但它们是一种外部规则,一种立法的法律,或称之为政策性法律,用于实现特定的目的,并对那些规定了应当完成某事或应当实现特定的结果的肯定性命令进行补充,因而从根本上说属于命令的范畴。正如史普博所指出的:"由管制机

---

① 弗里德曼:《自由选择》,商务印书馆 1982 年版,第 43 页。

构颁布的法规总打算在特定情况下实现某一特殊的目标。设计合理状态的管制制度以便实现人们通常十分期望的资源配置效果，不能不说是管制机构的一个企图。在这个意义上，某些管制机构的法规采取的是那种可能阻碍市场功能的命令的形式。"① 这种命令或特殊行为规则由于有发布命令或制定规则者所刻意追求的目的而容易对追求自己目的的市场主体和社会成员的行动自由造成阻碍。因为"所谓奴隶制，无非就是强制人们服从共同的具体目标，而服从共同的抽象规则（不管他们是否有负担感）则为最不同寻常的自由和多样性提供了空间"。② 从这个角度看，政府管制所涉及的法律其实是一项指定某人做特定事情的外部规则，是一种立法的法律，它与内部规则即自由的法律形成鲜明的对照，这种立法的法律不仅限制许可行动的范围，而且也规定许可行动的内容，因此它的制定与实施确实必然意味着对自由的侵犯。由此看来，政府管制不论其制度用意多么美好，其对公民自由的潜在侵害是客观而又逻辑地存在的。政府管制越多，人们一般总是越感到不自由。

政府管制对公民自由的限制首先表现在对职业选择自由的限制。职业选择自由是一个人自由的重要表现；一切不自由社会最基本的表现在于职业选择上缺乏自由，或者由种姓制度决定，或者由所出身的阶级或阶层决定，或者由政府权威机构指定。无论以哪种形式表现，只要"不让他（劳动者——译者注）以他认为正当的方式，在不侵害他邻人的条件下，使用他们的体力与技巧，那明显的是侵犯这最神圣的财产。显然，那不但侵害这劳动者的正当自由，而且还侵害劳动雇佣者的正当自由"。③ 政府管制对职业选择自由的限制主要有三种途径：一是通过颁发职业执照或职业资格证书限制职业选择自由。在我国，许多行业都必须有执照或者准入性的职业资格证书，未经政府主管部门考试并获得相应资格证书者不得从业。据说，有的地方连街头做肉夹馍都要申领职业资格证书。二是通过控制从业者总量限制职业选择自由。在这方面，最典型的就是政府对出租汽车行业的管制。出租汽车行业应该说是一个技术门槛很低的一个职业，也

---

① 史普博：《管制与市场》，上海三联书店1999年版，第106页。
② 哈耶克：《致命的自负》，中国社会科学出版社2000年版，第70页。
③ 亚当·斯密：《国民财富的性质和原因的研究》上卷，商务印书馆1972年版，第115页。

不存在不能转移作他用的沉淀成本。但是政府却对出租汽车行业实行严格的进入管制。出租汽车运营指标是经营许可证的俗称，是政府对出租汽车服务市场实施进入管制的管制工具。一个想开出租车的公民除了必须具备驾驭执照外，还得经相应的政府管制机构审批合格，发给出租汽车经营许可证，才能办理其他必需的从业手续。而出租汽车管理部门对城市出租汽车运营指标实行总量控制和新增指标分配。正是这一做法，使城市的出租汽车总量相对于人们对出租车服务的需求量处于一个偏小的程度上。出租汽车供不应求的状况使得该行业具有较高的投资回报率，从而吸引更多的人申请加入这一行业，结果使出租汽车运营指标成为一种日益稀缺的资源。类似出租车行业的进入管制还有很多。目前，我国全社会有80多个行业，允许民间资本进入的只有41个，允许外资进入的却有62个；在一些民间资本已经进入的行业，民间资本占比也偏低。这种行业进入管制就构成了对公民创业自由的限制。三是通过保障从业者的特定收入水平而限制职业选择自由。在一个市场社会或自由社会，一个人的利益收入不取决于他的身份和地位，也不取决于当事人对自己所提供的产品与服务以及所应获得收入水平的主观评价，而取决于他的产品与服务对他人的价值。这种价值并不是一个固定不变的绝对量，而是一个变动不居的相对量。因此，从市场的逻辑看，没有一个人，也没有一个群体或阶层能够永远享有某一特定的收入水平。他们的收入水平总是要随着市场的波动、随着其所提供的产品与服务对他人价值的相对变动而上下波动，这是一种非常正常的社会现象。在这种情况下，职业选择是充分自由的，除了自己的知识和能力外，再没有任何足以妨碍一个人进入他所心仪之职业的障碍。然而，政府如果在某一阶级阶层或利益群体的政治压力下，为保障该阶级阶层或利益群体的特定收入水平而采取一些管制措施，如提高某类产品的进口关税、限制进口或限制某类产品的产量，以此来确保该社会阶层或集团成员的特定利益收入，那么，这种性质的经济保障以及据此实施的政府管制就等于是限制了与此相关的其他领域的市场机会，自然也就限制了那些发现了这种市场机会的人对这种市场机会的利用，从而在无形之中对人们的职业选择自由构成严重威胁。可见，这种基于保障特定收入而实施的政府管制在保护一些人利益的同时就损害了另一些人的职业选择自由。

这里，我们务必立即说明，我们并非一般性地反对职业资格制度。现代社会职业分工的深化带来的职业专业性、技术性、复杂性以及不易鉴别性要求从业者必须具备相应的资格或资质,以确保从业者能够提供符合标准的专业服务。这就要求某种形式的职业资格制度或资质制度。但这不能成为限制人们职业选择与进入自由的特权性质的制度安排,任何人只要具备权威机构(并非只限于政府,也包括竞争性商业机构)认定的资格或资质,即有进入从业的选择自由。在这里,政府及其有关职业鉴定机构只限于对人们的职业技能进行鉴定,并给予相应的资质证明,而"永远不许再进一步,既永远不许禁止那些拒绝考试或考试成绩不好的人从事他们的事务,也永远不能禁止人们去利用他们来处理自己的事务"。[①]

政府管制对自由的限制在价格管制上也有充分的表现。价格是产品的价值和市场供求状况的综合反映,是市场主体之间的合约条件。在买者和卖者之间的自愿交易中出现的价格能够协调千百万人的活动,使他们在其自身生活的某一个方面和平地合作,而在所有其他方面则各行其是。市场经济在缺乏一个人格化的指导者的情况下之所以依然能够有效运行,正在于价格机制的调节作用。"价格在组织经济活动方面起三个作用:第一,传递情报;第二,提供一种刺激,促使人们采取最节省成本的生产方法,把可得到的资源用于最有价值的目的;第三,决定谁可以得到多少产品,即收入分配。这三个作用是密切关联的。"[②] 然而,要使价格能够充分地发挥上述三个方面的作用,价格必须是自由浮动的,是独立于任何个人和组织的市场竞争的结果。"自由市场不仅要求不存在对合约条件的法律限制,而且要求不存在对合约选择的限制。"[③] 政府的价格管制恰恰就是对合约条件的法律限制,它使产品和服务的价格因不能及时准确地反映市场上瞬息万变的供求关系而处于扭曲状态,价格不再能准确反映产品和服务本身的价值,也不再能反映市场上该产品和服务的供求状况,价格的上述三个作用也就受到很大限制,甚至完全丧失。这样经济生活将不得不依靠一个组织化的权威来进行调节,而组织化权威的调节因其自身理性与知识的局限相对于市场自身的价格调节总是显得蠢笨不堪。与此同时,为了使

---

① 威廉·洪堡:《论国家的作用》,中国社会科学出版社1998年版,第118页。
② 弗里德曼:《自由选择》,商务印书馆1982年版,第19页。
③ 张五常:《经济的解释》,商务印书馆2000年版,第168页。

政府能够对经济生活进行微观的调节,就必须赋予它以更多的权力和更大的自由裁量空间,以便其根据随时都在变化的经济生活临机地作出判断和决定,这就极大地增加了政府的价格管制行为的不可预测性,从而给公民的自由造成巨大的潜在威胁。因此,对价格的政府管制看似一个经济职能行为,但实际上却与公民的自由密切相关。它不仅使公民失去对自己所提供产品与服务的价值评价权,也使公民失去按照自己愿意出的价格购买产品与服务的自由选择权,最后还可能因价格管制导致产品过剩或不足而使公民失去在产品组合中的自由选择权。哈耶克曾经详细地分析过价格管制与自由制度之间的不相容性,他说:"在一个竞争性社会,我们对一个物品需付的价格,和物与物的交换比率,决定于我们取得一物而使社会其他成员失去的另外一些物品的数量如何。这个代价并不决定于任何的人的自觉的意志。如果达到我们的目的某种方法证明对我们来说耗费过大的话,我们可以自由地去试用另一种。我们道路上的障碍并不是由于某人不赞同我们的目的,而是由于其他地方也需要这种手段。但是在一个受指导的经济中,当局监视着人们所追求的各种目的,它肯定会运用它的权力协助某些目的的实现和阻止其他目的的实现。决定我们应该取得什么的,并不是我们自己对何者应喜爱何者不应喜爱的看法,而是他人对这一问题的看法。"① 在《自由秩序原理》一书中他进一步指出:"人们有许多理由可以认为,政府直接管制价格的做法(不论政府是实际上规定价格,还是仅仅制定那些决定通行价格所须依凭的规则),是与一有效的自由制度不相融合的。在政府直接管制价格的第一种情形中,试图根据那些将有效指导生产的长期规则来确定价格,这是不可能的。这是因为适当的价格不仅依赖于不断变化的情势,而且还必须持续不断地针对这些情势加以调适。在政府直接管制价格的第二种情形中,政府并不直接规定但却通过某种规则(例如,价格必须在一定程度上根据成本加以确定的规则)加以确定的价格,对于不同销售者会具有不同的意义,而且正是基于这个原因,它们会阻碍市场发挥自行调适的作用。此外,另一个更具重要意义的理由是,由于这种规定的价格与在自由市场上可能形成的价格不同,所以它们将导致供求关系失衡。而又如果欲使这种价格控制有效,那么政府还必须

---

① 哈耶克:《通往奴役之路》,中国社会科学出版社1997年版,第92页。

找到某种方法，以决定什么人应当被允许进行销售或购买活动，而这种决定则必将是一种自由裁量的决断，一定是那种即时的特定的决策，且必定是根据非常武断的理由对人施以区别待遇的决策。一如经验所恰当表明的，价格管制只有通过对数量的控制方能有效。然而，一切控制数量的措施的实施都必定是自由裁量的，因为它们并不是根据一般性规则所确定的，而是根据当局对特定目的之相对重要性的判断所确定的。"而"一切数量控制和价格管制的措施之所以与自由制度不相容，严格来讲，主要有两个原因：一是所有这些控制措施都必定是武断的，二是这些措施不可能以一种使市场充分发挥作用的方式加以实施"。因此，自由制度和法治原则必须彻底否弃这类价格管制和数量控制的措施，即便是基于卓越的技术与服务而形成的市场垄断的产品与服务，其价格亦无须管制。我们能否依据边际成本确定这种产品与服务的价格暂且不论，即便能够确定，如此行事对那些因为做得好而没人与之竞争的垄断者也未必公正公平。这里唯一的例外就是对行政性垄断行业的价格管制。由于它是行政权力导致和维持的垄断，其产品与服务的价格应受政府管制，以防其利用行政性垄断的市场地位谋取高额垄断利润。

在经济性管制中还有一种管制对公民自由的限制影响尤甚，那就是政府对外汇的管制。初看起来，国家管制外汇买卖对于私人生活的影响是再小不过的了，因此，多数人对于这种管制都会采取漠不关心的态度。但是，多数大陆国家的经验，教育了善于思考的人们，把这一步骤看作是向极权主义道路前进的决定性的一步和对个人自由的压制。实际上，这是使个人完全屈服于国家的专制之下，是把一切后路都断绝掉的杀手——不只是对富人，而是对于每一个人。一旦个人不再能自由旅行，不再能订购外国书报杂志，一旦一切对外联系的工具都只限于那些为官方意见所认可的人，或者官方认为必要的人，则它对舆论的有效控制，将远远超过十七八世纪任何专制主义政府所曾经施行过的控制的程度。[1]

政府管制对公民自由的限制并不会仅限于某一个特定的领域。因为自由的不同方面是相互支撑互为条件的，对一个领域里的自由的限制，必然会影响到其他领域里的自由。而当一国的绝大部分经济和社会生活都渐渐

---

[1] 哈耶克：《通往奴役之路》，中国社会科学出版社 1997 年版，第 91 页。

地受制于国家的直接控制,那么这将对自由构成真正的威胁,并一定会超过自由放任时代以前的程度,到那时,任何政治宣言和宪法关于个人自由的宣示都会因为具体绵密的管制制度而失去现实的意义,成了那个想象中的"画饼"。

因此,政府管制并不是一个真正信仰自由的人所理想的制度,它毋宁说是一个必要的"祸害"。我们所栖身的世界确实有许多不完美之处,栖身于这个世界上的我们自己也确实不是天使,差不多人人都有滥用自己所拥有智慧、知识和力量的冲动;许多人虽然也高谈自由竞争的优越,但又常常试图谋求垄断地位使自己免于竞争的压力而坐收高额的利益回报,我们所珍惜的自由常常因此受到与我们平等的同胞的侵害,以至于我们不得不需要一定限度的政府管制来保护我们的自由。然而政府管制由于其自身性质的规定而又常常对我们的自由构成另一性质的侵害,今天,那些手握管制大权的专业行政人员已然成为我们自由的主要威胁,没有他们的许可,个人所有者几乎不能在自己的庭院种植一棵树或扩建他的厨房。过度管制已然对自由构成危害。因此,我们对政府管制必须抱以最高度的警惕,合理定位政府管制,严格限制管制范围,严格规范管制行为,并始终开放以管制之外的手段解决所面临问题的可能性;切莫饮鸩止渴,走上一条越管制越需要管制的不归之路。

三 政府管制的次生效应

早在160年前,法国思想家巴斯夏就曾经讲过:"在经济领域,一个行动、一种习惯、一项制度或一部法律,可能会产生不止一种效果,而是会带来一系列后果。在这些后果中,有些是当时就能看到的,它在原因发生之后立刻就出现了,人们都能注意到它;而有些后果则得过一段时间才能表现出来,它们总是不被人注意到,如果我们能够预知它们,我们就很幸运了。一个好经济学家与一个坏经济学家之间的区别就只有一点:坏经济学家仅仅局限于看到可以看得见的后果,而好经济学家却能同时考虑可以看得见的后果和那些只能推测到的后果。这种区别可太大了,因为一般情况都是,当时的后果看起来很不错,而后续的结果却很糟糕,或者恰恰相反。于是,事情经常就是,坏经济学家总是为了追求一些当下的好处而不管随之而来的巨大的坏处，而好经济学家却宁愿冒当下的小小的不幸而追求未来的较大的收益。"① 20 世纪一位颇受人欢迎的经济专栏作家亨利·海兹利特写过一本经典的书《经济学：一个基本道理》，他说一个人在分析一项经济提议时必须"不仅只是弄清楚短期结果，还要弄清长期结果，不仅要明确首要结果还要明确次级结果，不仅要明确对某些特定群体的影响，还要明确对所有人的影响"。②

这两个人讲的是一个意思，即人类行为的影响十分复杂，既有当下的影响，又有长远的影响；既有对特定群体的影响，又有对不特定群体的影响；既有可见的影响，又有不可见的影响；既有局部的影响，又有全局的影响。既然如此，我们在评价一项行为、政策、措施的利弊优劣成败得失时，就不能光专注一个时空点，不能光专注那些可见的对特定人群的影响，而还要对该行为、政策、措施在其他时空点发生的影响，以及对全局的影响、对不特定群体的影响，还有那些需要推测的看不见的影响给予应有的关注。不能仅仅根据看得见的方面就作出判断，而要习惯于根据看不见的方面进行评价，对这些非意图结果、非意料效应的理性预见和情感谨慎，可以使人们对拟议中的管制措施有更好的认识与标定，甚至可能引导人们尽早制定防范性的政策措施。

1. 管制目的的失落

从表面上看，政府管制尽管有最良好的目的，但实际上是否能够如主张者所期待的那样实现管制目的尚属未知之论。好的意图并非总有好的结果；而我们如果考诸现实，则可发现管制目的失落的现象。在我国封建社会，政府对工商业有最严厉的管制，但这并没有杜绝工商业中缺斤短两、以次充好等涉嫌欺诈的奸猾做法，一些没有道德感的从业者仍然巧伪百出，尽量博取"奸利""奸赢"。比如汉代对工商业的管制是十分严厉的，禁伪除诈的法令也是不断重申，但商人的行径依然不怎么好，先见良物，价定而杂以恶物，以欺惑下士之人。此种风气很盛行，而且欺骗的手法花

---

① 弗雷德里克·巴斯夏：《财产、法律与政府》，贵州人民出版社 2003 年版，第 2 页。
② 亨利·海兹利特：《经济学：一个基本道理》，阿林顿国家公墓出版社 1979 年版，第 103 页。

样翻新层出不穷。①

　　现代社会政府管制在建立之初也是为了维护公共利益或者社会舆论普遍认为应该维护的某个特定社会群体如消费者的利益，但是在政府管制过程中也往往出现了政府管制目的的失落现象，政府管制原本想达到的目的没有达到，而一些意料之外的后果却层出不穷。我们试以价格管制为例。在国家允许价格自由形成的情况下，价格能够准确地反映市场的供求关系，进而能够有效引导市场中生产者和消费者的行为选择，它一方面让生产者有扩大或者缩小生产规模的动机与冲动，另一方面又可以保证消费者买到他有支付能力的期待中的消费品，或者让消费者节制消费，甚至转而寻找消费替代品。这里的市场大体上处于产品能够出清的状态。然而，价格的政府管制却会扭曲市场上的供求关系。如果国家指定了一个较低的价格，那么，生产成本就会高于销售收入。这时，生产者就会因无利可图而削减生产甚至停止生产；或者将商品囤积起来，拒不出售，以便待价而沽。因此，政府价格管制的最大成绩是导致那些被定了价的商品从市场上消失，导致市场供应的紧张状态。历史上一些国家和地区的政府对出租房屋的价格进行管制后，一个逻辑地出现的后果是住房供应的减少和住房状态的恶化，让最需要住房的人无处栖身。

　　再比如最低工资管制是人们熟知的用来保护劳动者权益的制度安排，它一度曾被人认为是人道正义的。但最低工资管制的实际效果并不理想，常常损害了原本想保护的那个群体的利益。这种情况最早见于英国工业革命期间实行的"斯皮汉姆兰条例"，它规定当一加仑面包卖一先令的时候，每一贫穷而勤勉的人有权利得到一份赡养金。该项津贴应随着面包涨价而增加。令人意外的是该条例使工人成批地赤贫化。② 西方经济学家在后来的实证研究中也证实了这个令人很难接受的结论。他们发现：如果人为规定的最低工资低于劳动力市场所给出的最低工资，那么关于最低工资水平的法律规定就是没有任何意义的；如果人为规定的最低工资高于劳动力市场给出的最低工资，那么就会导致市场对劳动力需求的减少，结果是失业人数反而增加。它会让那些低素质、低竞争能力的劳动者更加找不到

---

① 傅筑夫：《中国经济史论丛》上，生活·读书·新知三联书店1980年版，第373页。
② 莫尔顿：《人民的英国史》，生活·读书·新知三联书店1958年版，第278页。

工作，因此，最低工资管制恰恰损害了那些出台这项制度意图保护的人。2007年美国民主党控制的众议院通过了提高最低工资水平的法案，将最低小时工资从5.15美元提高到7.25美元。这一举措被认为是保护低素质非熟练工人劳动权益的道义之举，占据了立法辩论中的道德制高点。任何试图反对这一措施的人都将受到人们的道德遣责。然而，据最低工资研究委员会调查表明，最低工资水平上升10%，会导致年轻非熟练工失业率增加1%—3%。这是对劳动力工资水平的政府管制最令人感到费解的吊诡之处。它表现，保护弱势群体的道德制高点在不经意间转化为损害弱势群体的道德陷阱。世界银行提交的《2007年全球商业环境报告》中也用大量的数据表明：对雇佣劳工限制最多的国家，也是失业率最高的国家。对劳工市场严格的干预导致许多令人不快的副作用，包括工作机会的减少、失业时间延长、员工技能的退化、研发投入减少、公司规模缩小等。一些看似保护劳工利益的法规恰恰使劳工受到伤害。例如，在委内瑞拉，员工害怕被提拔，原因是该国最近通过的一个法律禁止企业解雇工资低于最低工资1.5倍的员工。聪明的雇主找到的一个应对办法是，如果想解雇一个，首先提拔他，将工资提高到最低工资的1.5倍以上，然后，合法地将他解雇。[①]

另外，有些政府管制起初看起来似乎对管制对象极为不利，限制了它们原来可以任意实施的市场行为。但是，后来它们很快发现这种政府管制也可以借用过来成为保护自己不受潜在市场竞争者威胁的保护伞。于是，它们对政府管制的态度就从原先的抵触、抵制甚至反对转变为支持与争取。这一点在美国针对垄断的政府管制建立之初就已经初露端倪。起初那些铁路运输的垄断者对政府管制大惊失色，但他们很快就发现完全可以利用政府管制来稳固地获取好处，于是，他们对政府管制的态度也由当初的反对截然转变为赞成和支持。经济学家斯蒂格勒广泛考察了西方国家的政府管制，也发现了这个惊天秘密，他指出："国家——国家机器和国家的权力——是一个社会中的每一个产业潜在的援助力量和潜在的威胁。由于国家拥有禁止或强制企业进行活动，以及取走或给予其资金的权力，因

---

① 转引自张维迎：《市场的逻辑》，上海人民出版社2010年版，第88页。

此，它能够并且确实在有选择地给许多产业提供帮助，或者损害它们的利益。"① 也许正因为这样，所以"一般来讲，管制是产业争取来的，而且其设计和实施都主要是为了该产业获得更大利益"② 在政府管制部门的门前总是麇集着大批如蝇逐臭一样追逐利益的市场经济人。政府管制也成为各个利益集团瓜分利益或者攫取利益的权威工具。

对金融市场的管制是否有效向来是一个见仁见智的问题。一些经济学家如保罗·克鲁格曼、西蒙·约翰逊、理查德·波斯纳认为对于金融危机的发生，放松政府管制的政策难辞其咎，政府放松对金融市场的管制至少是引发1997年和2007年两次金融危机的重要根源，因而主张重新强化政府对金融市场的管制。波斯纳甚至主张恢复1933年的《格拉斯—斯蒂格尔法案》。另有经济学家并不认可这种观点，他们认为经济增长与金融市场管制的相关性、经济危机和经济增长放慢与放松管制的相关性都是不明显的，把金融市场的政府管制与经济增长联系起来的观点是难以自圆其说的，而把放松金融市场管制视为导致经济危机的观点也是站不住脚的。这不仅是将责任推诿于人，而且为更多的监管创造正当理由。无论是经济增长与经济危机，都有比单纯的政府管制复杂得多的因素。在金融严格监管的时代，英国并没有出现所谓的"经济腾飞"；而在20世纪70年代，英国金融系统的灾难性现象——银行业危机、股市崩盘、房地产泡沫破裂，并且还有两位数的通货膨胀，多亏1976年国际货币基金组织介入，才使英国渡过难关。这一切的教训并非错在放松管制，其实不当的管制才是罪魁祸首。③ 因此，问题并不在于是否对金融市场进行监管，而应该追问怎样的监管效果最为理想。多数观点认为繁密胜于简约，而事实很可能并不尽然，过度复杂的监管可能就是假装被治愈的疾病本身。

在社会性管制方面，也有此类不太成功的案例。其中最著名的就是美国在1920—1933年对酒精饮料的管制。政府尽管使出了浑身解数，最终还是没有能够压制住酒精饮料市场。到禁酒时代末期，酒精饮料的消费量依然保持在禁酒令颁布之前2/3的水平，而且还让饮酒者支付更加昂贵的

---

① 《斯蒂格勒论文精粹》，商务印书馆1999年版，第308页。
② 同上。
③ 弗格森：《西方的衰落》，中信出版社2013年版，第33页。

价格，因为这些生产得偷偷摸摸地做，那意味着很高的交易成本，酒的售价提高了3倍。鉴于酒精饮料管制的普遍失败，美国国会不得不在1933年通过宪法第21修正案废止酒精饮料的政府管制。在保护环境方面，美国自从成立环境保护机构（EPA）之后，联邦政府就主要依靠政府管制的政策措施来减少和控制污染，保护生态环境。这种战略产生了一些积极的效果。大多数都市地区的空气质量有了改善。北美洲五大湖泊的水质比1970年时清洁得多，许多河流已得到净化。禁止使用滴滴涕和多氯化联二苯一类有毒物品使我们受害的机会大为减少。但是政府管制的政策选择很难说是彻底成功的。比如纽约、洛杉矶、波士顿和休斯敦几个城市的空气质量就经常超过环保局规定的标准——洛杉矶一年中有140天空气不洁。据美国肺病联合会的调查，有一半美国人居住的县其空气被认为是不健康的。环境保护局在数百种污染物中认定了不到20种有毒的空气污染物和水质污染物，而整个环保工作耗费巨大。根据环保局的统计，在1990年美国公司、政府和个人为达到联邦环境规定的标准一共耗费1150亿美元。有些研究报告认为，用其他方法也可取得同样的效果，而花费只有上述金额的1/4。[①] 一些权威人士指出：污染、劳动保护和保护消费者权益，这些事情是非常复杂微妙的，不适宜于用中央官僚机构强制实施的规则来解决，而且规章制度数量之多，没有一家企业能够忠实地全部遵照执行。例如，工人的事故发生率并没有大大地下降，尽管在实施职业安全及卫生管理局的规章制度时花费了大量的时间和金钱，并且牺牲了许多自由。斯蒂格勒说："如果美国公民们想获得比在没有政府管制的情况下更纯净的空气、更清洁的湖水或更安全的工厂设施，利用价格体系的作用通常会比以直接进行管制来达到这些目的更经济实惠得多。"[②]

世界银行通过对全世界170多个国家的分析表明，政府管制常常事与愿违。比如对数据的实证分析显示，烦琐的市场准入法规并不能提高产品质量、保障劳动者更安全、减少污染，而只会抑制私人投资，将更多的人推向非正规经济，提高了消费价格，助长了腐败。那些环境污染最严重的国家，往往也正是对市场准入限制最多的国家。

---

① 戴维·奥斯本、特德·盖布勒：《改革政府》，上海译文出版社1996年版，第282页。
② 《斯蒂格勒论文精粹》，商务印书馆1999年版，第446页。

政府管制目的的失落，并非因为管制者不努力，而是因为管制者所要面对的问题系统实在太复杂了，其中任何微小的信号输入，都会产生巨大的不可预期的改变；而且事物或现象之间的因果关系常常都是非线性的，根据以往数据很难准确预测未来行为的细节，而只能作出行为的模式预测；再加上管制者知识、理性、责任心和德行也同样存在不可克服的构成性局限，那么管制目的的失落也就几乎成了逻辑的必然。我们所预期的可能没有实现多少，而我们没有预期或者在预期之外的却大量出现。知其不可为而为之，这就是政府管制的尴尬处境。

2. 权力寻租的滋长

英国历史学家阿克顿说：权力导致腐败，绝对的权力绝对导致腐败。这是屡经事实验证的不刊之论。古往今来国际国内那些屡见不鲜的权力腐败事实，让我们在人性和权力方面乐观不起来。我们倒不是说人性和权力有多么恶，而是说这两者都不怎么可靠，一旦结合起来就极有可能发生不良的社会化学反应。这在那些做什么事情都重视"礼"的润滑、政府权力很大且法治很不健全的国家尤其如此和普遍。因为政府管制是一种与企业和公民的权利义务密切相关的微观干预权力，对企业和公民的利益有着很大的损益性影响。无论是企业还是公民都有很强的积极性去向管制者游说和行贿，以期获得某种稀缺的市场机会，或者获得某种超越市场、超越规则的额外好处；而同为理性经济人的管制者也会在自身利益的比较当中行使自己的管制权力，把一个稀缺的市场机会批给那个能够给自己带来最大化利益回报的寻租者。因此，在一个什么都讲究"交换"的"坏"的市场社会里，政府管制最容易发生腐败。那些手握管制重权者自然要想从管制中榨取巨额好处，即便那些只有细微管制权力的人，也要抓住机会把自己的管制权力运用到极致。这既是无法改变的人性逻辑，也是无法改变的权力逻辑。对人性与权力的如此看法，在理论的色谱上也许灰暗了一些，但这就是生活的现实，是任何意识形态理论所无法否认和改变的。我们只有承认并加以规则的约束，才可以让现实变得相对更好一些。自19世纪80年代美国建立近代意义上的政府管制制度以来，管制权力的腐败就如影随形挥之不去。而且，腐败的多发或高发与管制权力的增长高度重合。"无论何时，只要有由官僚负责执行的规则，就会有一种将其扭曲以有利于其朋友或恩人的诱惑。管制越多，官僚越多，腐败的可能性也就越大。"① 2003 年以来，世界银行和国际金融公司开展了一项史无前例的工作，即通过一系列衡量政府管制和执行水平的量化指标，对 170 多个国家和地区的商业环境进行排名，并发布了一个《全球商业环境报告》，供各国企业家投资决策参考。在《2007 年全球商业环境报告：改革之道》指出：在不同国家，烦琐的市场准入程序总是与腐败相关联，尤其在发展中国家，每一个手续都是一个"接触点"——一个行贿受贿的机会。企业、公民在市场经营过程中与政府管制者的接触点越多，管制者的腐败机会越多，企业、公民受管制者的盘剥越重，市场主体经营行为的时效性越差。过度管制的经济是腐败的理想温床。国内经济学家还发现管制与腐败不是一个简单的线性的关系，而是一个几何级数的关系。因为权力具有互补性，而且权力越大，监督的成本就越大，对权力的监督就越难，管制者腐败的积极性就越高。② 因此，腐败往往会以比管制权力更快的增长速率爆发出来。

3. 温和柔婉的专制

现代民主社会中的政府管制与传统专制社会的政府管制相区别的地方在于它的温软绵密的品格特性。它以关心人们的生活为主旨，致力于为人们提供悉心周到的保护、指导与服务。它视人民如幼儿，唯恐其因知识缺欠和主观上的疏忽而造成自身的伤害。因此，它总是站在人民的身边，不厌其烦地给予指导和保护。它在危险清晰可见的地方设立警示标志，在通衢大道上设置限速指示牌；它强制性地要求人们系上安全带或者给宠物狗登记一个户口并戴好安全口罩；它要求烟草厂商在香烟盒上既标明焦油含量又贴上"吸烟有害健康"和骷髅图案的标签；它还要求企业在投资之前向政府咨询投资的前景，避免因重复建设带来的损失；它为劳资双方设置了最低工资和最高工时，只有在这范围之内才允许自由交易；它用"涨跌停"制度和临时性的停牌来限制股票交易，提醒人们理性投资；它用形形色色的限价、限购、限行和限牌来保护某种它希望保护的利益。对

---

① 迈克尔·罗斯金：《政治科学》第 6 版，华夏出版社 2001 年版，第 334 页。
② 张维迎：《产权、政府与信誉》，生活·读书·新知三联书店 2001 年版，第 106 页。

此种做法，亚当·斯密直斥之曰"明显地不只是压制，而且是僭越"。①而所有这些明显僭越的管制行为似乎都是为了管制对象的利益。因此，现代民主社会的政府管制不仅很少为管制对象所反对，反而是管制对象所欢迎并竭力争取之。这是现代社会政府管制越来越多的重要原因。由此，造成了一种与以往冰冷坚硬的专制截然不同的新专制——仁慈的专制。"它的范围将会很大，但它的方法将会很温和；它只使人消沉，而不直接折磨人。"其中，在一群彼此平等相似而又高度离散、心中唯有个人欲望的人之上，"耸立着一个只负责保证他们的享乐和照顾他们的一生的权力极大的监护当局。这个当局的权威是绝对的，无微不至的，极其认真的，很有预见的，而且是十分和善的。如果说它是一种父权，以教导人如何长大成人为目的，那么它最像父权不过了。它愿意为公民造福，但它要充当公民幸福的唯一代理人和仲裁人。它可以使公民安全，预见并保证公民的需要，为公民的娱乐提供方便，指挥公民的主要活动，领导公民的工商业，规定公民的遗产继承，分配公民的遗产。他用一张其中织有详尽的、细微的、全面的和划一的规则的密网盖住社会，最有独创精神和最有坚强意志的人也不能冲破这张网而成为出类拔萃的人物。他并不践踏人的意志，但他软化、驯服和指挥人的意志。他不强迫人行动，但不断妨碍人行动。他什么也不破坏，只是阻止新生事物。他不实行暴政，但限制和压制人，使人精神颓靡、意志消沉和麻木不仁，最后使全体人民变成一群胆小而会干活的牲畜，而政府则是牧人。"② 托克维尔认为这种温和柔婉的奴役方式，可能比一般的想象更容易与自由的外表结合在一起，甚至有可能打着人民主权的幌子建立起来。在这种温润软绵而又无微不至的规制、指导与服务中，公民的自由独立精神慢慢地消磨殆尽，公民的精神之火慢慢熄灭，心灵之光逐渐暗淡，意志和能力都会慢慢下降到人类的一般水平之下。

4. 创新机会的窒息

创新是一个社会进步的动力，创新也是一个民族发展的灵魂，创新的

---

① 亚当·斯密：《国民财富的性质和原因的研究》上卷，商务印书馆1972年版，第115页。

② 托克维尔：《论美国的民主》下卷，商务印书馆1988年版，第870页。

本质是系统结构的适应性变革。一个只知萧规曹随、墨守成规的民族可以是稳定有秩序的，但绝对不会有活力，不会有发展的前景和希望。而创新必须要一个前提性的环境条件，那就是自由，在其中任何性质、任何形式、任何程度和任何价值前景之创新活动都得到鼓励与肯定，只要当事人能够找到支持也都有尝试和实验的机会。如果对创新活动设置一些边界条件的约束，或者认为只有对社会有明显好处的创新才能得到允许，那么，无形之中就会让一切创新活动都成为不可能。因此，自由的创新机会在某种意义上与创新同样重要，它们是同一个事物的两个方面，没有创新机会，也就没有创新。英国哲学家罗素说在绝对无益的主动性和肯定有益的主动性之间还存在着其他性质和其他形式的主动性，还有大量中间层次的革新者，人们并不能预先知道他们行为的效果是好还是坏。对这些具有不确定性的中间层次的创新，必须鼓励自由试验的愿望，因为这一层次包含了人类成就史上所有最美好的事物。因此，政府在安全、公正和保护等职能之外"应当鼓励非政府性质的主动性，并且以宽容的态度为它们的存在创造机会"。① 哈耶克也认为：一切创造性的竞争（其对象既可能是利润，也可能是一种艺术风格），从其本来的意义上说，都是无法预知结果的活动，一些人愿意把时间和精力花在某件事上，其理由往往不为外人所知，抑或他们知道，但对其成功和可能性和价值也会有十分不同的评价，因此，没有一个激励竞争的机制为人们提供据以采取合理行动的信号，必然会使人类的创新精神受到极大的限制。他说一些发展中国家之所以缺乏创新，不是因为那里的人民天生没有创新的基因，而是因为他们受到制度、习惯、形形色色的权威和厚重的权威文化太多的压制，以致失去了创新的意识与冲动。② 政府管制就是一种有可能限制创新的制度安排，它在微观层面上限制了人们对新机会的探索与发现，它以既定的知识、标准和规范约束市场主体和社会主体的行为，进而直接或间接地影响到了市场对资源优化配置之结构的探索，抑制了在现有的行为方式之外寻求更好的交往结构和交往方式的那种冲动和实践机会，最终导致一切创造性活动的窒息。此一后果很少是能够在短时间内以尖锐的形式清楚地呈现在人们面前

---

① 罗素：《权威与个人》，商务印书馆 2010 年版，第 76 页。
② 《哈耶克文选》，江苏人民出版社 2007 年版，第 117 页。

的，而往往要经过很长时间的积累发酵最终才以发展之危机的形态爆发出来，而此时人们已经深受其害了。我们以药品研制为例，为了确保药品质量安全，美国建立了严格的药品质量管制制度。药品的安全性是有保障了，但新药研发的效率也下降了。据统计，自1962年以来，每年推广的"新化学物质"的数目下降了50%以上。在20世纪五六十年代，发明一种新药品的费用约50万美元，从试制到投入市场约25个月；但1978年，要使一种新药进入市场，得花费5400万美元，需要大约8年的努力。也就是说，费用增加了100倍，所需时间增加了3倍。其结果是，各医药公司在美国已没有力量来为患有罕见疾病的病人发明新药，它们越来越依赖销售量大的药品。长久以来在新药发明方面居于首位的美国，现在迅速地落到后面。在1962年修正案通过后的十年间，医治高血压的药品在美国没有一种得到批准，而在英国却批准了好几种。在全部心血管领域，从1967年到1972年的五年期间，仅一种药品得到了批准。这无疑是与食品和药品管理局的过严管制相联系的。萨姆·佩尔兹曼根据自己的仔细研究，也得出了明确的结论，即对药品质量安全的严格管制的害处大大超出了好处。他说："1962年以前，市场使无效药品的卖主受到的处罚似乎已经足够了，不需要管制机构再来插手干预。"① 总之，食品和药品管理局的政府管制，尽管愿望是良好的，但它实际上阻挠了新的可能有用的药品的发明和销售，对社会弊多利少。② 只是这种损害是无形的，很难很快被人们发现，只有经过一个长期过程才能被人们感知到。

5. 服从人格的形成

社会成员人格的形成与其所处的社会环境密切相关。有什么样的社会环境，就会有与此社会环境相适应的人格类型。而且，也只有具备此种人格类型的人才能更好地在这个社会中生存，因为此时的社会环境已经成为他最好的生态。哈耶克说："一个民族的政治理想和它对权力的态度，既是它生活于其中的政治制度的起因，也是这种制度的结果。"③ 自由的社

---

① 转引自弗里德曼：《自由选择》，商务印书馆1982年版，第217页。
② 亨利·勒帕日：《美国新自由主义经济学》，北京大学出版社1985年版，183页。
③ 《哈耶克文选》，江苏人民出版社2007年版，第281页。

会环境形成独立自主、敢作敢为、有冒险精神、有责任担当意识的人格，而在一个一切听命于政府、事无巨细皆由政府作出权威性安排、免除了社会成员自由与责任的沉重负担的社会，人们往往谨小慎微、听话服从，对政府权力有一种神经质的恐惧。他们喜欢过十分稳定没有变化的安逸生活，而不希望生活有太大的变数；较之于具有较大不确定性风险的高收入，人们更愿意得到有保障的低工资，他们不愿意涉足自由的但也需要自己承担责任的创业领域，而更愿意加入一个机构，接受机构中权威者的指令与指挥。他们把进入党政机关、事业单位作为自己人生职业的第一选择，并誉之为"铁饭碗"或"金饭碗"，而把进入企业尤其是民营企业称之为"泥饭碗"，对比之间那种反差和选择偏好清晰可见。而政府管制恰恰就造就了一个促使服从人格形成的社会环境，它不仅告诉你不该做什么，而且还告诉你应该做什么以及应该怎样做。它通过规制、管制和指导，免除了当事人在面临各种问题时思考与选择的麻烦，也免除了他们在行动中的责任重负。在此种环境中生活久了，就会形成一种典型的服从人格。诚如哈耶克所言："广泛的政府控制所引起的变化是一种心理变化，是人民性格上的改变。这肯定是一个缓慢的过程，这个过程不是几年，而是大概需要一两代人的时间。"① 这种情况在西方已然成为现实。在英国，无论是在学校里还是在工作场所内抑或是在往返旅途或居家生活中，许多通常可以从事的活动，不是受到禁止就是出于命令；政府建立了称之为公民劝告署的机构，用多如牛毛的法规左右着手足无措的人们；一事当前，人们不事先想想名言录，他们连手指头都不敢抬一抬。在美国，"数不清的政府管理行动最终所能证明的，并不是这种管制的实际效力，而是人们有受管制的愿望。"② 有社会学家不无忧虑地指出："今天的经济体制典型地产生孩子般的成年人，因为它造成了对上级的依赖、温顺的雇员、被大量广告所迷惑的过度消费者、依靠福利国家帮助的绝望的穷人和其他居住在一个不成熟社会的受限制的社会人。"③ 而一旦形成服从人格，人们再很难想到要求自由，也很难恢复自由。所以

---

① 《哈耶克文选》，江苏人民出版社 2007 年版，第 281 页。
② 《斯蒂格勒论文精粹》，商务印书馆 1999 年版，第 285 页。
③ 哈拉尔：《新资本主义》，社会科学文献出版社 1999 年版，第 495 页。

卢梭呼吁:"自由的人民啊,请你们记住这条定理'人们可以争取自由,但却永远不能恢复自由。'"①

6. 对社会道德尤其是公德的破坏

道德是公共品,是追逐自利的人们不至于为物欲洪流吞没彻底沦为经济动物的中流砥柱,也是社会之所以为人的社会的关键因素。道德只有在一个自由的环境中才能健康生长和发展;此种道德也才能体现人性的美好与光辉。而在一个不自由的环境,道德被扭曲成与人性相抵触的僵死戒条,成为束缚权利行为、压抑人性的软绳子。比如封建社会的忠孝节义、三纲五常,就是以牺牲人的权利、利益、个性、幸福为代价和最终结果的压迫性道德规范,盛行此种道德规范的社会也不再是人们能从其中受益的命运共同体,而是囚禁人们的无形牢笼。政府管制,尤其是过度的政府管制就可能对社会的道德状况构成破坏。比如价格管制使人变得奸猾;对职业进入的管制使从业者变得傲慢和无责任心;对言论自由的管制则使人变得虚伪,他们可以毫不脸红地说着一些自己也不相信的大话。而当他们能够坦然地说谎时,他们已经为干任何违法或不道德的事情做好了心理准备。政府管制之所以具有此种道德影响,其一是因为政府管制既是人们某种特定行为的审批者、许可者,政府的审批与许可似乎赋予了某种特定行为的全部正当性,人们再也不须约束和完善那种已经得到政府同意的行为。其二,政府管制解除了人们对某种行为的自由选择权,也自然免除了与此种行为相对应的责任。其三,为了获得政府的许可,在许多情况下,市场主体必须开展对管制者的"公关",向政府寻租,而所有这些支出都必须在后来的经营活动中得到补偿。因此,在一个绵密苛烦的政府管制的制度环境里,市场主体的道德意识会变得十分淡薄,内心的道德自律会变得软弱无力,外在的社会道德压力也会因为内在良心的沦丧而变得毫无作用。在这种情况下,追逐自利的经济理性行为会变得十分狂放和肆无忌惮。

信誉是最能体现人们道德性的行为品质。政府管制与市场主体的信誉之间存在着一种复杂的关系。当一个社会人与人之间根本不讲信誉时,政府管制的介入可以为人们提供一定程度上的确定性,迫使人们开始讲究信

---

① 卢梭:《社会契约论》,商务印书馆1980年版,第61页。

誉。但是当政府管制超过一定的范围和程度，市场主体又开始慢慢不讲信誉了，监管越多，企业讲信誉的积极性越少。因为政府管制越多，赋予政府机关的权力就越大，政府的自由裁量权主越多，未来就越不确定、越不可知，企业和个人就越不考虑未来，自然就不会讲信誉。这还是在政府管制的效率不太差的条件下可能出现的情况，如果政府管制的效率很差，那么，对政府管制的需求曲线和市场主体的信誉供给曲线就永远没有一个交集点或平衡点，于是，情况就恶化到：市场主体不讲信誉，政府要强化管制，而政府管制越多，企业越不讲信誉，恶性循环，最后到达一个死角，只有管制，没有信誉，所有的交易都只能在政府的管制下进行。① 因此，政府管制最多的地方，也往往是骗子最多的地方。政府的经济管制产生出许多市场骗子，政府的文化管制产生出更具欺骗性的学术骗子。

四　政府管制的合理定位

各种利益互相平衡是社会生活的重要基础。政治就是谋求这种利益相互平衡的艺术，而民主政治是最有助于达成各种利益平衡的政治生活方式。民主政治生活中作为政府微观调节社会生活关系的一种制度安排，政府管制也必须致力于各种利益或价值的平衡。

1. 安全与自由之间

安全自古以来就是人们生活的重要价值追求，也是生活之幸福感的主要来源。美国心理学家马斯洛把人对安全的需要视为继生理需要之后的第二位需要。② 作为生活重要价值追求的安全是指人的生命、财产以及与此相关联的各种条件如居住环境、生活供应、交通出行、隐私信息不受威胁的状态，在其中，人的心理心态轻松安宁和舒展，出于特定目的的行为专注而没有后顾之忧，人们全身心地投入创造物质财富和精神产品的生产性活动，并悉心体验着生活的快乐与幸福。古人说"宁为太平犬，莫作离乱人"，就表达出人们遭逢乱世的痛苦心情和对安全稳定生产生活环境的

---

① 张维迎：《信息、信任与法律》，生活・读书・新知三联书店2003年版，第19页。
② 《西方管理学名著提要》，江西人民出版社1995年版，第126页。

渴望与向往。

自近代以来，伴随着工业化和城市化的快速推进，人类社会出现了一种与以往截然不同的新安全问题——统称为非传统安全问题，如劳动生产安全、经济金融安全、生态环境安全、食品药品安全、公私信息安全、公共场所安全、公共交通安全、资源供应安全等方面。这其中任何一个方面的安全受到破坏，都会使人们的生命财产遭受重大损失，并减损生活的品质和对幸福的感受；也会使人类社会生活的局部甚至全局陷于瘫痪或崩溃。因此，当今之世，各国政府无不对非传统安全问题重视有加，竭尽所能解决之。比如经济安全就一直是现代英国立法工作最重要的目标之一。强制性的失业、疾病和养老保险，已经消除了工薪族生活中很多对未来的令人痛苦的不确定性。医疗方面的安全也由于那些大大延长了平均寿命并且减少了疾病数量的措施而得以增进。现代西方发达国家人们生活的安全性比起18世纪明显要大得多，而这种变化主要应归功于政府的管制制度安排。

处于深刻变革中的我国也遭遇到许多严峻的安全问题。它们既影响了人民群众的生活品质，也影响了社会的持续发展。因此，我们"既要重视传统安全，又要重视非传统安全，构建集政治安全、国土安全、军事安全、经济安全、文化安全、社会安全、科技安全、信息安全、生态安全、资源安全、核安全等于一体的国家安全体系"。[①] 这就非需要一定程度的政府管制不可。

然而，正如前所述，政府对安全的追求在一定程度之后也会转而损害社会成员的自由。比如为确保经济安全而实施的企业进入管制、产品与服务价格管制以及利率管制、汇率管制就有可能损害市场契约自由、交易自由和社会成员的创业自由；为确保公共交通安全而实施的安全检查也可能会损害公民的通行自由；对现实和虚拟空间言论行为的管制会损害言论自由；对出版物的内容审查会损害出版自由，诸如此类不一而足。人类自19世纪晚期以来政府管制的不懈努力正为我们打造出一个安全但并不自由的社会。此种情状是如此明显，以致我们并不需要多少洞察力就可以清楚地看到。而当一种追求安全的管制努力损害了更为重要的自由价值时，

---

① 《习近平谈治国理政》，外文出版社2014年版，第201页。

此种管制努力的道德正当性还能成立吗?!

罗素就曾对无度追求安全之做法的道德正当性表示过怀疑。他说:"安全,尽管无疑是好事情,却也可能会因为追求过度而成为一种迷信。安全的生活未必是幸福的生活;它可能会因为无趣和单调而令人感到沉闷。"他还说:"安全本身是由恐惧所激发的一种消极目的;令人满意的生活却必须有一个由希望所激发的积极目的。"① 自由是希望所由以生发的地方,在自由的天地里,希望总在我们面前闪耀,并赋予我们的生活以一个积极的值得我们为之全身心投入的目的。因此,政府管制"必须采取中间路线"②,其合理定位在于安全与自由之间。为了关心公民的安全,国家必须禁止或限制那些有很大负外部性而市场机制又根本无法内部化的涉及他人或公共利益的行为,同时,又必须注意通过某一项防范性法律产生的对自由限制的可能性。美国的《隐私权法》要达到的法律目的之一就是"平衡个人得到最大限度的隐私权的利益,和行政机关为了合法执行职务需要保有关于个人记录的公共利益"。这里,最大限度的隐私权利益就是自由,因为自由在一定程度上是由一个人的隐私状态而产生的,当一个人完全没有隐私,他的一举一动都暴露在光天化日之下时,他会产生一种被人窥视、监视的不自在感,言行举止就会受到无形压力的拘迫而扭曲变形。

安全与自由之间的平衡要求我们将政府管制局限于控制那些社会成员无法识别与控制的风险上。如果一个危险因素属于社会成员自身能够识别与控制的范围,则不需要通过政府管制予以消除,政府充其量只消尽到提醒责任就可以了。比如行车速度、驾驭汽车配系安全带和在市区豢养犬类动物都是无须政府管制的事项,因为其可能蕴藏的风险完全在当事人识别与控制的能力范围之内。生活中,可能会有一些人自己疏于防范导致危险发生,但我们不能因此而建立一个针对所有人的管制制度来限制人们的行动自由。

另外,我们还应将政府管制所获得的安全价值与可能损害的自由价值进行比较,确认前者大于后者时,政府管制才具有充分正当性。如果某项

---

① 罗素:《权威与个人》,商务印书馆2010年版,第73页。
② 威廉·洪堡:《论国家的作用》,中国社会科学出版社1998年版,第120页。

特定的政府管制所追求的安全价值远远低于因此而受损的那种自由的价值，那么，我们就得果断放弃特定的政府管制努力，做好充分的心理准备去承受那种不安全的社会风险。"自由和风险是分不开的"①，一个自由的社会，不可能是一个没有风险的社会；一个自由的人，也不应奢求免除一切风险。在某种意义上，由不可知因素引发的风险正是我们处于自由状态的具体表现，也是我们为自身自由应承担的一种责任。试图免除一切风险，会让我们置身于彻底被监管的状态。

2. 规范与创新之间

社会的存在与运行离不开规范，哪怕是原始的初民社会，其内部也有大量的规范存在。规范或者是一种标准化的行为方式，具有科学的规定性，或者是一种多数人认可的行为方式，具有社会共识性；或者是某一个权势集团推出的行为方式，具有一般意义上的政治性。任何类型的规范对人们的行动都有或强或弱的约束力。从一个角度看，法律规范具有最强的约束力，它是政治共同体运用国家强制力确保其实施的；而从另一个角度看，类似于风俗习惯的传统规范反而具有法律规范不具有的强制力和穿透力。人们可能不接受那些刚性的法律规范，但都会服膺于传统的道德准则。近代史上有一些著名人物虽然喝了许多洋墨水，日常生活中有许多现代做派，但骨子里依然很传统，由此可见传统之于人们心灵的影响力。现实生活中人们的行为如果符合规范，就会受到他人和整个社会的全面肯定，而偏离规范的行为，一开始总会受到非议、排斥和否定。当一种规范历经久远而依然被人们不加思考地遵循着，这种规范就成了一个社会的传统而享有权威。此时，原本是人们行动之非意图结果的规范反而变成了某种外在于人们的东西，需要人们的学习了解掌握和认同。对规范的学习、了解和掌握，内化于心进而外化于形的过程，就是社会学所称谓的社会化过程。

规范是一种社会资本，是界定社会竞争、支持社会合作的基础条件。规范能够协调人与人之间的社会关系，能够节约人们在社会交往中需要支付的行动成本，能够拓展或者深化人际之间的互利合作，能够化解社会运

---

① 《哈耶克文选》，江苏人民出版社2007年版，第388页。

行的阻力。那些重视规范建设，致力于提高行为规范化程度的社会，往往是稳定有序的社会。因此，任何社会都必须重视规范建设，通过立法、执法和司法的努力，通过道德规范的诱致性变迁和社会性评价，为社会中的人们提供明确的行为规范和遵循行为规范的正负激励。人们行为规范化，社会才可能成为一个人人皆可从中受益的命运共同体，成为一个人们既相互竞争又相互合作而无论竞争还是合作都会让双方和整个社会受益的开放秩序。一个社会如果没有最低限度的规范，或者规范很不统一，整个社会就会碎片化、孤岛化，成为鸡犬之声相闻民老死不相往来的封闭社会。

　　为了保证社会的规范化和一体化，就需要某种程度的政府控制与管制。由政府强制性地确立一些规范，并保证规范的执行。然而，这种旨在维护自发秩序或达到某种特定目的而实施的管制努力，如果不加限制又可能导致一种并不可欲的整齐划一的社会局面。在这里，社会是一体化的，其一体化的程度甚至达到"全国一盘棋"的高度；社会也是稳定有序的，但这似乎是一种机械式的有序。果真如此，这对社会中的人们来说将是一场灾难。罗素在讨论政府控制和社会成员主动性的领域划分时指出："一个健全而进步的社会既需要集中控制，也需要个人和群体的积极性；没有控制，会出现无政府状态；没有积极性，则会出现停滞。"而"整齐划一，是国家控制的自然结果，它在一些事情上是可取的，在另一些事情上却并不可取"。[①] 既如此，我们就应该为政府管制设定边界线。让一些事情在一定程度上处于政府管制之下，而其他事情则令其处于一般性正当行为规则约束之下的自主自发调节状态。在其中，那种会给我们带来无法预测也无法限量之结果的创新才有可能。当然，哪些事情应该由政府集中控制，哪些事情又应该令其处于自主自发调节状态，那些应该由政府管制的事务又到底应该管制到何种程度，这是一个很难作精确的划分的复杂问题。人类千百年来无数才智杰出人士都曾对其进行过探索，提出了许多真知灼见，但也没能彻底解决这个问题。罗素也试图为这个范围的划分确定一个"带有普遍性的原则"，他认为一个社会中凡是那些静态的特性适于政府控制，而动态的特性则应该由个人或者群体的积极性来推动。比如调整占有性冲动并依法控制它们就属于政府的基本职能，而创造性冲动，尽

[①] 罗素：《权威与个人》，商务印书馆2010年版，第71、76页。

管政府可以鼓励它们,却应该从个体或群体的自主性中获得它们主要的影响。① 这对我们合理定位政府管制的范围或许会有一些启迪。

3. 秩序与活力之间

国家治理是一个社会有效形成秩序的过程。它有两个基本的价值取向:一是秩序;二是活力。一个理想的社会应该既有秩序又有活力。秩序是社会的基本属性,是社会存在发展的基础条件。秩序使人类生活具有了一定程度的确定性,而如果没有这种确定性,则一切社会交往活动都无法展开,即便可以有一些即时性的交往活动,也无法延续和深化。而活力是一个社会能动性状况,它也是社会发展、生活丰富、文化繁荣的前提条件。没有活力,社会可以存在但不会进步、发展与繁荣。历史上有一些文明如爱斯基摩文明因活力枯竭而陷于停滞状态,它们犹如自然界中的化石,以永远不变的面目呈现在人们面前。社会的秩序与活力是诸多因素综合作用的结果,其中最为关键的因素是规则与权威。它们一头联系着秩序,一头联系着活力。定位处理稍有差池就可能损害秩序或者活力的价值。当一个社会处于无规则或虽有规则但得不到有效遵守与执行的时候,社会无以形成任何秩序,人们如风中飘蓬飘忽不定,任何长期性的建设努力都无法展开,互利性的合作交易更无法深化,产业无法发展,财富无法积累,道德与文化无法生长与繁荣。而当文明已经定型,当政府已经有机会巩固自己的权力,当习俗、传统和法律已经建立起细致得足以窒息进取心的规则之时,尤其当那些会限制人们探索未知世界或强制人们达到某种特定状态的特殊规则过于繁密琐细,且执行规则的政府权力过于专断和苛严之时,规则与权威就会封闭人们的自由空间,窒息社会变化的希望,并使人们变得呆滞,使社会趋于僵化。这时,社会可能是有序的,但绝对不会有活力,而是进入一个停滞或僵滞状态。中国封建社会很长一段时间就处于机械式的有序状态。

因此,规则与权威——其结合的重要制度形式就是政府管制——的定位与处理是国家治理中最复杂的艺术,其精髓就是把进步所需要的那种程度的个人主动性和社会存在所必要的聚合与整合有效地结合起来,为此,

---

① 罗素:《权威与个人》,商务印书馆2010年版,第71、84页。

在秩序型构上就是把握好自生自发秩序和组织建构秩序的平衡，使两种秩序相互支撑相互耦合，从而有效促进社会秩序与活力的统一，实现经济发展、文化繁荣、生态优良、民生幸福的开放社会目标。

首先，我们要认识到自发秩序的优位性。人类社会内部存在着许多秩序化的因素和力量，它们在一个没有人刻意指挥的环境里，按照某种不为人们所知的规律或规则运行着，形成一种和谐的也很有审美价值的秩序。这种自发秩序无论在时间上还是在逻辑上都比组织化的秩序要优先得多，在资源配置上也更有效得多。"它的重大优点不仅在于它使个人可以自由地追求自己无论是自利的还是利他的目标，它还使非常分散的、处在具体时空中的知识有可能得到利用，这些知识只作为不同的个人知识而存在，任何单一的领导当局都不可能拥有它们。"[①] 其次，要看到任何自发秩序虽有其内部的自我强化机制，但鉴于秩序的自发性和人性中的机会主义倾向，自发秩序又常常遭受身居其中的人们的故意破坏。因此，有效的国家治理还必须有一种公共权威的强制力，能够强迫人们遵守正义的规则，以便社会中的人们在正义规则的约束下才能形成人人皆可以从中受益的自发秩序。而为了保证公共权威强制力的正当使用，还必须建立一整套的制度安排，并借此形成一种稳定的组织化秩序。在这种组织化秩序的保障下，社会的自发秩序才得以健康发育生长与扩展。最后，整个国家要经过试错性实践，探索出自发秩序和组织秩序的边界及耦合结构，并适应经济社会的发展变化作相应调整。因为自发秩序和组织秩序是人类社会秩序谱系中的两个范式类型，或者说是社会秩序的两种极端形态。现实生活中的国家所呈现给人们的秩序格局往往是这两种秩序类型的不同结构组合，其间两种秩序组合的具体结构形式取决于一个国家所具有的特殊变量因素。这里，问题的关键是要找到与本国国情相适应的自发秩序与组织秩序耦合的结构，唯有如此，才能使社会处于有活力的有序状态。

在当代，"有大量关于国家正在变得'不好统治'的言论，却几乎没有人认识到，试图统治得太多才是麻烦的根源，甚至更少有人明白，各种罪恶已多么深入地渗透进了主要的制度"。[②] 这是当今社会许多问题出现

[①] 《哈耶克文选》，江苏人民出版社2007年版，第302页。

[②] 同上书，第233页。

并变得复杂难解的治理根源。也就是说不是因为有问题需要治理，而是治理本身导致了问题，政府恰恰是我们的问题所在，不知节制没有约束的政府及其烦琐绵密的管制行为常常成为社会内生自发秩序的破坏性力量，使社会处于或混乱或僵化的状态。因此，我们要消除对政府管制的迷信和迷恋，更多地看到社会秩序自发的一面，更多地发挥非人格化机制的调节作用。在许多国家都有依靠社会自身的集体行动机制实现对社区成员生产与生活行为约束的非正式制度安排。比如在巴西，渔民们制定一系列复杂的合同规定，对总体的捕捞量和个人的捕捞量进行管制，如果出现违反者，社区其他成员将对其进行惩罚，包括社交场合的冷淡排斥或者没收他们的渔具；在日本各渔业社区也有自己的措施防止过度捕捞，让鱼类可以维持再生；在美国缅因州，一些社区对淡水龙虾的捕捞进行自我管理，具体到何时、何地、何种资格的人方可捕捞；在汤加，渔民们有自己的社会惯例，共同分享收获的产量。如果某个人捕的鱼太多，超过了自己的家庭需要，则必须根据惯例分给那些需要食品的人。因此，社会并非不能进行自我管制。[①] 即便在社会无法自我管理、需要政府管制发挥作用的领域，我们也要让这种作用的发挥与对这种作用的需要相容不悖，并局限相对最低的限度。在这限度之外，让社会生活的各类权利主体在一般性正当行为规则约束下相互调适，自由自主地发挥其主动性、创造性，这样才能实现社会秩序与活力的统一。

---

① 约翰·麦克米兰：《重新发现市场》，中信出版社2014年版，第167页。

第五章 公共服务与自由

> 那些愿意放弃基本自由来换得少许暂时保障的人,既不配得到自由,也不配得到保障。
> ——富兰克林

以一定形式为社会成员提供某种程度的公共服务自始就是国家和政府承担的一项职能,国家和政府也正是凭着公共服务重要供给者的资格而出现于人类政治社会舞台,并获得人们的合法性认同。从古到今,政府到处都在提供着与社会生产力水平、经济发展程度相适应,为当时的社会道德状况所要求的公共服务,而且,伴随着社会生产力的发展、经济的繁荣和财富的增长,人们对政府公共服务的诉求也会越来越高。今天,政府承担和供给的公共服务如此之多,以至于一个人不需要太多的个人努力就可以过上比较舒适体面的生活,由此,出现一种历史上从来不曾有的新国家类型——福利国家。然而,我们需要看到,由政府供给公共服务与一个人堪值珍视的自由之间存在着复杂关系。不是任何方式提供的任何程度的公共服务都与人们的自由兼容,有时,一些公共服务,其提供的方式和程度,会让人们付出自由的代价。哈耶克就曾担心:"对要求保障的普遍赞同可能是对自由的一种危险。如果人们在过于绝对的意义上理解保障的话,普遍追求保障,不但不能增加自由的机会,反而构成了对自由的最严重的威胁。"[①] 因此,我们在要求政府供给公共服务方面必须持理性、慎重和节制的态度,并保留通过探索由社会自身提供所需公共服务的权利。

[①] 哈耶克:《通往奴役之路》,中国社会科学出版社1997年版,第116页。

一　公共服务是实现自由的必要条件

1. 从消极自由到积极自由或从形式自由到实质自由

穷人有自由吗？这是我们这个星球上人们所面临的最为尖锐的问题之一。我国春秋战国时期的庄子曾经思考过这个问题，他给我们讲了一个亲身经历的故事。庄子家贫，只得向监河侯借粮。监河侯说：行，我很快就要发工资了，到时候借你三百块钱去买米。庄子既失望又生气，对监河侯说：我来的路上听到有声音呼我，回头一看，原来是车辙中一条小鲋鱼，我就对它说，你喊我有什么事啊？鲋鱼说，我是东海之波臣，你现在有斗升之水来救我吗？我说，行啊，我将要到南方的吴越去游历，到时我会引西江之水来救你，怎么样啊？小鲋鱼愤然变色说：我因为失去我所栖身的环境才向你求救，我只要斗升之水就可以活命，像你这样说，那还不如到咸鱼店找我算了。(《庄子·外物》)

鲋鱼在江湖里是自由的，但是由于非人为原因，江湖干涸了，只得困在小水洼里苟延残喘；它们相濡以沫相呴以湿，但肯定不如相忘于江湖。这就是庄子给我们讲的寓言故事，其中的形象设喻具有巨大的反思空间。小水洼里的鲋鱼只要不是被人故意放进去的，它就没有受到别人的强制。在此意义上，鲋鱼是自由的；但由于失去了浩瀚江湖的依托，鲋鱼又不能像以前那样畅游，失去了作为鱼最基本的行动可能性，只得搁浅于水洼之中，向人乞求斗升之水。在这里，它又是不自由的。那么，浅水洼里的鲋鱼到底是自由还是不自由的呢？

到了近代，小鲋鱼的命运不幸降落到从农村来到城市的雇佣工人身上。那些衣衫褴褛形销骨立的农民经过不懈努力终于摆脱封建领主的奴役来到连空气也是自由的城市。而伟大的资产阶级革命则进一步解除了长期以来套在人们身上的各种人身依附性的封建法权关系，实现了人的政治解放，它把所有的人都变成像鸟一样自由，人与人之间只存在基于利益交换而为契约所规定和限定的临时性关系。这是一个"从身份到契约"的伟大历史性变革。然而，在这个变革过程中，一部分人失去了生存所需要的最低限度的生活资料，也没有一些能够共享的基础条件，他们除了自己的一双手就一无所有了；另一部分人则既占有生活资料又占有生产资料。两部分人之间没有法律意义上的任何隶属关系，一个是自由劳动者，另一个是自由资本家，他们只通过契约实现生产资料与劳动能力的暂时性结合。自由劳动者在考虑把自己的劳动力出卖给哪个资本家时是有充分的自由选择权，但他没有自由不向整个资本家阶级出卖劳动力，正如马克思所言，他是属于整个资本家阶级的。

为什么有的人表面上看是自由的，而实际上却没有自由呢？这个问题一经提出，就犹如在认识自由的世界里打开了一扇新窗户。从此视角深入思考下去，人类终于发现我们所珍视的弥足珍贵的自由是有结构划分的，它大致包含两个基本方面。一个是消极自由，即免于他人专断意志强制的自由；另一个则是积极自由，亦即实现自己意志的可能性机会，它包括行动者的能力与外在条件。前者是指一个人不受专断意志之强制而只受体现公平与正义的一般性正当行为规则之约束的状态。这种一般性正当行为规则是在漫长的社会发展过程逐渐被人们发现、改进和完善，其体现的是一个社会共识性的意见，而不是某个人格化权威的意志。它虽然以国家强制力为执行上的后盾，但由于其预先确定且为众所周知，因而也就事实上构成了一个人所面临的客观环境的重要方面，即规则环境。一个人完全可以利用自己对这种规则环境的知识来引导自己的行为，从而就不感觉到规则本身所具有的强制性了。后者则是指一个人保持人的生活状态和尊严、实现自己所预设的理想与目标，过上自己所欲求的也是所有人都认为可以如此要求的某种生活所必不可少的条件、能力与现实可能性，用阿玛蒂亚·森的话来说就是指享受人们有理由珍视的那种生活的可行能力。这种积极自由包括免受困苦——诸如饥饿、营养不良、可避免的疾病、过早死亡之类——基本的可行能力，以及能够识字算数、享受政治参与等的自由。[①]概括起来它包括政治自由、经济条件、社会机会、透明性保证、防护性保障五种类型。一个人没有消极自由，就肯定不是自由人，同样，如果他没有积极自由，那他也仅是一个法律意义上的自由人而绝非现实生活中真实的自由人。犹如马克思所看到的资本主义生产关系中的雇佣劳动者，可以自由地出卖劳动力，但没有"自由地不出卖劳动力"。这是一种被阉割过的片面的自由，失去的部分让存在的消极自由变得不具有太多意义。作为

---

① 阿玛蒂亚·森：《以自由看待发展》，中国人民大学出版社2002年版，第30页。

人所应该享有的自由，既包括免于他人专断意志强制的消极自由，也包括保持人的生活状态与尊严、实现自设目标与理想的可行能力意义上的积极自由。正如博登海默所言："如果未认识到自由理想不仅具有消极成分，而且还具有积极成分，那么关于自由的讨论就不会是全面的。自由不只是排除外部约束和免受专断控制，而且还包括了在服务于被称之为人类文明的伟大事业中发挥个人自然天赋与所掌握的技术的机会。在这个意义上，自由可以被描述为一种条件，这乃是为形成一个目的，借助有组织的文化手段使该目的转变为行之有效的行动，以及对这种行动的结果享有充分乐趣所必要的和充分的条件。一个人可以不受强制性的或其他有害的限制的约束，可以完全不受设定于其迁徙自由或言论自由之上的物质的或法律的桎梏的约束，但是如果社会不为他提供符合于其能力的有益工作和建设性活动的机会，那么他就不会感到自己是个真正自由的人。因此，追求和实现目的的自由就如同不受外部障碍之约束一样，是自由这一概念实质含义的一个重要的而且是必不可少的方面。"①

对自由之逻辑结构的经典概述当属弥赛亚·伯林。他在《两种自由观》的演说中系深刻地论述了自由的逻辑结构，并把它们概称为消极的自由观和积极的自由观。前者是一种通常意义上的自由观，根据这种观点，只有当一个人的行为不必服从别人的任意干涉或强制时，他才是自由的。这种消极自由可以用"免于——的自由"这样一个句式来表述。而积极的自由观，伯林把它定义为自主、自决或自治，从这种含义上说，假如一个人是他自己的主人，他才是自由的，表述为一个句式，那就是"做——的自由"。在伯林看来，"消极的自由"诚然是件大好事，然而，它并不是好事的全部，只靠它并不能保证美好的生活。它不能保证自主。一个人只有同时享有积极的自由，才是一个真正自由的人。然而，伯林自己也感觉到这两种自由或对自由的看法很难截然分开，而是有千丝万缕的隐约联系。因为妨碍一个人成为自己主人的既有他人任意干涉的因素，又有类似于贫困的其他因素。贫困虽然不会减少一个人的消极自由，但毫无疑问会使他无法做自己希望做的事情。贫困，或至少是极端贫困，确实能够阻碍一个人做自己的主人。因此，两种自由可能看上去没有多大的逻辑

---

① E·博登海默：《法理学——法哲学及其方法》，华夏出版社1987年版，第279页。

差别，但是历史地看，它们是沿着不同的方向发展出来的，并不总是遵循着逻辑上规范的步骤，最终它们相互之间直接陷入冲突。

在欧洲不同地区，对自由的两个方面各有侧重。在英美国家，人们对自由的理解更多的是强调不受他人包括政府专断意志的控制，强调公民有一个任何外在力量不得介入的私人领域，在这个空间里，公民个人的志趣偏好意愿是至高无上的，他不负有向他人和社会作出解释说明的责任。正如洛克所言："自由——并非人人爱怎样就可怎样的那种自由，而是在他所受约束的法律许可范围内，随其所欲地处置或安排他的人身、行动、财富和他的全部财产的那种自由，在这个范围内他不受另一个人的任意意志的支配，而是可以自由地遵循他自己的意志。"① 密尔也说："唯一实称其名的自由，乃是按照我们自己的道路去追求我们自己的好处的自由。""当一个人的行为并不影响自己以外的任何人的利益，或者除非他们愿意就不需要影响到他们时，他就应当享有实行行动而承当其后果的法律上和社会上的完全自由。"这种自由一般是不应该进行限制和破坏的，"人类之所以有理有权可以各别地或者集体地对其中任何分子的行动自由进行干涉，唯一的目的只是自我防卫。这就是说，对于文明群体中的任何一成员，所以能够施用一种权力以反其意志而不失为正当，唯一的目的只是要防止对他人的危害。"② 社会要保护这种人人皆可以非排他非竞争性享用的自由，就必须施行法治，由公平正义的法律为所有人的社会性行为作出协调与安排。法律的目的不是废除或限制自由，而是保护或扩大自由。"在一切能够接受法律支配的人类的状态中，哪里没有法律，哪里就没有自由。这是因为自由意味着不受他人的束缚和强制，而哪里没有法律，哪里就不可能有这样的自由。"③ 然而在欧洲大陆如法国德国，人们对自由的理解就发生了偏移，在这里，自由被看作一个人实现自己意志和愿望的有效能力，或者被看作一个人按照自己的本真利益过一种理性有德行的生活，从而成为自己命运的主人，如果一个人一无所有，哪怕没人强制他，那也是不自由的；或者一个人听任自己的欲望行事，朝着似乎有利于自己

---

① 洛克：《政府论》下卷，商务印书馆1982年版，第36页。
② 密尔：《论自由》，商务印书馆1959年版，第13、82、10页。
③ 洛克：《政府论》下卷，商务印书馆1982年版，第36页。

而实质却是有害的方向前进，那他就不是自由人而是他自己欲望的奴隶。而事实上并非每一个人都清楚地知道自己的本真利益，也并非每个人都有足够的理性选择与安排自己的生活，这就有政治服从的必要，服从那些洞察到人类社会发展规律、掌握了关于万事万物之科学真知的圣贤之士，这是芸芸众生幸福生活所必需，为此，即便采取最有力的强制也是具有充分的正当性，其目的正是为了众生的幸福与自由。卢梭就认为：人民永远是希望自己幸福的，但是人民自己却并不能永远都看得出什么是幸福；而公意永远是正确的，法律乃是公意的行为，因此，任何人拒不服从公意的，全体就要迫使他服从公意。这恰好就是说，人们要迫使他自由。① 对自由的不同理解以及由此形成的不同的自由主义传统，虽然在少数方面得出了相似结论，但其指导下的社会政治行为趋向是不同的，前者强调对政府公权的法律规则控制和对人们社会行动的正义规则的约束与协调，借以保护每个人的彼此相容的自由；而后者则强调通过某种性质的政治活动，使人们获得自由行动的强大能力，从而成为自己命运的主人。

在对自由的认识过程中，印度裔英籍经济学家、诺贝尔经济学奖得主阿玛蒂亚·森也作出了里程碑式的贡献。他对自由与发展之间关系的原创性研究，开拓了可供后来好几代研究者进行研究的新领域；尤其是他结合经济学和哲学的工具，在重大经济学问题讨论中重建了伦理层面，因此也被人誉为"经济学的良心"。他的经济哲学理论体系恢宏、博大精深，其中的一个核心概念是实质自由。他认为：自由是一个具有内在多样性的概念，它涉及过程层面以及实质性机会层面的多种考虑因素。人类的发展从自由角度看就是一个从真实不自由到形式自由再到实质自由的过程。在前资本主义农业中，奴役劳动和人身依附结合起来，产生了一种特别牢固的不自由形式，这是一种"真实不自由"。市场经济和资产阶级政治革命把一切封建的、宗法的和田园诗般的关系都破坏了。它无情地斩断了把人们束缚于天然首长的形形色色的封建羁绊，它使人和人之间除了赤裸裸的利害攸关，除了冷酷无情的现金交易，就再也没有任何别的联系了。社会成员由此获得了前所未有的自由，他们可以自由流动、自由择业、自由出卖劳动力。但由于工人一无所有，他们没有做那种自己认为值得做之事的可

---

① 卢梭：《社会契约论》，商务印书馆1980年版，第29页。

行能力,也没有享受有充足理由珍视之生活的可行能力。因此,他们所获得的只是形式自由。阿玛蒂·亚森认为人类必须就此更进一步,去追求和实现真正有意义的实质自由。他认为:自由的两个方面:行为的过程层面和行为的机会与条件层面都必须予以同等程度的关注。如果从自由所涉及的机会层面看,那么,自由就可以理解为一个人做自己认为有价值的事的可行能力,或者去享受他们有理由珍视的生活的可行能力。一个人的可行能力是指此人有可能实现的、各种可能的功能性活动组合。它反映了一个人认为值得去做或达到的各种各样的事情或状态。这种有价值的功能性活动种类很多,从很初级的要求,如有足够的营养和不受可以避免的疾病之害,到非常复杂的活动或个人的状态,如参与社区生活和拥有自尊。可行能力因此是一种自由,是实现各种可能的功能性活动组合的实质自由。不同个人,其所拥有的可行能力集是不同的。比如一个节食的富人,就摄取的食物或营养量而言,其实现的功能性活动也许与一个赤贫而不得不挨饿的人相等,但前者与后者具有不同的可行能力集。一个人的可行能力集由这个人可以选择的那些可相互替代的功能性活动向量组成的。因此,一个人的功能性活动组合反映了此人实际达到的成就,而可行能力集则反映了此人有可能实现的自由:可供这个人选择的各种相互替代的功能性活动组合。前者是关于一个人实际做到的事,后者则是关于一个有实质自由去做的事。明确此区分是很有意义的。因为有选择余地的选择与没有选择余地的选择,表面上看状态一样,但背后的自由意义却大不相同。有选择余地的选择体现了选择者的自由,而没有选择余地的选择则反衬出的是选择者的不自由的无奈状态。比如同为节食,苦于营养过剩的富人与苦于经济紧张的穷人,两种节食绝不可相提并论等量齐观,它们体现的是完全不同的生活境况和象征意义。在可以选择吃的情况下选择不吃是自由;而在无可选择的情况下不吃,那就是挨饿。如果我们如此理解自由,那么,我们也可以对发展作出全新的解读,把发展理解为消除不自由并扩展人们有理由珍视的各种形式的实质自由的过程,而所谓的欠发展状态,也就是广义地指不自由的程度。同样,如果我们用一个人所具有的可行能力、一个人所拥有的享受自己有理由珍视的那种生活的实质自由来判断一个人的处境,那么,所谓贫困也就必须视为基本可行能力的缺失,而不仅仅是收入低下。在现实生活中,有许多因素导致一个可行能力的缺乏或不足,比如低收入就是一个人可行能力缺乏或不足的重要原因。有时，对收入而言的相对剥夺，也会产生对可行能力而言的绝对剥夺。

最后，阿玛蒂亚·森总结说：我们之所以如此重视实质自由，不仅是因为实质自由是评价一个社会成功与否的重要尺度，而且还因为实质自由是个人首创性和社会有效性的主要决定因素。更多的自由可能增强人们自助的能力，以及他们影响这个世界的能力，而这些对发展过程是极为重要的。因此，个人自由就其实质而言是一种社会产品。一方面要通过社会安排来扩展个人自由；另一方面要运用个人自由来不仅改善单个个人的生活，而且使社会安排更为恰当和富有成效。①

我们无意说也不能说对自由的两种理解有正确与错误之分。它们其实是自由的不同面相，是自由之复杂性在思想认识上的反映。有消极自由的未必也有积极自由，而有积极自由的必得有消极自由，否则也不成其为自由。马克思主义自由观与古典自由主义自由观的最大区别在于对积极自由的态度上，前者突出强调而后者直接否认或者有意回避。然而，事实上自由是呈现两个维度和面相，而且，到了20世纪，人类对自由的两种理解和追求有相互融会的趋势。人们在继续追求消极自由的同时，也付出更多的努力去追求积极自由。罗斯福在其就职演说中把旧的"四大自由"替换成新的"四大自由"——言论自由、信仰自由、免于匮乏的自由和免于恐惧的自由。1948年，联合国通过的《世界人权宣言》宣布：每个人，作为社会成员，有权享受社会保障，并有权享受他的个人尊严和人格的自由发展所必需的经济、社会和文化方面各种权利的实现。这种实现是通过国家努力和国际合作并依照各国的组织和资源情况。人人有权享受为维持他本人和家属的健康和福利所需的生活水准，包括食物、衣着、住房、医疗和必要的社会服务；遭到失业、疾病、残废、守寡、衰老或在其他不能控制的情况下丧失谋生能力时，有权享受保障。这里，人类第一次在基本人权中注入了"经济社会平等"的因素，把获得最基本的生活保障视为自由与人权的重要内容，从而矫正了此前的社会达尔文主义倾向。从此，得到保障生活的基本福利条件成了每个人的固有权利，为社会成员提供基本福利条件使之获得有尊严的生活，也成为政府用法律固定下来的责任。

---

① 阿玛蒂亚·森：《以自由看待发展》，中国人民大学出版社2002年版，第23页。

2. 公共服务是实现积极自由的必要条件

人类社会的生活经验表明消极自由的实现靠法治，而积极自由的实现除了一份独立的确获保障的财产权利外，还需要一个重要条件即平等、普遍、非排他性、非竞争性的公共服务。

众所周知，人类有品质的生活与良好的发展既需要自由、和平与公正此类消极条件，也需要生活资料、基础设施和一般性服务等许多积极条件。在一个人生活与发展所需要的众多积极条件当中，有相当一部分能够通过市场交换予以满足，但毫无疑问也会有很多条件是市场提供不了的，但又是人人所共同需要且须臾不可缺少的。这些条件必须通过市场之外的其他途径进行生产与供给。从另一方面看，任何时候，个人的生存、生活、工作和发展，除了依靠自身的努力外，都需要得到社会的帮助，尤其当一个人由于种种自身无法负责的原因而处于某种困境时，社会更有责任给予一定的帮助，使其能像一个人一样生活下去，并有希望获得一种摆脱困境的能力，最终走向自食其力的道路。这不仅于受助者有益，于他人和整个社会亦十分有益。因此，向社会所有成员提供普惠性质的公共服务，包括对社会中的贫困者给予当时条件所允许并为当时的道德所要求的基本程度的生活保障，向来是社会所具有的功能，也是作为"文明社会之概括"（恩格斯语）的政治国家之功能。

在原始社会，为氏族成员所共同需要的一些公共产品与服务是由氏族公共组织提供的。进入阶级社会后，激烈的阶级斗争使得氏族组织再也承担不了此种功能，它也因此而被国家这种特殊公共权力所取代。国家出现后，政治统治虽然成为其重要职能，但它也承接了氏族组织原有的社会管理职能，而且正如历史事实所充分表明的，政治统治到处都以执行某种社会职能为基础，政治统治也只有在国家履行了社会职能的时候才能维持下去。马克思在《不列颠在印度的统治》一文中分析到，在亚洲，从很古的时候起，一般说来只有三个政府部门：财政部门，或对内进行掠夺的部门；军事部门，或对外进行掠夺的部门；最后是公共工程部门。不列颠在印度统治的失败，其原因就在于它完全忽略了公共工程部门，[①] 忽略

[①] 《马克思恩格斯文集》第 2 卷，人民出版社 2009 年版，第 680 页。

了唯一能使他们在印度的统治至少同他们前人的统治具有某种合理性的那种行动。① 结果唯一支撑社会的农业衰落下去了，饥荒频发，饿殍遍野，社会动荡不稳。

如果说在剥削阶级国家，政府履行社会公共职能的根本目的是为了更好履行其政治统治职能，巩固其政治统治地位；那么，在一个人民成为政治社会主人的契约性政治社会，政府履行社会公共职能，提供人们所共同需要的公共产品与服务，则是为了实现社会成员的自由，维护人的有尊严的生活和促进人们更好地发展。

马克思曾经研究过社会（共同体）与个人自由之间的关系。他认为：之前的社会，人之所以没有自由是因为受到自己所生产的异化为独立之物的支配，人类只有重新聚合为共同体，并成功驾驭这些物的力量，才能重获自由。他说："个人力量由于分工转化为物的力量这一现象，不能靠从头脑里抛开关于这一现象的一般观念的办法来消灭，而只有靠个人重新驾驭这些物的力量，靠消灭分工的办法来消灭。没有共同体，这是不可能实现的。只有在共同体中，个人才能获得全面发展其才能的手段，也就是说，只有在共同体中才可能有个人自由。在过去的种种冒充的共同体中，如在国家等中，个人自由只是对那些在统治阶级范围内发展的个人来说是存在的，他们之所以有个人自由，只是因为他们是这一阶级的个人。从前各个人联合而成的虚假的共同体，总是相对于各个人而独立的；由于这种共同体是一个阶级反对另一个阶级的联合，因此对于被统治的阶级来说，它不仅是完全虚构的共同体，而且是新的桎梏。在真正的共同体的条件下，各个人在自己的联合中并通过这种联合获得自己的自由。"② 在《资本主义社会中的个人自由》一文中马克思揭露了资本主义社会所鼓吹的个人自由的虚伪本质，指出："这不过是在有局限性的基础上，即在资本统治的基础上的自由发展。因此，这种个人自由同时也是最彻底地取消任何个人自由，而使个性完全屈从于这样的社会条件，这些社会条件采取物的权力的形式，而且是极其强大的物，离开了彼此发生关系的个人本身而独立的物。"人与人之间的利益竞争"也只不过是发生这种相互作用所依

---

① 《马克思恩格斯文集》第9卷，人民出版社2009年版，第187页。
② 《马克思恩格斯文集》第1卷，人民出版社2009年版，第570页。

据的条件的再创造,而且,这种竞争的条件,即以资本为基础的生产的条件已经被人们当作限制而感觉到和考虑到了,因而这些条件已经成为而且越来越成为这样的限制了"。①

从马克思的论述中,我们可以看出:人类所享有的自由,绝非是漂流到孤岛上的鲁宾孙式的孤独自由,而毋宁是社会中的自由;然而,也并非任何一种社会型态、社会关系都能为人们提供那种真正而又真实的自由。在历史上,在有的社会型态里包括发展最成熟的资本主义,社会并没有成为人们自由生活的空间,反而成了囚禁人们的牢笼。在那里,只有极少的一小部分人,即属于统治阶级范围的人才有所谓的个人自由,而绝大多数人则没有最低限度的自由,或者虽然表面上看似乎有自由,但其实并没有真正的个人自由。因为,他们所栖身的社会对他们来说是一个异己的存在,是一个虚假的共同体,其中,社会生产力和生产关系采取了离开彼此发生关系的个人本身而独立的物的权力的形式,而且这是一种极其强大的物;另外这些生活在社会中的与那种极其强大的物的权力相分离相对立的人们也无权利从社会当中获得生活与发展所必要的一些基本条件。正是这些必要基本条件的缺失,使他们沦于只有法律意义上的形式自由而没有社会意义上的真实自由的境地。因此,必须通过革命重建社会,使社会真正成为人们的自由联合体———一个真正意义的共同体,并为人们提供一些必要的基本条件,人们才能在自己的联合中并通过这种联合获得自由。这个人们自由联合起来的社会所提供的基本条件就是我们要分析研究公共服务。

公共服务,在经济学里也简称为公共品,它是指这样一类商品:将该商品的效用扩展于他人的成本为零,因而也无法排除他人共享。② 布坎南将公共服务定义为"任何集团或社团因为任何原因决定通过集体组织提供的商品或服务"。③ 由此可见,一定形式的集体供给以及一定程度上的普遍享有是公共服务的最明显也是最主要的特征。公共服务在内容上包括直接针对人的服务,还包括基础设施等不直接针对人的公共物品提供。纯

---

① 《马克思恩格斯文集》第8卷,人民出版社2009年版,第181页。
② 萨缪尔森:《经济学》第16版,华夏出版社1999年版,第29页。
③ 布坎南:《民主财政论》,商务印书馆1993年版,第20页。

粹的公共服务必须是由集体中的所有成员均等消费的，如国防。一国保卫其自由和生活方式时，它保卫的是所有的居民，无论他们是否愿意接受或者是否愿意为这种保卫支付了费用。现实生活中，这类完全没有排他性和竞争性的纯粹公共服务是很少见的，国防、治安、安全、公平、正义是其中的主要种类。除去这些纯公共服务，其他种类的公共服务都有一定程度的排他性和竞争性，只能覆及一个或大或小的群体。譬如社会保障制度尤其是低保制度就只是覆盖中低收入群体，而高收入群体无缘享受这种制度安排的惠利，充其量只是间接地享受到了此种制度安排的正外部性，但他们却可能要承担这种制度安排的税收负担。在公共基础设施中，高速公路也是具有一定排他性和竞争性的俱乐部公共产品。这些公共产品与服务的公共性虽然不完全，但与通过市场提供的私人产品与服务相比其公共性依然十分明显，因此，人们依然愿意把它们列入公共服务范畴。

时至今日，公共服务的内容越来越丰富，它包括社会保障、社会救助、公益慈善、公共文化教育、公共医疗卫生、环境生态保护、公共基础设施等。本书所指公共服务主要是指社会保障，它是一种公共福利计划，旨在保证个人及其家庭免除因失业、年老、疾病或死亡而在收入上所受的损失，并通过公益服务（如免费医疗、生活补助）以提高其福利。具体的制度形式有医疗保险、工伤保险、养老保险、失业补贴、培训津贴、家庭福利补贴、住房补贴、自建住宅和修缮住宅贷款等。美国的社会保障主要由社会保险、社会福利、社会救济三部分组成，具体项目也达几十种之多，其中主要项目包括养老、遗属和残疾人保险、失业保险、工伤保险、补充保障、抚养未成年子女家庭补助、医疗保障、住房援助、教育援助、食品券。[①]

公共服务之于公民自由来说是一个必要条件。因为人类弥足珍贵的自由，在一消极意义上只是一个发展的最大可能性空间，欲使其变成促进人们发展的现实性空间，还需要具备许多外部条件。他起码应该免于饥饿和匮乏，有足够的食物维持生存和当时经济条件与社会道德所要求的有人之尊严的生活；这就需要有健全的社会保障制度和救急性的社会救济制度；

---

① 陈小春：《美国的社会保障制度及对我国的借鉴意义》，《走近美国——湖南省首期领导干部赴美培训团论文集》，湖南人民出版社2003年版，第240页。

他也应该有改善自己的地位、处境和生活境遇的基本条件，如果他有心改变的话；而这就需要政府和社会为他提供基本的教育服务，让他掌握一定的知识与技能，以发现自己的比较优势和隐藏在社会中的发展机会，并为自己寻找到运用所掌握资源的最佳结构和方式。他还应该能够不为过度的风险和形形色色的传统安全问题与非传统安全问题而忧虑，能够专心致志于工作与劳动，能够放心地食用每日所需的食物与饮料，能够安心地出门旅行，能够静心体验和享受生活的美好。一个人如果生活在赤贫匮乏、闭塞落后、危机四伏、险境迭出的社会，即便没有人以专断意志去强制他，他也未必能够感受到生活的自由。他依然会觉得生活的沉重压迫、令人透不过气来的窒息和令人灰心颓丧的绝望。譬如一个身无分文的流浪汉，他没有受到任何人的强制，就像天上的白云和林中的飞鸟一样自由，然而，他也可能忍受着饥饿的煎熬和病痛的折磨，并没有改变现状的任何希望。流浪虽然可能是他喜欢的生活方式，但自由主义情结再怎么重的人也不会认为忍饥挨饿和遭受病痛折磨是这个流浪汉自己所选择的并愿意承受的生活境遇，除非他是一个冷血动物。任何一个还有点不忍之心的人，都会为这个流浪汉所蒙遭的痛苦生活而感到难过，从而寄予深切的同情与关怀，并赞成通过一定方式给予一定的生活帮助，让他在寒冷的冬夜也能得到一个温暖的栖息之所，不至于冻毙街头，以便在来年的春天重新收拾行囊再去流浪天涯。如果他愿意结束流浪生活，并想谋得一份足以养活自己的职业，由富有同情心的人们所组成的社会也会尽力给予帮助，让他参加学习培训，从而获得一种能够养活自己的职业能力；如果他还具有企业家的天赋，想自己创业，那么，社会也会为他提供最一般化的条件与服务。只要他的创意足够好，他甚至能够得到鼓励创业的政府和有赢利追求的风险投资公司的资金支持。这样，一个人在保持着消极自由的同时，也获得了一个具有肯定性价值的积极自由。这时，他才真正像人一样活着，并像人一样地发展着。所有这些让一个消极自由的人变成积极自由的人所需要的外部条件，就是一个社会应该向其成员提供的公共服务。所谓真正的社会共同体，在某种意义上就是能够提供此种普惠性质之公共服务的地方。因此，公共服务与自由具有紧密的逻辑关联，没有公共服务，一个人所能实现的充其量只是消极意义上的自由。在一个消极自由的环境，一个人自身的努力，再加上社会提供的普遍性公共服务，使他处于全面而又真实的自由状态。

对人类产生了最深刻影响的自由主义虽然更关注消除一切妨碍个人努力的人为障碍,但它也绝不排除一些必要的集体行动,或至少不排除使某些服务得到保障的更为有效的方式,只是要求政府提供公共服务的行为也必须受法律之下平等的自由这项基本原则的约束罢了。哈耶克认为经济保障更有理由被人看成是真正自由所不可或缺的一个条件,他指出:政府应该利用供它支配的手段,提供许多不涉及强制的服务。对此种公共服务,除了自由主义运动中的某些极端派别外,自由主义从未否认过政府承担这类任务的必要性。① 诸如环境卫生及道路建设之类的服务,长期以来一直是公共努力的领域,享用这些服务的权利是个人确获保障领域的一个极为重要的部分。我们只需想一想对人人可以"通行王者大道"的保障在历史中所起的作用,就可以看到这类权利对于个人自由有着多么重大的意义。②

现在,对于不少国家的许多人来说,缺乏的不是法律下的自由,不是因受法治保障而免于他人专断意志强制的自由。他们可以说不受任何人的专断意志的强制,但也没有人关心他们的存在状态和生活感受,他们像野草一样自生自灭,像孤狼一样独来独往,他们悄无声息地走了,正如当初悄无声息地来。因此,在消极自由的意义上他们毫无疑问是自由的。但他们没有基本的生存条件,没有像人一样有尊严地活着的可能。一些在别人眼里并不难做到的事情,在他们那里却比登天还难;他们处于穷苦无告的境地。在积极自由意义上,他们又毫无疑问是没有自由的。因此,一个人要想实质性地具有自由,除了健全的法治保障以使其免受他人专断意志的强制外,还必须有基本物质经济条件的保障,要有财产权利以及凭借此种权利而获益的机会,要有免于匮乏的基本生活条件,否则,一个不受他人专断意志强制的人仍可以说没有自由。

3. 公共服务在西方的发展历程

早期的现代国家除了基本治安和正义,没有提供多少公共服务。它们

---

① 《哈耶克文集》,江苏人民出版社2007年版,第309页。
② 哈耶克:《自由秩序原理》上册,生活·读书·新知三联书店1997年版,第175页。

的预算大部分都花在军事开支上。荷兰共和国预算的90%，花在与西班牙国王的长期战争上；哈布斯堡帝国预算的98%用来资助与土耳其和17世纪新教政权的战争。① 政府的主要精力放在维护主权独立、领土完整以及国内社会治安的稳定上，政府也因此被人们称之为"社会秩序的守夜人"。即便偶然有一些公共服务，如济贫和基础设施建设，那是十分有限的。

然而，随着经济社会生活的快速发展，尤其是随着工业化、城市化而来的社会结构变迁，资本主义社会内部出现了许多复杂难解的社会问题，比如随经济周期的波动而出现的失业问题，那些失去了传统社会结构的支撑与庇护、流入城市变得无依无靠的人在城市社会中的养老照顾问题，还有那些竞争失败的人的生活保障问题等。这些问题日益困扰着资本主义社会中的人们，也影响了社会的稳定与运行。

面对着这些严重社会问题，越来越多的人开始认识到政府不能再像以前那样消极无为，而应该承担起更大的责任。正是在这样一个历史大背景下，西方一些国家开始探索建立一些社会制度安排，为市场经济和工业社会中的人们提供普遍的公共服务。

作为公共服务重要内容的社会保障，起源于19世纪的英国和德国。当时西欧广泛而又深刻的社会变革破除了以人身依附为基础的封建社会结构，把社会成员平等化和原子化，使之成为一个个相互之间只有基于契约规定的暂时性利益交换关系的独立而又孤立的个体。他们挣扎于资本的札格纳特车轮之下，饱受工时之长、劳动强度之大、工作条件之恶劣、居住环境之不良带来的痛苦，身心受到极大伤害，有的甚至不幸身残或者早夭。即便如此，他们还常常找不到工作，尤其是经济危机期间，更是有大批工人失业，处于生活无着落的困境。这也给社会带来极大的不稳定性风险。为了帮助底层民众抵御市场风险、防范人生当中一些谁也不能料到的疾患灾难，维持底线的有人性尊严的生活水平，熨平社会不稳定的波幅，也为了让经济获得稳定的劳动力供给，在一些有良心的思想家的呼吁下，在广大劳工群众的推动与政治压力下，英国与德国在19世纪开始着手建立社会保障制度，力求为劳工和竞争失败的人以及那些由于自身无法负责

---

① 福山：《政治秩序的起源》，广西师范大学出版社2012年版，第323页。

的原因而身处赤贫境地的人铺设一张福利安全网。

英国早在资本原始积累时期,为消除失业、流浪和贫困现象,政府于 1601 年颁布了《济贫法》,对无业游民实行政府救济和强迫劳动。在工业化过程中,鉴于城市贫民骤增带来的一系列社会问题,政府又于 1834 年颁布了《新济贫法》,该法认为政府负有保障公民生存的义务,社会救助不是消极行为,而是一项积极的福利举措,由政府专门组织的机构和人员承担。1795 年,英国柏克夏的官吏在斯皮纳姆兰举行一个有名的会议,他们在会上决定将工资的补贴须依面包的价格为尺度而发给,使穷人得以确保有最低的收入。这一做法史称"斯皮纳姆兰条例",在广大地区被认为有法律效力。① 这是西方国家针对穷人的社会保障制度的肇始。

现代意义的社会保障制度建立于 19 世纪下半叶的德国。当时,一些学者认为国家除了维护社会秩序和国家安全外,还有一个"文化和福利的目的",政府应该举办一些公共事业,以促进文化、公共卫生和保护老幼贫病者等社会目标的实现。一些政治家如俾斯麦也看到由贫困交加引发的风起云涌的工人运动之潜在危害,认识到在铁血手腕之外还要用温和手段来化解底层民众的不满情绪,而以德国社会民主党为代表的德国工人阶级也愿意接受任何有助改善其生存状态的改革措施。在诸种力量的共同作用下,德国议会于 19 世纪 80 年代先后颁布了《疾病保险法》《工伤保险法》《老年和伤害保险法》,这些法律的颁布标志着以社会保险为基础的社会保障制度的建立。

与英国、德国大致同时,西欧其他一些国家如法国、瑞士、瑞典、丹麦、挪威也先后建立了工伤保险、养老保险、失业保险等社会保障制度。社会保障制度风靡欧洲。尤其是进入 20 世纪后,政府逐渐取代社会组织成为公共服务的主要甚至唯一提供者。

第二次世界大战前后,西方国家的社会保障制度飞速发展。保障的领域不断拓宽,福利内容不断增多,制度体制日趋复杂,造就了许多社会福利方面的"制度专家",一个对福利制度没有作过专门研究的人很难把它

---

① 参见莫尔顿:《人民的英国史》,生活·读书·新知三联书店 1958 年版,第 276 页;波兰尼:《巨变:当代政治经济的起源》,社会科学文献出版社 2013 年版,第 238 页。

弄清楚，社会福利制度对人们和社会的影响越来越大；反过来，民众对社会救助、社会保险、社会保障、社会福利等公共服务以及政府在这方面的义务担当的要求也越来越高，形成一股汹涌的社会福利潮流。其势力之大把罗斯福、丘吉尔这些在古典自由主义文化氛围中成长起来的政治家也带入了支持社会福利制度的强硬派之列。

1942 年，英国经济学家贝弗里奇提出了一份题为《社会保险和相关服务》的报告，史称贝弗里奇报告。这份报告继承了德国新历史学派有关福利国家的思想，确立了社会保障应遵循的基本原则，提出了社会保障制度改革与完善的主要建议，设计了"从摇篮到坟墓"一整套的社会福利制度安排。英国政府全盘接受了贝弗里奇报告的建议，于 1944 年发布了《社会保险白皮书》，并相继制定了一系列社会保障方面的法律，如 1948 年的《国民救助法》，1976 年的《补充津贴法》等。

20 世纪 30 年代以后，尤其是罗斯福新政期间，美国由政府提供的公共服务得到迅猛发展。罗斯福认为：公民既有言论自由、信仰自由，也有免于匮乏的自由和免于恐惧的自由。对于那些由个人无法对之负责的原因造成的贫困匮乏，国家和政府就有义务和责任为他们提供基本的生活保障，使他们能够保有体现人之尊严的生活，此其一。其二，与发财机会相比，广大的普通人更为看重的是生活安全，他们希望生活没有为之焦虑的后顾之忧，只有在生活安全的状态下才会有积极的奋发进取的心理态度和行为倾向。为此，罗斯福政府以社会保障立法推动建立养老金、老年保险、失业保险以及给鳏寡无助者的各种援助。其中，由政府向个人提供财产保险是一项创举，即由联邦储备银行保证储户在银行破产时能得到一定数量的存款偿还。特别是通过《房主贷款法》，规定以房产作抵押的房产主无力偿还欠款时可以其抵押品转借由政府担保的国债，从而使许多人保住了房产。从那时起，一般靠劳动工资为生的人结束了因经济危机而一夜之间失去终身积蓄或房产而流落街头的噩梦。另外，政府又通过兴建公共工程"以工代赈"援助失业者。这一措施起到了多方面的作用效果。既解决了国民失业的燃眉之急，让失业者得到劳动机会和工资收入，又改善了国民经济发展所必须依赖的基础设施，还使国民经济得到了财政的刺激而重新活跃起来。据一位分析家估计，从 1929 年到 1939 年的 10 年间，美国人在福利方面所取得的进步胜过他们的祖先在这块大陆上定居以来的

300年。① 更重要的是民众思想观念上发生了改变。过去认为在自由竞争的条件下，适者生存是天经地义的；而今天则认为在一个这样富有的社会中还有赤贫现象是不合理的、非正义的，消灭这种不合理现象应是政府和社会的目标。过去认为，救济工作是从基督教的道德良心出发的私人行为，政府没有济贫的任务；而现在人们普遍认为公民有权利从国家那里得到物质救济，政府向公民提供公共服务是其不可推卸的责任，政府有责任保障社会成员不受冻馁之虞。

除了社会保障，医疗卫生、文化教育、环境治理、生态保护、职工培训、住房补贴、法律援助、基础设施等方面，西方国家也都有令人称羡的表现。今天，西方发达国家的公共服务体系已臻于成熟与完善。几乎所有的发达资本主义国家都宣布自己是福利国家，这些国家福利种类之多，受众面之广，福利开支之大，福利水平之高，都让发展中国家的老百姓啧啧称羡。类似于瑞典、挪威这些"福利国家的橱窗"更是成为许多人的向往之地。"福利国家作为社会矛盾的政治解决方式"也广受赞誉。②

当然，即便在西方世界，公共服务的发展也是不平衡的。英国、德国做得最早，而做得相对最好的是北欧福利国家，美国在发达国家中是"福利落后者"，尽管它的落后程度并不像许多欧洲人想象的那么大。除少数领域如公共教育外，多数公共服务事业尤其是社会福利性和财富转移性的公共服务事业，美国的发展进度都比欧洲国家要缓慢得多。美国采用公共社会保险和一些其他各种维持收入的计划在时间上约比欧洲晚30年，在卫生服务和公共住宅等由私人供应者占领的市场上，美国的计划落后于欧洲国家长达两个世代之久，长期属于"不起飞"的类别，同欧洲相比，增长速度比较低。比如，大多数欧洲国家——如德国（1888年）、英国（1908—1911年）和瑞典（1913年）——都是在大多数人工工人阶级成年男子在全国性选举中获得选举权的时候开始实行社会保险的，而美国在杰克逊时期已扩大了选举权，但到1935年才开始实行社会保险，其间经过了整整一个世纪。直到20世纪60年代，美国和澳大利亚这样一些高收入的非欧洲国家在公共社会保险计划方面的支出水平占国民生产总值的百分

---

① 转引自《资中筠集》，中国社会科学出版社2002年版，第252页。
② 克劳斯·奥菲：《福利国家的矛盾》，吉林人民出版社2006年版，第1页。

比仍然低于中等收入的欧洲国家。在公共卫生领域，美国自19世纪末联邦和各州开始实施卫生计划以后，用于民众卫生计划的公共开支在国民生产总值中所占比例在将近半个世纪里没有显著增长。1913年，美国的公共卫生开支占国民生产总值的0.4%，到1932年也只占国民生产总值的0.7%，到1964年，根据官方统计，达到了1%，但如果扣除与防务有关的开支和研究开支，它在国民生产总值中所占比例仍保持不变，实际上可能有所下降。从1950年到20世纪60年代初，美国公共卫生服务计划中被国际劳工局列为社会保险开支的百分比从10%下降到6.6%，而瑞典却从18%增加到23%。一个全国性的卫生委员会于1883年流产了，在1953年之前，公共卫生局一直是财政部的一个下属行政机构。美国的公共住宅从未进入"起飞"阶段，仍然是一种停滞不前的象征性计划。1936年，美国公共住宅和低收入者的住宅补助金占国民生产总值的0.05%，1965年的比例与此相同。公共儿童福利服务以不固定的形式时而扩展，时而压缩，没有呈现出稳定的发展速度。美国的公共医疗保险计划也是比欧洲国家晚得多。在欧洲，实行公共医疗保险计划的时间有的在医生建立完善的职业组织之前如德国，有的是在他们的职业组织产生强大凝聚力和政治压力之前如英国，而美国试图实行同样的制度却遭到专业医师的坚决反对，这些人在前几十年中就大大加强了他们的职业认同，并建立了自己的组织，他们在美国的多元政治结构里成功地行使了否决权。

公共服务发展的不平衡既与这个国家的经济发展水平有关，其实也与这个国家的政治结构、社会普遍持有的价值观念以及国家的意识形态有关。里姆林奇通过研究六个国家的社会保险发展后发现："大多数民主国家采用社会保险比专制主义和极权主义国家慢。"在民主国家，实行社会保险的要求表达出来以后没有较早地结出政策之果。而在普鲁士和奥地利，自专制主义时代以来，政府机构在提供社会服务方面一直起着比较积极的作用。部分原因是19世纪的英国和美国都为自由派的上层分子操纵，与传统主义较强的集权主义制度下的上层人物相比，他们的思想与保护主义计划格格不入，其中包括对社会保险计划的敌视。而在普鲁士，不仅官僚，甚至连工业家都赞成采用以家长制原则为基础的社会保险。因此，与其他因素相比，以信念和价值观念为基础的一种因素可能更为强劲有力。[①]

二 公共服务对公民自由的潜在性影响

公共服务虽然是公民自由的必要条件，但也常常反过来对公民自由产生限制性影响，尤其是当公共服务的生产方式、供给程度、筹资机制发生偏差时，更是如此。德国思想家洪堡提出告诫：国家不要对公民正面的福利作任何关照，因为提供这种福利而采取的直接或间接措施对自由和公民个性发展都会带来程度不同的损害。[②] 他甚至主张公共教育也应完全处于国家作用范围之外。哈耶克在《通往奴役之路》一书中对社会保障与公民自由之间的关系展开的深刻的论述，他区别了两种不同类型的社会保障，即有限度的社会保障与绝对的社会保障，并明确表示认同前者而反对后者的态度。他明确指出："经济保障——往往是更有理由被人看作是真正自由所不可或缺的一个条件。在一定意义上，这是既正确而又重要的。""没有理由认为在一个达到了像我们这样的普遍的富裕水平的社会中，不应向所有人保证提供第一种保障，而无须危及自由。毫无疑问的是，在足够保持健康和工作能力的、衣食住方面的最低限度的条件上，可向每个人提供保证。"但要注意的是，一旦人们要求绝对的保障时，"可能是对自由的一种危险"。"如果人们在过于绝对的意义上理解保障的话，普遍追求保障，不但不能增加自由的机会，反而构成了对自由的最严重的威胁。"[③] 美国诺贝尔经济学奖得主奥尔森也坦言政府提供的公共服务会限制经济自由，因为它用暴力支持的集体决策代替了个人自由作出的决定，而且由于政府一般垄断着暴力的主要手段，即使在生产和分配非集体物品时，或采取任何行动的时候，它也能随心所欲地动用暴力来限制公民的自由。总之，只要政府提供公共服务，就不可避免地要限制经济

---

① 参见阿诺德·J. 海登海姆：《美国和西欧的公共教育、卫生和福利方面的政治学：增长和改革的潜力如何不同》；载于西里尔·布莱克编：《比较现代化》，上海译文出版社1996年版，第441页。

② 威廉·洪堡：《论国家的作用》，中国社会科学出版社1998年版，第54页。

③ 哈耶克：《通往奴役之路》，中国社会科学出版社1997年版，第116页。

自由。① 另一位著名经济学家斯蒂格勒也说:"出钱资助别人的人会产生家长制统治的倾向,当然其方式比较不那么专制。"② 历史上也曾有国民因为福利的权威保障而付出失去自由的代价之先例,在那里,藏在保护者面目后面的往往是主人的角色。因此,我们在考虑和决定公共服务时必须持科学理性和谨慎的态度,务必防止享受了公共服务却付出了被奴役的代价。

1. 公共服务限制公民自由的可能路径

第一,公共服务领域的扩张本身就会挤压公民的私域,进而影响公民的自由。

私域和公域的界分是现代社会与现代国家出现的标志。私域是公民和法人依法可以自主治理的领域,"私域内部的行为不是国家采取强制性行动的恰当对象"③。公域则主要是国家公共权力作用的空间。在私域,平等的权利主体依照表现为普通法的一般性正当行为规则发生交往关系;而在公域,公共事务的治理主要是由国家公权依据公法和政策性法律体系自上而下的开展与实施。尽管在当代,一些发达国家出现了多元主体合作治理的新结构,但政府自上而下的权威治理,依然是公共事务治理中的重要结构形式。然而,私域的内容和范围不是固定不变的,试图一劳永逸地确定一个人私域的特定内容也是极不可欲的;④ 另外,私域与公域的关系既非完全分割也非相互叠合,它们之间毋宁说是一种此消彼长的关系。在这种此消彼长的关系格局中,更多见的是公域对私域的侵蚀和覆盖。而当国家行动的范围扩大到一定程度时就会损及社会成员的自由。正如哈耶克所言"我们不能无限地扩大公共行动领域而仍让个人在其自己的领域中自由自在。一旦国家控制所有手段的公共部分超过了整体的一定比例,国家行为对经济体系其余部分所产生的影响是如此重大,以至于它几乎间接地控制了一切。"⑤ 这种公域对私域的侵蚀和覆盖,无论是古希腊的城邦国

---

① 曼瑟尔·奥尔森:《集体行动的逻辑》,上海三联书店1995年版,第104页。
② 《斯蒂格勒论文精粹》,商务印书馆1999年版,第103页。
③ 哈耶克:《自由秩序原理》上册,生活·读书·新知三联书店1997年版,第180页。
④ 同上书,第172页。
⑤ 哈耶克:《通往奴役之路》,中国社会科学出版社1997年版,第63页。

家还是当今世界的现代国家都曾经出现过,而尤以现代极权国家和福利国家为甚。这些国家的政府在社会民众和特殊利益集团的压力下,以提供公共服务之名极大地扩张了自己的公共职能领域,甚至达到了无孔不入的地步。即便是有悠久的自由主义传统的英国和美国,政府公域的扩展也让人惊诧不已。政府提供公共服务几乎是无穷无尽的,它们直接影响着民众的日常生活。正如米切尔·蒂茨所描述的:"现代的人是在政府资助的医院里出生的,是在公立的中小学、大学接受教育的,他人旅行时间是在公共交通设施中度过的,他与外面的联系是通过邮局或半公共性质的电话系统进行的;他喝的是公共生产的饮用水,读的是公共图书馆里的书;用公共排污系统处置垃圾,他在公园中野餐,他受公共治安、消防、卫生部门的保护,最终他又在医院里离开人世,甚至被埋葬在公共墓地。总之,不管人们在意识形态上多么守旧,现代人的日常生活总是同政府关于提供上述和许多其他公共服务的决策联系在一起,这种联系是挣不脱、割不断的。"① 在政府这种无孔不入的渗透、扩张和覆盖中,公民可以自由自主的私域日渐萎缩且碎片化,成了一个个权利孤岛,极易被政府的服务性或强制性公权所攻陷,公民正日益变得透明而孤弱。

第二,公共服务的沉重税费负担也会压缩公民的自由选择空间。

天下没有免费的午餐。政府向公民提供的公共服务,对于某个具体的受益者来说或许是免费的,但对于全体国民而言,则依然需要税收付费。我们中国有句古话,"羊毛出在羊身上",政府为老百姓提供的任何公共服务,都不会从政府自己的腰包里拿出一分钱,而是用之于民取之于民。这样,政府提供的公共服务越多,压在公众和社会身上的税费负担越重,尤其当公共服务缺乏效率或发生寻租腐败时,公众和社会身上的税费负担更是沉重不堪。现在,福利国家的沉重税赋令民众苦不堪言。在德国,一般性税负加上强制征收的保险费用,其国民税费总负担占国民收入的51.1%。② 政府拿走了民众家庭总收入的一半以上。除了公共服务的直接税费成本,政府提供的公共服务还会产生其他方面的成本,如机会成本、

---

① 理查德·宾厄姆等:《美国地方政府的管理》,北京大学出版社1997年版,第3页。
② 《社会科学报》,2014年9月18日,第7版。

服从成本和价格扭曲导致的损失成本。① 战后西方各国都出现过"高征税陷阱""通货膨胀陷阱""公债陷阱",只不过它们的相对严重性各不相同而已,这说明现代民主国家普遍存在着收支无度的问题。而它的存在与公共服务制度密切相关。高福利必须以高税收为支撑,如果税收支撑不济,则只能靠发行纸币和公债。国际货币基金组织的数据表明,希腊的政府债务总额在2012年达到了GDP的153%,意大利的这一数字是123%,爱尔兰是113%,葡萄牙是112%,美国是107%,英国则将近88%。日本的情况比较特殊,作为首个采用西方制度的东方国家,它以占GDP 236%的高额债务居于世界首位,这比它20年前的债务水平要高出3倍还多。一边是巨额债务的不断增长,另一边是政府可预期收入的有限性,有最新数据表明,美国联邦政府的负债与未来的联邦税收,在净现值上的最好可用估值要相差200万亿美元之巨,这一数字相当于美国财政部公布的债务的近30倍。值得注意的是这些数字并不全面,其中尚未将各州和地方政府的数据考虑在内,这部分资金没有着落的负债还有近38万亿美元。这些惊人数字表明子孙后代要为他们的贪得无厌和不负责的祖先承担多大的代价。② 而在一定时期,老百姓自己所创造的财富是一个定额,其中政府通过税收等途径取走得越多,留在老百姓自己手里的财富就越少,此种此消彼长的零和博弈关系是不可能消除的。而通称为"钱"的财产或财富,是每个人自由的体现、标度和保障。一个人拥有的钱越多,他的自由空间就越大,他的生活的自由性也越真实。正是在此意义上,哈耶克才说:"钱是人们所发明的最伟大的自由工具之一。在现存社会中,只有钱才向穷人开放了一个惊人的选择范围。"③ 虽然我们有时也讥讽一些人是"金钱的奴隶",但这并不是指金钱果真有以专断意志统治人的魔力,而是意指这些人没有形成对金钱的信仰和正确的态度,把对金钱的追求视为生活的目的而失去了金钱所本来应该为之服务的价值,这就是庄子所批评的"以利累形"。一些人对待金钱的错误态度和使用金钱的错误方式并不能因此否认金钱之于人的自由生活的意义。既然金钱财富如此重要,我们当

---

① 格沃特尼:《经济学常识》,陕西师范大学出版社2007年版,第74页。
② 尼尔·弗格森:《西方的衰落》,中信出版社2013年版,第21页。
③ 哈耶克:《通往奴役之路》,中国社会科学出版社1997年版,第88页。

然必须把它们尽可能多地留在自己手中,供自己支配,利用金钱财富为自己开辟出一个尽可能大的自由空间。而当政府在为我们提供公共服务的名义下把远远超出提供公共服务所需要之额度的金钱财富从我们手中拿走,实际上就在根本上侵损了我们的自由。能够体现此种消极影响的是西方国家政府福利制度对民间慈善事业的挤出效应。政府福利制度的扩张导致那些历史悠久的民间慈善机构的萎缩,并使其成员人数大量减少。2007年各类慈善组织的成员人数较1997年又有所下降。更值得关注的是,英国志愿者组织全国理事会的数据显示,仅仅8%的人口提供了将近半数的志愿时间。慈善捐款的趋势也大体相仿。虽然平均捐款出现了上升势头,但是参与慈善的家庭数量自1978年起就开始下降,而且1/3以上的捐款来自65岁以上的老年人,这一数字在30年前还不足1/4。英国公民调查最后公开的数据令人沮丧。在2009—2010年,仅有1/10的人会参与决策地方服务或提供这类服务;仅有1/4的人每月参与至少一种正式的志愿活动;每月至少参与一次非正式志愿活动的人口比例从上一年的35%降至如今的29%。每年至少提供一次非正式帮助的人口比例也从62%降至54%。① 从1960年到1980年,美国的慈善捐款就呈减少趋势。因此,我们绝不要被表面的免费所蒙蔽而投票赞成过度的公共服务,我们可以合理地期望于政府的只能是基本的公共服务。

第三,公共服务的规制体系在一定程度上束缚了公民的行动自由。

政府为了提供公共服务,常常会制定许多绵密苛烦琐细的规章制度。它们虽然也以法律法规的形式出现,但不是那种没有特殊目的追求的正义的法律,而是具有某种特定目的追求的政策性法律,是一种"特殊法"。这种法律虽然有时也保护一些人的自由,但往往因此而同时损害另一些人的自由。这些规章制度出于种种考虑对公共服务的受益对象会作出许多肯定性的限制性的规定,受益对象只有完全符合这种条款所规定的标准、条件和程序,才能得到期待中的福利。而这些标准、条件和程序如此苛烦,以至于让受益者心生放弃。有的限制性条款直接限制了受益者的自由。比如我国城乡劳动者社会保障中地方政府和劳动者就职企业所出资的部分不能随劳动者流动的规定,就直接限制了劳动者的迁移自由;再比如农村合

---

① 尼尔·弗格森:《西方的衰落》,中信出版社2013年版,第94页。

作医疗制度对患者转院的规定，就限制了患者对医疗服务的选择自由。在欧美许多国家，政府执行社会性管制以干涉和破坏用以处理各种事务的合同或自愿协议，这也体现了政府对当事人契约自由的破坏。这种情况在劳动力市场表现得特别明显。政府要求雇主在裁员时必须先从政府部门得到许可，并且提前几个月通知将被解雇的职员，而且还要在未来的几个月继续向被解雇的职员支付工资。最低工资法，则强制要求意见不一致的各方进行集体议价，并向那些劳动价值不高的人支付远高于市场给出价格的法定最低工资。总之，对辞退雇员的管制使政府管制替代了自由劳动契约。① 而且，由于所有的特殊性法律都不是平等普遍地适用于所有人，因此，常常会造成政治和法律上的特权和歧视，这也会破坏人们的自由。历史上一些国家政府在提供恩赐性的社会福利之时，往往伴之以强有力的体制约束，让人民在享有劳动保障及其他一些福利待遇的同时付出失去自由的代价。

哈耶克在《通往奴役之路》一书中就曾分析过那种由政府官僚机构提供的绝对意义上经济保障是如何限制和破坏了经济自由的。他认为，那种防止严重的物质匮乏的保障或者为防备突发性灾难而提供的保障与经济自由是不相冲突的，是任何一个人道社会都必须根据生产力发展水平和社会的道德状态而努力提供的。但那种旨在保护某个阶层或利益群体不受市场变化和社会变迁之影响而提供的有关收入水平和社会经济地位的保障则是与经济自由不相容的。它既会限制与破坏受保障者的自由，也会限制与破坏那些受此保障政策的消极影响但其具体身份不容易被识别出来的其他阶层或人员的自由。前者是有限度的保障，这是大家都能够得到的，因而，不是什么特权，而是人们可以期望的正当目标；而后者是一种绝对的保障，意在保护个人或集团不会发生那种虽然并不是应有的，但在竞争的社会却是司空见惯的收入减少和地位下降；保护他们免于遭受收入减少和地位下降带来的痛苦。而且这种保障不可能是普惠的，只能作为一种特权归属某个阶层或集团。它或者在社会公正的名义下被某个阶层或集团所索取，或者是政府在某种特殊政治考虑下，如为了获取某个强有力集团的政治支持而授予该集团。如果给一部分人提供这种保障，那它就会成为一种

---

① 格沃特尼等：《经济学常识》，陕西师范大学出版社2007年版，第43页。

特权，这种特权以牺牲他人利益为条件，因而就必然会减少别人的保障。当这两部分人的利益都不再取决于市场调节，也不再与他们为社会所作的贡献之价值相关时，那么社会的利益分配就完全取决于当权者关于一个人应该做什么，应该预见到什么，以及他的用意是好是坏所持见解来决定。这样作出的决定在很大程度上只能是专断的。

  在美国等西方国家的福利体系中就有大量此类性质的经济保障项目，如各种各样的补贴。这种旨在保护某个阶层或集团之收入水平与社会地位的保障之所以与自由不相容，还在于它必然地与职业进入管制相联系。为了保障某个阶层或集团的收入水平不下降，政府就必须实现职业进入管制和产业总量控制，由此形成的价格才能使从业者获得他们所期待的所谓公正的赢利水平。这种管制无疑既会损害行业内产品与服务之消费者的利益，也会损害这个行业之外其他人的利益，使对他们开放的可供选择的机会的范围受到限制，从而使他们寻求改变自己境遇的希望破灭。由此，整个社会形成有保障者与无保障者之间的巨大鸿沟，两者之间的对立也会变得越来越大。而且，"保障越具有特权的性质，而没有特权的人所面临的风险越大，保障就越为人们所珍视。随着有特权的人数的增加，在这些人的保障和其他人的无保障之间差别的增加，就逐渐形成了一套全新的社会价值标准。给人以地位和身份的不再是自立，而是有保障"。[①] 当稳固的保障成为社会职业选择的主导性价值观念时，那就没有什么人能够抵挡得住"以自由换保障"的政治诱惑。那时，自由的存在就岌岌可危了。最后，哈耶克忧心忡忡地说："在那些要想获得荣誉和地位，几乎只有靠当一个国家薪给人员来实现的地方，在那些担任被委派的任务比选择自己擅长的工作被认为是更应受到称赞的地方，在所有那些官阶制度中没有一个被认可的地位，没有要求固定收入的权利的职业，都被看作是低级的，或者甚至是不体面的地方，要想有很多人都长期地宁愿要自由而不要保障，这未免是奢望。在那些除了从属位置上获得的保障外其他一切位置都很不安全，并且处于其中的人，无论成功或失败都同样会受到轻视的地方，只有少数人才能抵抗得住那种以自由的代价来换取保障的诱惑。事情一旦到这种地步，自由在实际上就差不多成了一种笑柄，因为只有牺牲世界上大

[①] 哈耶克：《通往奴役之路》，中国社会科学出版社1997年版，第126页。

多数的好东西才能买到它。"①

第四,公共服务也会消磨公民的自主责任意识,进而从公民自身角度影响了其弥足珍贵的自由。

责任与自由紧密相连。一个需要对自己命运和生活状况承担责任的人,会热切地呼唤和拥抱自由;而一个把自己的生活和命运完全寄托在别人身上的人,或者有人会为他的生活和命运负完全责任的人,自由对他也了无意义,而且还是个累赘。因此,伴随着责任脱卸的是自由的失落。今天,西方发达国家尤其北欧那些福利国家,政府向公民提供了"从摇篮到坟墓"人生全程性的优越公共服务,一个人即便不怎么努力也能过上比较不错的生活,以至于一些国家的劳动者失去了劳动的兴趣和热情。长此以往,这些人的心理慢慢发生了微妙的变化,他们不再认为自己应该对自己负责,也不再认为自己生活状况的不如意是自己之前行为的结果,而把它视为自身之外的所谓"社会因素"造成的不幸,从而理所当然地认为应该由政府为之承担责任。他们对国家提供的公共福利产生了越来越强烈的权利意识,对福利服务水平的要求也越来越高,经常会提出一些脱离实际、脱离生产力水平、脱离社会道德允许程度的福利要求。在英国,一位银行家指出:这里的老百姓认为他们应该得到保健、教育、住房和工作;撒切尔夫人也警告说:我们许多人已经开始期望每年自动增加工资。美国里根总统的预算委员会主席也指出了同样的问题:联邦预算委员会现在已经变成一个自动的全国性施舍机构,几乎不顾一切地发放补助。在法国,人们对政府要求太多,行动却太少。有人总想过分地从社会福利中获益。人们变得孤独,缺乏重塑自身生活的勇气;人们对自身适应能力的信心正在减弱。② 在政府提供的优厚公共服务中,这些人慢慢变得无所用心,形成了慵懒散漫的生活态度和行为风格,形成对政府的依赖和依附关系。他们已经不习惯自由的也常常是艰辛的生活,日益不堪自由的沉重责任而自觉自愿地逃避和放弃自由。他们深陷于政府提供的"安乐椅"之中,再也站立不起来了。西方的一些有识之士也已经看到这种深层次的问题,指出:"福利国家等于部分地抑制了工作的积极性。其强制保险计划

---

① 哈耶克:《通往奴役之路》,中国社会科学出版社1997年版,第128页。
② 新华通讯社主办:《参考资料》,2015年1月6日,总第30353期。

和法律权利为雇佣工人的物质利益提供了强有力的制度保障,工人对经济结构的、技术的、定位的、职业的以及其他的变化缺乏准备,不容易调节和适应。不仅报酬具有依附性和不易向下调节性,而且福利国家的供给使工人的利益部分地'降商品化'了,用'地位'代替了'合同',用'财产权'替代了'公民权'。"[①] 长此以往,情况确实堪为人忧。

  以上对公共服务之于公民自由的消极影响的分析,绝非是主观中虚幻的逻辑推论,在一定程度上也确实是自19世纪中期以来西方社会的客观现实。早在1855年,英国思想家密尔就曾敏锐地指出:"在这段时间中,社会改良者所实施的几乎所有项目,都切切实实地扼杀自由。"[②] 法国思想家托克维尔到美国考察也发现民主国家在向民众提供公共服务时可能存在的专制化倾向:在一群只顾自己欢乐很少顾及自己的同胞和公共事务的芸芸众生之上,似乎耸立着一个只负责保证他们的享乐和照顾他们的一生的权力极大的监护当局。这个当局的权威是绝对的,无微不至的,极其认真的,很有预见的,而且十分和善的。如果说它是一种父权,以教导人如何长大成人为目的,那它最像父权不过了。但它并非如此,而只是以把人永远看成孩子为目的。它喜欢公民们享乐,而且认为只要设法享乐就可以了。它愿意为公民造福,但它要充当公民幸福的唯一代理人和仲裁人。它可以使公民安全,预见并保证公民的需要,为公民的娱乐提供方便,指挥公民的主要活动,领导公民的工商业,规定公民的遗产继承,分配公民的遗产。它使公民终日无所事事,很少运用和不太运用自己的自由意志,把他们的意志活动限制在极小的范围之内,使每个公民逐渐失去自我活动能力;它在这样把每个人一个一个置于自己的权力之下,并按照自己的想法把他们塑造成型之后,便将手伸向全社会了。它用一张其中织有详尽的、细微的、全面的和划一规则的密网盖住社会,最有独创精神和最有坚强意志的人也不能冲破这张网而成为出类拔萃的人物。它并不践踏人的意志,但他软化、驯服和指挥人的意志。他不强迫人行动,但不断妨碍人行动。他什么也不破坏,只是阻止新生事物。他不实行暴政,但限制和压制人,使人精神颓靡、意志消沉和麻木不仁,最后使全体人民变成一群胆小而会

[①] 克劳斯·奥菲:《福利国家的矛盾》,吉林人民出版社2006年版,第174页。
[②] 转引自哈耶克:《自由秩序原理》下册,生活·读书·新知三联书店1997年版,第251页。

干活的牲畜，而政府则是牧人。托克维尔把这种政治状态称之为新专制或者有序、温和而文雅的奴役方式。它可能比一般的想象更容易与自由的外表结合在一起，甚至有可能打着人民主权的幌子建立起来。① 总之，伴随着从摇篮到坟墓的终身福利制度这种诱人承诺，国家将成为公民社会的主人。那时，一个生活安逸但没有自由的社会就会悄然降临。

  如果说托克维尔在19世纪30年代的美国所看到的还只是政府过度提供公共服务所导致的温和奴役的苗头，那么，到20世纪40年代，英国这种温和的新专制、新奴役已然成为社会生活的普遍事实。1945年英国艾德礼政府上台，英国开始了一个全新的进程——一个由国有化工业和教育改革、社会保险和国民医疗服务体系组成的进程，这个进程导致政府当局对英国社会几乎每个方面的全面扩张。一份颇有影响的社会学调查报告显示：在城市里，人们感到选择的范围正在消失得无影无踪。在学校里，在工作场所，在旅途的往返中，甚至在家庭设施和设备上，许多通常可以从事的活动，不是受到禁止，就是出于命令。政府建立了称为"公民劝告署"的特殊机构，用多如牛毛的法规左右着手足无措的人们，并对人们仍有可能作出选择的仅存的少数净土发号施令。（这个城市的青少年）的处境是，不事先想想名言录，他们连手指头都不敢抬一抬。② 当代一些敏锐的观察家也指出：今天的经济体制典型地产生孩子般的成年人，因为它造成了对上级的依赖、温顺的雇员、被大量广告所迷惑的过度消费者、依靠福利国家帮助的绝望的穷人和其他居住在一个不成熟社会的受限制的社会人。③ 一些西方马克思主义学者也直言不讳地指出：福利国家计划已经加快了官僚主义农奴时代的到来。从家庭到工作和闲暇，日常生活的几乎任何一方面都不能避免国家行政官员和计划制订者试图实行的有意识控制。福利国家已经产生了一个庞大的官僚机构，这个机构表现出通过扶持它福利国家逐步成长把它的影响从我们生活的一个领域扩大到另一个领域的倾向。④

  当前，全球范围内民粹主义盛行。各国政府为了赢得民意支持，向民

---

  ① 托克维尔：《论美国的民主》下卷，商务印书馆1988年版，第870页。
  ② 转引自《哈耶克文选》，江苏人民出版社2007年版，第282页。
  ③ 哈拉尔：《新资本主义》，社会科学文献出版社1999年版，第495页。
  ④ 约翰·基恩：《公共生活与晚期资本主义》，社会科学文献出版社1999年版，第16页。

众许下许多很不现实的福利承诺；而由于经济发展遭遇到困境，更由于财政压力的硬约束，许多福利承诺难以兑现，或者难以为继。为了转移民众对政府的不满，政府便把责任归咎于企业和市场，要求企业家流淌着"道德的血液"，履行更多的社会责任；与此同时，又纷纷调整原先的市场化改革政策，转而实行一种政府主导性的资源配置和打着社会公正旗号的利益分配政策，限制市场的力量与作用。这些政策与做法在实践中已经造成相当负面的影响，导致经济发展的顿挫和民生改善的停滞。现在学界广泛讨论的所谓"拉美中等收入陷阱"，就其深层次而言，其实是民粹主义与军人政府威权专制来回碾轧造成的结果。民粹主义与政府无边界的干预破坏了创新发展非常需要的社会自由空间，从而使拉美经济问题越积越多，困难积重难返，复苏遥遥无期。①

我国是一个有着厚重的平均主义、"大锅饭""铁饭碗"之文化传统的国家。圣人们反复告诫统治者和老百姓的是"不患贫而患不均，不患寡而患不安"，大家都差不多，有饭同吃有衣同穿，终身有保障是老百姓梦寐以求的好事，贤明的统治者也会把这种社会状态作为自己施政的理想追求。向自由自立的因而也肯定充满风险的市场社会转变，只是改革开放以后才有的事，而且还被许多人看作是"无奈之举"。只要我们回头看看是那些毫无保障的农民、没有单位愿意接收的城市待岗青年和所谓的"归正人员"最先来到市场，就可以体会当初这种行为选择的无奈性。在我们国家直到今天，能够勇敢地离开体制保障，投身到自由竞争充满风险的市场之人还为数极少，社会的多数对这部分人的选择也并不怎么看好，即便是那些成功者，人们在羡慕之余也并不认为他们的选择是最好的因而值得自己效仿。面对着非常不确定的"无数的钱"（极少或极多），人们更愿意稳定地赚取"有数的钱"；他们无意于"空中之雁"只在乎"手中之雀"，尤其当一些投身市场的人因为竞争失败而生活不济时，我们更庆幸自己所处的虽然不自由但极有保障的社会地位；我们整个民族的风险偏好数值明显偏低。人们对自由自立以及对伴随自由而来的生活的不确定性和不稳定性状态还远没有适应，抵抗风险的能力更没有增强。在这种情况下，人们很容易为生活当中的一点风险和困难而求助于政府，要求政府通

---

① 参考张森根：《委内瑞拉民粹主义模式的困境》，《炎黄春秋》，2016 年第 4 期。

过管制尤其是通过提供具有特权性质的保障性公共服务确保他们的收入水平、社会经济地位以及整个生活的安全。在此种社会文化氛围下，政府在公共服务供给方面很容易走过头，建立一种融保障与约束于一体的制度体系，结果，老百姓在享受政府提供的保障性公共服务的同时，不得不忍受来自政府的管制与束缚。对此，我们必须保持高度警惕。

2. 对公共服务的批判性反思

在福利国家的制度框架内提供的过度公共服务导致了许多深层次的社会问题。如沉重的税收负担、对私人投资的排挤效应、政府服务能力与民众服务诉求之间的严重不对称、劳动者工作积极性弱化、矫枉过正意义上的社会不公正、经济发展潜力后劲的过度消费与耗损、公民对国家的依赖、社会成员自信心和责任意识的淡化以及公民人格的矮化等。西方国家的公共福利开支一般要占到国民生产总值的25%左右，有的国家甚至达到GDP的30%以上；只依靠或主要依靠福利救助生活的成年人口达到甚至超过选民人口的50%。为了支撑高福利，就必须高征税。比如美国从1937年开始在全国按统一办法征收社会保障税，征缴的对象为雇主和雇员，他们以工资收入的一定比例各负担一半，征收的税率逐年增长。1937—1949年雇主和雇员各缴纳的社会保障税为雇员工资收入的1%；20世纪50年代为1.5%；60年代为2.75%，70年代为3.6%，1980年为4.52%；1985年为7.05%，1990年为7.65%。个体从业者缴纳的社会保障税率为雇主和雇员之和，即15.3%。[①] 瑞典的税收之高是举世皆知的，2002年瑞典全国所征收的税费总额达到1.136万亿瑞典克朗，占国民生产总值的53.5%。这个比例超过其他任何一个国家。据瑞典纳税人协会统计，一个年薪25万瑞典克朗的中等收入者须将其所得的65%拿出来缴纳各种税费；年薪45万克朗的高收入者缴纳的税收比例更是高达75%。其他国家也有大致类似的情况。比如2003年一个德国人支付给社会保障基金的钱占其总收入的比重超过42%。税收负担与福利回报并非总是对称。有的人税收负担少，福利回报多，他们当然拥护支持高福利政策；而有的人正好相反，负担多，回报少。因此，他们对以高税收为支撑的高福

---

① 苏东斌：《人与市场》，人民出版社2005年版，第526页。

利制度就啧有烦言了,一些人开始减少自己的年度工作时间,将原本用于工作的时间转用于出国旅行,或者重返校园读书,有的甚至长期滞留在大学校园不愿重返工作岗位;而另一些高收入者则纷纷移居国外,他们在移居国外的同时也带走了巨额的财富以及一些比财富更有潜在价值的东西,如创造力。相反地,那些坐拥优厚福利的人更因高福利而没有重返市场寻找就业机会的积极性,他们躺在高福利的安乐椅里,过着轻松悠闲的生活,不思进取、无意奋斗,成为社会的寄生者。英国有一对夫妇婚后共生育了9个子女,他们每年靠领取3.8万英镑福利金生活,日子过得很舒坦,没有任何找工作自食其力的想法。其妻坦承:"当你跌入社会福利网,就不会想着跳出来。"[①]

这种情况自始就已经存在,越到后来就越严重,问题也暴露得越充分。它引起了全社会的关注和一些睿智思想家、政治家的批判性反思。这种批判来自左右两个方面。以新自由主义和货币主义为代表的右翼人士认为:福利国家这个称谓实际上是许多不尽相同甚至是彼此冲突的要素的混合,它们当中的一部分要素使自由社会变得更具吸引力;而另一些要素则与自由社会不相融合,或者至少会对自由社会的存续构成潜在威胁。福利国家机构强加于资本之上的管制和税收负担等于是抑制了资本投资的动力;而其赋予工会和工人的集体权力,也抑制了工人工作的动力,或者至少不能迫使他们像在完全市场经济条件下那样努力而有效率地工作。这两方面合力使经济不断衰退又使期望不断上升,产生经济上的超负荷和政治要求的超负荷(即不可能管理性)。因此,福利国家与其说有效地调节了市场社会所产生的冲突,不如说它实际上加剧了冲突,而且还阻碍了社会和平和进步(即市场力量)正确有效地发挥其作用。而左派人士则认为,福利国家是稳定资本主义社会的一套装置,而不是使其改变的一个环节,尽管工资收入者的生活条件已经得到无可否认的改善,但福利国家的制度结构在改变资产阶级和工人阶级之间的收入分配方面作为极少,或根本就无所作为。而且,相对于劳工阶级的苦难和要求而言,福利国家社会干预的措施总是来得太晚,较之于从源头上进行干预,这种事后性干预措施也更为代价高昂,更为效力低下。介于两者之间的一些思想流派如法兰克学

---

① 杭州《都市快报》,2013年10月31日。

派虽然没有全面否定福利国家，但也尖锐地指出其存在的结构性缺陷。如法兰克学派中的第一代成员奥菲认为：福利国家是"其成功的受害者"，它在解决宏观问题时的成功带来了一些副作用。这些副作用引发了一个完全不同的问题，它超出了福利国家的调节能力。即使经济上不存在这些副作用，福利国家的政治范式也会由于其内在原因而丧失其明显的活力；而且这种衰竭不可能只是一时的现象，不会随着下一轮的经济繁荣而消失。尽管福利国家的设计旨在治愈资本主义积累所产生的各种病症，但疾病的性质也迫使病人不能再使用这种"疗程"。但是如果资本主义国家真的没有福利国家的制度安排，那么势将会出现更高层次的劳资纠纷，而且，这种冲突将打断日趋复杂的资本密集型工业生产过程，从而大大增加经济成本。用奥菲的话说：福利国家对资本积累的影响是破坏性的，但撤除福利国家的影响则是灾难性的。这就是福利国家制度所面临的深刻矛盾。①

显而易见，人们对以公共服务为内容的福利国家的认识是不一致的，对福利国家何去何从认识主张更是歧见迭出。但有一点始终是确定无疑的，那就是福利国家"这种一度得到最广泛接受的问题解决机制，现在自身变得有问题了。无论如何，对福利国家及其未来的那种无可置疑的信心现在都已迅速消失"。② 福利国家已经进入了一个危机阶段，未来的道路怎么走，还有待于世界各国人民的共同探索。

在向来务实的政治界也有对以公共服务为内容的福利国家制度的批判性反思。被誉为西德"经济奇迹之父"的艾哈德明确指出：只有整个民族的社会生活中能够保证高度的自由、高度的个人创业精神和自力更生的精神，自由经济制度才能长期存在下去。相反地，如果社会政策的目的在于使每个人从一出生就得到全部保障，绝对没有任何生活风险，那么我们就不可能希望他们的精力、才干、创业精神和其他优秀的品德得到充分发挥，而这些品德对于民族的生存和未来都是至关重要的，而且还为基于个人创业精神的市场经济提供了先决条件。他对西方国家日趋高涨的社会保障要求感到惊异和担忧，指出："如果我们越来越委身于某种形式的集体生活，没有人再愿意对自我承担责任而且每个人都想在集体中得到保障，

---

① 参见克劳斯·奥菲：《福利国家的矛盾》，吉林人民出版社 2006 年版，第 7 页。
② 同上书，第 1 页。

那么我们将向何处去,我们如何保持进步。"他警告人们:如果这种瘟疫蔓延开来,我们势必滑进一种制度,这里的每个人都把手伸进别人的口袋里。艾哈德认为:强制性保险是与市场经济原则和自由精神相悖的,是陷进福利国家泥潭的另一种形式。因此,他坚持反对强制性全民保险,而主张全体公民的自主选择及自担责任和风险。艾哈德写道:"以强迫为基础的普遍的人民保险,不论是按一个标准还是分门别类缴保险金,和普遍的国民供给制相比,最多只是程度上的差异,而不是原则的不同。如果这种国家强制保险超出了急需保护的人的范围,国家还迫使那些根据其经济生活和职业生活地位根本不需要这种强制保险的依赖关系的人也接受保险,那么就是有了向福利国家发展的趋势。这里完全有理由向每个人提出这样一个重要问题:国家、公共机构和其他大型集体组织干预个人的生活,从而加重国家预算并且也因此不断加重个人的负担,所有这些是否真正有利于增加个人的安全,丰富个人的生活和减少个人的生活顾虑?个人的安全,至少是安全感,因为把自己的命运托庇于国家或集体就不是增加了,而是减少了。"① 艾哈德认为:"当个人及其家庭有能力自我负责地安排生活,国家的强制性保护就必须或应该停止了。""有一些公民根据他们的地位和作用完全可以通过自己的能力和劳动而自立;如果还要把这样的公民拉进命令式的强制保险,那么这对我国社会政策生活是极其不利的。"② 艾哈德语气肯定地指出:"社会保障当然是好事,也是十分需要的,但是社会保障必须主要是靠自己的力量、自己的劳动和自己的努力得来的。社会保障不等于全民的社会保险,不等于将个人的责任转嫁给任何一个集体。开始时必须实行个人自己负责,只有当个人负责还嫌不足或者必须停止时,国家和社会的义务才发挥作用。"③

开启西方福利制度改革之先河的美国总统里根也有对弊端日显之福利制度的尖锐批评。他指出:两百多年来的美国之所以能够取得世界上任何其他民族从未有过的繁荣昌盛,究其原因,就在于它使人类的能量和个人才智得到了前所未有的解放。然而,过去的几十年里,美国却偏离了正确

---

① 艾哈德:《大众的福利》,武汉大学出版社 1995 年版,第 185 页。
② 同上书,第 187 页。
③ 同上书,第 192 页。

的道路，其累积影响使国家面临巨大的经济困难，税收负担虽然非常沉重，但仍与公共开支相脱节。人们为了眼前的一时便利，不惜以未来作抵押。这种趋势如果不加扭转，必定会导致社会、文化、政治和经济各个方面的大动荡。为了制止并扭转这种趋势，他要求控制联邦政府的规模及其影响，把更多的职能与权力回放到各州；要求搬开那些阻碍经济发展并导致生产下降的绊脚石，采取那些旨在使各级政府之间恢复平衡的措施；要求政府重新量入为出，并减轻近乎惩罚性的赋税负担。在福利制度改革上，他要求减少福利项目，降低福利水平，鼓励地方性社团兴办福利事业，鼓励个人自助。当然，他也说道：福利制度改革绝非是什么见死不救的"冷血政策"，"并非由于自身的过失而必须依靠我们其余的人的那些人，穷人、残疾人、老年人，以及一切有真正需要的人，可以确信他们所依靠的社会安全网项目是不会削减的"。①"我们热爱我们的同胞，在他们跌倒时就应向他们伸出援助之手；在他们罹疾患病时就应给予他们治疗；应当向他们提供机会，从而使他们能够自立"；"联邦政府固然应在社会救济事务中发挥作用，但是，对于那些羸弱和处境不利的人，我们的基本目标在于减少其依赖性和提高其尊严感。"② 他预言：当我们在自己的国度使我们自己焕然一新时，全世界就会看到我们的力量更加强大。对于那些现在尚未获得自由的人们来说，我们将再度成为他们自由的典范和希望的灯塔。

3. 20 世纪末以来公共服务制度的改革

鉴于以福利国家的形式出现的公共服务制度安排的内在缺陷及其不可持续性，西方国家自 20 世纪 70 年代末以来普遍对公共服务制度进行了大刀阔斧的改革。

美国自尼克松政府就酝酿改革现行福利政策，从尼克松总统到卡特总统也都提出过不同的调整计划，但由于条件没有成熟，改革计划落实不到位，收效甚微。1981 年，里根总统秉持新自由主义理念，对自新政以来流行美国的思想观念、体制机制和政策体系进行结构性和方向性的改革与

---

① 转引自李道揆：《美国政府与美国政治》，中国社会科学出版社 1990 年版，第 653 页。
② 《美利坚合众国总统就职演说全集》，天津人民出版社 1997 年版，第 461 页。

调整，重新强调个人的责任，强调市场和社会的作用，要求政府回归到正确的职能定位上来。在福利制度上要求削减福利项目、降低福利水平、提高领取福利的资格，以减少民众对政府提供福利的依赖性。1983年，通过了福利改革的一揽子行动计划，既增加了工薪阶层的保障税，又减少了对低收入阶层的补助，还上调了领取福利金资格的底线。其中触动较大的是削减抚养未成年儿童补助项目，规定取消对工资收入高于贫困线家庭的补助；另外削减的项目还有大学教育福利、儿童营养补助等。布什政府基本上延续里根的政策，总的说来，共和党执政的12年间实际上医疗保险和其他福利的覆盖面明显缩小。剔除通货膨胀因素，1990年财政年度联邦政府在各种公共服务项目上的开支仅比1980年财政年度增加了5%，而且其中绝大部分增加是由于医疗支出的增长。事实上，如果排除两项主要的联邦医疗项目——医疗保险和医疗补助，1990年在剩下的公共服务项目上的支出比1980年财政年度低7%。① 克林顿政府关于福利制度改革上基本理念与其前任没有根本不同，具体做法上有些调整。他上台伊始就选中医疗保险制度为改革突破口，经过精心策划，于1993年提出一套详细周密的方案，总的精神是既要扩大医疗保险的覆盖面，使几乎每一个需要的人都能享受到，又要缩减政府开支。为此，采取两个办法：一是把一部分负担转到企业雇主身上；二是降低医疗费用水平。另外在享受福利的资格管理方面，1996年之前，所有非美国公民，不管其移民状况，都有资格获得联邦和州政府的福利。1996年8月，美国总统克林顿签署法令，更加强调个人的责任，对那些非法进入美国寻求公共福利的移民加以限制。经过这次改革，美国的社会福利制度发生很大变化。"尽管大多数正式福利制度计划幸存下来，但是还是不能掩盖这样一个事实：在广义的服务业里，社会保护基本消失了。"②

自20世纪70年代中后期，德国就着手对其福利制度进行改革。其改革的总趋向是控制社会保障的过快膨胀，增加个人与雇主缴纳社会保险费的比例或在某些保险项目的开支中由个人负担一部分。从1992年7月1日起，劳动者的养老金增加不再同劳动者人均毛收入的增长挂钩，而是

---

① 莱斯特·萨拉蒙：《公共服务中的伙伴》，商务印书馆2008年版，第217页。
② 保罗·皮尔逊：《福利制度的新经济学》，商务印书馆2004年版，第71页。

随着劳动者净收入的增长而增加,以减缓养老金增长的速度;把失业救济金降低3%,并停止发放劳动者因恶劣气候等自然原因不能工作而影响正常收入的补助金。从1995年7月1日起,停发长期生活补助金,外国移民及申请避难者,只有获得合法居留权后,才能领取其子女的补助费。养老保险费也由20世纪80年代初占工资收入比例的18.5%提高到19.2%;失业保险费由占工资收入的3%提高到6.5%。1996年,德国议会通过了一项关于福利制度的一揽子改革计划,其中将男性劳动者的退休年龄从原定的63岁延长到65岁,女性劳动者的退休年龄从60岁延长到65岁,以此增加投保人数和养老保险费收入,并相应缩短退休者领取养老金的年限。病假工资从原来的标准工资的100%减至80%,公众的温泉疗养期从原来的4个星期减至3个星期,从每3年疗养一次改为每4年疗养一次。[①]

瑞典自20世纪80年代以来出现了持续时间最长、最严重的经济衰退,总失业率远远超出国家的历史最高水平;公共部门的预算赤字猛增,数字之大在所有OECD成员中鲜有所闻;货币贬值,甚至低于1981—1982年贬值后的水平。这些情况在瑞典国内引起了重视,同时也对国家能否继续保持自战后发展起来的全面的福利国家提出了质疑。为此,瑞典实行了社会保障制度的改革,福利供给从慷慨转向吝啬。[②] 1991年,瑞典将健康保险津贴和失业保险津贴从相当于原来工资的90%分别下降到65%和80%。1994年6月,瑞典议会以80%的支持率通过了一项退休制度改革决议。新退休制度强调人们退休后的收入与他一生的收入挂钩。退休金由基本金和附加金组成。所有人退休后的基本金收入都是一样的,多劳多得原则主要靠附加金部分来体现。新政策规定,附加养老金以人一生的收入情况和纳税情况而定。这样,工龄越长,工资越高,他的退休金就越多。从养老金来源看,以前全靠企业支付,现在则由企业和雇员各负担一半。具体而言,每人工资的18.5%留作退休附加金部分,而且其中的2.5%将作为"储备保险金"存入自己的账户,个人可决定投资方向。这

---

① 资料引自[英]《金融时报》,1998年9月8日。
② 相关情况参考丁建定:《瑞典社会保障制度的发展》,中国劳动社会保障出版社2004年版。

样改革提高了个人工作的积极性,同时也减轻了政府的财政负担。另外,养老金的数额也不是年年相同,它随着年度经济增长率、人均预期寿命、物价的变化而浮动。在医疗体系改革方面,瑞典政府采取的是"一增一降"的改革措施,即一是增加个人看病所支付的费用;二是降低病假补贴额度。诊疗费用一年内在900瑞典克朗以内的,完全由个人支付,多出部分可以凭票报销50%—90%;一年内的医药费用个人须负担1800瑞典克朗,超出部分完全免费。由公共医疗保险基金支付的疾病补贴,由1996年前的79%—90%改为75%。政府还鼓励人们尽量采用便宜的门诊而非住院治疗。这样,病人在医院里人住院时间也大幅度减少,医院的病床数量也由每1000人4.4张减少到3.1张。针对老年人的医疗护理,瑞典政府鼓励家庭护理模式,对那些由子女承担照料老人责任的家庭给予适当补贴;有的地方政府将老人服务设施私有化,以提高资源配置效率和护理服务效率。现在,瑞典的老人福利设施中至少有5%都已经委托给民间经营,在首都斯德哥尔摩这个比例更高。现金支付的育儿费用减少了约15%。以前休产假头两个月工资为原工资的90%,现降为85%,其后10个月的产假补贴由原来的80%降为75%。多子女的额外补贴被取消。失业补贴也比原来有所减少。伴随着公共福利水平的下降,社会整体的税收负担也相应减轻。最高边际税率从85%急剧下降至50%,股息红利所得税则被取消。

苏联解体后,俄罗斯实行市场经济,而苏联时代的很多优惠政策却作为为数不多的"遗产"得以继承下来。俄罗斯社会的优惠政策可以说是无处不在,如免费医疗、免费教育、免费物业管理以及许多行业和阶层享受的免费住宅、疗养、交通。优惠政策的受益者更是多得超乎想象,以至于至今没有一个确切的统计数据。据俄塔斯社报道,俄罗斯1.44亿人口中有1.03亿人有权享受优惠政策。名目繁多的优惠政策、数额庞大的福利补贴已成为俄罗斯政府的沉重负担。按照法律规定,俄罗斯各项优惠政策所需资金近3万亿卢布,约占国内生产总值的20%,俄罗斯政府根本无法履行全部优惠补贴。据统计,俄罗斯政府每年实际用于社会福利的补贴高达5000亿卢布。许多优惠项目是口惠而实不至;政府根本提供不了,免费福利的结果是没有福利。另外,一些优惠项目也给提供此类产品与服务的行业带来巨额损失,比如俄罗斯铁路和通信部门每年因优惠政策而遭受的损失就高达 500 亿卢布。

为了摆脱优惠福利的困境，重新激发社会发展的活力，2004 年 7 月，俄罗斯国家杜马通过了《关于津贴取代优惠的法案》，决定对社会福利制度进行"大手术"。根据这项法案，自 2005 年起俄罗斯政府将取消免费乘坐公共交通工具、免费医疗、免费打电话、免费疗养等优惠政策，转而用现金对享受福利的公民进行分类补偿；一年后再进一步取消在公共住房和物业管理方面的优惠，也实行货币补贴的政策。对"苏联英雄""俄罗斯英雄""社会主义劳动英雄"等荣誉称号获得者以及"劳动奖章""光荣勋章"获得者的优惠政策仍暂时保留，等以后再议。

社会福利货币化虽是大势所趋，但在俄罗斯却并非人心所向。据俄罗斯《消息报》公布的民意调查表明，58% 的人赞成保留现行的社会福利制度，而只有 14% 的人认为应该将社会福利货币化；另据一项民意调查显示，55% 的人选择实物优惠，只有 34% 的人选择现金补偿。因此，这项改革方案一出台便遭到反对与抗议，尤其是城市低收入者和困难群体坚决反对取消原有的福利政策。只有那些偏远山区和农村的居民支持福利改革政策，因为这些改革政策带给他们看得见摸得着的钞票，而从前的优惠与他们无缘，他们既不坐车，也没有电话，更谈不上去疗养。

社会福利的货币化改革政策虽然有减少福利项目降低福利水平的考虑，但更多的还是想借此增强俄罗斯民众对自己生活之自我负责的意识与能力，增强他们在社会生活和政治生活中的独立性。然而，现实表明俄罗斯人显然还不适应这种独立性。

西方国家福利制度改革总体取向是减少福利项目，降低福利水平，减轻国家负担，增强社会成员的责任性和自助性。由于社会福利具有比较刚性的不可逆性，因此，在社会福利制度改革过程中充满了政治斗争和角力博弈。任何一个改革方案都是经过反复磋商讨论甚至是讨价还价达成政治妥协的结果。有幸的是这种政策取向的改革正逐渐得到人们的理解和支持，人们开始愿意为社会的发展活力与后劲而约束当下的福利欲望，也愿意为自己的自立自由付出一些不菲的福利代价。2008 年，只有 44% 的法国人愿意容忍为节约国家财政而限制社会福利，到 2014 年，这一比例达到61%。① 这就是一个令人欣慰的现象。

三 与公民自由相容的公共服务制度安排

现代社会在某种意义上是一个社会成员原子化、社会结构平等化、人际关系契约化的社会。无论是作为个体的人，还是作为群体的人类，在其演化进程中都经历了个体化的过程。在这一个体化过程中，一方面人的自由日渐增大；另一方面人由于脱离了各种各样的共同体，如血缘共同体、职业共同体、价值偏好共同体而倍感孤立和无助。于是，现代社会出现了一种前所未有的风险，即基本生活保障风险。在传统社会，一个人一旦生活无着，总能得到亲朋好友的接济、街坊邻居的帮助，或者得到行会帮会救济，还可以得到宗教慈善社团的救助；转入现代工业社会后，这些自愿慈善性的制度安排不是因受市场力量的冲击而垮掉，就是因社会结构的变迁而废弛不振。社会成员生活保障的风险一下子凸显出来。19世纪中后期西方国家首先建立的社会保障制度是应对生活保障风险的一种制度安排，它运用国家强制力从社会中筹集巨额的公共福利资源，为身处困境的人们提供生活的安全保障，从而有效地消除了人们在当下生活的困难及对未来生活的后顾之忧。仅此而论，这项制度是成功的。但传统的以国家为主体的福利制度又产生了一种始料未及的负效应，如国家权力的扩张，对公民自由空间的挤压以及福利享受者的道德风险，他们开始放松对自己的责任要求，减少自己的劳动努力付出，把自己生活水平的提高、生活境遇的改善寄靠在国家和社会身上，似乎国家、社会和他人要保证他过上某种他所期待的生活，如果没有达到，那就是国家、社会和他人的责任。具有此种心态的人常常抱怨国家、埋怨社会、幽怨他人，唯独不反省自己，更不愿自己去付出艰苦的努力。一旦形成此种社会心理，国家与社会的福利负担越来越重暂且先不说，人们的独立自主精神和公民人格将遭受毁灭性打击，与前者相比，后者更为严重，也更堪为人忧。有鉴于此，一些学者主张改革传统的福利制度，实行一种积极的新福利制度。它以预防为主，主要致力于消除各种可能带来人为风险和不确定性因素的可能性。比如在

---

① 新华通讯社主办：《参考资料》，2015年1月6日，总第30353期。

失业问题上，新福利制度不主张消极地向失业者发放失业救济金，来为他们的生活提供保障，而是主张通过教育、就业培训、以工代赈、以劳动换福利等方式使失业者尽快重新走上就业岗位，以减少他们对社会福利制度的依赖。因此，相比于传统福利制度，新福利制度更重视使用生活政治措施，强调授权，发挥各种主体的自主性和责任感。[①] 此种改革的价值追求就是公共服务与公民自由的相生相容。因为公共服务与公民自由是相容相生还是相斥相克，完全取决于公共服务的制度安排，即公共服务制度安排的性质和结构决定了公共服务对公民自由的关系。因此，我们必须致力于探索与公民自由相生相容且能促进公民自由扩展的公共服务制度安排。

1. 准确界定必需品的内涵，形成基准水平的公共服务制度安排

任何时候，公民都必须把自己生活和命运的责任置于自己的肩上，依靠自己的努力解决生活当中的绝大部分问题。当然，任何时候也会有一部分问题不是当事人自己能够解决的，也不是某个私人部门所愿意解决的，而且这些问题的解决常常有很大的正外部性，是社会中的其他人有时甚至是所有人都能够从中受益。对于这些问题，政府包括其他公共组织负有解决的责任，通过某种途径或形式提供一定水准的公共服务。当然公共服务的水平如何是由社会的生产力水平、整个社会所处的发展阶段以及当时社会的道德状况等多种因素决定。但不管怎样，任何时候政府等公共组织所能提供的只能是基本的公共产品与服务。

在不同生产力水平、不同的社会发展阶段和不同的道德状况下，一个社会成员所需要的必需品是不一样的。在一个时候曾经是奢侈品的东西，在另一个时候很可能是必需品。亚当·斯密说过："对于必需品，我的理解是，它不仅仅指维持生命所不可缺少之物，而且指由一个国家的风俗决定的作为一个体面的人，哪怕是底层的人，不可缺少之物。例如，一件亚麻衬衫，严格说来，不是生活必需品。我想，希腊人和罗马人生活得很舒服，虽然他们没有亚麻。但是在当今时代，在欧洲的大部分地区，一个体面的打工者在公众面前如果没有一件亚麻衬衫可穿会觉得羞耻，对于亚麻衬衫的需要可以假设为划定了一种非常丢脸的贫困程度的界限，任何人都

---

① 吉登斯：《两种风险管理》，转载［日］《东京新闻》，2003年12月5日。

被假定如果不是由于极端的恶劣行为就不会落到那一界限之下。按同样的方式，风俗也确定了在英国皮鞋是生活必需品。最穷的体面人，不管是男是女，在公众面前如果没有一双皮鞋可穿都会觉得羞耻。"① 罗尔斯则把基本公共服务称之为社会基本善，即"一个有理性的人无论想要别的什么时都需要的东西"②，它总是实现目标的必要手段。例如，更高的智力、更多的财富和机会，使一个人能够实现他连想都不敢想的目标。有了更多的这种善，人们一般都能保证在实现自己的意图和促进自己的目标方面取得更大的成功。人们合理计划的最终目标是各不相同的，但在执行中它们都需要某些基本善，自然的或社会的善。一个能够为人们提供这种基本善的社会才是一个正义的社会。印裔英国经济学家阿玛蒂亚·森也讨论过必需品的性质和范围问题，他认为："在一个社会中什么算是必需品决定于什么是提供某种最低限度的自由所需要的。"③ 他基于其把自由视为"享受人们有理由珍视的那种生活的可行能力"的核心观点，认为对一个社会的大众而言，构成其生活之必需品的价值物是那些为保障最低限度自由所必要的东西。这一组东西的具体内容在不同发展阶段上是不一样的，但它们都起到了保障人们具有最基本可行能力的作用。有了这些价值物的保障，一个人在社会中就有了基本的实质自由。因此，生活必需品的具体内容不是固定不变，而是随着生产力的发展，随着社会与文化的发展进步而不断调整改变。一件东西在十年前可能根本不算是必需品，但十年后的今天，它可能就成了人们日常生活离不开的东西了，缺乏了它，人们会感到十分不便，会感到发展受到了很大限制。政府所提供的公共服务就应该局限在这个范围和程度上。低于这个基准，就会影响社会成员的积极自由，而高于这个基准则又会产生公共服务资源的浪费和公共服务的过度消费，而且还会对政府公权的扩张、对私域空间的挤压以及公民的自我责任意识和独立人格能力产生潜在的消极影响。毫无疑问的是伴随着人类社会的发展，公共服务的基准线会不断提高。

为了准确反映人们对公共服务的真实需求，控制人们对公共服务的过

---

① 转引自阿玛蒂亚·森：《以自由看待发展》，中国人民大学出版社2002年版，第62页。
② 罗尔斯：《正义论》，上海译文出版社1991年版，第102页。
③ 阿玛蒂亚·森：《以自由看待发展》，中国人民大学出版社2002年版，第61页。

度消费,对一部分俱乐部性质的公共产品与服务可以采取适度收费的办法。这是让公共服务回归基准水平的一种制度努力,它远比简单地限制人们使用公共服务与公共设施更为有效,更为与人们的自由权利相契合。作为理性经济人,任何人对价格都有一定的敏感性,对价格完全失敏的人是不存在的。当然不同收入水平的人对价格的敏感程度是不一样的,收入低的对价格十分敏感,高收入者则对价格不太敏感。但不管怎么样,任何人对价格都会有一定的敏感性。在有些情况下,这种敏感性还很强,政府一旦就公共服务使用设定收费价格,人们使用公共服务的行为就会趋于理性和节约。

通过适度收取公共服务使用费以控制人们对公共服务的过度需求,这种做法在美国十分普遍。过去美国的一些地方政府注意力完全集中于增加公共服务的供给,但它们很快发现无论增加多少,始终满足不了人们对公共服务的需求。情势逼迫它们只得在减少公共服务使用需求上做文章。根据一定的标准简单地禁止或限制一部分人使用公共服务显然不符合美国一贯倡导的自由精神,唯一可取的就是对使用者收费,以此来减少或者控制人们对公共服务的消费需求。为了减缓对垃圾填埋地的使用,政府提高了垃圾收集费。为了应付对公路的需求,政府提高汽车通行费,为上下班合用汽车开辟特殊车道,鼓励雇主采用弹性工作时间并让雇员合用汽车和小客车以减少交通高峰时间的拥挤。有的市政府甚至实行高峰时间收费标准,对高峰时间行车多收费。华盛顿特区的地铁在高峰时间也提高收费;加利福尼亚州允许私营公司修建的高速公路实行高峰时间高收费的办法。

有的人担心对公共服务实行使用者付费制度是对穷人的歧视,会加重低收入者的负担。说实在的,增加低收入者负担会有一些,但上升到对穷人的歧视则未必。而且这些筹集到的服务收入如果重新用于公共服务事业建设,则反过来仍会使付费者受益,其得到的收益也足以补偿增加的负担。另外,一些公共服务设施是中产以上人士使用较多,对这些使用者进行服务收费,反而有助于一些面向低收入人群服务设施的改善。

2. 排除政府对公共服务的垄断,形成主体多元、开放竞争、合作供给的公共服务制度安排

早在国家和政府产生之前,人类社会就有提供公共服务的组织。后来，随着阶级分化和对立，出现国家这种特殊公共权力组织。国家及其政府凭着公共服务的职能而获得政治统治的权力并成功实现对氏族组织的替代，但它并没有因此垄断了公共服务领域。事实上，在资本主义社会之前，历朝历代都有一些社会组织提供公共服务。在资本主义的早中期，教会、大学、福利院也承担了大量的公共服务职能。如19世纪的美国，慈善事业得到了蓬勃发展。私人资助的学校成倍增加；对外国的传教活动急剧扩大，非营利性的私人医院、孤儿院和其他许多慈善机构如雨后春笋地涌现。差不多每一种慈善机构或公共服务组织，从防止虐待动物协会到基督教青年会，从印第安人权利协会到救世军，都是那个时期产生的。① 倒是在政府扩大了自己在公共服务领域的职能后，社会性的公共服务组织和活动开始有所萎缩。政府的过分干预曾经在很大程度上阻碍了为公共目的服务的自愿性组织的发展，而且还酿成了这样一种传统，其间，私人致力于公共事业的努力常常会被人们视作好事之徒的瞎胡闹。② 这是自由在现代有些衰落的重要原因。因此，一种能够兼容并促进公民自由的公共服务必须是政府部门、私人部门和第三部门多元主体相互竞争的制度安排，其间，任何服务主体都不能僭取公共服务的垄断地位，否则都可能对公共服务消费者的自由造成损害，尤其"当政府被授予提供某些服务的排他性权力的时候，自由就受到极为严重的威胁，因为政府为了实现其设定的目标，必定会运用这种权力对个人施以强制。"③ 而且还会使公共服务的性质发生改变，使之完全不同于由竞争性机构提供的服务。今天，政府在公共服务领域的地位和作用确实十分显著，但"这并不意味着赋予政府提供这种服务的排他性权力。自由主义者希望实行机会开放，一旦发现了由私营企业提供这类服务的方式，就应当加以采用"。④ 在历史上，那些现在由政府提供的公共服务，私人公司也都曾经有效地供给过，其中包括修筑公路、修建航道灯塔、提供保护服务、消防和仲裁。英国早先时候的航

---

① 弗里德曼：《自由选择》，商务印书馆1982年版，第40页。
② 哈耶克：《法律、立法与自由》第2、3卷，中国大百科全书出版社2000年版，第257页。
③ 哈耶克：《自由秩序原理》下册，生活·读书·新知三联书店1997年版，第50页。
④ 《哈耶克文选》，江苏人民出版社2007年版，第310页。

道灯塔就是由私人公司负责修建与维护的。① 对于公共服务的大多数领域，私人企业都是开路先锋，政府只是后来才介入的。但是它们在各地介入以后，都把这些服务从私人企业家那里接管过去了，久而久之，人们竟误认为这些公共服务本来就该由政府提供，似乎公共服务由公共机构提供比由私人企业提供更好。可惜事实并非如此。一些原先被认为市场失灵的领域——如污染治理，其实也可以通过市场制度创新，如排污权交易而获得有效解决。此外，大多数社会保障服务也都可能通过发展一种竞争性的保险制度来提供，包括医疗保健服务，多元主体的混合竞争，都将是体制改革的更好方向选择。② 而一旦向社会组织和私人力量开放公共服务领域，鼓励多元主体之间的平等竞争，这既将会创新出公共服务的更好制度安排，又能实现与公民自由的更好兼容。

在20世纪80年代以来的新公共管理运动中，出现了公共服务社会化、市场化的趋势，无论是政府还是公共服务对象都越来越多地求助于各种各样的社会组织和企业公司一类的市场组织。政府开始认识到自己在公共服务领域的局限性，认识到自身之外的其他组织与力量在公共服务生产供给方面的潜在巨大作用，从而开始自觉或不自觉、主动或被动地逐渐打破自己原先对公共服务领域的垄断，慢慢地让民间资本和力量进入到公共服务领域中来；公共服务对象也越来越厌烦政府在提供公共服务方面的单一、低效和态度傲慢，希望自己能够有对公共服务更加充分的自由选择权，希望通过公共服务供给者之间的竞争，降低公共服务的消费成本、提高公共服务的品质质量、改善公共服务者的作风与态度。于是，公共服务的多元主体之间的竞争合作成为一道亮丽的风景线，涌现了许多有鲜明特色的且卓有成效的制度安排，如服务外包、公私合作、教育券制度等，遍及社会生活的许多方面，而且都取得明显成效。在许多领域，政府已经把更多的提供公共服务的责任转向了非营利组织。在美国甚至出现了私营监狱，并且预测它们的服务有很大的市场。③ 鉴于其良好的效果，包括美国企业研究所在内的许多团体一直鼓吹这种"爬行的资本主义"，把它看成

---

① 罗纳德·科斯：《企业、市场与法律》，上海三联书店2009年版，第181页。
② 汪锦军：《走向混合竞争模式：我国医疗改革的方向选择》，《浙江省委党校党报》，2013年第6期。
③ 哈拉尔：《新资本主义》，社会科学文献出版社1999年版，第356页。

是解决垄断性政府中流行的官僚主义问题的一种可供选择的办法。英国也正朝着这个方向发展，结束了政府对邮政的垄断，为教育事业建立了许可证制度，鼓励更多地利用私营保健机构。一些城市的市政工程部门把垃圾收集清运、废渣埋填、照管服务，停车场管理、高尔夫球场管理、街道清扫、道路维修和治安等公共服务项目通过竞争性投标承包给公营或私营组织，根据承包合同提供规定的服务并获取相应的报酬。实践表明，当提供服务的单位必须竞争时，它们就会降低成本，对正在变化中的需求迅速作出反应，并会竭力满足顾客的需要。公共服务领域的竞争既有公营组织与私营组织之间的竞争，也有私营组织之间的竞争，还有公营组织之间的竞争。其中，政府要求私营企业彼此竞争，以提供一些公共服务，是最常见的方法。政府采购就是这一领域政府主导的私营企业之间的公共服务竞争。

即便是在文化教育领域，公共服务的多元竞争也有力地推动了文化教育事业的健康发展。从世界范围来看，那些文化教育事业实行多元主体自由竞争的国家，也往往是国民素质相对较高、文化氛围浓厚、人才辈出、科技领先、硕果累累的国家。相反，那些对文化教育实行高度垄断的国度，教育机构面临任何垄断者都无法避免的问题，即由于竞争的缺失导致质量下滑，以及垄断者对既得利益不断膨胀的权力欲望。在欧美地区，国民教育质量比较好的一般均为私立学校，私立教育机构在设定并提高教育水准等方面发挥着关键性作用。美国的大学是在日益全球化的竞争体系中运作的，所以才能在世界排名中名列前茅。世界大学排名前30强名单中，美国大学就占了22席，且全为私立学校，而处于本土化垄断体系的美国中学教育则成绩不佳，比如纽约市公立学校的三年级到五年级的学生中，2011年仅有62%通过数学考试；而哈莱姆成功学院的通过率达到99%，科学课的通过率更高达100%。相反，英国的各大院校主要是归政府资助的国家高等教育服务机构分管，而在中等教育方面，还活跃着收费不受限制的独立办学领域。结果，英国的大学除少数已有自己的资源和声誉的精英院校外，大部分处于危机之中，全球50所名校中，仅有7所英国大学榜上有名。但是，有不少英国中学在世界范围内处于领先地位。[①] 所以在

---

① 尼尔·弗格森：《西方的衰落》，中信出版社2013年版，第100页。

提供"免费"但质量平平的公立教育的同时,还要积极发展真正优质的私立教育体系。在布莱尔任首相期间,英国就曾将经营不善的公立学校改制为私立学校。仅仅 2010—2012 年这两年间,私立学校数量就从 200 所增至所有中学数量的将近半数。在世界范围内,很多明智的国家都在逐渐淘汰国立教育一家独大的过时模式,鼓励发展私立教育。即便是斯堪的纳维亚国家如瑞典、丹麦也实施了大胆地以去中心化和教育券计划为内容的教育改革,独立学校数量迅速增加。①

政府不仅要开放公共服务领域,培育公共服务的市场竞争主体,还要努力构建政府组织与非政府组织在公共服务领域的互利共赢的合作供给关系。充分发挥政府组织与非政府组织的各自优势,密切合作,增强总体的公共服务供给能力。在这方面,美国的一些做法可资借鉴。美国的民间社团(也称非营利组织或第三部门)向来比较发达,作用发挥也比较充分。这给前往美国考察的法国思想家托克维尔留下深刻印象。自 19 世纪后期以来,由于政府职能扩张,民间社团虽然有所萎缩,出现帕特南在《独自打保龄球》一书中所描述的现象,但注重社团作用的传统并没有中断。而且面对福利国家和政府官僚机构的低效,民间社团的组织与作用又重新活跃起来。政府也开始意识到自己的局限从而更多地求助于民间社团。这些非营利组织一般规模较小,相对来说比较灵活,使用私人志愿者,并得到私人慈善支持,它能提供人们在日常生活中越来越需要的"自我决定,自我负责,自由选择,团结与参与",因此,非营利组织作为国家提供服务的潜在替代者而大量出现。在 20 世纪 50 年代到 80 年代之间,美国私人非营利部门的范围和规模都得到迅速增长。联邦政府也更多是以资金提供者和监管者的角色而不是以服务提供者的角色出现,具体的公共服务均由第三方机构——州、市、县、大学、医院以及行业协会以及各种各样的民间社团负责提供。政府部门与非营利的第三部门之间在公共服务领域里的广泛合作,使得美国没有像欧洲福利国家那样,出现庞大的政府机构,而是在保持较小政府规模的情况下,有效地完成了政府的福利责任。根据美国等西方国家的经验,萨拉蒙认为:非营利部门并不是政府和市场的替代性满足机制,恰恰相反,政府才是弥补志愿失灵的有效机制。正因为非

---

① 尼尔·弗格森:《西方的衰落》,中信出版社 2013 年版,第 101 页。

营利部门和政府在各自功能上的优势和不足，二者才需要相互依赖和合作，精巧的第三方治理机制才得以在美国形成。到20世纪70年代末，私人非营利部门已经成为了提供那些由政府出资的服务的主要工具，政府也相应成为了提供服务的非营利机构的主要资金来源。①

例如，美国在20世纪60年代建立的经济机会办公室就是联邦政府资助的社会公益性法律援助组织。它所提供的法律援助，不仅帮助单个的客户，还关注法律改革。该办公室成立十年内，其法律服务部的律师们就推动最高法院审理了100多个案件。经济机会办公室的律师们不仅起诉那些试图减少给穷人的医疗服务的医院，起诉以非法方式驱逐房客的房东，起诉企图欺诈穷人的私人企业，还起诉政府，特别是那些负责提供福利的部门。办公室打了不少具有里程碑意义的官司，增加了公民的福利，让他们的诉求能够在福利官僚体系内得到公平的听证和正当法律程序的处理。经济机会办公室还建立了数以百计的社区行动机构，让这些机构的服务对象即穷人参与决策的制定。根据国会通过的《经济机会法案》，社区行动机构设立了一条原则——其决策制定机构中至少有1/3的人应来自低收入群体。在社区行动机构的推动下，监督警察的委员会、能够影响住房政策的租户组织、以社区为基础的小市政厅纷纷建立，让公民与城市政府之间的联系更加紧密。②

3. 破除公共服务领域的特权结构，形成均等化的公共服务制度安排

特权是一种基于政治原因为法律所固定且不能为所有人所普遍享有的权利，而基于普遍适用的规则人人都可能获得的权利则不能称之为特权。在人类社会的一定发展阶段上或者某些特定的社会制度安排中，公共服务曾经作为一种法定特权为特定的阶级或集团所独享。属于这个阶级或集团的成员，能够享受一些优厚的服务与福利待遇，而这之外的其他社会成员则只能依靠自己的一双手，他们被人戏称为二等公民。社会成员也因此被分为特权者和普通民众，他们的身份、地位、生活方式、收入来源、价值

---

① 莱斯特·萨拉蒙：《公共服务中的伙伴》，商务印书馆2008年版，第1页。
② 迈克尔·舒德森：《好公民——美国公共生活史》，北京大学出版社2014年版，第220页。

观念甚至情趣偏好都完全不一样，其差别是如此之大，似乎是两个不同人种。从正义角度看，这种差别化的公共服务制度显然是不正义的，因为它并不以改善地位最低者的福利状况和生存状态为目的，也不会产生类似的客观效果，而只会使社会的阶层划分固定化，变成类似于印度的种姓制度。

　　自近代以来，伴随民主平等意识的不断强化，由国家提供的公共服务也出现了普惠化均等化的趋势，由此提出公共服务均等化的价值目标，这是社会平等原则在公共服务领域的体现和要求，其目的是为了实现社会的公平正义和国家的稳定、团结与和谐。在西方发达国家，加拿大是实行公共服务均等化比较早的国家之一。其于1937年就建立了一个负责处理各省关系的委员会，并在联邦政府设立国家协调基金，对那些没有能力为本省居民提供基本公共服务的省份给予财政援助；第二次世界大战后，加拿大政府进一步推进均等化实践，于1957年建立了财政均等化项目，以财政均等化支持公共服务均等化。1982年，加拿大政府甚至对公共服务均等化作出了宪法承诺：促进加拿大人民福祉的机会平等；通过经济发展减少机会差别；为所有加拿大居民提供品质适度的基本社会保障，并承诺在可比较的相等税负前提下，通过促进各省财政均等化来实现基本公共服务均等化。具体做法是，加拿大所有的省份都被纳入均等化体系，并计算它们所有的财政收入来源，计量各省和地方政府财政收入状况和提供基本公共服务的能力，根据人均财政收入水平，联邦政府对财政收入低的省份实现财政转移支付。与此同时，加拿大也为基本公共服务建立国家标准，确定各省公共服务可比较性和平均水平，使居民可以在国内自由流动，包括跨省流动，甚至跨省份分享财富，以此加强加拿大居民的国家认同。比如医疗保健，按宪法规定这是省级政府应当承担的基本公共服务，为了实现该项公共服务的均等化，加拿大联邦政府和省政府合作共同建立一个全国统一和基本接近的照顾标准，通过加拿大健康转移支付项目，实现医疗保健均等化服务。其他发达国家虽然一般是不讲基本公共服务均等化，而是讲财政能力、财政需求均等化，[①] 但作为一种平等权利的公共服务均等化也是其题中应有之义。

　　公共服务均等化，首先是一种享受公共服务的权利。任何一个国家发

[①] 丁元竹：《理解均等化》，《读书》，2009年第11期。

展总是不平衡的，但处于同一历史发展阶段上的国民对公共服务的要求却大体一致，这是由这个历史发展阶段上的生产力水平和社会道德状况决定的。因此，一国之内的公民不分城乡、地区、行业、民族、宗教和其他社会身份都有相同相等的权利享有由国家提供的公共服务，这是公民在政治和法律上人人平等之原则的要求与体现；享有公共服务的权利一旦不能平等惠及所有公民，就构成政治和法律上的特权与歧视。其次是一种基本公共服务的供给水平。均等化虽然不是平均化，但必须是大致接近的公共服务水平，尤其是在基本公共服务领域，有的底线公共服务项目，必须全国一个水准。这一方面体现了平等的精神，另一方面也有助于促进公民的自由流动。最后是一种提供公共服务的财政能力，即不同地区之间应该有大致相当的公共服务财政供给能力，为此就需要一定程度的财政转移支付，以平衡不同地方财政供给能力上的差别。只有这三个方面都做到了平等，我们才可以说实现了公共服务均等化。目前，我国的公共服务领域在这三个方面都还做得很不够，同为国家主人的公民却被户籍制度、身份制度分割成相互之间很难转换的不同部分。以前是"农转非"难于上青天，而今天，有的地方"非转农"的路子也被堵死了。城市和农村依然是二元分割的社会营垒，人口可以流动，身份不能转换，除了城乡分割，地区之间也存在相互封锁、相互分割、画地为牢、封疆自保的现象。而国家提供的公共服务恰恰是根据身份进行分配，不同社会身份的人在公共服务面前的权利不同，享受公共服务的水平更不一样；另外由于许多公共服务由地方政府提供，这就导致公共服务上的对外封锁。于是，我们看到这样的景象：一方面是公共服务的过度配置与过度消费，另一方面却是公共服务的严重不足，两者以极其强烈的反差呈现在我们的面前，诉说着社会的不公与不义。当一个社会的公共服务严重不均等时，享受不同公共服务的人群就互为异类形同陌路，他们彼此都充满了鄙视和戒备；他们不再有同胞之谊手足之情，不再有基本层面的价值共识，就连说话的腔调和语气也不一样。这样的社会真可谓危如累卵岌岌可危。

4. 打破公共服务上的相互分割，形成公民对服务主体可以进行自由选择的公共服务制度

既然公共服务的主体是多元的，且相互之间存在竞争，包括政府组织与非政府组织之间的竞争，那么，就必须赋予公共服务消费者以自由选择的权利。任何人包括公共服务主体都不得给公共服务消费者的自由选择设置障碍，不得凭借与立法者的接近地位谋取特权，不得凭借所拥有资源的优势地位阻碍新公共服务者的进入，也不得设置一些限制性条款妨碍公共服务消费者用脚投票。不仅如此，立法者和公共服务主体还应该积极创造便利条件以实现消费者对公共服务的自由选择权。凭证制度就是在新公共管理运动中创制出来的一种可供公共服务消费者自由选择服务主体的制度安排。凭证是由政府发放的一种有价证券，旨在为公共服务消费者提供补助与津贴，凭证持有者自由选择他们购买东西的地方——它可以是折扣商店也可以是美食市场，然后，卖主用凭证从政府机构那里换回现金。凭证制度中最著名的就是由经济学家弗里德曼首创的教育券制度和美国联邦食品证计划。类似做法在我国部分省份也有实践，尽管它还有一些有待完善的地方，但作为一种与公民自由相生相容的公共服务制度安排，其尝试性的实验还是有价值的和有前景的；① 基准社会福利的全国范围统筹也是一种福利保障与自由流动相融合的公共服务制度安排；再比如移动电话号码在各电信运营企业之间的互转互认制度，也有助于消费者在无须改变电话号码的情况下实现对电信运营商所提供电信服务的自由选择。2014年，我国住建部、财政部和人民银行联合发文要求各地实现住房公积金缴存异地互认和转移接续，推进异地贷款业务。这也将促进公共服务与公民自由的兼容。

现在，我国的流动人口所占比重越来越大，人员的跨地区生活工作已经成为常态，政府提供跨地域的公共服务也应成为常态。据国家卫生计生委网站消息，目前我国流动人口已达 2.45 亿人，占全国人口的 18% 左右。这就要求一些流动人口较集中的省份，必须投入更大的人力和资金服务于这部分人群，让流动人口能够享受更加均等化、便捷化的公共服务。我们或许可以期待某一天，一个人只需提供身份证证明，就可以在网上办理养老金、医疗保险、婚育证明、公积金贷款等公共服务事项，不再需要东奔西跑、四处找人签字盖章或证明"你是你自己"一类的荒谬问题，

---

① 程方平：《中国部分地区实行教育券制度的现象、问题及相关争论》，www.dahe.cn，2008 年 12 月 30 日。

无论你在中国的何方,都能享受到大致均等的公共服务。那时,我们就既有服务又有自由。

5. 以统一的原则征税,建立满足共同需要的公共服务制度

公共服务必然涉及税收,而税收又必然涉及自由。税收通过公民财产权利而与公民的自由发生联系。因此,一个珍视自由的民族,必须重视对税收的政治与法律控制,不出代议士不纳税,没有法律依据不纳税。反之,如果没有对税收的政治与控制,政府可以任意无度地征税,那么,政府就可能通过征税把公民财产掠夺殆尽,一个没有确受保障之私有财产的公民也不再拥有任何一丁点自由。抽象的自由权,像其他纯粹的抽象物一样,无法把握。自由权可寓于某种可感对象,而每一民族都有某种自己的钟爱之物。在英国,税收自主便是他们的钟爱之物,这块国土上发生的诸多争取自由的伟大斗争,恰巧都主要发生在税收问题上。那些为英国宪政体制的优越性辩护的人们不仅坚持认为财产处置权是个无可争辩的事实,而且还认为此项权能是由某个被称作"议会"的机构来掌管的。因为议会被看作是人民的代理人,人民或其代理人实际上必须拥有处置自己钱财的权能,不论是以直接的方式还是间接的方式,否则,自由的影子都不可能存在。①

从严格意义上说,公共服务是满足共同体所有成员共同需要的事务,而国家可以正当地利用强制力征取的税收则是这种服务的价格与总支出,它必须在所有成员中按照受益程度的比例平等地负担。霍布斯指出:"公平征税也属于平等正义的范围,税收的公平则不依赖于财富的平等,而依赖于每人由于受到保卫而对国家所负债务的平等。因为主权者向人民征收的税不过是公家给予保卫平民各安生业的带甲者的薪饷。鉴于每一个人由此所得到的利益是得以安生,而生命则无分贫富一律珍视;所以贫者对于保卫他们的生命的人所负的债责便和富人所负于这种保卫者的相等。"②基于此,政府在筹集提供公共服务所需要的资源时,应以统一的原则征税,应努力建立税收负担与服务受益之间的公正比例关系,按照每个人之

---

① 柏克:《自由与传统》,商务印书馆2001年版,第216页。
② 霍布斯:《利维坦》,商务印书馆1985年版,第269页。

受益在整个公共服务项目效益中所占比例来分配他们在税收负担中所应担负的份额，如此一来，可以共同一致地否掉许多产出与投入之比效益低下的公共服务项目，使公共服务更为经济节约有效和公正。即便是针对特殊人群的公共服务，如最低生活保障，其覆盖面和保障程度也应以社会上绝大多数人同意为原则，提供这种特惠性公共服务所需要的资源是其他不享受这种公共服务的人所愿意让度支付的。唯有如此，公共服务才不会侵损这些人的自由。如果把公共服务变成出于某个特殊利益阶层或集团之所谓的"公正要求"而通过财政转移支付来实现的一种特惠性的福利，以保障这个阶层或集团原来所曾经享有过的社会地位和生活水平不下落，那么，这种公共服务也就失去了它的公共性和普惠性而成为政治角逐场上的猎物或用来政治交易的筹码。一旦如此，就会在不同程度上侵损公民的自由并使公共服务的道德价值大大减损。

　　以统一的原则为公共服务征税还能够有效地控制公共服务费用支出的增长。因为此时有权决定税收额度的人也将按与他人相同的比例承担税收负担，那么，他们基于自身利益的考虑也会收敛在公共服务上的支出，让这种公共服务支出局限于必要且负担者愿意承受的程度上。哈耶克在设计他所理想的政府时就曾提到过这一点。他认为，每个公民在税收总额中必须分担的数量，必须由真正的法律来决定。这个法律是一个纯粹立法性的议会制定的，决定税收额度的议会必须在它无法改变的税收法律支配下进行税收的政治决策，而且，他们也和普通选民一样要按照自己无法改变的比例，支付他所赞成的每一项花费。如此，就能最有效地控制政府在公共服务上的开支。他指出："就约束公共开支而言，最有效的措施很可能是规定这样一项条件，这就是让每个投票赞同一项特定开支的人都明确知道，该项开支所需费用须由他及其选民根据某项他不能改变的先已确定的规则来承担的。"[①] 现在一些民主国家公共福利费用支出之所以急剧膨胀且控制不下来，就是因为有权决定公共福利费用支出总额的人能够有效地规避自己对公共福利项目的税收负担，他们利用自己现在所处的多数地位把这种福利税收负担成功地转移到少数人身上，或者转移到还没有出生的后代人身上。

---

① 哈耶克：《法律、立法与自由》第2、3卷，中国大百科全书出版社2000年版，第453页。

6. 将更多的公共服务交由地方政府提供，借以形成公共服务的地方政府竞争市场

竞争是利益主体各以优长相比拼以获得更多资源和更大生存空间的行为。多元充分的市场竞争排除了任何人实施专断性权力的可能性，从而使社会成员即便不拥有财产权也能获得生存发展所需的自由空间。哈耶克指出："在现代社会，保护个人免受强制之损害的基本要件，并不是他拥有财产权，而是使他能够实施任何行动计划的物质财富决不应当处于某个其他人或机构的排他性控制之下。"① 竞争对社会成员自由的保护促进作用无论是在私人物品的生产领域还是公共物品的生产领域都是显而易见的。在公共服务领域，如果形成以地方政府为重要主体的竞争性市场，地方政府就成了一个类似于企业的组织，其行动"具有着私有企业的许多优点，却较少中央政府强制性行动的危险"。② 它为争取公民而在统一的法律规则限制下就公共服务的种类、程度、品质和成本支出展开全面的竞争，这样就给公民以用脚投票的自由选择权利。地方政府在公共服务领域的竞争既可以满足不同消费者对公共服务的不同价值偏好，也可以有效地约束地方政府的财政权力行为、价值分配行为和服务供给行为，努力使这些行为处于对公众有吸引力的状态；否则，公共服务的消费者就会用脚来投票。即便这种用脚投票的权利不实际使用，亦可以对地方政府形成足够压力，使之努力改善公共服务并不损及公民自由。"当市民能够轻易地选择'离开选项'——即搬到另一个拥有他更中意的政府服务和税收水平的地区——当地政府就难以实施暴政。"③ 因此，地方政府就公共服务展开的府际竞争，可以有效地控制和引导公共服务沿着与公民自由相融合的方向发展。在美国，根据政府间协议，某个政府可为另一政府机构安排向市民提供服务。例如，洛杉矶的许多城市就同县政府签订了关于救护车和救护人员服务的协议。这项服务虽然仍然由政府雇员提供，但却是由另一个政府的机构来做的。从根本上说，这是公共部门的承包。这是一种花费小而

---

① 哈耶克：《自由秩序原理》上册，生活·读书·新知三联书店1997年版，第173页。
② 哈耶克：《自由秩序原理》下册，生活·读书·新知三联书店1997年版，第16页。
③ 格沃特尼等：《经济学常识》，陕西师范大学出版社2007年版，第98页。

收效大的方法，适用迅速发展的无法在短时期内购买许多昂贵设备的城市的需要。

当然，地方政府也不会自动进入公共服务的竞争结构，而且也还会有寻求垄断的内在冲动。因此，必须把公共服务的府际竞争植入一个竞争性的政治结构——民主的政治结构，以此确保竞争性公共服务的正常展开。斯蒂格勒预言：如果美国的主要税收、财政补贴以及各种管制计划能由50个州自己来定，州政府在公共服务领域展开充分的竞争，那么，这种政府间的竞争就会限制各自的权力和资源利用，就能够给公民以选择的自由，于是，过高的累进税率、过严的商业管制措施以及十分狭窄的个人选择范围，对那些感到负担沉重的人来说，都成为可以逃避的事情。公共服务与公民自由也就做到了两相宜。①

20世纪80年代，美国的政治生活开始重新强调州权，州的自主权又回来了。越来越多的美国人认为美国各地的情况差别太大，不适于联邦政府集中制定政策，而必须重心下移，让州政府在公共服务领域发挥更大作用。随着共和党人罗纳德·里根的当选，联邦政府也对这种强调州权的政治趋势作出了反应。里根总统要求实行老式的联邦制度，例如，他把一批联邦政府在教育、卫生、交通运输和城市建设方面的拨款项目改为几大笔款项，拨给各州，由州自行处理。这种做法是完全符合非集中化的潮流和对州权的要求。在影响人们日常生活的议会立法中，绝大多数的立法案是由各州议会通过的。随着权力分散到各州，这种权力又进一步受到县市镇这些地方当局的挑战。地方政府拥有的权力不是从联邦一级向州、城市或社区分派下来的。相反，它是在联邦和州缺乏自上而下解决办法的情况下经由周密思考而采取的成功的创新方案，是一种永久性的权力。随着集中的、自上而下的解决办法遭到了失败，基层政治活动在美国各地大大活跃起来。各地区正在地方一级使用新获得的权力来解决各种最难解决的社会问题——教育、犯罪、获得资本的平等机会和固体废物处理等。

在美国，区域性和地方性极强的事务如公共教育、医疗卫生、法律实施、高速公路建设与管理、供水、排水与污水处理、福利与社会服务、警察与消防、监狱管理与犯人监管主要由州政府和地方政府承担，联邦政府

---

① 《斯蒂格勒论文精粹》，商务印书馆1999年版，第447页。

会以整笔补助的形式给予一定的资助。比如在教育这个职能领域，联邦政府支出只占 6.5%，联邦的教育支出中没有对中小学和普通大学的拨款。州政府的教育支出占教育总支出的 25%，其中对普通大学的拨款占 81%；地方政府的教育支出占教育总支出的 68.3%，其中对中小学的拨款占 94.6%，说明地方政府在中小学教师教育方面的支出量最大。在公共福利方面，联邦政府的支出占总公共福利总支出的 22%，州政府在这方面的支出占 64%，地方政府的支出占 13%。可见，公共福利支出主要是由州政府承担的。①

公共服务领域的非集中化产生了大大小小的服务中心。这意味着个人有更多的机会和更大的选择；也赋予人们在地方一级处理问题和促进变革的权力。因为实现了政治权力非集中化之后，人们可以根据自己的愿望使当地变得与众不同。非集中化是推动社会变革的伟大促进剂。②

7. 把政府履行公共服务职能的行为置于法的规则约束之下

体现公平正义、普遍适用于所有人和未来情景的一般性正当行为规则是人类自由的保障，社会成员通过置身于其下，由这些一般性正当行为规则约束彼此之间的专断意志和行为，从而保障了各自都甚为珍贵的自由。政府作为一个强制性组织，其强制权力仅限于实施上述一般性正当行为规则；而当它作为公共服务的供给主体时，也"应当像每个私人公民一样，处在同样的规则之下。"③ 这样，才能从根本上杜绝公共服务的专断意志与行为，确保公共服务真正有助于扩展公民的自由。比如一些政府设立的公共企业就必须与私人企业一样同受有关财产、契约等私法规则的约束，并在有关竞争规则的约束下展开公平的市场竞争，而不得滥用自己的市场支配地位实施霸王条款一类的专断经济权力行为。

8. 大力发展自助式的公共服务制度包括自愿性的社会慈善制度

天助自助者是一句古老的格言，在当下仍然不失其现实意义。阿玛蒂

---

① 参见《21 世纪初期的美国经济》，中国经济出版社 2003 年版。
② 约翰·奈斯比特：《大趋势——改变我们生活的十个新方向》，中国社会科学出版社 1984 年版，第 131 页。
③ 《哈耶克文选》，江苏人民出版社 2007 年版，第 359 页。

亚·森指出："个人责任没有替代品。用社会责任取代个人责任的任何正面行动，不可避免地会在不同程度上产生负面作用。"[1] 自助就是一种体现个人责任担当的行为。在公共服务领域，自助也是非常值得肯定的一种制度安排，而且，社会中的各种组织也具有令我们惊异的公共服务能力，它们能够提供社会成员所需要的许多公共服务。这一点在美国表现得特别明显。自助一向是美国生活的一部分。然而，自19世纪中后期以来，各种各样的公共组织开始大规模地提供公共服务，尤其是20世纪30年代的大萧条动摇了美国人传统的自助精神，人们开始认为只有依靠大机构的力量才能击退生活中的各种打击。人们越来越依赖政府提供各种基本需求的满足，直到60年代，政府的保护性职能和服务性职能已发展到要检验玩具和管制环境以及许多经济事务的地步。人们听任自己成为无所作为的旁观者，不仅把医疗机构所胜任的责任——治愈创伤和严重疾病——交给了它，而且把事实上只属于人们自己的责任——照顾自己的健康和安适的责任——也交给了它。令人遗憾的是这些公共机构尤其是政府在提供公共服务方面的表现是令人失望的。随着民众失望的加深，人们重新捡起了自己靠自己的美国传统精神，开始逐步加强自力更生，着手互相帮助和自助。至70年代中期，自助式的公共服务再次形成一股运动，遍及各种组织机构，各种学科，各个地理区域和各种政治意识形态。自助意味着由社区本身行动起来，制止犯罪、加强街坊关系、筹集食物救济老人和修葺房屋，而不求取政府的援助或只有由地方控制的政府援助。在医学上，自助就是负起责任处理卫生习惯、环境问题和生活方式，也就是要求得到全面性治疗。医务人员把人当成一个整体，从身、心、情绪三方面给予医治，使人们从医疗机构手中重新取得对于生死之谜的亲自控制。对于学校，就是在怀疑公立学校系统的同时加强了家长的积极性，而且在某些情况下是撇开公立学校而选择私立学校，或者就在家中办家庭教育。

自助式公共服务包括自愿服务和自我服务。参加自愿服务的有慈善团体和为公益提供服务的居民个人，比如从事管理公共场所、林荫大道或交通环形场地的公园俱乐部，就提供通常公共工程部门提供的公共服务。自我服务则包括两个方面：一方面是指社区居民自己行动起来提供以前由政

---

[1] 阿玛蒂亚·森：《以自由看待发展》，中国人民大学出版社2002年版，第284页。

府负责提供的服务；另一方面是指自己动手解决日常生活中类似防盗防火一类的问题，以减少对政府提供此类服务之需求。这种自助性公共服务制度安排不仅在卫生保洁、医疗保健等领域广泛使用，即便在对付犯罪的领域也有所体现。20世纪80年代，美国社会的犯罪率剧增，作为打击犯罪的传统国家力量——警察也疲于应付，公民们对犯罪感到既恼又恨，他们在确信政府无力有效保护他们的安全后，决意成立自卫性的组织队伍。于是，一些城市就开始组织街坊警戒队和平民巡逻队，私人保安警察也大量增加。成千上万的公民、企业和社区承担起制订自己的制止犯罪计划的责任，公众在社会治安上的行为取向从以前的依赖组织机构帮助转向自助。教会、公寓楼和商店正以创纪录的数量雇佣自己的保安警卫。私人警察是美国增长最迅速的职业之一，美国私人警察人数是正式警察的3倍。在全国各个社区，人们都正在纷纷行动起来辅助警察工作。对这股自助服务的浪潮，奈斯比特由衷地给予充分肯定。他说："新的自助气氛有利于多样化、开放，甚至有利于古怪行径。随着人们从向组织机构求助到依靠自己来解决问题这种愿望的增长，个人奋斗精神必将发扬光大。"①

为什么自助运动在20世纪70年代的美国迅速发展，其原因可能是多方面的，但人们感到无力控制"大政府"和遥远的官僚机构，毫无疑问是其中的重要原因。正如管理学大师彼得·德鲁克所言：人们不再真正相信政府所做的保证，甚至在国防问题上，政府也不再能许诺它能够保护公民，或他们将不会受到战争之害。正是这种对政府能力的怀疑导致了公民寻求相互之间的帮助，从而促成了很有美国特色的公民自助运动。

公益慈善也是一种与公民自由相契合的公共服务制度安排。美国健全的公立教育系统和公共图书馆系统就是在以卡内基为代表的慈善家的激励带动下，经由政府和民众的共同努力而建立起来的。它为提高美国国民的基本素质起到巨大作用，被称之为"民主的摇篮"。慈善的资金来源于公众和企业家的捐赠，一旦经过了捐赠的法律程序，慈善资金就成为社会的公共财富，任何符合基准条件的人都有权享受公益慈善的益处。捐赠者虽然有时可以提出接受资助的条件，或者指定慈善资金的大致用途，但不能

---

① 约翰·奈斯比特：《大趋势——改变我们生活的十个新方向》，中国社会科学出版社1984年版，第160页。

以资助为条件要求接受资助的人干什么或者不干什么。这是现代公益慈善与传统施舍制度本质性的区别。基金会制度是公益慈善的主要形式。它起源于市场经济比较成熟的西方发达国家，是体现西方基督教财富观的社会慈善制度形式。

在美国有非常发达的基金会制度，洛克菲勒基金会、卡内基基金会、福特基金会、卢斯基金会是其中成就最为显著且影响最为著名者。软件业大亨比尔·盖茨与其妻子共同设立的比尔和梅琳达·盖茨基金会是当代美国规模最大的基金会，其规模是洛克菲勒基金会的10倍，是福特基金会的3倍，已超过了曾是世界最大慈善机构的韦尔科姆基金会。基金会大都由私人财团出资设立，比如洛克菲勒基金会就由老约翰·洛克菲勒出资1亿美元于1913年创立，到1951年本金已增至345397663美元。但基金会以非营利团体注册登记后，即独立开展基金会的职能活动而不再受私人财团控制，它作为公益法人只接受国家法律和规章制度的管辖，受公众监督。基金会负责人掌握着不属于他们但却由他们支配的雄厚财力，按照"在全世界造福人类"的宗旨，尽可能放手推行并验证自己的思想和理想。同时，他们又可保持超然的身份，因为钱用于何处与他们的个人利益无关。基金会所关注和投身的均为一些与民生有密切关联的公共服务领域，如公共卫生、国民教育、环境保护，以及自然科学、社会科学和人文科学的研究。卡内基将其财富的22%用于建设图书馆，主要是公共图书馆。他在美国和一些英语国家捐造了2509座图书馆，成了他慈善事业的核心。比尔·盖茨为全球医疗保健事业捐出了40亿美元，用于防治疟疾和研制艾滋病疫苗。在提供公共服务、造福人类方面，基金会可以为政府之所不能为，其优越性至少有三：其一，处于在野地位，能容下更多的原则和远见；其二，少一些官僚层次，少一些左顾右盼，更少一些政治和人事关系的牵扯，决策程序单纯，从决策到拨款到出成果，见成效过程短，效率高；其三，基金会虽然为财团所设，却反能摆脱财团利益的考虑，不像政府那样处处受到利益集团的压力，在国外除特殊情况外较少受到国家关系和外交政策的束缚。① 因此，基金会在向公众提供公共服务的同时，一般不会构成对公民个人自由的威胁。它是在尊重个人自由与财产权利的

---

① 《资中筠集》，中国社会科学出版社2002年版，第210页。

前提下实现了社会财富的共享,并有力地促进着社会道德的进步。基金会与资助对象不是施惠与受惠的恩赐关系,受助者可以理直气壮的申请,基金会也必须按照预先确立的资助条件和标准平等地给予相应资助。

  总之,公共服务是公民有品质生活和更好发展所必需的基本条件,也是公民实现自由的必要条件。我们没有任何理由否定公共服务的价值以及伴随生产力发展和财富增长而来的公共服务水平的提高,但是,公共服务绝非在任何条件下都有助于公民自由的扩展。在诱人的公共服务下面可能隐藏着不易识别的损及自由的隐患,正如布兰代斯所言:"当政府的目的在于行善便民时,经验告知我们更应当保有警醒以保护自由。生而为了自由的人,对于抵抗藏有恶意的统治者侵犯其自由的行径,自然具有极高的敏感力。然而,对自由的最大的危险,则潜藏在那种热心者的诱人但却剧毒的行径之中,潜藏在那些善意但却令人无法理解其为何如此之善的行径之中。"[①] 因此,我们应该仔细辨析公共服务的性质,洞察公共服务侵损公民自由的潜在可能,严格界定公共服务的范围与程度,寻求开放的、竞争的、法治化的公共服务制度安排,防止公共服务中的家长主义行动倾向,同时,弘扬个人责任的社会文化,它们可以减少对国家行动的需要。唯有如此,才可使公共服务对公民自由起到扩展增进而不是相反的作用。

---

  ① 转引自哈耶克:《自由秩序原理》下册,生活·读书·新知三联书店1997年版,第3页。

第六章　自由的条件

个人自由就其实质而言是一种社会产品　——阿玛蒂亚·森

　　自由是一种非常脆弱的社会状态。一个人的自由不仅可能受到另一个人的破坏，更有可能受到从社会当中产生又自居于社会之上，在某种程度上对所有人、所有阶级保持相对独立性的国家、政府和公共权力的侵害，与前者相较，后者常常更显严重。唯因此，自由虽然弥足珍贵，但很少能够得到或者保全，人们反而是常常处于与自由相反的社会状态。而且，自由一旦失去或者遭受破坏，就很难恢复。卢梭有句名言："人是生而自由的，但却无往不在枷锁之中。自以为是其他一切的主人的人，反而比其他一切更是奴隶。"① 他呼吁人们一定要记住这条定理："人们可以争取自由，但却永远不能恢复自由。"② 从古至今，自由犹如沙漠中的绿洲和海洋中的孤岛，零星存在且随时有被吞噬的危险。黑格尔说："自由虽然是人的本性，然而在许多民族里，都曾经有过奴隶制度，甚至现在还有部分存在；而且这些民族还自安于这种制度。"③ 热爱自由、真心向往自由、不惜为自由而战直至牺牲生命的人不多，而因各种各样的原因敌视自由、反对自由的人倒是不少。阿克顿曾经感慨地说："无论何时，自由的挚友总是寥寥无几，它的胜利历来都要归因于少数人，他们同一些与他们目标不同的援军结合才占了上风；这种结合永远潜伏着危险，有时甚至会变成一场灾难。"④ 然而，不管追求自由的道路上有多少艰难险阻，有多少曲

---

① 卢梭：《社会契约论》，商务印书馆1980年版，第8页。
② 同上书，第61页。
③ 黑格尔：《哲学史讲演录》第1卷，商务印书馆1959年版，第26页。
④ 转引自《哈耶克文选》，江苏人民出版社2007年版，第275页。

折坎坷，人类向往自由的天性是压抑不住的，它总要在压抑最沉重的时候爆发出来，自由的涓涓细流最终汇聚成汹涌澎湃的历史洪流滚滚向前。今天，自由已成为人类的第一价值。这是一个向往自由的时代，也是自由犹如野火迅速蔓延燃烧的时代。在一代人多一点的时间里，人类见证了2500年以来自由最快的传播速度。那些反对自由的力量，充其量只能延缓自由行进的速度而不能逆转自由前进的方向。而且，汇入自由洪流的力量越来越多、越来越大，自由也会从自己所产生的奇迹性硕果中汲取新的能量。更重要的是，我们这些自由的人完全可以通过自己的努力来推动当前这种前所未有的自由传播速度。我们坚定地相信，终有一天，全人类都会实现普遍而又充分的自由，那时，马克思在150多年前所理想的"自由人的联合体"就会到来。

一 自由是人类永恒的理想

1. 自由的孤岛

在人类历史的很长一段时间里，奴役专制是一个十分普遍的社会现象。古埃及似乎自有国家伊始就置身于法老和祭司的专制统治之下。王权通过以"全国的管家""国王的耳目"——宰相为首的官僚机构实现着对全国各地臣民的沉重压迫、残酷剥削和野蛮统治。国家对经济生活的绝对控制是埃及文明的一个重要特征，尽管当时已有了私有财产和私营企业。国家不仅控制了农业和手工业的大部分生产，而且还负责产品的分配。巨大的国库和政府的粮仓里装满了征收来的实物税。除了缴纳赋税外，每个村庄还得派男子服徭役即强制性劳役。那些巨大的金字塔就是数以百万计的奴隶长期劳作的结果。它既是人类所曾拥有过的杰出智慧和伟大力量的丰碑，也是专制君主象征自己的专制权力达到何种程度的耻辱碑，它是古埃及人残酷地奴役自己同胞的象征。

在两河流域，出现过亚述帝国、巴比伦帝国，也留下过一部著名的《汉谟拉比法典》。这是历史上最早的一部刻在玄武岩上的法典，是一部维护奴隶主对奴隶残酷统治的法典。它公开确认奴隶主阶级的统治地位，严格保护奴隶主阶级的利益，并对各种法律关系作了比较全面的规定；法典明确规定：奴隶是不受法律保护的工具和财产，奴隶不属于人的范畴。

一个好心人收留了一个不堪主人虐待而逃亡的奴隶就要被判死刑；奴隶如果不承认主人是自己的主人，要被割去双耳；理发匠剃去奴隶的发式标记，就会被砍去双手；而奴隶主将奴隶伤害致死，却可宣判无罪。

在美洲印第安有三大文明：玛雅文明、阿兹特克文明和印加文明。玛雅人以其艺术和科学的显著发展而闻名于世。同爱好艺术、富有知识的玛雅人相比，阿兹特克人显得粗野好战，他们凭借着有效的军事机器，从其臣民那里榨取到了数量惊人的财富。更可怕的是这个国家在宗教上热衷使用人祭，一些庙宇的旁边堆放着大量的头颅和许多残损的人体尸骨。除此之外，还有许多人头悬吊在两旁的柱子上。在这个国家的任何镇区，我们都可以看到同样可怕的情景。印加是帝国君主的封号，他统治的领土要比阿兹特克人的领土广大得多。世袭王朝和贵族阶层相结合，构成了建立帝国的有效工具。帝国统治的其他方法还包括：土地、矿藏和牲畜归国家所有；为了税收和军事上的目的，编制详细的人口调查表；废黜世袭的地方首领；为了同化被征服的民族，强迫居民在新地区定居；在国家的主持下，举行集体婚礼。因此，印加帝国被认为是有史以来世界上最成功的极权主义国家之一。①

在亚洲东部的黄河流域和长江流域，文明的出现也同样很早。红山文化、仰韶文化、河姆渡文化、良渚文化，是石器时代的代表；自夏启以来，在广袤的中华大地上，无数代君主纵横捭阖，文治武功，写下了经世治民、治乱兴衰的历史，也留下了浩瀚的历史著述和文化典籍。然而，我们翻阅所有的典章文献，考古发掘所有的文化遗迹，都未曾发现自由的痕迹。孟德斯鸠说："一种奴隶的思想统治着亚洲，而且从来没有离开过亚洲。在那个地方的一切历史里，是连一条表现自由精神的记录都不可能找到的。"② 我们的先民似乎根本没有自由的概念。即便有，那也是庄子等非主流思想家所臆想的那种"无拘无束、无凭无恃、任意东西"的逍遥状态，充其量也只是一种虚幻的天马行空般的精神自由或者类似野牛野马一样的天放自由。社会生活的自由，是从来没有想象到过的。在《道德

---

① 斯塔夫里阿诺斯：《全球通史：1500年以前的世界》，上海社会科学院出版社1999年版，第512页。

② 孟德斯鸠：《论法的精神》（上），商务印书馆1961年版，第279页。

经》里，老子曾经讨论过自发秩序问题，并提出许多体现卓越智慧光芒的真知灼见，如"治大国若烹小鲜""功成事遂，百事皆谓我自然""我无为而民自化；我好静而民自正；我无事而民自富；我无欲而民自朴"。"道常无为而无不为；侯王若能守之，万物将自化。"概言之，老子的治国理论就是无为而治，老子所理想的是无为政治。这里的"无为"并不是指为政者终日无所事事，它所指的乃是，为政者顺应自然之势，做一些因势利导的工作，或者制定一些好的法律与规则，让老百姓在法律规则的范围内自由地发挥自己的想象力和创造力。就此而论，老子的政治思想里是包含着自由的萌芽。然而，我们深入研究又会发现，老子基本的政治理念又是专制性的。首先，他树立了一个人格化的圣人形象，与民众相对立。这个圣人掌握了体现在天地万物之中的"道"，能够按照"道"的要求来施行政策；其次，他采取了一切有助于泯灭老百姓利欲之心、竞争之心、智慧之心的政策措施，如不尚贤，不贵难得之物和巧利之器，绝圣弃智，并且对有知识有利欲有计谋的人进行严厉惩罚，"为奇者吾得执而杀之"。最后，除了对老百姓进行物质的、经济的和肉体的囚禁外，老子还主张对老百姓进行心灵和精神上的阉割。他说："圣人之治，虚其心，实其腹，弱其志，强其骨。常使民无知无欲。使夫智者不敢为也。为无为，则无不治。"（《老子·第三章》）由此可见，老子的无为政治是要把人有为的条件取消或者减少到最低限度，使人变得愚昧无知，浑浑噩噩，变成一具肚子饱饱、脑袋空空、无知无欲的行尸走肉。面对着这样一群人，统治者真可以无为而又无不为了。因此，老子及其思想体系尽管似乎包含着一些自由的因素，但其从根本上来说不是自由主义的思想意识形态，而是专制主义的思想意识形态，老子也和春秋战国时期其他思想家一样，都是君主专制政治的理性论证者和情感迷恋者。

事实也是如此，自有文字记载以来，我们的先民就没有自由自在的生活。他们半饥半饱、不死不活、精神紧张、心情抑郁地生活在各种各样的专制性治理之下。历朝历代的统治者念兹在兹时刻不能忘怀的是"治"，而治的对象总是民众。他们变化出各种花样来治理百姓，把老百姓治理得老老实实、服服帖帖、呆若木鸡，并常常以此自炫。而老百姓其实已经受伤害不浅，甚至因治理而陷于物质贫困、文化贫乏、精神贫穷的绝境。庄子就曾用一个寓言故事揭示了非自由社会政府治理的严重危害。

马，蹄可以践霜雪，毛可以御风寒，龁草饮水，翘足而陆，此马之真性也。虽有义台路寝，无所用之。及至伯乐，曰：我善治马。烧之，剔之，刻之，雒之，连之以羁馽，编之以皂栈，马之死者十二三矣；饥之，渴之，驰之，骤之，整之，齐之，前有橛饰之患，而后有鞭策之威，而马之死者已过半矣。陶者曰：我善治埴，圆者中规，方者中矩。匠从曰：我善治木，曲者中钩，直者应绳。夫埴木之性，岂欲中规矩钩绳哉？然且世世称之曰：伯乐善治马而陶匠善治埴木。此亦治天下者之过矣。(《庄子·马蹄》)

中国历史上的政府治理无非是两种类型：一是圈养式的治理，在其下，老百姓是能够吃得饱穿得暖的，但他们没有行动的自由和思想的自由，要一切行动听指挥，在思想上要"与上同"，即与长官保持高度一致。二是扰民式的治理，政府经常想出一些新花样要求老百姓照办，老百姓被政府调遣得团团转，根本无法自主地安排自己的私人事务。庄子有言：昔尧之治天下也，使天下欣欣焉人乐其性，是不恬也；舜之治天下也，使天下瘁瘁焉人苦其性，是不愉也。夫不恬不愉，非德也。非德也而可长久者，天下无之。《庄子·在宥》他还说：自三代以下者，匈匈焉终以赏罚为事，彼何暇安其性命之情哉！唐代文豪柳宗元也批评过那种"好烦其令"的苛烦政府治理，"官命促尔耕，勖尔植，督尔获，早缫而绪，早织而缕"，而完全不给老百姓以自由选择空间。表面上看，"若甚怜焉，而卒以祸"。政府过度治理而不给老百姓留下一丁点自由空间，用马克思的话来说就是"行政权力支配社会"，这是中国古代社会一个极为重要的特点，它导致社会的僵化与停滞。唯其如此，中国被托克维尔视为"以最集权的行政为被统治的人民提供社会安逸的最好代表"，生活其中的老百姓向来"有安宁而无幸福，有百业而无进步，有稳劲而无闯劲，有严格的制度而无公共的品德"。[①]

在所有这些地方，尽管文明的形态各不一样，人们的饮食礼仪也很不相同，但有一点是共同的，即自由的缺失社会芸芸众生过着受人奴役被人宰制的悲惨生活。那些享受着自由特权的人——奴隶主及其政治思想上的

[①] 托克维尔：《论美国的民主》上卷，商务印书馆1991年版，第101页。

代言人——绞尽脑汁，找出种种证据证明奴隶制的合法性和正当性，认为奴隶制是正义的，是一种有益于社会的、仁慈的制度。他们认为，人的自然本性差异决定了一部分人应该是自由的，而另一部分人是不自由的。那些不自由的被称之为奴隶的人，应该受到自由的奴隶主的统治，他们只是为奴隶主劳动的会说话的工具，奴隶主对他们有完全的生杀予夺之权。奴隶主像喂养牲口一样喂养奴隶，为的是像使用牲口一样使用奴隶。奴隶一旦丧失了使用价值，也会像牲口一样处理掉甚至杀掉。认为奴隶制是正义而又仁慈的制度，不但统治者中有人这样想，而且一部分奴隶也持有这种看法。他们忍受奴隶制度不仅仅是因为他们不得不顺从奴隶主的强大武力，而且还因为他们自己也认为奴隶制能够使他们免除为一日三餐之生计而奔波操劳的辛苦，因为主人能够保证他们每一天吃喝所需的食物与饮料。他们长期生活在这种温饱的但没有自由的状态，且早已习惯，因此，并不会感受到多少痛苦。他们是真正的奴隶，从来没有品尝过自由的味道，也想象不出自由能有什么好处，自然也没有向往自由的想法。与他们讨论自由真是对牛弹琴。所以，卢梭断言，讨论自由不是奴隶的事情。

在普遍的专制与奴役的海洋中，古希腊和古罗马似乎是一个罕见的例外。那里是最早承认私人可以支配得到认可的私人领域的地方，那些建立在奴隶制经济基础上的城邦国家和帝国之享有公民权的人是自由的。他们可能是平民，但起码也是自由人。他们拥有受保护的财产，并依据自己财产的多少而享有相应的政治权利。他们的私人领域不受国家侵害，即使在"三十人暴政"时期，雅典公民只要待在家里，他们便有绝对的安全。他们可以出席公民大会，出任城邦和帝国的公职，参加法庭陪审，在公开场合自由地表达自己的意见、愿望和呼声。他们把城邦视为自己的政治社会，对其充满高度的政治认同和热情。伯里克利在阵亡将士国葬典礼上自豪地说："我们的制度之所以被称为民主政治，因为政权是在全体公民手中，而不是在少数人手中。解决私人争执的时候，每个人在法律上都是平等的；让每个人负担公职优先于他人的时候，所考虑的不是某一特殊阶级的成员，而是他们有真正才能。任何人，只要他能够对国家有所贡献，绝对不会因为贫穷而在政治上湮没无闻。正因为我们的政治生活是自由而公开的，我们彼此间的日常生活也是这样。当我们隔壁邻人为所欲为的时候，我们不至于因此而生气；我们也不会因此而给他以难看的颜色，以伤他的情感,尽管这种颜色对他没有实际的损害。在我们私人生活中,我们是自由的和宽恕的;但是在公家事务中,我们遵守法律。""我们的城市是全希腊的学校;我们每个公民,在许多生活方面,能够独立自主;并且在表现独立自主的时候,能够特别地表现温文尔雅和多才多艺。"① 也许正因为如此,法国思想家贡斯当才把雅典视为与现代国家最为近似的城邦。而与雅典同属一个时代且比邻而居的斯巴达却是一个整体主义的城邦,在那里,"自由则是绝对地少之又少"。② 公共权威干预大多数家庭的内部关系,年轻的斯巴达人不能自由地看望自己的新娘。

古罗马也是一个公民享有一定程度自由的国家,在私人事务领域,那些罗马法上的权利义务主体能够按照自己的自由意志进行权利处置,不受他人干预,国家对公民个人的家庭事务也不加过问。《十二铜表法》以及以此为基础的罗马法体系就是罗马公民经济社会生活自由的法律表现和法律保障。只是在罗马共和国末期以后,尤其在奥古斯都执政后,国家本位主义才迅速发展起来,国家针对个人的权力逐渐增长了,政府实行了越来越强的控制。至帝国晚期,严格依法行事的做法也因为国家增强其对经济生活的控制以实现一种新的社会政策而遭到破坏和削弱,个人以某种方式被国家所吞没,从而最终导致了整个体制在罗马帝国大部分地区的崩溃。

在中世纪欧洲,尚有一些自由的绿洲——那就是因工商业而兴盛起来的城市。西罗马帝国灭亡过程中,许多城市遭到了毁灭,欧洲又变得荒芜,野草丛生,道路湮灭,人烟稀少。但随着时间流逝,欧洲农村封建庄园经济得到了恢复,人口逐渐稠密起来。一些交通要道、码头渡口和大的村庄集镇渐渐出现新的经济社会共同体——城市,如意大利的威尼斯、佛罗伦萨;德国的不来梅、吕贝克、斯德丁和但泽。它们通过多种途径如向封建领主赎买自治权或由国王颁发特许状逐渐形成,且以商品货币经济为其生存基础。因此,它自始就是一个和封建庄园截然不同的经济社会共同体。生活中城市里的人已经解除了与原领主的人身依附关系,可以自由地嫁女,不必领主许可,也可以自由地处理自己的财物,包括死后的遗产。当时有一项惯例,进入城市的任何人,只要在城市里待满1年零1天,就

---

① 修昔底德:《伯罗奔尼撒战争史》,商务印书馆1960年版,第130、133页。
② 罗素:《权威与个人》,商务印书馆2010年版,第29页。

成为自由人，原先的领主无权再奴役他；而且这些城市市民相互之间也没有任何人身依附关系，只有一种简单的商品与劳务的交换关系；另外，更重要的是城市里的人拥有了对土地的私有财产权利，而且这种权利可以自由转让；而且，他们对国王的税额是一经确定便永远不能再加。这些城市因此成为所谓的自由市，这是中世纪欧洲封建体系之外唯一享有自由的地方，那里连空气都是自由的。从这个自由的新兴城市，走出了近现代史上的生机勃勃繁荣发展的新欧洲。

随着商品经济的发展，新兴的社会经济和政治力量不断增强。它们要求彻底突破封建制度的束缚，获得更大的自由发展空间；而以专制君主为代表的封建地主和贵族不甘心自己利益的失落，顽固地坚持与施行一些违背时代潮流和新兴社会力量根本利益的政策措施，双方矛盾因此日趋激烈，终于爆发了以废除特权、争取自由平等为政治取向的资产阶级革命。英美法三国资产阶级革命以后，欧洲社会发展的总方向是使个人从他从事日常活动时束缚他的那些习惯和成规的羁绊中解放出来，使个人享有越来越多的选择自由。英国虽然保留了君主和贵族制度，但君主的权力被彻底虚化，成为一个只是国家象征的虚位元首；而议会通过颁布《权利法案》，赋予并确保了臣民的一系列权利与自由。美国通过独立战争，解除与英国的宗主国关系，并经由十三州的共同同意，联合建立了资产阶级民主共和国——美利坚合众国。为了建设一个更完善的合众国，树立正义，确保安宁，筹设国防，增进全民福利，并谋求国民及子子孙孙永享自由之幸福，美国人民于1787年制定了世界上第一部成文宪法。随之不久，即在1789年，美国国会又通过了宪法第一至第十修正案，亦即美国的《权利法案》，为公民的自由与权利提供宪法保护。美国也因此成为欧洲人向往的自由新大陆。法国的情况比较复杂。法国以资产阶级为代表的第三等级在反对封建君主专制的大革命中喊出了"自由平等博爱"的时代最强音，但革命以后的法国却并没有实现人们渴望的自由，反而是用自由的名义实施了许多侵犯自由、人权的暴政措施，出现地狱般恐怖的"罗伯斯庇尔专政"。其后虽然曾建立过资产阶级民主共和国，但又屡遭君主制复辟，以及拿破仑叔侄先后建立的法兰西第一帝国和第二帝国。直到1870年，民主共和的政治体制才在法国扎下了根，法国才成为一个现代的民主自由的国家。

由此可见，人类虽然向往自由，但自由并没有成为一个普遍的社会现象。在我们这个星球上，自由的天地和自由的家园犹如汪洋中的孤岛和沙漠里的绿洲，显得那么零落、孤寂，似有被吞没之险。即便在自由的思想深入人心的时代，有的地方人们对自由的敬意和认可依然仅仅停留在口头上。有的人把自由称之为资产阶级的专利或特权，或者在高唱自由之时，把自由的精髓要义给忘得一干二净。正因如此，所以，即便在21世纪，自由并没有普遍于整个世界，而依然只是在几个地方孤岛式地存在。一些国家虽然进入了民主社会，老百姓获得了民主选择的权利，但普通人并没有可靠的受保护的自由。他们受限于政府不可预见的专断意志的干预，也受害于他人不法行为的侵害；他们不能自由地放心地直抒胸臆，而要反复地掂量每句话的政治影响后才能谨小慎微地说出来，有时，为求安全起见，故意迎合统治集团的意识形态偏好，说一些在意识形态偏好上属于同一谱系的极端话。他们在社会结构上不能自由流动，被动地固定在祖传的职业上，"农人之子恒为农，工人之子恒为工，官员之子恒为官"，社会阶层结构固定化，变成了印度的种姓制度。1995年，拉里·戴蒙德在一篇文章中详细说明了自由民主与选举民主的分野。选举民主国家是指这个国家的政府是由民众选举产生的，包括周期性的竞争性选举和不定期的非竞争性选举。在有的国家，由于执政党的政治动员，偶尔举行的非竞争性选举的民众参与率甚至可以达到90%以上。一般的民主制度比较成熟的国家，民众对政治选举的参与率也就只有60%左右，有的甚至更低。而自由民主国家不仅仅举行选举，而且还对行政权加以限制，还通过司法独立来坚守法治，还保护个人的表达、结社、信仰和参与方面的权利和自由，还尊重少数一方的权利，还为执政党制定对自己有利的选举程序的能力加以限制，还对任意地逮捕和滥施暴力加以有效地防范，还不实行新闻审查，并把政府对媒体的控制降至最低限度。在实行选举民主的国家，政府也许是通过相当自由和公平的选举产生的，但是它们缺少那些在自由民主国家存在的保护权利和自由的许多制度。正如福山所言："自由民主制不仅仅是在选举中获得多数，它由一套复杂制度所组成，通过法律和制衡制度来限制和规范权力的行使。很多国家，虽然正式接受民主合法性，却在系统性地取消对行政权力的制衡，并对法律发起系统性的侵蚀。"①

20世纪以来，实行选举民主的国家数量有很大增加，但是自由民主国家的数目却相对原封不动。根据最新的一项调查，有118个国家够得上选举民主国家，然而，只有其中的79个国家被归入"自由"一类，即自由民主国家。约有39个通过选举产生政府的国家被判为部分自由的国家，其中包括俄罗斯、印度、乌克兰、土耳其、巴西、巴基斯坦和哥伦比亚。②伊朗是一个存在选举民主的国家。在1997年的总统竞选中，哈塔米取得了对体制内候选人的压倒性胜利，赢得了69%的选票，这次选举有88%的成年选民参加了投票；但伊朗却又是一个没有自由的国家。对政府和宗教领袖的任何批评都受到严厉的压制；新闻媒介要么由政府控制，要么受到无情的审查；宗教上的少数派不断受到骚扰，其中如巴哈教派甚至受到迫害。任意的逮捕经常发生，对囚犯的虐待司空见惯，司法审判中保留着一些最残酷的刑罚。伊朗就是这样把竞争性的选举与原教旨主义镇压政策和大规模地侵犯个人权利结合起来。另外，像印度、土耳其、斯里兰卡这三个国家成为民主选举国家几乎已近半个世纪，但是，它们在保护其公民的权利和自由方面仍然乏善可陈。因此之故，亚洲被视为"不自由的民主"的老家。那里，民主被理解成为"民之主"，它强调国家的养民和教民的作用，并以此作为政府行为的准则。整个社会，自由观念、人权观念都极其淡薄，思想文化的主体倾向是强调整体秩序的稳定，对秩序的维持和对等级结构的尊重被看作是整个社会的核心价值。

第二次世界大战结束后，罗素应邀在广播公司作了系列演讲，其中就曾讲道："在战争的压力下，或者在战争的恐惧下，或者作为极权主义征服的结果，世界上某种程度的个人自由能幸存下来的地方可能会越来越少，而且即使在那些地方，自由也会越来越多地受到限制。"③

自由之家是一家非政府机构，每年就世界各国的公民权和政治权提供量化评估。根据"自由之家"的估计，在1973年，世界总人口中有32%生活在自由国家；到1976年，由于印度实施紧急统治，大约只有不到

---

① 福山：《政治秩序的起源》，广西师范大学出版社2012年版，第4页。
② 亨廷顿：《第三波——20世纪后期民主化浪潮》，上海三联书店1998年版，第7页。
③ 罗素：《权威与个人》，商务印书馆2010年版，第37页。

20%的世界人口生活在自由国家中；而到1990年，全人类约有39%生活在自由社会中。大约28亿人生活在自由的国家，约13亿人在部分自由的国家，约22亿人在不自由的国家。因此，在这30年的时间里，用自由最为宽泛的标准来衡量，自由远远发展出西方的范围。① 然而需要看到，自2005年以来，世界范围内的自由程度又有所下降，2009年是世界自由程度连续下降的第四年。这是堪为人忧的现象，它表明自由的发展仍需要我们持续付出巨大的努力，稍一松懈就有可能出现自由的落潮。

2. 人类为什么只在少数地方出现了自由的星星之火

从上面的分析可以看出，自由的出现实属偶然和侥幸。那么，我们不禁要问人类为什么只有在少数地方出现自由的星星之火？

查阅文献资料，我们发现似乎很少有人提出过这个问题，更少有人对此进行过探索。法国思想家孟德斯鸠似乎作过一些研究。他从地理环境角度解释过"亚洲的奴役"和"欧洲的自由"。他认为在亚洲有较大的平原，海洋所划分出来的区域广阔得多；水泉比较容易枯竭；山岳积雪较少，河流不那么宽，给人的障碍较少。因此，在亚洲，权力就不能不老是专制的了。因为如果奴役的统治不是极端严酷的话，便要迅速形成一种割据的局面，这和地理的性质是不能相容的。而在欧洲，天然的区域划分形成了许多不大不小的国家。在这些国家里，法治和保国不是格格不入的，法治是很有利于保国的，所以没有法治，国家便将腐化堕落，而和一切邻邦都不能相比。这就是爱好自由的特性之所以形成。因为有这种特性，每一个地方都极不易征服，极不易向外力屈服。② 另外，在亚洲强国和弱国是面对着面的，所以一个民族势必为被征服者，另一个民族势必为征服者。欧洲的情形正相反，在那里，强国和强国面对着面，毗邻的民族都差不多一样勇敢。这就是亚洲之所以弱而欧洲之所以强的重要原因；这就是欧洲之所以有自由而亚洲之所以受奴役的重要原因。由于这个原因，在亚洲，自由没有增加过，而在欧洲，自由则随着情况或增或减。③ 休谟也曾

---

① 提摩许·加顿·艾什：《自由世界——美国、欧洲和西方世界的未来》，东方出版社2009年版，第132页。
② 孟德斯鸠：《论法的精神》上，商务印书馆1961年版，第278页。
③ 同上书，第275页。

经探讨过这个问题。他认为英国人之所以能够享有其他民族所无可比拟的自由包括新闻自由,是因为英国政府虽然与君主制混合,但其共和制部分居于优势;为了保存自己,它不能不对行政官员保持戒备猜忌,排除一切专断之权,并以通用而又固定的法律,保障人人生命财产的安全。除了法律明白规定者外,任何行为不得认为是罪行。除了依据提交法官的法定证据外,不得以任何罪名加之于人。由于这些原因,可以说在英国存在的自由和从前在罗马存在的奴役与暴虐一样多。① 客观而论,这些观点都极具启发性,但也失之于片面。自由之所以在一些地方存在而没有在另一些地方出现,绝非完全取决于地理或地缘因素,也非单纯是政治因素的结果,而毋宁说是许多因素综合作用的结果。

(1) 人类只有少数地方形成了以交易互换为主导的经济生活方式。

在原始社会的蒙昧和野蛮阶段,人类都曾经历过采集或渔猎的自给自足的经济生活。一切生活问题都在氏族部落内部解决,很少需要其他氏族部落的帮助。对部落里的人来说,其他部落更多意味着敌对,以不接触为宜。在世界许多地方,此种经济形态存在了上百万年。到了青铜器时代和铁器时代,像古埃及文明、古巴比伦文明、古印度文明以及包括我们的古华夏文明,都纷纷进入农耕社会。人们聚族而居,日出而作、日落而息、凿井而饮,过着勉强维持温饱的小农生活。他们以家庭为生产单位,只有最简单的劳动分工,男耕女织,满足自己日常生活的大部分需要。偶有不足,通过邻里之间的借用也都可以解决了,基本上不需要交换。即便偶有剩余,一般也不会拿去交换,一小部分可以用来馈赠亲友邻里,其余部门经过简易处理即可储存起来。到后来,虽然也出现了商业,但这种经济生活始终处于从属地位。因此,不同地区之间、不同村落之间很少有走动,鸡犬之声相闻而民老死不相往来。这绝非是文学家的虚构,毋宁就是当时生活的现实。在这种经济生活中,人们似乎是自由的,但这只是老死不相往来或者相忘于江湖式的自然自由,而一旦进入政治社会,这种小农经济最容易受到政治权力的强制,而且也正是由于这种分散性无法满足一些共同性的社会需求,转而客观上也需要政治权力的外在整合,促成强固的社会性团结,以完成某些大型的社会公共工程。因为,自然经济中的小农犹

---

① 《休谟政治论文选》,商务印书馆2010年版,第3页。

如一堆马铃薯,是分散的、不团结的,相互之间没有经济上的联系,它们被一只麻袋包裹在一起,那只外在的麻袋是它们之间的唯一联系,它们也整个地受这只外在麻袋的强制。这只外在的麻袋就是君主专制的国家。

"真正的商业民族只存在于古代世界的空隙中。"① 这个空隙就是地中海北部的爱琴海沿岸地区,那里低缓贫瘠的丘陵不宜于农耕,只宜种植橄榄等耐旱作物,而这根本无法解决居民的温饱问题。他们只得将目光投向大海,而这一地区蜿蜒曲折的海岸线和星罗棋布的港湾为海上贸易提供了良好的条件。于是,像克里特、迈锡尼、雅典等城邦先后操起了海上贸易的营生,与北非、西亚等地区进行广泛的商业贸易。互通有无的海上商业贸易成为古希腊地区的主导性经济生活。这种经济生活一方面犹如腐蚀剂一样腐蚀着过去遗留下来的氏族血缘关系;另一方面又推动着人们向往更加自由的生活,并且锻炼着人们自由生活的能力与态度。因此,自由与商业贸易实有密切的逻辑关联,只有那些商业贸易成为主导性经济生活方式的地区才可能成为自由的社会。

(2) 人类只有少数地方完成了部落共同体向开放社会的转型。

社会学家费孝通先生指出:"从血缘结合转变到地缘结合正是社会性质的转变,也是社会史上的一个大转变。"② 从世界范围看,有的地区完成了这种转变,走向了一个开放社会;有的地区则不曾完成,依然处于部落共同体的社会状态;还有的地区虽然貌似完成了转变,但其社会内部的结构却仍然带有浓重的血缘关系性质。三者之中只有前者才有可能出现人的自由。而在部落共同体这种社会形态占优势的地方,则总是产生专制制度,并在这种专制制度中找到自己的补充。

在历史上,世界各地的人们都曾经生活在以血缘关系为纽带的氏族社会。在后来漫长的历史发展过程中,有些地方氏族血缘关系逐渐稀释淡化,慢慢地被商品生产、商业贸易、金钱货币等各种经济力量扯破撑断,取而代之的是人与人之间的地缘关系和业缘关系。整个社会除了家庭被彻底打散,离散成一个个独立的甚至有些孤立的原子。这些原子一样的人们因为某些共同利益而需要联合,由此形成一个个形式功能各不相同的团

---

① 《马克思恩格斯文集》第5卷,人民出版社2009年版,第97页。
② 费孝通:《乡土中国·生育制度》,北京大学出版社1998年版,第75页。

体，从家庭到村社再到城邦，整个社会就是由这样一些团体结合而成。每个团体的形成都是基于一份契约，也都有团体成员所认可的权力作用与功能；反过来，每一个团体成员也都有保留的权利以及基于团体成员资格而获得的新权利，有此种权利为自己划出来的自由自主空间。他们可能贫富不一，社会政治地位也高低不同，但相互之间既没有血缘辈分上的等级关系，也没有法律上的主从关系。他们是法律上平等的社会成员，只因地缘或业缘而走到一起，共同构成一个生活于其中的社会。当他们都以社会成员的身份出现在社会上，他们是独立的、互不相属的，他们每个人都有自由自主的领域。在这个领域内，他们都有权利要求得到别人的尊重，当然，他自己也必须以同样的态度尊重别人。在由这样一些某种意义上都是移民的人组成的社会中，规范人们行为、调节相互之间关系的必须主要靠客观外在的体现普遍性、一般性和正当性的法律，而不是伸缩性极大的道德。在作为一般性正当行为规则的法律的引导、约束和支配下，他们基于各自的利益追求而展开全面的互动博弈：生产、消费、商业买卖，向那些根本不知道姓名、地址、家庭情况的陌生人提供他们所需要的并且也愿意为此付出代价的产品与服务，而生产者和服务者自己也从这种活动中深受其益。由此，这个社会形成一种没有某个具体的特殊目标需要大家服从而大家都可以栖身其中并凭借着它来实现自己所设定的具体特殊生活目标的开放性秩序。这就是人类最早的自由社会。

　　相反，在另一些地区，生产力的发展、文明的进步包括国家的形成，始终未能有效地解构掉氏族社会遗留下来的宗法血缘关系，不仅如此，而且这些地区的国家这个新政治社会恰恰是循着氏族血缘关系扩建起来的。家族的统治权威被改造成国家的统治权威，国在某种象征意义上只是家的扩大版，家国同构而又互通，宗法制度和国家制度结合在一起，形成宗法制国家。在这种社会，所有人相互之间都具有血缘关系，或者是自然意义上的血缘关系，或者是社会与法律拟制意义上的血缘关系。两个人相遇，经过一番努力，总能找到一丁点或亲或疏或近或远的血缘关系，实在找不出来，就往上追溯500年，就可能本是一家人。这种血缘关系的极致化就是天下一家，所有人都被这种关系所网住，无所逃逸。由此，人与人之间既不可能相独立，也不可能相平等。他们之间总存在着血缘辈分上的高低等差以及由血缘辈分上高低等差所决定的社会与法律意义上的高低等差。

整个社会是一个层次分明错乱不得的差序结构，其中每一个人都有一个以自己为圆心的由亲疏远近各不相同的血缘关系构成的私人社会关系网络。社会就由无数个私人社会关系网络叠合而成。每一个关系网络所能波及的人数是不同的，这取决于处于网络中心那个人的势力与影响力；另外，每一个人在不同私人关系网络中所处的位置也是不同的，但有一点确定无疑，那就是没有一个关系网络能够罩住所有人，除了皇帝这个全民的君父所编织的"家天下"。在这个等差性的社会结构中，上下之间各有其行为的不同的法律道德规范要求而无法用一套统一的普遍适用的行为规范。比如上对下要慈，下对上则要孝或敬。这种等级性的行为规范就是礼法，也俗称规矩。上下尊卑各有其礼，严格遵守不得僭越。即便是一种对所有人都适用的行为规范，在具体适用时也必须根据其在等差性社会结构中的相对位置而作宽严不同的便宜处理。因此，这种社会既没有个人可以自主的自由空间，也无法产生出一套非人格化的能够平等普遍适用的一般性正当行为规则，更无法产生这种规则居于统治地位的法治生活方式，而只能产生等级性的礼俗或礼法规范，实现相对主义的礼治秩序。

（3）人类只有少数地方摒弃了目标的统治转而采取规则的统治。

目标的统治和规则的统治，这是英国政治哲学家奥克肖特创造的概念，意指两种不同的社会秩序类型。在受目标统治的情况下，共同利益是特殊利益的总和，即影响到具体的个人或群体的、具体而可预测的结果的总和。相反，在受规则统治的情况下，所谓公共利益不过是排除一切偏见和私人利益的共同的权利和公正，其具体表现为维护抽象的、无目标的秩序，为使这一点得到保证，必须服从抽象的公正行为规则。简言之，一种人人皆可从中受益的开放秩序即是一个社会最大公共利益或普遍利益。在目标统治的社会，每一个人的目标都不是自己所能设立和判断，而是由他人为之设立并赋予其一个相对的价值，整个社会存在一个单一的目标价值序列，个人目标只有与这个单一的目标价值序列相契合相适应并配置到这个目标价值序列的某一个特定位置上才有意义并能够得到实现。目标价值序列的最顶端是所谓的国家目标或党的目标，任何其他目标都必须为此目标让路或者牺牲，所有的社会成员都必须整合到实现这个顶级目标的队伍中去，服从于体现这个顶级目标的组织的控制与指挥，在实现组织目标的过程中实现个人目标。而在受规则统治的社会，则不存在某种需要大家服从的特殊目标,大家共同维护的只是一种抽象的开放的秩序,在其中,每个人都可以自由地选择自己所要追求的目标,并赋予这个目标以一定的价值,整个社会有无数的目标价值序列,它们在道德的阶梯上没有高低贵贱之别,都应该受到他人和整个社会的尊重与保护。一个热心公益事业的人是令人尊重的,但一个人热心于自己的私人事务并努力使它臻于完美而令他人或整个社会受益,这也同样令人尊敬;醉心于科学或者艺术等精神文化的创造性活动是高尚的,但痴迷于世俗的经济事务,孜孜以求物质利益从而客观上为社会创造财富、为他人带来就业机会也不低贱。显而易见,两种社会秩序类型比较起来,规则的统治会让人们享有最充分的自由。人类只有少数地方走出了部落共同体式的社会,摒弃了目标的统治转而采取规则的统治,迈向一个自由的开放社会。

(4)人类只有少数地方形成了人本主义的社会文化。

自由与人本主义的社会文化密切相关。人本主义的社会文化既是自由的文化结果,也是自由赖以存续的原因。而人本主义的核心内容就是对社会成员个体的尊重。它要求"把个人当作独立自在的人来尊重;就是在他自己的范围内承认他的看法和趣味是至高无上的。纵然这个范围可能被限制得很狭隘,也就是相信人应该发展自己的天赋和爱好"。[①] 人本主义的基本信条是:人是目的本身;而不是实现其他目的的手段;每个人是其自身利益的最好发现者和最有积极性的行动者。因此,赋予每个人以选择其自身目标和实现这些目标的手段的最大自由和责任,并采取相应的行动,便可最佳地实现每个正常成年人的利益。在欧洲,自古希腊和古罗马时代起就已经懂得了私人自主的制度观念。罗马法中有一个 dominium(领域)概念,它在英语中可大致翻译成"我家即我城"(my home is my castle):人们在家里拥有一个自主的空间,它受到被遵守的、可强制执行的制度的保障。在古罗马初期,国家对私人家庭事务不加过问,家长对家属和家务拥有绝对权力。家长是罗马法上的权利义务主体,享有自由权、市民权和家族权。其中家长权是男性市民中的自权人在法律上对其家属所享有的支配权,家长权具有绝对性、排他性和终身性,是家庭中最高和最完全的权力,家属不论年龄大小、结婚与否、社会政治地位高低,都处于

[①] 哈耶克:《通往奴役之路》,中国社会科学出版社1997年版,第21页。

男性尊长的权力之下。对于家属和购买来的奴隶,家长可以任意体罚、出卖或者杀戮。这种情况只是到了共和国末期才有所改变。家长权支配下的一切人和物,构成罗马法上所称的"家",它的社会表现形式就是住所。住所受法律保护,侵犯住所要受法律制裁。一个罗马市民在家里是完全自由的,他在外面犯了法,只要退入家里,警察就对他没有办法,只有等他外出时才能进行拘捕。

如果说个人自主在古希腊和古罗马还只是一股潺潺的小溪流的话,那么由于基督教的支持,尤其是经由中世纪城市工商业和近代以来市民社会的作用,经过文艺复兴和宗教改革运动的激励,到近代时,人本主义已成为西方社会重要的思想观念。在近代欧洲历史的整个时期中,社会发展的总方向,是使个人从他日常活动时束缚他的那些习惯和成规的羁绊中解放出来,这种社会活动和社会过程所逻辑产生的结果便是系统的人本主义的社会意识。而它又反过来以其思想文化的巨大力量促进着自由的发展。

3. 自由的浪潮

在人类历史上出现过三次自由的浪潮。1688 年的英国光荣革命、1776 年的美国独立战争和 1789 年法国大革命掀起了人类历史上的第一波自由浪潮。

英国的资产阶级和新贵族虽然曾经和专制君主结盟反对封建贵族这个共同的敌人,但随着自身的不断发展壮大,其与专制君主及其所代表的政治体制的矛盾越来越尖锐。专制君主所实行的一些经济政策、对外政策和宗教政策构成了资产阶级进一步发展的障碍。正如马克思所讲的那样:"君主专制产生于封建等级垮台以后,它积极参加过破坏封建等级的活动,而现在却力图保留哪怕是封建割据的外表。如果说君主专制从前保护过工商业,同时以此鼓励过资产阶级上升,并且还曾经把工商业看作使国家富强、使自己显赫的必要条件,那么现在君主专制到处都成了工商业发展道路上的障碍。"[①] 资产阶级在多次和平抗争无效的情况下,奋起进行武力反抗,直到 1688 年资产阶级和新贵族以宫廷政变的方式终结了封建君主的专制统治,从荷兰迎回了奥伦治亲王来继承英国王位。为了防止新

---

① 《马克思恩格斯选集》第 1 卷,人民出版社 1972 年版,第 181 页。

国王进行复辟，捍卫舍命争取的权利与自由，资产阶级控制的议会于1689年通过了《权利法案》。这是英国历史上仅次《自由大宪章》的又一宪法性文件。《权利法案》规定：国王未经议会同意不得颁布或停止法律的效力；重申国王征税和补充兵员必须经议会批准，否则无效；议会议员应通过选举产生；议员在议会中有权充分发表意见；臣民有权向国王请愿等。该法案的通过标志着英国议会制君主立宪制的确立。为了进一步限制王权，防止封建王朝复辟，议会于1701年又通过了《王位继承法》。该法案规定：国家的一切法律未经议会通过和国王批准，均属无效；国王新发布的一切决议须由一名大臣副署方能生效；法官未经议会两院奏请黜免，得终身任职；国王的赦免对议会提出的弹劾案无效等。这两个宪法性文件从根本上控制住了曾经桀骜不驯的王权，保护了以资产阶级和新贵族为主要人群的臣民的私有财产权利与自由。此外，垄断法令的颁布，则使王室设立生产和贸易垄断的特权归于消灭，而专利法则可以使人们从其知识发现中获益。所有这一切使英国成为当时欧洲最自由的国家，成为文明世界的典范。在王国之内，对工业的控制减少了，行会的权力衰落了，通过市场配置资源的障碍被排除了，资本与劳动力都可以自由流动，英国就这样为工业革命设下了舞台。①

过了近一个世纪，在遥远的大洋彼岸也发生了一场争取自由独立的政治革命，其矛头所向是革命者曾经从属的殖民宗主国——英国。革命者提出了自己的政治宣言，他们认为：人人生而平等，造物者赋予他们若干不可剥夺的权利，其中包括生命权、自由权和追求幸福的权利，为了保障这些权利，人类才在他们之间建立政府，而政府之正当权力，是经被治理者的同意而产生的。当任何形式的政府对这些目标具有破坏作用时，人民便有权利改变或废除它，以建立一个新的政府；其赖以奠基的原则，其组织权力的方式，务使人民认为只有这样才最可能获得他们的安全和幸福。他们列举了英国殖民统治者的种种罪状，进而宣布脱离宗主国的殖民统治，成为独立自由之邦。在《独立宣言》的鼓舞下，北美大陆十三个殖民地的人民经过艰苦卓绝的奋战，终于在1783年取得独立，并组建了一个比较松散的政治联盟。1787年，美国召开制宪会议，通过了《美利坚合众

---

① 道格拉斯·诺思：《西方世界的崛起》，学苑出版社1988年版，第212、213页。

国宪法》，构建了一个现代意义上的以州权为基础的联邦制宪政国家。同样重要的是美国国会于1789年提出了第1到第10宪法修正案，这是美国的权利法案或人权法案。它宣布了民众所应该享有的众多权利与自由，并为这些权利与自由提供了正当法律程序的保护。从此，北美大陆取代英国成为人们向往的自由国度。十八九世纪，成千上万的底层民众毅然告别在专制、革命、复辟、混乱、无序中挣扎的老欧洲，来到充满自由、风险和机遇的新大陆。这股汹涌的移民潮持续了整整两个世纪，直到欧美两边都设置了向新大陆移民的障碍。

1789年，在欧洲的心脏地区——法国爆发了近代史上最高标激进同时也是最残酷暴戾的政治革命——法国资产阶级大革命。这次革命高举着"自由、平等、博爱"的大旗，向着封建专制的堡垒猛烈开火。其革命理论之完美崇高、革命行动之英勇激烈、革命形势之云谲波诡、革命斗争之残酷无情、革命结果之失意悲壮均为以前所未有。它留下太多的东西让人回味反思扼腕叹息。革命初始，法兰西国民议会就通过了《人权与公民权利宣言》，其中宣布：人们生来并且始终是自由的，在权利上是平等的，一切政治结合的目的都在于保存自然的、不可消灭的人权，这些权利是自由、财产权、安全和反抗压迫。法律只有权禁止有害于社会的行动，凡未经法律禁止的一切行动，都不受阻碍；自由交流思想和意见是最珍贵的人权之一，所发表的意见以不扰乱法律所规定的公共秩序为限。这些闪耀着真理光辉的质朴文字以思想的闪电激励起被压迫的人们，让他们奋起抗争，投身于革命的钢铁洪流。这次革命虽然并没有给法国人带来他们所渴望的自由，但它所提出的"自由、平等、博爱"具有撼动世界的力量，由此激起的自由浪潮汹涌澎湃，无情地荡涤着一切专制制度的污垢，给人类冲刷出一条通往自由的康庄大道。

历史发展到19世纪三四十年代。资产阶级政治革命的热情已经退却，它们开始转入改良主义的新航道。这时，整个欧洲资本主义社会存在着许多结构性矛盾，如资产阶级与无产阶级之间的矛盾，进步势力与保守势力之间的矛盾，新兴工业城市与衰败村镇之间的矛盾。政治权力的分配格局与经济力量格局严重不匹配。在这样一个大背景下，一场触及经济政策大调整和政治权利结构大调整的改革终于喷薄而出，并由此掀起人类历史上第二波自由浪潮。

1829年，英国议会颁布了天主教解放令，废除了天主教徒不能在议会中占有席位的规定。1830年，辉格党在议会选举中获得了多数，结束了自己长达60年的反对党地位。执政后的辉格党在资产阶级和劳工大众推动下于1832年通过了《议会改革法案》，着手对议会选举制度进行大刀阔斧的改革。法案首先取消了衰败市镇虚占的议席，将这些议席给予新兴城市；同时还规定：凡城市居民中有十镑收入的户主，农村居民中有五十镑收入的佃户，都享有选举权。这次议会改革在英国历史上是非常重要的事件，它虽然还只是人民中的中产阶级获得了选举权，但这是走向民主政治所必须的第一步。改革后的议会抓住时机，于1833年通过了一系列革命措施，完全废除奴隶贸易制度；1835年，通过城市自治机关改革法案，它使超过一定限度的大城镇能通过全体纳税人选举的市政管理人员负责管理本市，这对民主政府的训练是一种无法估价的贡献。19世纪40年代，科布顿和布莱特领导的激进派采取了比亚当·斯密还要极端的自由放任立场，他们抨击中央政府权力的扩大，希望大多数改革出自地方政府或自愿性组织的努力。"和平、减少开支和改革"成为这个时期自由主义的主要口号，致力于废除昔日的弊端和特权。他们组织了一个"反谷物法同盟"，推动废除《谷物法》。经过不懈努力，1846年，《谷物法》被正式废除，结束了对谷物进口的关税限制。随后，英国国会又废除了《航海法》，不再要求英国殖民地的外贸运输必须由英国船队运送，从而结束了英国海运公司的垄断时代。这两部法律的废除是英国历史上一个重要里程碑，它标志着自由放任思想的胜利，并开启了一个自由贸易自由发展的新时代，从此，自由贸易政策替代了保护政策，英国可以从世界市场上获得廉价粮食，并向世界输出更多的工业品，英国也因此成了欧洲其他地区自由主义制度的典范。

19世纪60年代，北美大陆又发生了一起重大历史性事件——源于统一还是分裂之争的美国南北战争。黑人奴隶是近代西方殖民者所从事的罪恶奴隶贸易的产物，奴隶种植园经济主要分布在美国南部各州。独立战争期间，由于主要矛盾所限，美国人民在争取独立之时没有一并解决奴隶问题，致使这个毒瘤一直存在，并最终导致关系美国命运的南北战争。在战争开始前，南方黑人即开始了争取自由的斗争。路易斯安那、新奥尔良、南卡罗来纳先后爆发过黑奴起义；一些有正义感的白人也通过各种形式帮助黑奴逃往北方。1860年，反对奴隶制的林肯当选总统，南方蓄奴州决定脱离联邦，另建立独立的国家，至此，南北战争正式爆发。1862年，林肯在国会发表了《解放宣言》，宣布从公元1863年1月1日起，所有被定为奴隶者都应获得自由，并永远享有自由的权利。美国南北战争不仅维护了美国联邦的团结统一，更终结了延续上千年的奴隶制度，从此，奴隶制度作为一种经济社会制度正式退出历史舞台。唯因如此，美国南北战争以其对人类自由的巨大贡献而载入史册。

在第二次自由浪潮中，构成其重要组织部分的还有殖民地和半殖民地国家人民争取民族独立自由解放的斗争。在西亚，在北非，在拉丁美洲，在南亚次大陆，在古老的东方，到处都有反抗殖民统治、反抗封建专制、反抗法西斯独裁统治，争取民族独立和人民自由解放的政治运动，它们构成了一幅争独立争民主争自由的最壮美画卷，而其中一抹最亮丽的红色便是中华人民共和国的成立，占人类总数1/4的中国人从此站立起来。

人类历史上第三次自由浪潮发生在20世纪八九十年代。在这二十年时间里，世界范围内涌现出了两大潮流：一是市场化；二是民主化。在市场化的潮流中，计划经济体制逐渐被人们唾弃，而市场经济则越来越受到人们的欢迎，人们奋力从计划经济的枷锁中挣脱出来，转身去拥抱市场经济的希望之光。而在民主化的潮流中，一切不民主的制度：个人独裁、威权政体、极权主义、军人政治纷纷土崩瓦解，人民要求自由民主的呼声越来越高，政治参与的广度与深度越来越大，政治权力对民众意愿诉求的政治回应越来越强。越来越多的国家和地区走上了市场化、民主化和法治化的道路。所有这一切综合起来，有力地扩展了公民的自由空间，形成人类历史上第三次自由的浪潮。

它首先滥觞于里根总统执政时期的美国。20世纪六七十年代以来日益深重的"滞胀危机"使美国人认识要摆脱危机，必须对凯恩斯主义主导下的政策体系进行彻底的大刀阔斧的改革，全面开启了向自由回归的历史进程。这种政治诉求的结果便是以放松管制和下放权力为主旨的"里根革命"。他首先解除了相当一部分经济性管制，并尝试放松一些领域的社会性管制；在联邦和州的关系上，里根主张还权于州，实行老式的联邦制度，为此，他要求压缩联邦政府的职责与机构，加强州政府的权力，把一批联邦政府在教育、卫生、交通运输和城市建设方面的拨款项目改成几大笔款项，拨给各州，由州自行酌情处理。州的自主权又重新回来了，基层政治活动在美国各地大大地活跃起来，出现了全面性的非集中化趋势。"非集中化产生了更多的中心，这意味着个人有更多的机会和更大的选择。"① 他还着手改革联邦的福利政策，力图减轻政府在公共福利上的职责负担，让个人在自己的生活中承担更多的责任。这些改革虽然碰到许多阻力，但还是能够勉力前行。继任的老布什总统和克林顿总统也是放松管制、削减福利政策的支持者。1996年，克林顿总统签署了《福利改革法案》，抛弃了联邦政府担负的大部分福利责任，从而推翻了罗斯福总统在新政中作出的最重要的改革制度安排。经过前后三任总统以自由化和市场化为导向的改革，美国经济终于停止了衰退，生产率和国家财富出现了连续15年的稳定增长。20世纪末的美国，解放市场给经济带来了蔚为壮观并且是绝无仅有的繁荣。②

近代自由的故乡——英国也是在称之为"英国病"的危机日益严重的背景下启动一场波澜壮阔的改革运动。其改革范围之广，影响之深远，以至被人称之为"撒切尔革命"，而改革所坚持和体现的思想倾向，则被人概括并冠之以"撒切尔主义"。它的主导思想是强调发挥市场机制的调节作用，强调个人自由选择的能动性和责任性，并视之为道德成长的基础。她说："一个有道德的人就是一个能在选择大事和小事中作出他自己判断的人。当他的选择权利和责任被国家、政党或工会剥夺之后，他的道德能力，或他的选择功能便萎缩了，他便成为一个道德上的残疾者。"因此，必须让国家权力从它现在所占据的领域作出大幅度的退却，恢复以个人自由自主自立为本位的传统价值观。为此，撒切尔夫人主导内阁和议会通过了一系列改革措施，如非国有化、打破在公用事业领域的垄断形成一种比较有效的市场竞争结构、采取货币主义政策以抑制通货膨胀、削弱工会权力、降低福利水平提高领取福利津补贴的资格等，所有这些方面都涉及国家与个人之间关系的调整，而这种调整的政策指向就是国家权力的退却和个人自由的扩展。从1979年到1988年，英国国有企业的比重从

---

① 约翰·奈斯比特：《大趋势——改变我们生活的十个新方向》，中国社会科学出版社1984年版，第131页。

② 约翰·格雷：《伪黎明——全球资本主义的幻象》，中国社会科学出版社2002年版，第135页。

11.5%下降到了7.5%，下降幅度超过了1/3。在这一过程中，超过50万的雇工被转移到了私人部门，其中大约有90%的雇工在他们所在的公司获得了股权。据粗略估计，英国私人企业的股东总数达到了以往的3倍之多，并且这一股东总数目前仍然处于迅速增长之中。①

撒切尔夫人主导的改革在世界范围内产生广泛深远的影响，她也成为全球自由的偶像，她的政策在全世界到处被效法。受美国英国的影响，法国、德国、日本、新西兰、澳大利亚以及北欧国家也都启动了类似的改革进程，发生了程度不同的变化，其中新西兰的改革要比任何一个西方国家都更加深刻彻底，结果，新西兰从一个管制最多的发达经济体变成管制最少的国家之一，它比任何西方国家都更接近小政府和自由市场的纯粹的新自由主义模式。

20世纪最波澜壮阔跌宕起伏也最令人惊讶的自由化改革是俄罗斯的休克疗法。僵化的计划经济体制和专制极权的政治管理体制把俄罗斯带向了发展的绝境。产业结构扭曲畸形，经济发展停滞不前，庞大的资源得不到最经济有效的利用，普通商店里货物短缺匮乏，人民生活水平得不到应有改善；而特供商店商品琳琅满目，价格优惠；党内弥漫着腐败、迟暮、守旧和攀龙附凤的旧官场气息；民众对一切都感到失望，不再相信现行制度无比优越的神话，不再相信现存统治集团依然代表人民利益的诺言，也不再相信那些不触及根本因而不痛不痒的改革措施，更不相信改革者有推行改革的诚意，他们冷漠地关注着这个国家里发生的一切，并期待着发生历史性变化。

1991年，这种剧变终于发生，存在了半个多世纪的苏维埃政权垮台。俄罗斯开启了向自由市场回归的历史性进程。1991年11月，伊格尔·盖达尔被指定负责俄罗斯向市场经济的转变。鉴于之前不触及根本的按部就班式改革的失败，俄罗斯决定采取休克疗法的改革措施，即迅速、剧烈和影响深远的改革措施，以实现向自由市场体制的过渡。盖达尔休克疗法的第一项内容是放开价格。1992年1月2日，有90%的商品放开了价格。结果，商品价格虽然上涨了250%，但在商店门前排队的现象迅即消失。第二项内容就是私有化，在起点平等的基础上找到最初的所有者，在规则

---

① 约翰·维克斯、乔治·亚罗：《私有化的经济学分析》，重庆出版社2006年版，第1页。

平等的原则下产生最终的所有者。把所有的国有资产以证券形式按人头分配到个人。到 1994 年底，有 3/4 的大中型工业企业被私有化，一半以上的国民总产值是由私有企业创造的。所有的俄罗斯人都分得了股份，尽管后来有不少人把自己所分得的股份以低廉的价格转给他人，但到 1994 年底，仍有 40% 的股份是由企业工人所持有，政府仅持有 10% 左右的股份。休克疗法的第三方面政策是国家财政的稳定化，通过控制军费开支，削减工业补贴，实现预算的平衡。到 1996 年前期，通货膨胀率下降了 40%。俄罗斯转向自由市场的改革措施虽然效果并不怎么理想，人们对它的评价也是聚讼纷纭莫衷一是，但有一点是可以肯定的，那就是俄罗斯人再也不愿意回到从斯大林到勃列日涅夫那个禁锢僵化的时代。

在第三波自由浪潮中，也有中华民族的身影。改革开放之前的中国既贫穷又落后。1978 年，全国有 2/3 的农民生活不如 20 世纪 50 年代，有 1/3 的农民生活甚至不如 30 年代；农民终身活动的半径不超过 100 公里；任何外出活动都要得到批准，哪怕是外出乞讨，也要有大队或公社的证明。20 世纪 70 年代末，安徽省小岗村农民一个极冒险的自发举动犹如一缕温暖阳光射进冰封的大地，融化了计划经济的坚冰，化作滋润万物的市场春水。中华大地上一股股改革开放的涓涓细流终于汇聚成奔涌向前的自由洪流。我们以最开放的姿态实现了国家政策与体制的根本性转变。国家的工作重点由原来的以阶级斗争为纲转移到以经济建设为中心的社会主义现代化建设，全国上上下下解放思想实事求是大胆创新，突破了许多条条框框的束缚，从发达国家借鉴吸收了许多成功的经验、做法和制度安排，大胆发展个私企业和民营经济，大胆引进外资，发展多种形式的合资企业和合作经营方式；对工人实行与其绩效挂钩的薪酬体系；政府大幅度放开对产品与服务的价格管制，实行价格的自由市场浮动。20 世纪 70 年代末，几乎没有什么商品的价格是由市场决定的；到 2003 年，超过 95% 的零售批发商品价格由市场决定，只有少数的商品与服务如石油、电、水、火车票、邮政服务和电信价格仍由政府控制。国有企业也进行了以建立现代企业制度和法人治理结构为目的的改革，经营管理人员拥有相对更大的经营自主权。国有企业在工业总产值中的比例也下降到 26%，而私营企业在产出中所占的比例从 1978 年改革开放时的零上升到如今的超过 2/3；同一时期几乎所有的就业增长都来自私营企业。非公经济的大规模发展为人们在公有制之外创造了一个全新的利益源泉和生活空间，大量人口生活其间，国家雇员数量与劳动力总数的比例，比法国还低。伴随着国家经济生活的市场化变革，是政治生活和国家治理范式的法治化转型。我们终于摆脱了人治与法治"孰优孰劣、何去何从"的纠结，毅然决然地走向法治之路；我们终于认识到人权的普遍性，高举起人权的大旗，发出"国家尊重与保障人权"的政治宣言，并将自由确定为社会主义的核心价值；我们开始用法治的精神重构国家的立法制度、行政制度和司法制度，力图建立以保护公民自由与权利为主旨的制度体系；我们要求领导干部强化法治思维、善用法治方式防范化解社会矛盾，使整个社会运行在法治的轨道上。正是经济生活的市场化和政治生活的法治化，让我们那些从不知自由为何物的老百姓终于尝到了自由的滋味。他们像鸟儿一样自由，自由地发现稍纵即逝的机会，自由地选择生产要素的不同结构组合，自由地追逐体现着市场肯定性评价的利润，自由地承担选择失误的损失责任。尽管自由并不是玫瑰色的，自由常常意味着艰辛，自由有时显得很悲苦，还伴有沉重的选择压力，因而为一些过惯了受人指使不需自己费脑筋也不需自己承担责任的雇佣生活的人所不喜，他们竭力想逃避自由。但自由的魅力是无穷的，人们依然向着自由努力前行。回望过去，我们不得不承认，我们所栖身的社会已经变得比过去自由多了，而且，我们也深信随着市场秩序的不断扩展，随着国家治理法治化程度的不断提高，我们终将会享受越来越多的自由。

二 自由的敌人：破坏自由的力量

英国历史学家阿克顿曾经说过："无论何时，自由的挚友总是寥寥无几，它的胜利历来都要归因于少数人，他们同一些与他们目标不同的援军结合才占了上风，这种结合永远潜伏着危险，有时甚至变成一场灾难。"[①]自由的朋友虽然不多，但自由的敌人却为数不少。社会之中有许多东西在时刻磨损着自由，有时自由甚至成为乌托邦祭坛上的牺牲品。

---

① 转引自《哈耶克文选》，江苏人民出版社2007年版，第275页。

1. 饥饿、贫困与灾难

人类作为动物在根本上还是要受饥饿规律的约束，除了极少数人，绝大多数人在饥饿、贫困与灾难面前都会低下高贵的头颅，屈从于动物的本能，从人的生活状态倒退到动物的生存状态。而作为动物，填饱肚子永远都是第一位的，动物们任何时候都会为填饱肚子进行残酷的争斗，直到今天，已经文明了许多的人类还是在进行着无休止的斗争，尽管越来越丰厚的文化和越来越精致的意识形态为这些斗争披上华丽的外衣，但究其实质而言，依然是为争取更好地填饱肚子而进行的斗争。在这个意义上，原始野蛮人与现代文明人之间是没有区别的，所不同的是斗争的手段方式、技术装备以及斗争所争取的填饱肚子的内容与形式。当他们以动物而不是以人相面对时，他们就处于一种弱肉强食的丛林状态，强者为王是唯一行得通的规则。弱者不必抱怨强者的不义，也无处伸张所谓的正义；强者也毋庸奢望永远成为强者。在这里，没有自由，没有正义，也没有道德或不道德，一切都是自然的状态。可见，自由不是动物世界所能有，也不是动物所能享受的生活样式。自由是人类社会的生活样态，是人才配享受的生活方式，由此决定了自由需要一些基础性的物质条件，这就是一份独立的经济。

鲁迅先生曾经提出过"娜拉走后怎样？"的问题，他认为从事理上推想起来，娜拉面前只有两条路：不是堕落，就是回来，因为娜拉缺乏独立的经济基础，所以，为娜拉计，钱——就是经济，是最要紧的了。"自由固不是钱所能买到的，但能够为钱而卖掉。人类有一个大缺点，就是常常要饥饿。为补救这缺点起见，为准备不做傀儡起见，在目下的社会里，经济权就见得最要紧了。"[①] 马克思充分肯定物质条件之于自由的意义，他认为："当人们还不能使自己的吃喝住穿在质和量方面得到充分保证的时候，人们就根本不能获得解放。"[②] 哈耶克也充分肯定财产权利对于自由的保障性作用，认为："拥有自己的东西，不管它多么少，构成了独立的

---

① 鲁迅：《娜拉走后怎样》，1922 年在北京女子高等师范学校的演说。
② 《马克思恩格斯文集》第 1 卷，人民出版社 2009 年版，第 527 页。

个体得以形成的基础,它创造了能够追求具体的个人目标的特定环境。"①
印裔英国经济学家阿玛蒂亚·森也指出:"缺乏经济保障与缺乏民主权利和法权自由相联系。"② 没有一定的经济基础,不但民主的上层建筑矗立不起来,就连最基本的法权自由也不可能存在。当肚子问题没有解决的时候,有多少人会弃之不顾而去追求自由呢?孔子的弟子颜回是有德之人,他"一箪食,一瓢饮,身居陋巷仍不改其乐",赢得孔子由衷的赞叹。这"箪食、瓢饮和陋巷"虽然单薄简陋但毕竟也是颜回独立生活的物质经济基础啊,如果连这一点都没有,那他还能自得其乐吗?因此,我们没有必要也没有资格责怪那些贫困之人把温饱置于自由之前,因为没有基本的独立的物质经济基础,自由是很难保持下去的。我们所应该警惕的是那种"以温饱换自由"的专制主义政治伎俩。

贫困有绝对与相对之分。绝对贫困是指跌破生存线的生活状态,具体表现为饥寒交迫、露宿街头。在任何一个社会,都可能会有这种绝对贫困,随着生产力的发展和社会的进步,绝对贫困会越来越少,但很难说能够完全消灭。社会中更多见的是相对贫困,即社会弱势群体虽然生活水平也有所提高,但其改善的速率远远不及强势群体和社会的一般水平,其生活表现出一定程度的相对贫困性。马克思就曾指出过资本主义社会工人相对贫困化的现实可能性,他说:"虽然工人的生活的绝对水平依然照旧,但他的相对工资以及他的相对社会地位,即他与资本家相比较的地位,却会下降。"③ 相对贫困会使人们产生相对剥夺感和不公平感,也会使人们失去一种可行能力,而这种能力恰恰是完整的自由所不可或缺的重要方面。处于贫困状态的人是没有自由的。他们之不自由不在于有人强制他,而在于他不能免于匮乏和免于恐惧,他很可能会因为一口食物或一份安全而出卖自己的消极自由。

今天,科学技术与产业革命已使人类能够生产极为丰富的工业产品与农业产品,人类拥有的极大物质财富能够满足所有人类的需要,尽管还不能满足人类的所有欲望,但由于政治和体制方面的种种原因,人类已有的

---

① 哈耶克:《致命的自负》,中国社会科学出版社 2000 年版,第 69 页。
② 阿玛蒂亚·森:《以自由看待发展》,中国人民大学出版社 2002 年版,第 11 页。
③ 《马克思恩格斯文集》第 3 卷,人民出版社 2009 年版,第 67 页。

财富还不能实现充分的市场交换公正和社会道德所要求的慈善普惠意义的公正。极少数人富可敌国,坐拥上百亿资产,苦于营养过剩,需要运动来减肥,而还有很多人却在为一日三餐发愁,他们衣不蔽体食不果腹风餐露宿,缺乏清洁的饮用水和最基本的医疗卫生条件,沦于动物般苟活的生存状态。更可怕的是他们得不到借以改变命运的教育,得不到社会的帮助,无以改变眼前的境遇,他们几乎终生甚至世世代代被锁定在赤贫的困境。这种情况既在世界范围内存在,也在一国范围内存在。它告诉我们贫困绝非仅仅是一个知识问题、技术问题或者生产问题,而更多的是一个财富的分配问题,甚至还是一个全球性的政治问题。要知道人类每年有多少财富用于战争,仅仅是美国,大约就有国民总产值的 10%、全部劳动力的 9%、联邦预算的 50%、科学家和工程师的 60% 被直接或间接地用于国防方面。如果一位观察家在月亮上观察地球,他很可能会下结论说:这是一个有着满满的军火库、空空的食品室、到处布满恐怖的古怪星球。[①]

对自由而言,最可怕的社会状态是灾难。毁灭性的灾难让人类惊恐不已,并驱使他们本能性地去寻求能够拯救人类的超人,进而心甘情愿地跪倒在超强权威的脚下。这种超强权威也会在拯救人类的道义目标感召下把强权运用到极限。在其下,自由也根本不可能存在。

2. 对自由的误解与滥用

自由是一种社会生活的艺术。漂流到孤岛上的鲁宾逊没有自由问题,但一旦有了"星期五"作为伙伴以后,他们两人都会碰到那个恼人的自由问题。自由是简单的,同时也是复杂的。唯其简单,所以人人都能信口开讲;也唯其复杂,所以涉及自由时,每每存在诸多误解,并且由于认识上的误解而导致行动上的滥用。

有人把自由理解为"想做什么就做什么或者想怎么干就怎么干"的无拘无束状态,持有此种看法的人把一切规则都视为自由的死敌,意图废除一切行动规则,废除一切确保规则得以遵守的权威力量,希望过一种类似于庄子所理想的"天放"生活。他们殊不知这种无拘无束的任性状态,即便在自然状态下也是不可能的。事实上,我们每个人的行动都必须受客

---

① 斯塔夫里阿诺斯:《全球通史》,上海社会科学院出版社 1999 年版,第 895 页。

观环境或外在条件的约束，正如我们不能抓着自己的头发离开地球一样，我们在根本上要受制于我们栖身其中的环境，尽管这种约束不同于人际之间专断意志的强制，但也否定了"想做什么就做什么、想怎么干就怎么干"的可能性。在人际之间如果也以如此行动相对，那么，行动者也会受到他人的专断任性对待，他在破坏他人自由的同时，自己的自由也受到他人破坏，因此，在一个行动者彼此专制的社会，任何人都不可能有自由。

还有人把自由理解为一种做事情的特殊能力或条件，进而把这种特殊能力和条件的匮乏视为不自由。如我们没有像鸟儿一样飞行的能力，就认为我们不自由；或我们没有能力实现某个梦想，就认为我们不自由。哈耶克认为，这是一种对自由更具危险的误解，"这种视自由为能力或力量的观点，一经认可，就会变得荒诞至极，使某些人大肆利用'自由'这个术语的号召力，去支持那些摧毁个人自由的措施。另外，这种观点一经认可，各种诡计亦将大行其道，有些人甚至可以借自由之名而规劝人民放弃其自由"。① 因为既然把自由视为一种能力或力量，那么，就有可能借口增强能力或力量而以组织取代个人，诱导个人放弃自由而服从组织，并让他们相信可以获得比过去更大的自由。一旦这套蛊惑人心的概念系统俘虏了人们的头脑，专制极权的制度安排就会畅通无阻。

除此之外，还有其他许多对自由的误解，不一而足。正是由于对自由的误解，所以，我们在追求自由时不是不及就是过度，很难把握好行动的边界和分寸，而在两者之间又以对自由的滥用为多见。我们把随意过马路视为自由，把无中生有、信口雌黄视为自由，把兴之所至、噪声扰民视为自由，把受好奇心驱使窥探他人的隐私视为自由，把任意挪用他人财物视为自由，一句话，把任性妄为视为自由，结果，这些任性而专断的行为既破坏了正当行为规则和社会秩序，也破坏了他人的私域和合法权益，导致社会的失序和人际关系的失和。一旦这种失序失和达到了社会崩溃的临界点，就会招致仅以秩序为目的的专制独裁和极权。

3. 对分配公正之幻影的追求

分配公正一直是一个具有崇高道德价值的社会目标，历来被仁人志士

---

① 哈耶克：《自由秩序原理》上册，生活·读书·新知三联书店1997年版，第10页。

追求着。然而，人们从来不问一问，什么是分配公正？它能否实现，追求分配公正的政治努力又会产生什么样的影响？

所谓分配公正，说到底是一种认为特定的群体应该获得某种特定收入水平和社会地位的价值主张，凡是没有获得此种收入水平和社会地位的现象，就被判定为分配不公。可问题是我们根本无法回答特定的群体为什么应该获得某种特定的收入水平和社会地位。要知道，在一个人人皆享有自由的社会，一个人所能获得的收入、财富、社会地位和生活境况取决于他自己的努力，取决于对此种努力的市场评价，还取决于某些不可预知的偶然性因素如运气。而且，也正是因为要取决这诸多因素，其中有相当一部分是不可控的，所以，我们才是自由的。如果我们的收入、财富、社会地位和生活境况要取决于某一个人格化的权威存在，那么我们必须服从他、取悦他，而这恰恰会使我们不自由。因此，在一个自由社会，没有一种收入、地位和生活境况是恒定的，任何社会群体或阶层都必须接受由于市场因素和市场环境变化导致的自己社会相对地位的变化。试图借助政府的公共权力的力量以防止自己社会地位的下降，乃是一不正义之举，其行为的背后妨碍的是他人社会地位的改善，尽管我们未必能够确切指出因此不正义之举而致使地位改善之希望落空的人是谁。常有人为自己或某个特定的低收入者而愤愤不平，并因此而攻击自由的市场体制。他们不知道，自由的市场体制也可能让他们获得令别人"羡慕嫉妒恨"的高收入，他们更不知道，一个人之所以是自由的，正是因为他可以不必仰赖于任何人，不必仰赖于任何人的仁慈和恩惠，不必仰赖于任何人对我们的看法、道德评价与情感好恶；我们不必曲意迎合，不必违心附和，而是可以直率地表明自己的看法，率真地作出符合自己心意的行为选择。因为我们得到的是自己努力的结果，而这个结果之价值的高低完全取决于我们所提供给他人的产品与服务相对于他人的价值。正如哈耶克所言："我们应当得到物质报酬，不是因为我们做了别人命令我们做的事，而是因为我们为别人提供了他们所需要的东西。"这正是自由社会的本质所在。[1] 我们之所以是自由还因为当我们提供服务时，对于别人打算为我们的服务所支付的报酬，我们可以决定它是否值这种服务。因此，我们不必为自己所得不多而哀叹，

---

[1] 《哈耶克文选》，江苏人民出版社2007年版，第60页。

也不必为自己得到极高回报而感谢什么。当我们有此种自由时,我们也就得准备接受此种自由所可能导致的任何结果,哪怕是那种收入水平和社会地位向下的相对变化。

另外,不同阶层不同群体对分配公正也根本不可能达成任何共识。在一个利益多元、差异极大的社会,有多少人就有多少种关于利益分配公正的看法,对利益分配公与不公,不同的人也会有截然不同的认识和判断,很难达成一致意见。在这里,对于何谓分配公正,现实生活中的利益分布结构是否公正,人们根本不可能有共识,没有共识是他们之间的唯一共识。这就逻辑决定了分配公正的不可能性。历史上曾有无数思想家探索过分配公正问题,也曾有无数仁人志士试图实现分配公正,但他们一直都未能如愿,他们甚至找不到一条规则使我们可以确定,在市场秩序下什么状态才算是分配公正;最后他们只得放弃此种努力,被迫将公正的价格或工资定义为在没有欺诈、暴力和特权的市场中自发形成的价格或工资,从而又回到公正行为规则,并且同意,由所有相关的个人的公正行为造成的无论什么结果,都是公正的结果。因此,现实社会中唯一可以理解并值得追求也能够追求的是交换公正而非分配公正。所谓分配公正是一个永远追求不到的幻影。

分配公正之不可欲不仅在于我们无法对分配公正达成共识,更在于为实现分配公正必须要有一个以父爱主义为指导具有家长般绝对权威且无比聪慧的政府,需要一种与自由市场经济完全相反的"统制经济",否则根本不可能做到恰如其分的分配公正。正如哈耶克所言:"分配正义要求由一个权力集中的政府机构来配置所有的资源;它还要求人们被告知应当干什么以及应当去追求什么目的。在分配正义被视为目的的地方,关于不同的个人必须干什么的决定,并不能从一般性的规则中推知,而只能根据计划当局的特定目的和特定知识方能做出。当权力当局有权决定不同的人将接受何种待遇时,它亦一定能决定不同的人将干什么。"[①] 这种体制能否有效地运行起来暂且不论,就其内在的逻辑而言就与自由水火不相容。因此,自由的理想与试图矫正收入分配以使其更显得公正的欲求之间,存在着很大的冲突。那种通过突破法治框架采取一些特殊的分配措施以实现他

[①] 哈耶克:《自由秩序原理》上册,生活·读书·新知三联书店1997年版,第293页。

们心中的所谓分配公正的努力，将会导致自由的破坏。

4. 科学技术

科学技术对人类的影响向来是一个很有争议的话题。在古代，人类的先哲就曾经对此展开过讨论，并提出一些未必正确但无疑非常深刻的见解。庄子就认为科学技术对人性和人类的完朴状态有破坏性影响。他认为：人本常性，织而衣，耕而食，过着类似牛马一样的天放生活。而正是科学技术的知识以及建立在此种知识基础上的政治统治与治理，使人类变得不再纯朴，人之性情也远远偏离其本真的状态。他说自然界和人世间的众多乱象正是由于知识机巧而引起的。"夫弓弩毕弋机变之知多，则鸟乱于上矣；钩饵罔罟罾笱之知多，则鱼乱于下矣；削格罗落罝罘之知多，则兽乱于泽矣；知诈渐毒颉滑坚白解垢同异之变多，则俗惑于辩矣。故天下每每大乱，罪在于好知。"（《庄子·胠箧》）因此，必须坚决唾弃科学技术、典章制度、文化礼仪，"绝圣弃知，大盗乃止；摘玉毁珠，小盗不起；焚符破玺，而民朴鄙；掊斗折衡，而民不争；殚残天下之圣法，而民始可与论议"。（《庄子·胠箧》）庄子给我们讲了一个寓言故事：子贡在游历楚国返回晋国的途中，看到一个老人抱着瓦罐从井中取水浇灌，非常费力而且效率很低。他告诉老人说不是有一种机械可用来取水灌溉，既省力又有效率吗？老人哂笑着说："有机械者必有机事，有机事者必有机心。机心存于胸中，则纯白不备；纯白不备，则神生不定，神生不定者，道之所不载也。吾非不知，羞而不为也。"（《庄子·胠箧》）

庄子这里所讲的并非完全是虚幻的东西，而是有其历史的真实性。科学技术自其产生伊始，就是一把"双刃剑"，它一方面增强了人类认识自然、改造自然，使之变得更宜于人类生活的能力；另一方面也常常反及人类自身，对人类产生一些在此之前从未有过的消极影响。更有甚者，政治统治集团对科学技术向来怀有浓厚的兴趣，它们常常先于工商领域把最先进的科学技术成果运用于政治统治、行政管理和军事征服。比如欧几里得几何学就曾帮助埃及的专制君主更准确地丈量国中田亩，实现国家税收上的"颗粒归仓"；先进的建筑技术帮助秦始皇修建起四通八达的驿道和蜿蜒万里的长城；而造纸、印刷、火药、指南针这四大发明在政治军事上的运用远比在经济上的运用更为广泛和成功，这起码在中国是如此。因此，专制政治结构中的科学技术常常助纣为虐，成为专制暴君实现苛暴统治的得力工具。

人类运用高度发达的科学技术实现对社会成员的彻底控制，在奥威尔的《1984》中有最清晰地描述。那个被称为老大哥的最高统治者利用电幕就可以随心所欲地统治一切。这虽然是政治小说的虚构，但也在一定程度上折射出现代社会的政治现实。正如罗素所言："现代技术已经使增强政府控制的强度成为可能，在极权主义国家里，这种可能已经被非常充分地利用了。"[①]

今天，人类的科学技术正以前所未有的速度向前发展。我们获得了许多非常精密精巧的灌输技术、监听监视技术、侦察检测技术和行动轨迹跟踪技术。这些技术既强化了政府对社会成员的监控强制能力，也强化了政府对整个社会实施集中指导控制之有效性的主观幻觉，使政府更热衷于集中控制的国家治理模式。政府部门包括一些大型商业组织利用发达的信息技术获取了社会成员的大量信息，它们甚至可以据此分析出我们的一些不愿让他人了解的隐私信息，分析出我们的思想观念、价值偏好和消费倾向。只要政府有关部门和商业组织愿意，哪怕你在天涯海角，它们对你的行踪也能了解得十分清楚。我们正在逐渐成为透明的玻璃人，犹如《楚门的世界》中的楚门，毫不知情地袒露在公共权力、资本权力和充满窥探欲的好奇公众面前。华盛顿大学教授、隐私法专家尼尔·理查兹不无忧虑地指出："当今世界的数码革命已经使监视变得非常容易。"[②] 此种现状确实堪为人忧，它会使人们受到一种软性暴力的侵犯与强制而感到极度的不自由。哈耶克就曾提醒人们注意由于技术的发展而产生的对个人自由的新的潜在威胁。他说："在这个收音机和电视机的时代，自由获致信息的问题，已不再是出版自由的问题了。在这个药物或心理技术已能被用来控制人的行动的时代，自由支配自己身体的问题，也已不再是提供保护以抵制对人的肉体施以物理控制的问题了。"他认为：人类用技术控制心智的可能性正迅速增大，而且这些初看上去对个人人身并无害处的支配力量正

---

① 罗素：《权威与个人》，商务印书馆2010年版，第36页。
② 《社会科学报》，2014年2月13日。

越来越多地为政府控制,他担心对个人自由的最大威胁很可能还在于未来。① 因此,我们对科学技术必须抱以高度的警惕,必须用正义的法律规范科学技术的使用行为,使之不至于对更为重要的自由构成损害。

三 维护自由的条件

阿玛蒂亚·森指出:"个人自由就其实质而言,是一种社会产品。"② 无论是其产生、存在、维护和扩展都需要一系列的条件和制度安排,而且它们还只是必要条件而非充分条件。当这些条件都具备且以某种相互支撑的结构形式组合在一起时,庶几才会有我们所渴望的自由。

1. 经济条件

马克思主义认为:解放是一种历史活动。解放是由历史的关系,是由工业状况、商业状况、农业状况、交往状况促成的。③ 这里,马克思、恩格斯强调的是经济条件之于解放与自由的基础性决定作用。就人类的生活而言,财富显而易见不是终极目的,因为它仅仅是有用,而且还因为其他而有用。其中最根本的是对个人自由的保障作用。财产及其在法律上的表现——财产权利是自由之经济条件的最集中概括。

古希腊人最早认识分立的财产同个人自由之间密不可分的关系。中世纪那些工商业城市里的市民之所以是自由也是因为有得到承认并受到保护的财产;到近代,资产阶级思想家之所以高喊"私人财产神圣不可侵犯",也是因为他们洞察到财产之于自由的支撑与保障作用。

马克思也曾经专门讨论过财产权利与自由之间的关系。他认为:劳动者对他的生产资料的私有权是小生产的基础,而小生产又是发展社会生产和劳动者本人的自由个性的必要条件。令人遗憾的是这种生产方式发展到一定程度,就造成消灭它自身的物质手段,并最终无可挽回地走向消灭,个人的分散的生产资料转化为社会的积累的生产资料,从而多数人的小财

---

① 哈耶克:《自由秩序原理》上册,生活·读书·新知三联书店 1997 年版,第 274 页。
② 阿玛蒂亚·森:《以自由看待发展》,中国人民大学出版社 2002 年版,第 23 页。
③ 《马克思恩格斯文集》第 1 卷,人民出版社 2009 年版,第 527 页。

产转化为少数人的大财产，广大人民群众被剥夺土地、生活资料、劳动工具——人民群众遭受的这种可怕的残酷的剥夺，形成资本的前史。人类历史上靠自己劳动挣得的私有制被资本主义私有制所排挤了，自由也因此成为少数人的专有特权。而随着资本主义的发展，社会化大生产与生产资料的资本主义私有制之间的矛盾日益尖锐，生产资料的集中化和劳动的社会化，达到了同它们的资本主义外壳不能相容的地步。这个外壳就要炸毁了，资本主义私有制的丧钟就要敲响了。剥夺者就要被剥夺了。当然，对资本主义私有者的进一步剥夺会采取新的形式，它不是为了重新建立私有制，而是在资本主义时代的成就的基础上，也就是在协作和对土地及靠劳动本身生产的生产资料共同占有的基础上，重新建立个人所有制，① 唯有如此才能实现人类的普遍自由，才能建立自由人的联合体。由此可见，马克思始终把自由置于财产权利的基础之上，他并不是一般性地反对财产私有，他所竭力反对的只是那种以社会上大多数人没有财产为条件的带有特权性质的资本主义财产私有制。他明确指出：共产主义并不剥夺任何人占有社会产品的权力，它只剥夺利用这种占有去奴役他人劳动的权力。之所以如此是因为他深知财产是构成个人的一切自由活动和独立的基础。

财产或财产权利作为一种受法律保护的排他性权利本身具有自由的意味，它可以自由处分、自由转让，本质上不受任何力量包括亲戚团体、宗教当局、国家公权的限制。当然，不受任何限制并不意味着它可以任意行使。凡权利总是有边界的，财产权利也不例外。一个人对其财产权利的行使以不侵损他人的自由、权利与利益为限，以不侵损公共秩序和公共利益为限，还以不破坏社会的公序良俗为限。所有这些界限都表现在一个社会的法律与道德之中，在此意义上，财产权利应受也只应受道德与法律的限制，而且也只有受到道德与法律的限制，财产权利才能对权利人和他人以及整个社会产生积极有益的影响。

具有自由意味的财产或财产权利也是保障权利主体自由的条件。财产权利，就其与权利主体的关系而言，是由权利主体基于对自己生命的主权权利而产生出来的法律权利，是一种人权，是人权体系中的基础性内容，是其他方面人权的存在和实现基础。无财产者无自由。因为自由是一种自

---

① 《马克思恩格斯文集》第5卷，人民出版社2009年版，第874页。

主自立的状态,其间个人的福利取决于自己所拥有的资源及其努力的程度,与此相反的状态,即个人福利对于他人行为的依赖就是不自由。此种意义的自由与财产所有权利密切相关,或者说财产所有权是自由的保证。正如哈耶克所言:"对私有财产权或分别财产权的承认,是阻止或防止强制的基本条件。是界定那个能够保护我们免受强制的私域的首要措施。"①财产对权利人之自由的保障作用体现在两个方面:一是能够保障权利人的独立存在并能够自主地参与社会活动。财产与财产权利为我们扩约出了一个或大或小的独立的私人空间,减少了对他人行为和社会公共条件的依赖,有财产或者有财产权利的人不需要仰人鼻息、受人恩赐,他能够独立地解决自己的生计问题,能够把握自己的命运,能够按照自己的兴趣偏好、人生目标理想以及现在所拥有的主客观条件规划自己的职业生涯和人生历程。而一个被他人控制了所有生计条件的人,除了服从他人的专断意志外,别无其他选择。他是那些控制了他之生计条件的人的奴隶。二是财产权利又可以使人们能够在某种社会组织方式、关系所可能具有的强权威胁、风险和不确定性面前,自主地选择退出,如从被操纵的市场交易条件下退出,从受支配的雇佣劳动关系中退出。在这种情况下,财产起着一种保险的作用。这种退出的自由是最为重要的自由,舍此便不存在所谓的自由选择。正如布坎南所言:"私人财产所有权使人们实现了专业化和交易,因而也获得了一些产生于效率的收益,但是,同样重要的是,私有财产也使得人们得到了某种保护和隔离措施,以免遭市场的盲目力量的冲击,而不管这些盲目力量最终来源于哪里。"②"私有财产通过提供一种可行的从潜在的剥削性经济关系中退出或者避免进入的权利,保护了个人的自由。"③ 我们每个人所拥有的家,是财产所有权的社会组织体现,是人们可以从社会分工合作体系中退出以免受到压迫剥削的安全港湾,也是保护着我们之自由的可靠堡垒。它虽然残破以致风能进雨能进,但国王不能进。当我们无家可归时,我们的自由才真可谓是受到了实质性的威胁和破坏。因此,我们不能因为有些人在取得私有财产方面特别成功就转而攻击

---

① 哈耶克:《自由秩序原理》上册,生活·读书·新知三联书店1997年版,第173页。
② 布坎南:《财产与自由》,中国社会科学出版社2002年版,第21页。
③ 同上书,第34页。

私有财产制度，我们要反对或废除的只是那种带有特权性质的私有财产制度，代之以"普遍的私有财产关系"。① 退一万步讲，即便我们没有财产，但只要社会中的财富、资源是分散的被众多他人所掌握的，而不是由某一个或某几个机构排他性垄断的，那么，我们仍然能够勉强获得一些低度的社会生活自由。这是现代社会发展所取得的重大成就之一。②

与财产权利密切相关构成社会成员自由之保障的经济条件的第二个方面是经济生活体制。一般说来，作为人们相互之间的认可和允诺，财产权利是人们相互之间的一种私人关系，是私人之间的一种合约，其权能的实施就是产权的让渡或交易。③ 一个不能自由让渡和交易的财产权利是不真实的，起码是不完整的，是一种"死"的权利而不是"活"的权利。要实现权利，实现权利的权能，就需要一个可以让人们让渡或者交易自己权利的制度安排，这就是我们所熟知的市场。在市场上，人们对自己的权利进行估价，按照"价高者得"的原则把自己的权利出让给出价最高的人，以最大化自己的利益；另外，人们根据一种产品与服务相对于自己的效价给出一个价格以便用最小的成本获得一种权利，从而也实现自己利益的最大化。在这个过程中，交易双方都自由地表达自己的意志，自由地追求到了自己所期待的目标，在一些彼此认可的条件约束下最大化自己的利益，他们都是处于自由状态的市场人。相反，如果是在一个非市场的环境中，财产权利无法通过交易转让，而只能经由行政权力进行计划性配置，那么，社会成员中的任何人都不会有经济生活与社会生活的自由。计划经济体制就是这样一种排斥个人自由的经济生活制度安排。在计划经济体制下，社会成员个人被剥夺了生产资料的个人占有权，人民虽然共同拥有国家财富，但没有个体性占有的财产。一切生产资料都由国家占有和各类集体占有，那些被授权代表国家和集体的组织和个人享有生产资料的处置权。而社会成员除了极为有限的一点生活资料和最简单的生产工具外，任何人都不得占有生产资料和生活资料，他们必须仰赖生产资料的占有者，按照生产资料实际占有者的要求实现劳动能力与生产资料的结合。在生产

---

① 《马克思恩格斯文集》第 1 卷，人民出版社 2009 年版，第 183 页。
② 哈耶克：《自由秩序原理》上册，生活·读书·新知三联书店 1997 年版，第 174 页。
③ 张曙光：《繁荣的必由之路》，广东经济出版社 1999 年版，第 194 页。

劳动过程中，劳动者也必须一切行动听指挥，服从大大小小计划者的专断要求。计划经济否定了个人占有财产的权利，也否定了个人按照自己的认识判断和价值偏好自主选择职业生涯、就业岗位、生活方式甚至婚姻关系的权利，它使人们在社会生活中最大限度地依赖于他人的决定，并且因此也最容易受到他人的决定的伤害；而且，这里不存在任何类似于一个竞争性市场结构提供的全面防止剥削的保护手段，不存在可实现的退出选择权，无论是退出"投入市场"还是退出"产出市场"。① 个人要同时面对一个占垄断地位的服务"购买者"和一个占垄断地位的生活所需物品的"出售者"，按照这个垄断者开出条件实现劳动力与生产资料的结合，实现能够让自己活下去的最低条件。因此，计划经济体制与个人自由是相互排斥的。对自由的限制，必然成为任何一个计划经济体系的显著特征，不论其规模是大是小，是整体性的还是零碎性的。计划经济体系自其建立之初就清晰地呈现了如上特征，而且计划经济体系越健全，对自由的限制也就越彻底。

总之，财产权利以及实现此种权利的市场经济体制是个人自由的首要条件。个人要求财产所有权，为的是获得与保持处置资源的自由，如果没有这种自由，就不可能有其他方面的自由，自然也不会有改善生活的希望。在财产所有权、自由、改善生活的希望这三者之间实有紧密的逻辑关联。因此，对社会成员的财产与财产权利，我们必须给予政治的、法律的和道德的承认、尊重和保护。公有制经济财产权不可侵犯，非公有制经济财产权同样不可侵犯。②

2. 政治条件

人类几千年的历史已充分表明，人的自由与政治生活的结构密切相关。举凡君主政体、专制政制、独裁体制或极权主义，都是人类自由的敌人。马克思就曾说过："专制制度的唯一原则就是轻视人，使人不成其为人。"针对一些人痴迷于"君主政体"，马克思一针见血地指出："君主政体的原则总的来说就是轻视人，蔑视人，使人不成其为人；而孟德斯鸠认

---

① 布坎南：《财产与自由》，中国社会科学出版社2002年版，第50页。
② 《习近平关于全面深化改革论述摘编》，中央文献出版社2014年版，第59页。

为君主政体的原则是荣誉,他完全错了。他竭力在君主政体、专制制度和暴政三者之间找区别,力图逃出困境;但是这一切都是同一概念的不同说法,它们至多只能指出在同一原则下习惯上有所不同罢了。哪里君主制的原则占优势,哪里的人就占少数;哪里君主制的原则是天经地义的,哪里就根本没有人了。"① 君主政体只有在受到国家宪政规则和法治原则的严格限制时才有臣民的生活自由。

在所有政体中,只有民主政体与公民自由最相契合,民主本质上是一种保障个人自由的制度安排。这首先是因为民主就其本义而言,是人民的统治,是人民轮番为治,从逻辑上说,人民不可能自己奴役自己,自己剥夺自己的自由。即便是人民中的多数也不会奴役少数,因为多数与少数的划分并不是固定的,而是随着议题的转换和每个人政治态度与主张而重新分化组合的。任何暂时构成多数的人都必须考虑自己成为少数的可能性。己所不欲,勿施于人,当自己处于少数派地位时不希望多数做的事情,自己成为多数时也应该克制不要去做。其次,民主政体承认称之为公民的社会成员是国家这个政治社会的主人,他们天然享有生命权、财产权、自由权和追求幸福的权利,正是为了更好地保护这些权利,他们经由相互协议,决定签署一份政治契约,大家共同自愿放弃一部分自然权利,成立一个享有权威的旨在维护和平公正秩序的政府,其权力来源也只限于人民的授权。再次,民主政体认为政府要始终受到人民的政治控制,要服从人民或其代表所表达的多数人意志,要接受体现公平正义之法律的约束;政府的一切努力都是为了实现人民当初缔约的目的。最后,民主政体还主张如果政府违背了当初缔约的目的,由服务于人民的力量蜕变成压迫人民的力量,那么人民有权起来革命,另建新的政府。因此,民主政体与公民自由是相容的,其性质逻辑地内涵对公民自由的承认与尊重,民主扩展个人自由的范围,并尽可能赋予每个人价值。正如斯宾诺莎所言:"我相信,在所有政体之中,民主政治是最自然的,与个人自由最相合的政体。在民主政治中,没人把他的天赋主权绝对地转付于他人,以致对于事务他再也不能表示意见。他只是把天赋主权交付一个社会的大多数。他是那个社会的

---

① 《马克思恩格斯全集》第 1 卷,人民出版社 1956 年,第 411 页。

一分子。这样,所有的人仍然是平等的,与他们在自然状态中无异。"①一个国家的人民只有是自由的,是自己的主权者,由他们参与的国家政治生活也才可能是民主的;反过来,一个国家的政治生活只有是民主的,才会有对公民自由的关注,把自由当作重要的社会价值。这种政治生活长期运作的结果是公民自由的巩固和深化扩展。

当然,民主政体不会侵犯个人的自由与权利,这还只是一种理论上的逻辑推演,而并非就是客观存在的现实。我们实在没有理由相信,民主的权力就肯定不会是专断的。事实上,民主之侵犯个人自由与权利的事情也是时有发生的,尤其是当民主缺乏法治的约束时更是如此。这种情况演变到极致,就是多数人对少数人的暴政。历史上和现实中民主国家也的确发生过损害个人自由与权利的事件,如古希腊的苏格拉底之死、近代史上的雅各宾派专政、20世纪30年代苏联斯大林时期对政治反对派的镇压和消灭以及针对普通百姓的专制措施,都是群众领袖操纵下的多数对少数人的暴政。因此,要想更好地保障个人自由与权利,除了政治生活的民主化之外,还必须有政治生活和日常公共事务治理的法治化。

法治是一种以法制权进而保障公民自由与权利的政治生活方式和国家治理范式,法治的矛头所向是国家公共权力。"法治是对个人自由的保障,因为它意味着,强制只能用于在不知道未来会发生什么的情况下,使个人服从对一切人平等相待的普遍规则。"② 在主张法治的人看来,公民的自由与权利既容易受到彼此的伤害,更容易受到公共权力的侵害,因此,必须用预先确定的、广为周知的体现公平正义的法律协调人与人之间的自由权利行为,使之彼此相容相和,并约束公共权力,使其无法危害公民的权利与自由,这样,社会就能形成一种稳定的自由宽松的人人皆可从中受益的开放性良善秩序。在法治之下,公民获得了现实条件所能支持的最充分的自由,他们的人身与财产也得到最可靠的保障,能够基于法律规则形成稳定的行为预期,从而可以从容地安排自己的私人事务,最终获得一种宁静平和的心境,放心做自己喜欢的事情。而如果"撤除人际法律的藩篱,意味着夺走人的自由,摧毁作为一种活生生的政治现实的自由,

---

① 斯宾诺莎:《神学政治论》,商务印书馆1982年版,第219页。
② 《哈耶克文选》,江苏人民出版社2007年版,第370页。

因为法律圈围出来的人际空间,是自由的生活空间"。① 因此,法治实为现实国家最理想的政治生活方式和国家治理范式,是我们自由的最可靠保障。自由之所以能够在古希腊古罗马国家存在,之所以能够在中世纪的英国延续不绝,之所以能够在近代史上不断扩展,实缘于法治的保障,舍此,自由早就荡然无存。

能够保障自由的法治必须要有一套体现人类共同理性、体现法的基本原则、体现公平正义的精神、以维护人权为宗旨的法律,有良法才有善治,有善治才有自由。这样的法律不可能由一个外在于人民的孤立的立法者制定,而必须由人民自己来为自己立法。他们最清楚自己的需要,也最有积极性避免制定恶法,因为立法者也要身受自己所立之法的约束;对自己所立之法也才会有由衷的认同、信仰和坚守。孟德斯鸠指出:"在一个自由的国家,每个人都被认为具有自由的精神,都应该由自己来统治,所以立法权应该由人民集体享有。"② 卢梭也认为:"法律只不过是社会结合的条件。服从法律的人民就应当是法律的创作者;规定社会条件的,只能是那些组成社会的人们。"③ 只有这样,立法者才不会制定那些可能会限制甚至破坏自身自由的法律,才能使法律与自由有最大限度地契合。然而,现实情况与这个应然状态相比已多少有些偏离。有的国家立法权并不掌握在人民手里,有的国家所立之法并不体现社会公意,而仅仅是某个阶级或某个集团的特殊意志,有的法律甚至违背了法的精神和法治的原则,与"强盗的命令"本质无异,这些法律往往授予政府以专断的权力,造成对公民和特定群体的"合法损害"。此种情况在法治相对成熟的西方国家也同样存在。布鲁诺·莱奥尼说:"在过去的一百年间,在西方各国,个人自由正在逐渐萎缩,其原因不仅仅在是、甚至并不主要是由于官员违犯法律而导致的侵犯和侵害,而主要是由于法律,即成文法律,使官员有权力从事一些活动,而根据以前的法律,这些活动肯定会被判定为滥用权力,侵害公民的个人自由。"④ 因此,必须以法治的理念和精神对现有的法律进行一次系统的清理,坚决废止那些人治之法、非法治之法或者恶

---

① 汉娜·阿伦特:《极权主义起源》,上海三联书店2008年版,第581页。
② 孟德斯鸠:《论法的精神》,商务印书馆1961年版,第158页。
③ 卢梭:《社会契约论》,商务印书馆1980年版,第52页。
④ 布鲁诺·莱奥尼:《自由与法律》,吉林人民出版社2004年版,第103页。

法，尽最大限度减少那些政策性法律，使法律重新回归到正义的规则上来，并把那些通过立法被政府攫取的权力重新放还给企业和公民。为正义的法律圈围掉的空间越小，公民享有的自由空间越大。

立法需要理想，但不能理想主义。所谓立法需要理想或者理性，就是要确立法律的公正原则和效率原则，相信法律在建立美好社会中所处的重要地位和所起的重要作用。但是，立法活动决不能以理想主义为指导，立法者也不能是理想主义者，理想主义与公共权力相结合，就常常会把人们引入歧途。立法者必须是现实主义者，立法活动必须以一般现行生活状态为蓝本，从现实的需要和可能出发，要考虑到已有非正式制度规则的利用和改造，要与民间的习俗和传统达成某种最低限度的认可和共识，否则，法律制定得再多再好也无济于事。不仅如此，法律一旦成为理想主义者实现其理想的工具，那么，那些生活在这个法网之下并无同层理想的匹夫匹妇，必不免被当作实验理想之猴子的命运。

自由的保护还需要一种分权制衡的政府体制框架。英格兰有一句古老的谚语："两贼相争，好人得利。"个人自由往往是权力斗争的副产品。因为"对自由的基本威胁是强制性权力，不论这种权力是存在于君主、独裁者、寡头统治者还是暂时的多数派。保持自由要求在最大可能的范围内排除这种集中的权力和分散任何不能排除掉的权力。"[①] 历史经验告诉我们，一切有权力的人们都容易滥用权力，他们使用权力一直要遇到有界限的地方才休止。因此，从事物的性质来说，要防止滥用权力，就必须分散权力，就必须以权力制约权力、用野心对抗野心、以欲望约束欲望。如果我们违背这个"治道"，把不同权力合而为一，那么就会产生许多政治弊端。当立法权和行政权集中在同一个人或同一个机关之手，自由便不复存在了；因为人们将害怕这个国王或议会制定暴虐的法律，并暴虐地执行这些法律。如果司法权不同立法权和行政权分立，自由也就不存在了。如果司法权同立法权合而为一，则将对公民的生命和自由施行专断的权力，因为法官就是立法者。如果司法权同行政权合而为一，法官便将握有压迫者的力量。如果同一个人或是由重要人物、贵族或平民组成的同一机关行使这三种权力，即制定法律权、执行公共决议权和裁判私人犯罪或争论

---

① 弗里德曼：《资本主义与自由》，商务印书馆1986年版，第17页。

权,则一切便都完了。在那里,虽然没有专制君主的外观,但人们却时时感到君主专制的存在。① 英国哲学家奥克肖特也把"压倒性权力"的不存在视为自由的最一般条件,"我们认为我们自己是自由的,因为在我们的社会中没有一个人允许有无限的权力"。② 当然,分权制衡的政府体制框架,在具体形式上可以多种多样,而不一定照搬某种具体的模式。严格意义上的三权分立相互制衡,只是分权制衡的"美国版",而不是分权制衡的不二形式。因此,欲使分权制衡能够真正有效地运行起来,各国必须根据自己的历史、社会、文化条件创制与选择具有本民族特色的体制形式。事实上,在奉行分权制衡原则的西方发达国家,如美英法,其分权制衡的具体形式就各不相同。只要与国情相适应,只要能够有效地防范权力的专断化,就是一种良好的体制安排。

3. 文化条件

文化是一个民族保持自由的必要条件。自古以来,没有一个文化荒芜、人民愚昧的国家曾经是自由的国度。因此,一个努力争取自由的民族,一个有了自由而想努力保住的民族,就必须以文化教育开启民智,启蒙民心,让每一个人都习惯用自己的头脑思考问题,用自己心智来辨别是非,这样才能使自己不受那些别有用心的人故意制造出来的言辞说教的欺蒙。美国的开国元勋们就曾十分重视文化教育之于自由保存的意义,强调以教育为立国之本。在他们的思想中绝无"愚民政策"的痕迹,杰弗逊就竭力倡导教育,他在1816年说过:一个文明国家,若指望在无知中得到自由,过去从未有过,将来也决办不到。在他的大力推动下,弗吉尼亚等东部各州通过了各种激进的关于教育立法,包括拨地、拨款、建立基金、训练师资等,有的地方甚至规定体力健全的成年男子有义务为帮助学校建设出劳力。提倡在政府,建校却大多是私人,捐钱办学成为美国人民的风尚,一些著名的大学都是私人捐助建立。在开发西部的历史进程中,拓荒者每到一处聚居成小镇后,最先建立的一是教堂,二是学校,三是邮局。这都是保证与文明世界联系不使自己野蛮化的必不可少的设施。

---

① 孟德斯鸠:《论法的精神》,商务印书馆1961年版,第157页。
② 迈克尔·奥克肖特:《政治中的理性主义》,上海译文出版社2003年版。

在多元复杂丰富的人类文化中，人本主义、自由主义、经验主义、多元主义、社会主义，既是自由生活的产物，也是滋育自由的文化养分。它们风起于古希腊奥林匹亚的山林之间，泉源于古罗马的河泽之畔，经由基督教对世俗王权的抗争和中世纪经院哲学的苦心孤诣，经由以霍布斯、洛克、大卫·休谟、亚当·斯密、埃德蒙柏克以及法国的贡斯当、托克维尔、德国的康德、席勒和洪堡为代表的一代又一代思想家呕心沥血的精心构思与系统阐发，终于形成一个影响遍及世界的伟大思想信念体系。其主要特点是强调一定社会关系中的个人是利益得失之幸福与痛苦的唯一感受主体，其在私人事务领域具有至上性；且每个人是其自身利益的最佳判断者和最有积极性的维护者，同时也最清楚应该如何促进这些利益，因此，应该赋予每个人以选择其目标和实现目标之手段的最大自由与责任，为此，就必须把个人从行会、阶级、社团或政府的约束中解放出来，成为独立自主自由的人。这个人虽然有理性可以借助，但人之理性也有无法克服的局限性，人所栖身的世界总有理性所不及之处，他要依靠传统、惯例和规则才能成功应对充满不确定性环境，他根本无法仅仅借助理性就构成一个圆满的世界；另外，这个世界充满了多样性，人本身也具有多样性，任何一种样式都有其存在的理由和独特的价值，必须应该相互尊重相互包容相互取长补短，才能共同进步发展繁荣。在对待国家与公共权力的态度上，自由主义绝不是无政府主义。自由主义承认国家的必要性，承认国家权力存在的正当性，并且也尊重国家公共权力的权威，它反对的仅仅是国家权力的过度扩张以及国家权力的无约束状态及由此必然带来的对公民自由与权利的苛严管制和专断干涉。它主张把国家行动的范围压缩在一个自由人在社会上可能存在共识的那些社会问题上。因为它看到国家与生俱来的祸害性，看到国家公共权力被掌权者滥用的逻辑可能性，它对国家、对公共权力、对掌握公共权力的人，不论他们顶着什么名号或把自己打扮成什么形象，都抱以理性的合理的怀疑，投之以一瞥疑惧的目光，因此，主张对国家公共权力及其掌握者进行限制、防范、控制、监督和制约，努力使其无害化，以期更好地保护自己的权利与自由。由此观之，自由主义对个人是一种张扬个性、伸张权利、强调在私人领域个人偏好、趣味、见解、主张具有至上性的学说，对公共权力而言，则是一种有限政府主义，而绝非像我们以前所想象的那样是主张无法无天的无政府主义。近代以来，正是这个伟大的思想信念体系激发了人类历史上影响深远的科学革命、工业革命和政治革命，并最终使整个世界发生全面深刻的变化，它改变了人类所栖居的这个蓝色星球。而同样起源于"两希文明"和基督教的社会主义是一种高贵的信念体系。它原本只是社会底层受剥削压迫的劳苦大众追求互助互济的朴素意识，后经由莫尔、康帕内拉、圣西门、傅里叶和欧文的努力而形成为系统的思想体系，并最终由于马克思、恩格斯的创造性贡献而从空想变成科学。这种科学的信念体系追求个人自由基础之上的整体和谐和共同体保障之下的充分个人自由，因而它包容了自由主义而又超越了自由主义。它使自由从一个消极概念变成了积极概念，从而更富有了崇高的人道价值，从此，自由不再是个人孤独的自由，而是社会合作中共享的自由，并从社会中获得不断扩展的强大动力。

  这种思想文化让我们获得了自由的信念。它告诉我们，应该让每个人都成为顶天立地大写的人，在正义的法律所禁止的行为之外享有最充分的自由。他们可以栖身某个社区，可以参加一个或几个社团，可以划入某个阶级或阶层，但他们不属于任何人，他们只属于他们自己。对于那些与他人和社会无涉的行为，他没有向他们作出说明与交代的义务，而他人与社会倒应该对这些行为抱以宽容与尊重。"一个自由的人应当容忍他人想其之不想，为其之不为。应该克服那种只要是他觉得不妥当事情就打电话报警的习惯。"① 为了某个目的，自由的人可能会联合起来，但任何因此联合而形成的社会组织都只是自由人为更好实现自己的目标与理想而基于契约的平等联合。

  自由的信念是一切自由的制度正常运作的前提。我们要让自由存活在我们的心里，否则，任何保障性的制度安排都无济于事。我们要有对自由的真挚热爱，把自由视为我们生命与生活的第一价值。"生命诚可贵，爱情价更高，若为自由故，两者皆可抛"，这绝非是浪漫诗人的罗曼宣言，而应成为我们每个人的生活态度。我们热爱自由不是因为自由之可能带来的好处，而是因为自由本身。托克维尔就把对自由的热爱视为保持自由的必要心理条件。它是这样一种崇高的志趣，即把自由本身看作一种宝贵而必需的幸福，若失去自由，任何其他东西都不能使他们得到宽慰；若尝到

---

① 米瑟斯：《自由繁荣的国度》，中国社会科学出版社1995年版，第93页。

自由，他们就会宠辱皆忘。他们的心一直紧紧地依恋着自由，使他们依恋自由的是自由的诱惑力、自由本身的魅力，与自由的物质利益无关；这就是在上帝和法律的唯一统治下，能无拘无束地言论、行动、呼吸的快乐。的的确确，对于那些善于保持自由的人，自由久而久之总会带来富裕、福利，而且常常带来财富；但有些时候，它暂时使人不能享受这类福利；有时，专制制度倒是可能使人得到短暂的满足。那时，那些对自由没有坚定信念和热爱的人就很可能倒向专制制度的怀抱。因此，在自由中只欣赏那些物质好处和安逸生活的人，从未长久保持自由。谁在自由中寻求自由本身以外的其他东西，谁就只配受奴役。①

我们要有通过试错、尝试、探索、改革、改良寻求更好替代办法、更好制度安排、更好行动路径的思维方式和行动倾向；不要醉心于理性建构主义的工程师思维。它之成功运行所需要掌握的信息超出任何个人和组织借助最先进的科学技术所能掌握的数量。由此决定了理性建构主义之工程师思维在社会生活领域的逻辑不可能性。唯一能够行得通就是通过个别性试错探索和社会选择促成社会整体的进化发展。而这就非需要每个人的充分自由不可。因为在这个世界上，并没有全知全能犹如上帝一般的圣贤，每个人都有自己的知识面，也都有自己的未知面，而且相对于未知面，其知识面是相当有限的；即便如此，我们不知道谁相对最有知，所以我们只能给予每个人以最充分的自由，让他在自己所遭遇的界面上进行探索，由无数人自主进行的探索，庶几可以让我们找到相对最好的结构安排。有人以为这种分散探索的社会改革模式只适用于简单社会，而现代社会越来越复杂，因而越来越需要集中的系统规划、设计与安排。计划经济就是基于此种思维逻辑而提出来的。社会的实际情况与这种人的设想恰恰相反。社会越复杂，集中的系统规划与控制就越无效，也就越需要分散化的探索与改进。然而，现在，我们之中有些人还往往习惯用计划主义或者理性建构主义思维方式搞改革，过度强调改革的系统性、整体性，醉心于顶层设计、系统规划和整体推进，而不屑于零打碎敲式的点滴改革与改良。理性建构主义的系统规划和整体布局这套东西听起来十分科学也似乎具有宏伟壮观的审美价值，却往往不符合改革的实际规律，因而常常表现出惊人的

---

① 托克维尔：《旧制度与大革命》，商务印书馆1992年版，第203页。

低效和无效。其实，我们的改革是由底层百姓摸着石头走过来的。习近平总书记指出："摸着石头过河，是富有中国特色的、符合中国国情的改革方法。摸着石头过河符合人们对客观规律的认识过程，符合事物从量变到质变的辩证法。"① 在波澜壮阔的改革过程中，改革的智慧之源发端于民众，发端于社会底层的细微之处。无论是旧体制僵硬结构的突破和新体制极具弹性之安排的创设都是由千千万万理性经济人以"蚂蚁啃骨头"的毅力、努力和行动方式经由长久的蚀变积累而成。在他们付诸行动之时，他们对未来生活的图景，谁也没有一个清晰概念，只知道因应当下的生存境遇以其有限的知识判断选择其认为最为有利的行为。实践证明，其中有一些行为方式非常有效，那些采取了这些行为方式的个人和组织在与竞争对手的逐利性竞争中成功胜出，成为他人争相学习效仿的对象；一些地区性的公共权力中心也发现了此类行为方式的普遍化价值，并以其所掌握的政治权力和公共资源推动此类行为方式的制度化进程，使之变成一个社会正式的制度安排。这是社会发展的渐进之路，它也许不怎么宏伟壮观震撼人心，但却是最务实最见实效的道路。

我们要有自我担当的责任意识，把命运掌握在自己手里，把生存与发展、快乐与幸福的责任置于自己的肩上，努力依靠自己的力量解决自己的生存问题和发展问题。一事当前，首先要问能否通过自己努力予以解决，能否通过互利的市场寻求到帮助、支持与合作，而不要动辄求助于政府。我们要坚持政府不得干预私人生活的原则，"一旦我们放弃了不允许国家机器干涉任何私人生活的原则立场，那么，国家势必会对个人生活的每个细节制定规则，实行限制。个人自由就会因此被剥夺，个人就会变成集体的奴隶，成为多数人的奴仆"。② 政府的干预与管制有时虽然表面上有可能更有效地达到特定目标，但它在本质上与自由社会是不相容的，它会让我们偏离自由越来越远，直至完全背弃自由。而通过对普遍适用的法律进行调整，通过审慎地利用财政诱导以唤起民众自发的努力，以此来解决社会当中存在的一些问题。这样做尽管过程可能长一些，但消极影响也相对小一些，而且还无损于社会的自由。

---

① 《习近平关于全面深化改革论述摘编》，中央文献出版社2014年版，第34页。
② 米瑟斯：《自由繁荣的国度》，中国社会科学出版社1995年版，第92页。

1958年美国作家伦纳德·里德写过一篇散文《铅笔传奇》，作者以拟人化的笔法讲述了最平凡不过的铅笔那并不平凡的传奇来历。一支铅笔，结构简单、其貌不扬，但它的来历却非常复杂，生产制作过程也十分传奇，涉及成千上万的人和无数道工序，每一道工序上的人们都只提供极少的一点点知识，最神奇不过的是这些不计其数的琐碎的知识将根据人的需要和需求自然、自动地——即没有任何政府的或强制的指挥——按创造性和生产性模式组合起来。如果说，只有上帝才能造树，那么，也只有"上帝"（市场这只无形之手）才能造出一支神奇的铅笔，人不可能指挥无数琐碎的知识以创造出一支铅笔来，正像人不可能将分子合在一起创造出树来一样。最后，作者借铅笔之口对人们说：如果你们能知道我所象征的神奇之处，你们就具备了一种拥护自由所绝对必要的条件：对自由的信念；你们也就能有助于挽救人类正在不幸地失去的自由。一个国家的人们要是没有这样的信念，自由是不可能的。

参考文献

《马克思恩格斯文集》1—10卷，人民出版社2009年版。
《邓小平文选》1—3卷，人民出版社1993年、1994年版。
习近平：《干在实处走在前列》，中共中央党校2006年版。
习近平：《关于全面深化改革论述摘编》，中央文献出版社2014年版。
习近平：《习近平谈治国理政》，外文出版社2014年版。
习近平：《之江新语》，浙江人民出版社2013年版。
傅筑夫：《中国经济史论丛》（上下卷），生活·读书·新知三联书店1980年版。
傅筑夫：《中国经济史论丛》（续集），人民出版社1988年版。
龚祥瑞：《比较宪法与行政法》，法律出版社2003年版。
瞿同祖：《中国法律与中国社会》，中华书局1981年版。
刘泽华：《中国传统政治思想反思》，生活·读书·新知三联书店1987年版。
梁治平：《法辨》，中国政法大学出版社2002年版。
顾准：《顾准文集》，贵州人民出版社1994年版。
吴敬琏：《改革：我们正在过大关》，生活·读书·新知三联书店2001年版。
张维迎：《产权、政府与信誉》，生活·读书·新知三联书店2001年版。
张维迎：《信息、信任与法律》，生活·读书·新知三联书店2003年版。
张维迎：《市场的逻辑》，上海人民出版社2010年版。
王亚南：《中国官僚政治研究》，中国社会科学出版社1993年版。
石元康：《当代西方自由主义理论》，上海三联书店2000年版。

马克垚：《英国封建社会研究》，北京大学出版社 2005 年版。

马克垚：《中西封建社会比较研究》，学林出版社 1997 年版。

殷海光：《中国文化的展望》，上海三联书店 2002 年版。

赵一凡编：《美国的历史文献》，生活·读书·新知三联书店 1989 年版。

姚洋：《制度与效率》，四川人民出版社 2002 年版。

秦晖：《市场的昨天和今天：商品经济、市场理性和社会公正》，广东教育出版社 1998 年版。

秦晖：《传统十论》，复旦大学出版社 2003 年版。

顾肃：《自由主义基本理念》，中央编译出版社 2003 年版。

陈志武：《为什么中国人勤劳而不富有》，中信出版社 2008 年版。

青木昌彦、吴敬琏编：《从威权到民主》，中信出版社 2008 年版。

资中筠：《财富的责任与资本主义演变》，上海三联书店 2015 年版。

秋风编：《法治二十讲》，天津人民出版社 2008 年版。

廖学盛主编：《世界历史十五讲》，人民出版社 2006 年版。

张曙光：《繁荣的必由之路》，广东经济出版社 1999 年版。

蒋永福：《信息自由及其限度研究》，社会科学文献出版社 2007 年版。

刘力臻：《市场经济"现代体现"与"东亚模式"》，商务印书馆 2000 年版。

丁元竹主编：《非政府公共部门与公共服务》，中国经济出版社 2005 年版。

王俊豪：《政府管制经济学导论》，商务印书馆 2001 年版。

徐邦友：《政府管制的政治学研究》，上海学林出版社 2008 年版。

徐邦友：《论公共服务与公民自由》，人大复印资料《公共行政》，2014 年第 9 期。

柏拉图：《理想国》，郭斌和、张竹明译，商务印书馆 1986 年版。

柏拉图：《法律篇》，何勤华译，上海人民出版社 2001 年版。

亚里士多德：《政治学》，吴寿彭译，商务印书馆 1981 年版。

西塞罗：《国家篇法律篇》，沈叔平、苏力译，商务印书馆 1999 年版。

摩尔根：《古代社会》，杨东莼等译，商务印书馆 1971 年版。

卢梭：《社会契约论》，何兆武译，商务印书馆1980年版。

孟德斯鸠：《罗马盛衰原因论》，婉玲译，商务印书馆1962年版。

孟德斯鸠：《论法的精神》，张雁深译，商务印书馆1961年版。

霍布斯：《利维坦》，黎思复、黎廷弼译，商务印书馆1985年版。

洛克：《政府论》（下卷），叶启芳、瞿菊农译，商务印书馆1982年版。

曼德维尔：《蜜蜂的寓言》，肖聿译，中国社会科学出版社2002年版。

亚当·斯密：《国民财富的性质和原因的研究》，郭大力、王亚南译，商务印书馆1997年版。

亚当·斯密：《道德情操论》，谢宗林译，中央编译出版社2008年版。

弗雷德里克·巴斯夏：《财产、法律与政府》，秋风译，贵州人民出版社2003年版。

密尔：《代议制政府》，汪瑄译，商务印书馆1982年版。

密尔：《论自由》，程崇华译，商务印书馆1959年版。

边沁：《道德与立法原理导论》，时殷弘译，商务印书馆2000年版。

《杰弗逊集》（上下卷），刘祚昌、邓红风译，生活·读书·新知三联书店1993年版。

《联邦党人文集》，程逢如等译，商务印书馆1980年版。

休谟：《休谟政治论文选》，张若衡译，商务印书馆1993年版，第184页。

阿克顿：《自由与权力》，侯健、范亚峰译，商务印书馆2001年版。

柏克：《自由与传统》，蒋庆等译，商务印书馆2001年版。

贡斯当：《古代人的自由与现代人的自由》，阎克文、刘满贵译，商务印书馆1999年版。

托克维尔：《论美国的民主》（上下卷），董果良译，商务印书馆1988年版。

托克维尔：《旧制度与大革命》，冯棠译，商务印书馆1992年版。

黑格尔：《法哲学原理》，范扬、张企泰译，商务印书馆1961年版。

哈耶克：《自由秩序原理》（上下册），邓正来译，生活·读书·新知三联书店 1997 年版。

哈耶克：《法律、立法与自由》，邓正来等译，中国大百科全书出版社 2000 年版。

哈耶克：《通往奴役之路》，王明毅、冯兴元等译，中国社会科学出版社 1997 年版。

哈耶克：《致命的自负》，冯克利等译，中国社会科学出版社 2000 年版。

哈耶克：《个人主义与经济秩序》，邓正来译，复旦大学出版社 2013 年版。

《哈耶克文选》，冯克利译，江苏人民出版社 2007 年版。

米尔顿·弗里德曼：《自由选择》，胡骑等译，商务印书馆 1982 年版。

米尔顿·弗里德曼：《资本主义与自由》，张瑞玉译，商务印书馆 1999 年版。

布坎南：《财产与自由》，韩旭译，中国社会科学出版社 2002 年版。

布坎南：《自由、市场和国家》，平新乔、莫抚民译，北京经济学院出版社 1988 年版。

布坎南等：《宪政经济学》，冯克利等译，中国社会科学出版社 2004 年版。

赫伯特·斯宾塞：《国家权力与个人自由》，谭小勤译，华夏出版社 2000 年版。

迈克尔·奥克肖特：《政治中的理性主义》，张汝伦译，上海译文出版社 2003 年版。

阿瑟·刘易斯：《经济增长理论》，周师铭等译，商务印书馆 1983 年版。

威廉·洪堡：《论国家的作用》，林荣远等译，中国社会科学出版社 1998 年版。

熊彼特：《资本主义、社会主义与民主》，吴良健译，商务印书馆 1999 年版。

波普：《开放社会及其敌人》，陆衡等译，中国社会科学出版社 1999 年版。

米瑟斯:《繁荣与自由的国度》,韩光明等译,中国社会科学出版社1995年版。

诺齐克:《无政府、国家与乌托邦》,何怀宏等译,中国社会科学出版社1991年版。

罗尔斯:《正义论》,谢延光译,上海译文出版社1991年版。

斯塔夫里阿诺斯:《全球通史》(上下册),吴象婴、梁赤民译,上海社会科学院出版社1999年版。

罗纳德·德沃金:《自由的法》,刘丽君译,上海人民出版社2001年版。

罗纳德·科斯:《企业、市场与法律》,盛洪、陈郁译,上海三联书店2009年版。

科斯等:《财产权利与制度变迁》,胡庄君等译,上海三联书店、上海人民出版社1994年版。

道格拉思·诺斯:《经济史中的结构与变迁》,陈郁等译,上海三联书店1991年版。

道格拉思·诺斯:《西方世界的兴起》,张炳九译,北京学苑出版社1988年版。

道格拉思·诺斯:《制度、制度变迁与经济绩效》,杭行译,上海人民出版社2008年版。

曼瑟尔·奥尔森:《集体行动的逻辑》,陈郁等译,上海三联书店1995年版。

丹尼尔·贝尔:《后工业社会的来临》,高铦等译,商务印书馆1984年版。

史蒂芬·布雷耶:《规制及其改革》,李洪雷等译,北京大学出版社2008年版。

丹尼斯·史普博:《管制与市场》,余晖等译,上海三联书店1999年版。

马克斯·韦伯:《新教伦理与资本主义精神》,于晓等译,生活·读书·新知三联书店1987年版。

马克斯·韦伯:《儒教与道教》,王容芬译,商务印书馆1995年版。

H. L. A. 哈特:《法律、自由与道德》,支振锋译,法律出版社2006

年版。

佩里·安德森：《从古代到封建主义的过渡》，郭方等译，上海人民出版社 2001 年版。

汉娜·阿伦特：《极权主义的起源》，林骧华译，生活·读书·新知三联书店 2008 年版。

汤因比：《历史研究》，曹未风译，上海人民出版社 1964 年版。

罗素：《自由之路》，李国山等译，文化艺术出版社 1998 年版。

罗素：《权威与个人》，储智勇译，商务印书馆 2010 年版。

卡尔·波兰尼：《巨变：当代政治与经济的起源》，黄树民译，社会科学文献出版社 2013 年版。

迈克尔·博兰尼：《自由的逻辑》，冯银江、李雪茹译，吉林人民出版社 2002 年版。

保罗·萨缪尔森：《经济学》（第 16 版），萧琛等译，华夏出版社 1999 年版。

柯武刚、史漫飞：《制度经济学》，韩朝华译，商务印书馆 2000 年版。

詹姆斯·格沃特尼等：《经济学常识》，陈强兵等译，陕西师范大学出版社 2007 年版。

亨廷顿：《变革社会中的政治秩序》，王冠华等译，生活·读书·新知三联书店 1989 年版。

亨廷顿：《第三波——20 世纪后期民主化浪潮》，刘军宁译，上海三联书店 1998 年版。

世界银行发展报告：《变革世界中的政府》，蔡秋生译，中国财政经济出版社 1997 年版。

E. 博登海默：《法理学——法哲学及其方法》，邓正来等译，华夏出版社 1987 年版。

伯尔曼：《法律与革命——西方法律传统的形成》，贺卫方等译，中国大百科全书出版社 1993 年版。

埃尔曼：《法律与宗教》，梁治平译，商务印书馆 2012 年版。

马克·布洛赫：《封建社会》（上下卷），张绪山译，商务印书馆 2004 年版。

阿玛蒂亚·森：《以自由看待发展》，任赜、于真译，中国人民大学出版社 2002 年版。

查尔斯·比尔德：《美国政府与政治》（上下册），朱曾汶译，商务印书馆 1987 年版。

哈拉尔：《新资本主义》，冯韵文、黄育馥译，社会科学文献出版社 1999 年版。

弗朗西斯·福山：《历史的终结及最后之人》，黄胜强、许铭原译，中国社会科学出版社 2003 年版。

弗朗西斯·福山：《政治秩序的起源》，毛俊杰译，广西师范大学出版社 2012 年版。

弗朗西斯·福山：《大分裂——人类本性与社会秩序的重建》，刘榜离等译，中国社会科学出版社 2002 年版。

迈克尔·佩罗曼：《市场的天生不稳定性》，孙强、庞锦译，辽宁教育出版社 2013 年版。

理查德·波斯纳：《资本主义的失败》，沈明译，北京大学出版社 2009 年版。

提摩许·加顿·艾什：《自由世界——美国、欧洲和西方世界的未来》，张宁译，东方出版社 2009 年版。

约翰·格雷：《伪黎明——全球资本主义的幻象》，张敦敏译，中国社会科学出版社 2002 年版。

维克托·迈尔-舍恩伯格等著：《大数据时代》，盛杨燕、周涛译，浙江人民出版社 2013 年版。

莱斯特·萨拉蒙：《公共服务中的伙伴》，田凯译，商务印书馆 2008 年版。

克劳斯·奥菲：《福利国家的矛盾》，郭忠华译，吉林人民出版社 2006 年版。

约翰·基恩：《公共生活与晚期资本主义》，马音等译，社会科学文献出版社 1999 年版。

约翰·奈斯比特：《大趋势——改变我们生活的十个新方向》，梅艳译，中国社会科学出版社 1984 年版。

艾伯特·赫希曼：《欲望与利益》，李新华、朱进东译，上海文艺出版社 2003 年版。

约翰·麦克米兰：《重新发现市场》，余江译，中信出版社 2014 年版。

斯蒂格利茨编：《东亚奇迹的反思》，王玉清等译，中国人民大学出版社 2003 年版。

珍妮特·登哈特：《新公共服务》，丁煌译，中国人民大学出版社 2004 年版。

理查德·宾厄姆：《美国地方政府的管理实践中的公共行政》，九洲译，北京大学出版社 1997 年版。

布鲁诺·莱奥尼：《自由与法律》，秋风译，吉林人民出版社 2004 年版。